2025年 · 第1卷
总第1卷

理工法律评论

TECHNOLOGICAL LAW REVIEW

成都理工大学文法学院（纪检监察学院） 主办
上海锦天城（成都）律师事务所 协办
杨会 主编

法律出版社
LAW PRESS · CHINA
北京

图书在版编目（CIP）数据

理工法律评论. 2025 年. 第 1 卷 / 杨会主编.
北京：法律出版社, 2025. -- ISBN 978 - 7 - 5244 - 0701 - 0

Ⅰ. D9 - 53

中国国家版本馆 CIP 数据核字第 20259E0E62 号

理工法律评论(2025 年第 1 卷)
LIGONG FALÜ PINGLUN(2025 NIAN DI 1 JUAN)

杨　会 主编

责任编辑 陈　慧
装帧设计 鲍龙卉

出版发行 法律出版社
编辑统筹 法律教育出版分社
责任校对 杨锦华
责任印制 刘晓伟
经　　销 新华书店

开本 710 毫米 × 1000 毫米　1/16
印张 20.25　**字数** 380 千
版本 2025 年 9 月第 1 版
印次 2025 年 9 月第 1 次印刷
印刷 北京科信印刷有限公司

地址：北京市丰台区莲花池西里 7 号(100073)
网址：www.lawpress.com.cn
投稿邮箱：info@lawpress.com.cn
举报盗版邮箱：jbwq@lawpress.com.cn

销售电话：010 - 83938349
客服电话：010 - 83938350
咨询电话：010 - 63939796

书号：ISBN 978 - 7 - 5244 - 0701 - 0
定价：65.00 元

主　编

杨　会

编辑部主任

马浩洋

责任编辑

（按姓氏笔画排序）

刘　茜　李　杨　李　硕　吴　涛　何鑫雨
林传琳　钟宇晴　谢　天　魏　雨

卷首语

《理工法律评论》是由成都理工大学文法学院（纪检监察学院）编辑、法律出版社出版的学术连续出版物。编辑该连续出版物的初衷是积极适应和拥抱这个科技飞速进步、社会结构日趋复杂、价值观念多元化的新时代，探索和形成理工类高校法学院的学科特色、学术品牌、人才培养模式。《理工法律评论》立足理工类高校的法学研究特色，旨在融合技术革新与法律探索，不仅深耕传统法哲学与法律方法，而且积极拥抱新兴的法学研究方法和交叉学科，致力于为法学研究提供创新视角，推动学术繁荣，并为法治实践中的现实问题提供解决思路。

传统意义上的法学主要研究法律现象及其规律，侧重规范分析和价值判断，是一门典型的社会科学。提及法学，大家一般不会主动将其与"理工"联系起来，因为法学侧重价值判断的研究方法与理工科"通过观察和实验来探索和验证客观规律"的研究方法具有明显区别。然而，人工智能、大数据、元宇宙等新技术新场景的产生，科技法学、数字法学等新兴交叉学科的蓬勃发展，法学学科内涵的更新和完善，为"理工 + 法律"提供了新的发展契机。

2023 年 2 月，中共中央办公厅、国务院办公厅印发《关于加强新时代法学教育和法学理论研究的意见》，明确提出"推进法学和……自然科学等学科交叉融合发展，培养高质量复合型法治人才"。实践证明，理工类高校发展法学具有独特的方法优势和学科交叉优势，是推动新时代法学学科高质量发展的重要阵地。学科发展离不开平台建设，创办《理工法律评论》不是偶然，而是应运而生。能够在这样的时代背景下，推出全国第一本以"理工 + 法律"命名的学术连续出版物，我们深感责任重大。

《理工法律评论》坚持立德树人初心，践行为党育人、为国育才理念，全力支持青年教师和研究生开展学术研究。每卷刊发一定数量青年教师和在读研究生的文章，积极鼓励其开展学术研究，锻炼其理论思考能力和学术研究能力；以“功成不必在我”的信念为青年教师和青年学子打造长远发展和进步的学术阶梯，为法学研究后继有人建立发展平台。

《理工法律评论》贯彻差异化发展路线，重视交叉领域等非传统学术研究方向，探索打造特色法学品牌。秉承“入主流、创特色”的原则，在收录传统部门法作品的基础上，突出理工类高校法学研究特色，围绕“环境资源法”“人工智能法学”“数字法学”“党内法规学与监察法学”等专题组稿；积极开拓交叉学科、新兴学科研究，形成具有法技术特色、理工特色的差异化发展格局，积极服务国家经济发展、法治建设和“一带一路”建设。

《理工法律评论》秉承开放包容的宗旨，贯彻“百花齐放、百家争鸣”的学术方针，助力推动法学自主知识体系构建。注重研究内容的科学性、现实性和创新性，坚持理论创新与实践应用融合，强调学术研究对实务的指导作用，鼓励作者总结提炼中国特色社会主义法治具有主体性、原创性、标识性的概念、观点、理论，引导作者把论文写在祖国的大地上，切实加强扎根中国文化、立足中国国情、解决中国问题的法学理论研究。

创办《理工法律评论》，也是我们为适应成都理工大学作为“双一流”高校的发展目标，为加快建设特色法学，拓展法学研究学科体系、学术体系、话语体系而采取的一项重要措施。2024 年 11 月，《理工法律评论》在成都举行创办仪式。我们邀请国内若干知名专家担任学术委员会委员和编委会委员，与法律出版社建立长期合作关系，每年定期出版两卷。在此，我们诚挚邀请各界专家学者和广大青年才俊惠赐优秀作品。我们期待在广大读者和作者的关心支持下，将《理工法律评论》建设成为助力青年人学术发展的阶梯、荟萃特色研究的阵地、凝练学术成果的智谷，为新时代法学教育和法学理论研究贡献一份力量。我们希望，通过大家的共同努力，最终将其打造成一个具有独立学术品格和广泛影响力的法学学术连续出版物，成为理工科“双一流”高校中的法学学术标杆。

《理工法律评论》编委会

2025 年 2 月 20 日

目　　录

特稿："法""理"双向赋能　共谱合作新篇章

民商法研究

知识产权法研究

刑事司法研究

纪检监察学研究

其他法律问题研究

教学改革研究

学术活动

Contents

Criminal Justice Research

Discipline Inspection and Supervision Research

Other legal issues research

Teaching Reform Research

Academic Activities

特　稿

“法”“理”双向赋能　共谱合作新篇章

编者按：为深入贯彻习近平法治思想，充分发挥各自资源优势，推动司法实践与法学教育研究的协同发展，共同提升法学研究和法治实践的水平，2025年1月8日，四川省高级人民法院与成都理工大学在成都理工大学砚湖会议厅隆重举行“创新合作共建座谈会暨合作签约仪式”。四川省高级人民法院党组书记、院长王树江，党组副书记、常务副院长秦海，党组成员、国家法官学院四川分院院长赖波军，成都理工大学党委书记刘清友，校党委常委、副校长周仲礼、曾国强出席会议。四川省纪委监委驻成都理工大学纪检监察组组长、校党委副书记、纪委书记唐清利主持会议。成都理工大学文法学院（纪检监察学院）特聘院长郭锋、纪检监察研究院特聘院长高晋康在座谈会上发言。以下摘登部分内容。

贯彻党中央决策部署
推进司法机关与法学院校合作共建

王树江[*]

在新时代背景下，法治建设的重要性日益凸显，法学教育与司法实践的紧密结合成为推动法治进步的关键。四川省高级人民法院与成都理工大学进行的创新合作共建（以下简称院校合作共建），标志着双方在法学教育、法治理论研究以及司法实践等领域开启了深度合作的新篇章；这不仅是对中央关于加强法治部门与高校合作共建决策部署的积极响应，更是资源优势互补、协同创新发展的有益探索，对于推动法律理论研究、法学教育和司法实践融合发展具有重要意义。

一、院校合作共建的现实基础与重要意义

首先，有助于提升高校的法治人才培养质量。成都理工大学作为国家首批"双一流"建设高校，其法学学科建设具有显著特色和优势。学校最初应新中国开发矿业战略需要而生，顺应新时代国家发展大局而兴，在地质、能源、环境等学科形成了显著特色；近年来，学校在经管文法等人文社会学科建设方面也不断发力，引进了高层次人才，建成了省部级哲学社会科学重点实验室，推进法学、纪检监察学与其他学科交叉融合发展。特别是法学教育，作为四川省卓越法律人才教育培养计划和四川省一流本科专业，为法治人才培养作出了重要贡献；一流本科专业的重要性不言而喻，它直接关系到法院系统人才的选拔和培养，而本科阶段的法学教育对一个法律工作者法治思维、法治信仰的形成具有至关重要的作用。

其次，法院的司法经验积累与制度创新探索是法学理论研究、法学教育的丰富宝藏。四川省法院系统近年来以"川法特色、全省权威、全国领先"为目标，把各项工作推向全国前列。天府中央法务区作为全国首家省级层面的法务区项目，已取得了显著成效。此外，四川法院有多项改革经验在全国推广，包括创设"石榴籽"调解品牌，创新建立了"一案一码"管理制度，实施"青苗""青蓝""领军""常青"四大

---

* 王树江，四川省高级人民法院党组书记、院长。

干部培养梯队工程。四川法院审判质效指标连续两年达标率 100% ,稳居全国第一方阵。这些成就的取得,得益于四川省法院系统对法治建设的高度重视和不断创新。通过市场化运行和优质化提升,四川省法院系统在各项工作上都取得了显著成效,特别是在天府中央法务区的建设中,法院系统发挥了关键作用,推动了法律服务的集聚和发展。同时,通过创新管理制度和人才培养工程,法院系统不断提升审判质效,为法治建设提供了有力保障。

最后,有力推动法学理论研究、法学教育和司法实践融合发展。党的二十大报告明确指出在法治轨道上全面建设社会主义现代化国家。习近平总书记强调"要打破高校和社会之间的体制壁垒,将实际工作部门的优质实践教学资源引进高校"[1]。中共中央办公厅、国务院办公厅、中央政法委相继出台意见要求加强院校合作共建。因此,四川省高级人民法院与成都理工大学的签约合作正当其时,意义重大。法院与高校的合作,不仅是对党中央决策部署的积极响应,更是资源优势互补、协同创新发展的有益探索。通过合作,可以推动法律理论研究、法学教育和司法实践融合发展,实现多赢、双赢、共赢。在当前的法治建设中,高校和法院都承担着重要的使命,双方的合作将为法治人才培养、法治理论创新和司法实践改进提供强大的动力。

二、探索教学实践研究全覆盖的院校合作共建创新路径

一是坚持院校共育,开启法治人才培养新模式。培养高素质专业化的法治人才是实现全面依法治国战略的关键。成都理工大学在师资配备、课程设置、人才培养等方面积累了丰富的经验,为全省法院输送了各类人才。省法院党组高度重视人才培养,先后与多个大学合作设立了法学实践教育基地,实施法律实习生项目,让院校学生到司法实践一线工作。在院校共育的过程中,需要注重理论与实践的结合。当前的法学教育存在离实践较远的问题,导致学生在实际工作中面临诸多困难,因此,院校应共同探索如何将实践教学融入法学教育体系,培养学生的实践能力和创新思维。与此同时,法院系统应为学生提供更多的实习机会和实践平台,让学生在实际工作中积累经验,提高综合素质。

二是开展院校共研,增强法治理论研究新动能。要打破实务和理论的隔阂,充分利用共建平台,注重交流互动,联合开展课题调研、法律研讨、司法案例选编评析等工作,回应法治实践的新需要。成都理工大学可以运用地质、能源、环境等传统学科的专业优势,为相关领域审判工作提供理论支撑。同时,法院也会提供丰富的案例资源,为理论研究注入源头活水。在院校共研的过程中,应注重跨学科的研究

---

〔1〕《习近平在中国政法大学考察》,载《人民日报》2017 年 5 月 4 日,第 1 版。

方法。当前的法律问题日益复杂,涉及多个学科领域,因此需要法学与其他学科的交叉融合。例如,在环境资源审判中,需要地质、能源等学科的专业知识来支持法律判断。跨学科的研究将为法律问题提供更全面、更深入的解决方案,推动法治理论的创新和发展。

三是推进院校互聘,探索共同体建设新路径。此次签约的协议是在全面总结前期与其他高校合作交流经验的基础上,更加注重沟通协调、资源共享的升级版。建议以此次签约为契机,加强队伍交流,探索建立互聘机制,省法院可以选派优秀法官到成都理工大学担任兼职教师或研究生校外导师,同时欢迎成都理工大学的优秀教师加入法律诊所专家库。院校互聘机制的建立将促进双方人员的交流与合作。优秀法官担任兼职教师或研究生校外导师,可以将丰富的实践经验传授给学生,提高学生的实践能力;而高校教师加入法律诊所专家库,可以为司法实践提供理论支持和专业指导。人员交流将有助于双方更好地了解彼此的需求与优势,推动合作深入发展。

三、合作共建的预期成果与展望

希望四川省高级人民法院与成都理工大学的创新合作共建可以在以下几个方面取得预期成果:一是法治人才培养质量显著提升。通过院校共育模式,培养出一批具有扎实理论基础和丰富实践经验的高素质法治人才,为法院系统和其他法治领域输送更多优秀人才。二是法治理论研究水平不断提高。院校共研将促进理论与实践的紧密结合,推动法治理论的创新和发展,为法治建设提供有力的理论支持。三是司法实践效果持续优化。院校合作将为司法实践提供更多的理论资源和专业支持,帮助法院系统更好地应对复杂的法律问题,提高审判质效。四是法律职业共同体建设更加完善。院校互聘机制的建立将促进法律职业共同体内部的交流与合作,增强法律职业共同体的凝聚力和向心力。展望未来,四川省高级人民法院与成都理工大学的合作共建将不断深化,双方将在更多的领域展开合作,共同为推动法治建设作出更大的贡献。随着合作的不断推进,双方将形成更加紧密的合作关系,实现资源共享、优势互补,为新时代的法学教育、法学研究和司法实践衔接融合提供更多的经验和借鉴。在双方的共同努力下,合作共建将取得丰硕的成果,为新时代的法治建设贡献更多的智慧和力量。

践行为法治中国建设
培养高素质法治人才的光荣使命

刘清友*

成都理工大学创办于1956年，是国家最早布局的三所地质院校之一。1968年来，成都理工大学坚持以人才强校、以科研兴校、以服务荣校，逐步发展成以理工为主，地质、资源、环境为优势，经管文法、纪检监察、外语艺体等综合发展的"双一流"大学。现有2个国家级重点实验室、38个省部级重点科研平台，先后承担国家重大科技专项、国家自然科学基金项目、国家重点研发计划等一大批国家重大项目，参与"气大庆"、西电东送、南水北调、CZ铁路、YX水电等国家重大工程，累计获得国家和省部级科技奖1154项。培养了30余万名优秀人才，其中包括王成善、多吉、唐菊兴等7位院士，黄润秋、胡昌升等10余位省部级领导干部。

学校历来高度重视法学学科建设，在教学改革、课程建设、科研创新等方面给予大力支持。特别是近年来，学校创新机制、筑巢引凤，引进有关顶尖人才以及一大批优秀的海内外法学博士，为法学学科发展注入强劲动力。结合地质、能源、环境科学等学科和平台优势，我校积极探索"法学+成理特色"学科交叉融合发展，推动成理法学学科特色更加鲜明、优势更加显著。2024年，学校获批全国首批纪检监察学一级学科硕士点，获批国内首家纪检监察领域的省级数字监督重点实验室，并连续承办"中国式现代化背景下的新公司法实施研讨会"等高水平学术会议，法学学科影响力持续提升。

此次与省高院创新开展"理法融合"深度合作，于我校而言，意义十分重大。借此机会，我谈几点意见：

一是着眼大局、互补优势，夯实院校合作之本。此次合作，是院校深入贯彻习近平法治思想，集聚优势资源夯实法治人才培养第一阵地、构筑高水平法学理论研究高地的生动实践，也是双方积极落实习近平总书记对四川工作系列重要指示精神，服务省委"四化同步、城乡融合、五区共兴"发展战略的重要举措。成都理工大

* 刘清友，成都理工大学党委书记。

学将以高度的政治自觉，秉持“为党育人、为国育才”的政治担当，全力推动院校合作取得实质性成效，努力践行好为法治中国建设培养高素质法治人才、提供科学理论支撑的光荣使命。

二是共享资源、创新机制，提升院校合作质效。习近平总书记强调，“法学学科是实践性很强的学科，法学教育要处理好知识教学和实践教学的关系”，“加强法学教育、法学研究工作者和法治实际工作者之间的交流”[1]，为法学学科建设指明了方向。当前，成都理工大学正在一体推进教育科技人才体制机制改革，着力强化协同育人、产教融合。我们相信，此次合作将成为法学学科创新发展的重要契机，依托省高院丰富的司法实务资源和我校在法学教育、法学研究上的良好积淀，双方在人才交流、实习实训、教育培训、法学研究等方面深化合作、共建共享，必能实现新时代法学研究、法学教育和司法实践的深度融合，为法治四川、教育强省建设提供有力支撑。

三是不忘初心、携手共进，共同打造院校合作样板。实干出真章！接下来，我们将聚焦协议落地，专题研究、专门部署、专班推进，着力搭建常态化联络平台，打破资源共享壁垒，建立合作事项闭环落实机制，确保院校合作全面落地、开花结果，打造审判实务与法学教育、法学理论研究融合发展的样板标杆，为全面推进依法治国作出新的更大的贡献！

〔1〕《习近平在中国政法大学考察》，载《人民日报》2017年5月4日，第1版。

构建特色鲜明结构合理的纪检监察学科体系

唐清利*

第二十届中央纪律检查委员会第四次全体会议强调，要“凝心聚力、奋发进取，以永不懈怠的精神状态推进新时代新征程纪检监察工作高质量发展”。建设纪检监察学科，既是贯彻党的二十大精神、服务国家监察体制改革重大战略需求的关键举措，也是促进纪检监察工作提质增效的必由之路。2024 年，成都理工大学获批全国首批纪检监察学一级学科硕士学位授权点，成为国家推进纪检监察学硕士点建设的重点布局高校，肩负着推动纪检监察学科发展的重任。成都理工大学以此为契机，大力整合各方面资源，推进校地、校际联动合作，为高水平开展理论研究和实践创新，培养优质人才提供基础支撑，取得了一定的成效。

首先，以有组织的科研为抓手，为学科体系建设奠定基础。学校主动融入中纪委、教育部关于纪检监察教材建设的重点工作，协调推动四川省纪委监委、四川省社科联联合发布“纪检监察学科理论与实践研究”省级专项重点课题，集中全国知名专家和实务工作者开展研究，编写适应最新实践的本科教材。此外，学校积极申报国家社会科学基金重大专项、教育部人文社会科学研究重要项目，已获批省部级教改及科研重点项目 4 个。这些科研项目的推进，不仅提升了学校的科研水平，还为学科建设奠定了坚实的理论基础。

其次，依托数字监督重点实验室平台，强化产学研交叉融合。学校牵头推动建立了“四川省哲学社会科学数字监督重点实验室”，这是国内首个以构建数字纪检监察体系为主题的跨学科实验室。依托该实验室，学校主动服务中央纪委国家监委中心工作，联合宜宾纪委开展数字赋能整治殡葬领域腐败乱象调研，联合凉山州纪委在“数字雷波”框架下共同推进“廉洁雷波”建设专项行动，与成都、达州两市纪委监委签署战略合作协议，共同开展数字监督前沿理论和实践研究。这些合作项目不仅提升了实验室的科研能力，还为数字监督的实践应用提供了有力支持。

再次，以“育廉馆”内涵式发展为支撑，探索嵌入式廉洁教育新模式。学校充分

---

* 唐清利，四川省纪委监委驻成都理工大学纪检监察组组长、党委副书记、纪委书记。

发挥省纪委监委、省委教育工委与学校共建的“育廉馆”平台功能,积极探索“不想腐”嵌入式教育与课堂设置的新模式。学校加强与“两弹一星”干部学院在大中小学思想政治教育一体化上的合作,共同推进纪检监察学科建设“六个一”工程,即一部好剧、一首好歌、一部电影、一篇口述史、一堂大中小学思想政治课、一个教学成果奖。此外,学校高质量承办了“场馆里的思政课”教学研讨会,探索新时代场馆育人的新理念、新思路、新方法。这些探索不仅丰富了廉洁教育的形式和内容,还提升了学生的廉洁意识和道德素养。

最后,以高水平学术研讨会为载体,强化理论和实践协同联动。学校与四川省纪检监察协会、四川省社科联等单位联合举办了一系列高水平的纪检监察学术交流活动,成功搭建了理论研究与实践实务深度融合的交流平台。2024 年 10 月学校举办了“四川省数字监督重点实验室建设暨纪检监察学科建设研讨会”,12 月又举办了“纪检监察理论与实践前沿问题学术研讨会”,中央纪委国家监委驻教育部纪检监察组专门派员莅临指导。这些学术研讨会的举办,不仅促进了学术交流,还逐步形成了理论研究的前沿阵地,为学科建设提供了丰富的理论资源和实践案例。

下一步,我们将以习近平新时代中国特色社会主义思想为指导,始终把正确的政治方向作为纪检监察学科建设的根本原则。全面贯彻落实习近平总书记关于党的自我革命战略思想,构建特色鲜明、符合实际、结构合理的纪检监察学科体系,统筹推进纪检监察学科有序发展。在纪检监察学科建设的过程中,注重理论与实践的结合,加强科研与教学的互动,提升学生的综合素质和社会责任感,为国家监察体制改革和反腐败斗争提供有力的理论支持和人才保障。

一是创新团队发展模式。重点探索一种“融合进阶式”团队发展策略,打造一个相互渗透、深度融合的团队架构,形成一支专业型、复合型的纪检监察学科人才队伍。即团队成员间在学术理念、探究手段、科研资料以及情感纽带等层面实现彼此交融、相互启发、资源共享与思想碰撞,从而激发多维度、多层次、多元化的学术成果产出,助力每位研究者不断提升个人研究素养,同时促使整个团队的学术产出能力呈螺旋式攀升。此外,还要构建一个以成果为导向,兼具开放性与灵活性的团队架构,借助激励机制作为坚实后盾,促进团队成员与外部专业人才的充分交流与合作。借助该模式,广泛吸纳杰出人才投身纪检监察学科建设,进而增强学科的综合实力与社会影响力。

二是统筹推进学科建设。推动四川省纪检监察学科建设领导小组、四川省纪检监察协会进一步加强对纪检监察学科建设的领导,统筹推进有组织学科建设。夯实学科建设平台,持续发布重点课题,集成各方优势力量,解决理论与实践脱节问题,实现理论和实践的结合、研究力量的集中、研究方向的明确和研究话语的统一,力争取得高质量学术成果。学校将加强与省内外高校、科研机构的合作,共享资源,优势互补,共同推动纪检监察学科的发展。此外,学校还将定期举办学科建设研讨会,邀请国内外知名专家学者进行交流和指导,提升学科建设的水平和质量。

三是强化实验室建设。进一步强化"四川省哲学社会科学数字监督重点实验室"的理论研究与实践应用。在对辽宁大学、内蒙古大学等高校深入调研的基础上,强化实习实训基地建设,积极争取四川省纪委监委与学校共建干部学院,推动学科建设成果转化、纪检监察人才培养、纪检监察干部培训的有机贯通。学校将加大实验室的投入,引进先进的科研设备和技术,提升实验室的科研能力和水平。同时,学校还将加强与企业的合作,推动数字监督技术的创新和应用,为实验室的建设和发展提供有力支持。

四是拓展学术交流平台。推动四川省纪委监委、四川省纪检监察协会协调省内具有一定知名度的学术期刊开辟纪检监察学科建设专栏,建立学术平台共同体,为纪检监察理论研究、学科建设提供更有力的平台支撑。学校将定期举办国际性或全国性学术会议,邀请国内外知名专家学者交流和研讨,提升学校在纪检监察学科领域的学术影响力。此外,学校还将加强与国内外高校和科研机构的合作,开展学术交流和合作研究,推动纪检监察学科的国际化发展。

五是深化实施教育工程。继续携手"两弹一星"之城,进一步深化推进纪检监察学科建设的"六个一"工程,涵盖创作一部高质量的剧作、谱写一首富有感染力的歌曲、拍摄一部意义深远的电影、撰写一篇生动的口述历史、打造一堂覆盖大中小学的思想政治示范课程以及荣获一项教学成果奖项。借助多样化的文化载体与教育实践,不断拓展和深化纪检监察学科的内涵与外延,增强该学科在社会层面的影响力及教育的实际成效。此外,学校计划加强与地方政府的合作,联合开展廉洁教育相关活动,提升学生的廉洁自律意识与社会责任感。同时,学校也将积极拓展与企业的合作领域,共同推进廉洁文化建设,促进廉洁文化理念在更广泛的社会范围内得到传播与推广。

加强合作交流
推进新时期法学学科建设高质量发展

郭　锋*

成都理工大学文法学院(纪检监察学院)目前处于最好的发展机遇期。从国家层面看,党的二十届三中全会决定强调,加快建设中国特色、世界一流的大学和优势学科;加强基础学科、新兴学科、交叉学科建设和拔尖人才培养。中共中央办公厅、国务院办公厅印发的《关于加强新时代法学教育和法学理论研究的意见》提出,到2025年,法学院校区域布局与学科专业布局更加均衡,人才培养质量稳步提升,基础理论研究和应用对策研究更加繁荣;到2035年,建成一批中国特色、世界一流法学院校,造就一批具有国际影响力的法学专家学者,培养大批德才兼备的高素质法治人才,构建起具有鲜明中国特色的法学学科体系、学术体系、话语体系,形成内容科学、结构合理、系统完备、协同高效的法学教育体系和法学理论研究体系。从学校层面看,按照成都理工大学第二次党代会提出的"三步走"战略安排,到2036年学校建校80周年、我国已经基本实现社会主义现代化之际,学校建设的"世界一流学科"达到世界领先水平、若干优势特色学科达到世界一流水平的目标。法学学科建设可以深度融入"双一流"建设目标,推动学科专业和人才培养布局。

首先,法学学科基本具备建成国内一流法学学科的基础条件。我校法学学科具有三个特点和优势:一是法学门类较为齐备。在大法学门类下,文法学院拥有法学、社会学、公共管理三个二级学科,有助于在学院内部以法学为主体进行学科交叉融合、复合型人才培养。同时拥有法学、纪检监察学两个一级学科,拥有"四川省哲学社会科学数字监督重点实验室"。法学学科现设有法学理论、民商法、刑法、环境资源法四个二级学科,并且具有法学、纪检监察学一级学科硕士学位授权点。据统计,全国以法学院为依托建立纪检监察学学科的高校仅30多家,同时拥有数字监督重点实验室的就我校一家。二是特色学科正在形成。由于领军人才加盟,我校在民商法、金融法、纪检监察学学科领域具有国内领先优势。经过多年建设发展,

---

* 郭锋,成都理工大学文法学院(纪检监察学院)特聘院长。

我校在民商法、金融法、环境资源法、破产法、法社会学、妇女儿童权益保护法等领域形成了较为显著的特色，具有一定实力和较大影响。三是科研平台已成体系。学院建有“四川省哲学社会科学数字监督重点实验室”、四川省高等学校人文社会科学重点研究基地“四川省儿童保护与发展中心”、成都市哲学社会科学研究基地“企业保护与法治环境建设研究基地”、校级“中国可持续发展(ESG)法治研究中心”等 12 个科研平台。主办国内理工类大学法学院目前唯一一本学术连续出版物《理工法律评论》，编辑《纪检监察学前沿与动态》，并主办研究生交叉学科电子学术月刊《砚湖法学 +》，以及开设具有一定影响的微信公众号“文法良品”与“纪法研学用”。

其次，按照“入主流、办特色”理念塑造法学学科发展特色。我们将抢抓发展机遇，充分利用好全国法学教育东西对口支援政策，不断优化法学教育资源配置，弥补学科短板，优化学科结构，夯实学科基础，突出学科特色，培养优势学科。在加快“双一流”建设进程中使法学学科形成具有西部特色、理工特色的差异化发展格局。学科建设的愿景是：扎根西部、融通中外，立足时代、面向未来，力争在 3—5 年内建设成为四川省、西部地区主流学科，在 8 年内建成国内一流学科，在 12 年内建成具有中国理工类高校法学特色、具有国际影响力的优势学科，一些学科专业达到世界一流水平，与我校在 2036 年基本建成“中国特色、世界一流”的高水平大学相适应，成为国家 2035 年建成的一批中国特色、世界一流法学院校之一。

最后，围绕学科建设、人才培养谋划布局、整合资源、协同推进。一是以建设纪检监察学和法学一级学科博士点为目标进行学科布局。为达成法学一级学科博士授权点目标，重点建设纪检监察学、法学两个一级学科。在法学一级学科下，重点建设民商法学、环境资源法学、法理学、诉讼法学、经济法学等二级学科。3—5 年内，将民商法学、环境资源法学、诉讼法学(环境诉讼、金融诉讼、职务犯罪刑事诉讼)建设成国内一流二级学科；将法理学(法社会学、法经济学、法心理学方向)、经济法学建成有一定影响的优势学科。

二是重点开拓交叉学科、新兴学科。在推进传统法学学科更新学科内涵同时，重点建设社会治理法学、科技法学、数字法学、气候法学、ESG 法学等新兴学科，推进法学和经济学、社会学、政治学、心理学、统计学、管理学、人类学、网络工程以及自然科学等学科交叉融合发展。争取与我校数学学院、计算机与网络安全学院、生态环境学院、能源学院联合组建交叉学科研究团队。在学院内部形成法社会学、法心理学、社会治理法学的跨学科研究团队。

三是打造一流师资队伍。重点打造一支法学根底深厚、熟悉中国国情、通晓国际规则的高水平专兼职教师队伍。对标一流高校法学院，目前我校法学学科师资高级职称不足，有影响力的学术带头人没有成为规模，教师队伍的特色优势、核心竞争力不明显。我们正在采取措施加强引进学术带头人，全面培养骨干教师、青年教师,形成一支年龄、职称、学历、专业等结构合理,学术、教学、实践相结合的高素质教师队伍。

四是发挥智库作用,加强社会服务。要立足西部,服务全国,辐射“一带一路”共建国家。积极参与国家法治建设,为全面依法治国提供高质量咨询研究报告。围绕法治建设重大规划、重点改革、重要举措等,开展前瞻性、针对性、储备性法律政策研究;研究立法、执法、司法、守法等法治领域的突出问题,提出对策建议。加强对国家重大发展战略法治保障对策研究,加强国家安全、科技创新、公共卫生、生物安全、生态文明、防范风险等重点领域法治实践与对策研究,加强新技术新业态新应用领域法律制度供给研究。突出服务国家重大工程建设、四川省经济社会发展、自然资源事业发展和生态环保事业发展。承担法治课程培训,参加法治文化的传播和普及,为提高全社会的法治意识和法治素养贡献力量。

五是夯实人才培养中心地位。重点培养创新型、复合型、特色型人才。优化课程结构、深化培养内容,夯实一流本科教育在“双一流”建设中的基础地位,提升本科教育教学水平和人才培养力度。形成与我校理工特色、西部地区社会经济发展相适应的“法+”学科群人才培养模式。重点培养既懂法律、纪检监察,又懂数字经济、人工智能、社会学、环境科学、公共管理、少数民族语言、外语小语种的复合型人才。全面提升本科生、研究生理论研究水平、法律思维能力,为研究生、本科生提供论文发表平台。积极鼓励学生自办学术社团、学术沙龙、学术讲座。鼓励本科生、研究生报考国内外一流大学法学院和相关学院硕士研究生、博士研究生。鼓励本科生、研究生参加国内外学术会议、提交学术论文,并为经济条件困难的学生提供经费补贴。

六是强化法律实务教学。在人才培养方案制订、课程建设、教材建设、学生实习实训等环节,吸收法治工作部门参加。完善学生实习实训工作制度,推荐优秀学生担任实习法官检察官助理、律师助理,或推荐到国际组织进行实习。巩固和优化校外法学实践教学基地。基于“全国布点、分类设置、统一管理”原则,将实习基地向全国范围延伸,拓展到在北京、上海、广州、深圳设立一定数量实习基地;按照“法治系统、纪检监察系统、党政系统、经济金融系统、生态环境系统、科技系统、企业系统、涉外系统、其他系统”进行分类设置和集中统一管理。

目前,学校党委高度重视法学学科建设,大量招聘珠峰青年人才加入法学院。学院采取有力措施激发教师学术研究热情,为青年教师解决办公条件,多次举办高层次全国性学术研讨会,加强与一流法学院的交流合作,不断邀请著名专家前来举办高端学术讲座,鼓励教师参加全国性学术会议,加入各种学会成为会员、理事、常务理事,等等。以上措施为法学学科建设注入强劲发展动力。让我们团结奋进、改革创新、砥砺前行,为实现建成一流法学院的目标而不懈努力!

民商法研究

新《公司法》：董事会中心主义支配下公司治理结构重塑

郭 锋*

内容提要 公司治理的关键是在董事会和股东会、经理层之间合理分配权力。新《公司法》在董事会中心主义支配下，全面重塑了公司治理结构。其基本思路是：突出董事会在公司治理中的中心地位，将审计委员会植入董事会内部；总体弱化股东大会地位，限缩股东大会职权；将监事会设置、经理职权非法定化，交由公司意思自治。从纵向权力分配观察，新《公司法》的上端路径是调整董事会与股东会的职权边界，下端路径是取消经理法定职权；从横向职权配置观察，主要是在双层制治理模式下合理界分董事会和监事会职权，在单层制治理模式下用董事会审计委员会取代监事会。此外，新《公司法》对董监高责任做了体系化的创新性规定，将董监高忠实义务和勤勉义务进行体系化完善。

关键词 新公司法 公司治理 董事会中心 监事会 审计委员会

《公司法》于1993年制定以来，共经历了4次修正、2次修订。2005年第一次全面修订以“放松管制、鼓励投资、优化治理”[1]为理念，降低公司注册资本最低限额，将股份公司设立审批制改为准则制，实行公司资本分期缴纳制，细化股东大会、董事会召集程序，要求上市公司设独立董事，以专章规定董监高的忠实义务、勤勉义务，强化监事职权，等等。2023年《公司法》（以下简称新《公司法》）修订是对公司法第二次全面修订，最大亮点之一是适应新时代中国特色社会主义现代化建设需要，对公司治理进一步完善和重构，创新和优化了新发展阶段我国公司治理

---

* 郭锋，成都理工大学文法学院（纪检监察学院）特聘院长、教授。

〔1〕 陈甦：《公司法修改——与时俱进的创新》，载中国人大网，http://www.npc.gov.cn/npc/c2/c189/c221/201905/t20190524_31923.html。

制度。

一、公司法创新和优化公司治理制度的价值目标

创新和优化公司治理制度的价值目标,可以从国家层面、法治层面、经济层面进行分析评价。

首先,在国家层面的价值目标是,推进中国式现代化,健全中国特色现代企业制度。1993 年《公司法》对建立和巩固社会主义市场经济体制、促进国有企业改革、建立公司法人治理结构、形成现代企业制度发挥了重要作用。但随着改革开放进程的不断深化,一些内容已不符合新的发展情况。比如,"公司法的一些条款存在与改革发展不适应、不协调的问题"。[1] 个别基础性制度较为原则或存在瑕疵,如公司资本制度;有的规定滞后于公司制度的创新实践,如国有企业董事会制度;公司治理与监督制衡机制不完善;中小投资者、债权人、利益相关者的权益保护需要进一步弥补短板等。这次公司法修改,充分体现了法律制度需要因时而变、与时俱进的立法精神。最重要的是,应当适应党的二十大提出的发展目标。党的二十大报告为全面建成社会主义现代化强国规定了时间表、路线图,即从 2020 年到 2035 年基本实现社会主义现代化,从 2035 年到本世纪中叶把我国建成富强民主文明和谐美丽的社会主义现代化强国。以公司为主体的现代企业是社会主义市场经济的微观细胞,是推动经济社会发展的主力军,是推进中国式现代化的重要基础。[2] 要建成现代化经济体系,形成新发展格局,就必须发挥公司制度的基础功能、先导作用。公司兴则国家兴,公司强则国家强。纵观全球现代经济发展史,无论是英国还是美国,在崛起为新兴强国过程中,都离不开一大批具有全球竞争力的大公司引领担纲。增强我国经济实力、科技实力和国际竞争力,就必须培养和兴起一批世界一流企业,使它们成为引领全球产业发展和技术创新的关键力量。[3] 因此,公司法必须通过不断优化和升级法律制度,担负起推进中国式现代化、完善中国特色现代企业制度的国家目标,必须服务保障建设一批具有全球竞争力的世界一流企业的国家战略。为此,新《公司法》第 1 条在立法宗旨中特别将党的二十大报告中的内容法治化,增加规定:"完善中国特色现代企业制度,弘扬企业家精神"。

其次,在法治层面的价值目标是,从立法上巩固企业改革发展成果。自 1993 年

[1] 全国人大常委会法制工作委员会副主任王瑞贺:《关于〈中华人民共和国公司法(修订草案)〉的说明——2021 年 12 月 20 日在第十三届全国人民代表大会常务委员会第三十二次会议上》,载中国人大网,http://www.npc.gov.cn/c2/c30834/202312/t20231229_433993.html。

[2] 参见徐善长:《加快建设世界一流企业》,载《学习时报》2022 年 11 月 28 日,A1 版。

[3] 参见黄群慧:《牢牢把握战略使命深化国资国企分类改革》,载人民网,http://theory.people.com.cn/n1/2024/1127/c40531-40369986.html。

党的十四届三中全会提出建立“产权清晰、权责明确、政企分开、管理科学的现代企业制度”以来,我国先后推进了企业公司制、公司股份制以及公司制度市场化、现代化、国际化的探索与改革。其一,国企改革发展取得重大进展。党的十八大以来,党中央将建立现代企业制度作为国有企业改革的方向,不断深入推进国有企业改革发展。国有企业科研创新能力前所未有增强,比如,在探月工程、载人航天、深海探测、特高压输变电、移动通信、高速铁路、军事科技等领域,取得一批具有国际先进水平和增强综合国力的重大科技成果。国有企业规模不断扩大,承担的社会责任不断加强。其二,民营经济成为支撑经济发展、维持国家税收、增加就业、保障民生的关键力量。据国家市场监管总局统计,截至 2024 年 9 月底,我国实有民营经济主体总量达 18,086.48 万户,其中民营企业 5554.23 万户。[1] 民营企业在创新能力、市场占有率和竞争力方面具备独特优势,对解决社会就业、扩大有效投资、科技创新、国家税收、对外贸易、推动经济发展等都具有无可估量的决定性作用。其三,混合所有制企业改革发展初见成效。党的十八大以来,为了综合国有经济与民营经济的各自优势,进行了国企混合所有制改革。据测算,国企在混改中共引入各类社会资本超过 2.5 万亿元。混合所有制企业成为国有资本、民营资本、外资资本优势互补、强强联合的重要载体,在一定程度上实现了混合所有制经济平等相待、共同发展。我国企业改革发展取得的成果,离不开公司法的保驾护航。需要将企业改革发展中形成的具有制度突破和创新的经验吸收到公司法中,使公司法成为贯彻新发展理念、构建新发展格局、推动高质量发展的强大制度引擎。

最后,在经济层面的价值目标是,增强公司运行效率,降低交易成本,促进经济高质量发展。公司治理的本质在于,解决因管理权与所有权分离引发的信息不对称和代理问题。一方面要确保大股东权益,另一方面要兼顾各方利益。此外,还要规范管理者的经营管理行为,激励其维护股东利益最大化,并保障公司债权人、职工、其他利益相关者的权益。长期以来,受旧观念、旧体制约束,我国公司治理存在一些突出问题。其一,股权高度集中。由国企改制或政府投资新建的公司,大部分股权由政府持有;股份制企业很多由自然人或实际控制人控制。在股权过于集中、一股独大情况下,大多数公司特别是上市公司存在严重的“内部人控制”现象。如果法律不对控制性利益加以规制,控制人可能会肆无忌惮地挪用、侵占公司资产。[2] 其二,治理结构不合理。原公司法规定单一的董事会与监事会双层治理模式,监事会的监督权有限,无法实现对公司董事、经理内部利益主体的有效制衡与

---

〔1〕 参见赵文君:《全国登记在册民营企业数量超过 5500 万户》,载中国政府网,https://www.gov.cn/lianbo/bumen/202411/content_6985530.htm。

〔2〕 参见汪青松:《公司控制权的规制变革与平衡进路》,载《现代法学》2024 年第 6 期。

监督;股东会被架空;上市公司独立董事无法发挥监督作用。其三,约束和激励功能弱化。国有公司对董事、高管的约束与激励机制没有完全到位。国有公司控制权往往表现为“超弱的产权代表”和“超强的行政控制”,[1]前者指所有者履职不到位,后者指政府机构或组织部门对董事、高管进行职务任免管控。这就给管理层、经理人利用“超弱产权代表”追求个人私利、损害公司利益提供了条件,为管理层、经理人利用“超强行政控制权”转嫁经营风险、推卸经营责任提供了机会。针对以上公司运行效率降低、交易成本增大、投资者权益受损情形,新《公司法》突出了公司治理的有效性。比如,扩大公司股东选择公司治理结构的意思自治权,增强董事会地位和权力,弱化经理法定权力,加重董监高对公司和股东的信义义务,加强公司社会责任。

新《公司法》对公司治理的优化重塑,有助于进一步提升我国公司的全球竞争力,通过资本、资源、技术、人才等各类要素的全球优化配置,实现公司国际化经营,形成大型跨国企业,助推现代化强国建设。

二、董事会中心主义:公司治理结构重塑的功能目标

公司治理结构是由股东会、董事会、监事会和经理层基于权利、义务、责任等形成的相互关系框架,本质上是公司所有者与经营管理者基于法律规定和信托责任而形成的相互制衡的结构性制度安排。我国公司治理结构最早源于 1993 年《公司法》。受制于当时的社会经济条件,公司立法时我们对公司治理的认识还存在局限,造成公司治理机制设计的科学性不足,职权配置不合理,运行效率低下,风险控制能力差。本次公司法修改,在董事会中心主义支配下,全面重塑了公司治理结构。其基本思路是,突出董事会在公司治理中的中心地位,将审计委员会植入董事会内部,让董事会“长牙带刺”;总体弱化股东会地位,限缩股东会职权;将监事会设置、经理职权非法定化,交由公司意思自治。这对我国现代企业制度建设、经济高质量发展、国家全球竞争力增强,以及公司内部治理体系、公司运行效率、公司行为效力等将产生重大影响。

从经理人中心主义转化为董事会中心主义,是现代公司治理的发展趋势。[2]在公司发展史上,最初是股东会中心主义,即公司经营管理主要由股东会负责。20 世纪初,随着股份制的普及,美国公司界最早完成了从股东会中心主义向董事会中心主义的变革。委托代理理论(Principal – agent Theory)创始人、美国经济学家伯利

---

[1] 参见谭雅馨:《新〈公司法〉在公司治理中的作用探析》,载《安徽警官职业学院学报》2022 年第 1 期。

[2] 参见郭锋:《股份制企业所有权问题的探讨》,载《中国法学》1988 年第 3 期。

(Adolf A. Berle)和米恩斯(Garcliner C. Means)在20世纪30年代的研究发现,公司治理所遵循的逻辑是:作为公司所有人的股东,通过股东会的投票表决将经营管理权、重大事务决策权授予董事会,再由董事会任命经理人员处理公司日常事务。这意味着由董事会代表股东会对公司进行经营管理。但在实践中,董事对公司的经营管理权往往被经理层所僭越,董事权力被削弱,这使得董事会越来越具有象征性、形式性。由此,公司治理退化为经理人中心主义。学者指出,经理人中心主义是弱化董事会、平衡利益相关者利益导致的结果。[1] 1971年,美国学者玛切(Mace)在一份研究报告中,通过统计数据揭示了董事职能不断减弱的客观情况。比如,董事不关心公司目标、发展策略,不对经营管理者提交董事会审议的方案提出负责任、有洞察力的意见建议。事实上,经营管理者操纵着股东们投资拥有的公司,董事会违背股东们的授权,仅满足于为经营管理者的行为履行盖章手续,或受经营管理者之托去安抚有质疑意见的股东。此外,董事会会议的议程一般由经营管理者确定并控制,内部董事为了自身的经济利益、任职安全或出于礼貌一般不提出质询。[2] 基于此,一些学者纷纷呼吁将公司经营管理的职能恢复赋予董事会,使董事免受经营管理者控制。因此,美国立法开始将公司治理从经理人中心主义改革恢复为董事会中心主义。比如,按照《示范公司法》规定,在美国,所有的公司权力按章程或股东协议均须由董事会行使,或由董事会授权行使,公司的业务、事务须在董事会领导下进行(第8.01条)。[3] 英国1985年颁布的《示范公司章程》规定,公司的业务应由董事会管理,在遵守公司法、章程大纲、章程规则和股东会特别决议的规定前提下,董事会可以行使所有公司权力。

在我国,董事会中心主义是国有企业公司制改革取得的成功经验。在建立社会主义市场经济过程中,国有企业先后经历了"放权让利—建立现代企业制度—公司制改革—国资监管体制改革"等历程。国有企业公司治理机制的建立,一方面借鉴了西方现代公司制度的成功经验,另一方面也结合了中国特色社会主义现代化建设实践。在国企改革过程中,有一份被称为"新时期指导和推进中国国企改革的纲领性文件",这就是党中央和国务院2015年8月印发的《关于深化国有企业改革的指导意见》。该意见旗帜鲜明地提出健全公司法人治理结构的重点是推进董事会建设,指出要建立健全"权责对等、运转协调、有效制衡"的决策执行监督机制,具

---

〔1〕 See James D. Cox & Randall S. Thomas, *A Revised Monitoring Model Confronts Today's Movement Toward Managerialism*, 99 Delaware Journal of Corporate Law 1275, 1278 (2021).

〔2〕 参见郭锋:《投资者权益与公司治理——为投资者的权利而斗争》,经济科学出版社2003年版,第239-254页。

〔3〕 参见美国法律研究院:《公司治理原则:分析与建议》(上卷),楼建波译,法律出版社2006年版,第97页。

体措施包括规范董事长、总经理履职行权行为,发挥董事会的决策作用、监事会的监督作用、经理层的经营管理作用以及党组织的政治核心作用。中央全面深化改革委员会 2020 年 6 月审议通过的《国企改革三年行动方案(2020—2022 年)》则明确提出,董事会的作用是定战略、作决策、防风险,经理层的职能是谋经营、抓落实、强管理。据统计,公司制改革全面完成后,1.29 万户中央企业子企业、734 户地方一级企业、2.63 万户地方国有企业子企业,都基本上实现董事会应建尽建。[1]

三、公司治理结构重塑的逻辑进路

公司治理的关键是在董事会和股东会、经理层之间合理分配权力。1993 年《公司法》的根本缺陷是忽视了应建立符合现代企业制度、以董事会为中心的公司治理结构,因此在没有充分研究、吸收国际上公司治理结构新近发展和经验教训情况下,所规定的股东大会、董事会、经理“层层负责、各司其职”,监事会履行监控职责的治理模式,在执行中没有达到预期立法效果。一是董事会和股东会的职责权限边界不清。原公司法对股东大会具体职权的设置,有一些内容剥夺了董事会的经营决策权(如决定公司的经营方针和投资计划)。在法定化的股东会职权、董事会职权之外的剩余权力,究竟是由股东会行使还是由董事会行使,公司法没有设定标准。二是经理层职权的法定化和不断扩张,削弱和制约了董事会的管理权。比如,原公司法规定公司应设经理,并列举了经理的 8 项职权。经理职权法定化产生的不利后果,主要表现为经理的职权董事会无法行使,事实上形成经理层在公司经营管理中享有比董事会更加具体而广泛的权力。

反思上述弊端,新《公司法》对公司治理结构按照全新的逻辑进路进行了重塑。这种重塑可以从以下四方面进行观察:

第一,从治理目标观察。公司治理应当有利于实现公司治理目标。公司治理目标可区分为价值目标与功能目标。就价值目标而言,一是保护所有者权益,二是增进社会整体福利。[2] 为保护所有者权益,就必须适应所有权与控制权相分离的二元化结构,在公司治理中将最终权力授予股东或股东会,同时将管理权授予董事和董事会;为增进社会整体福利,就要尊重公司的经济属性和社会属性,确保公司治理有助于公司进行营利活动、承担社会责任、促进国家经济增长。有的学者将

---

〔1〕 参见徐佩玉:《1.29 万户央企子企业设立董事会》,载中国政府网,https://www.gov.cn/xinwen/2022-04/01/content_5682833.htm。

〔2〕 有观点指出,公司法的恰当目标应当是促进受到公司活动影响的人们的整体福利,包括公司股东、雇员、供应商和客户,以及当地社区居民和自然环境的受益人等第三方。参见沈云樵:《论股东功能之嬗变:从股东治理到股东代理》,载《中国法学》2024 年第 5 期。

“公司正义”作为公司立法的准则，[1]如能证成，可以构成公司治理的最高价值目标。就功能目标而言，一是解决好“委托—代理”问题，通过对董监高责任机制、激励机制、信义义务的设计，消除信息不对称情况下董监高的道德风险和逆向选择，防止权利滥用。二是降低交易成本，增强治理效率。公司治理需要付出成本，包括各种显性成本、隐性成本；公司治理主体的多元性，一方面可以保障相互监督制约，另一方面也会形成制度摩擦，减低决策效率。治理结构越复杂，治理成本就越高，决策效率就越低，公司的市场适应性、竞争力就会减弱。在董事会中心主义支配下对公司治理结构进行改革重塑，就是从立法制度上更有效地实现公司治理的上述目标。新《公司法》试图通过对公司治理主体的权利再分配，构建以董事会为中心，股东会、董事会、监事会、经理层之间合理分配权利的新格局。

第二，从纵向权力分配观察。新《公司法》修改的是上端路径是调整董事会与股东会的职权边界。一是弱化股东会法定地位，缩减股东会法定职权。即规定只有一个股东的有限公司、股份公司不设股东会（第60条、第112条第2款）；对有限公司股东会决议事项，股东以书面形式一致同意的，可以不召开股东会会议，直接作出决定后签名或盖章（第59条第3款）。将股东会职权从原公司法规定的11项缩减为9项，取消“决定公司的经营方针和投资计划”“审议批准公司的年度财务预算方案、决算方案”2项职权，并规定股东会可以授权董事会对发行公司债券作出决议。其中，取消“决定公司的经营方针和投资计划”，保持了与《民法典》第81条第2款规定的一致性。二是强化国有独资公司董事会地位。国有独资公司不设股东会，其股东会职权由履行出资人职责的机构行使；该机构也可以授权董事会行使股东会的部分职权（第172条）。国有独资公司董事会成员中，外部董事应当超过半数（第173条）。三是建立董事会审计委员会制度。不设监事会或者监事的有限公司、股份公司、国有独资公司，可以依据章程规定在董事会中设置审计委员会，其成员由董事组成（第69条、第121条、第176条）。审计委员会的职能是行使监事会职权。上市公司设置审计委员会，应按照国务院或证监会根据新《公司法》制定的有关具体规定执行。

新《公司法》修改的下端路径是取消经理法定职权。按照公司法理论，经理在公司治理结构中应履行什么样的职责取决于公司章程、股东会、董事会的授权，而不应由法律加以规定。董事会是公司经营管理权的行使主体，具体行使经营管理职能，对内管理公司业务，对外代表公司发生事务、业务往来。董事会聘任经理作为管理者，在董事会的授权范围内履行日常事务工作，董事会可以随时变更授权范围、授权事项。原公司法对有限公司、股份公司的经理职权做了多达8项的详细列

---

[1] 参见梁上上：《论公司正义》，载《现代法学》2017年第1期。

举(第 49 条、第 113 条第 2 款),其最大弊端是侵蚀了董事会权力,造成董事会职权空心化。经理权力的扩张不仅偏离了法律规定的最佳治理实践,而且可能戕害公司的民主、权力制衡等价值。[1] 从英美公司法或示范章程来看,鲜有列举经营管理者职权的做法,这意味着不从制度上赋予其以对抗董事会的权力。经理层应具有哪些权力,应由董事会按公司意思自治原则决定,法律不加以干预。正如有的学者所指出,经营者权力不具有法定的专属性,应该也完全可以根据公司治理的需要在不同主体或机构中进行分割。[2] 为此,新《公司法》将经理职权非法定化,规定经理对董事会负责,其行使的具体职权根据公司章程的规定或者董事会的授权进行(第 74 条、第 126 条)。

第三,从横向职权配置观察。横向职权配置主要是在双层制治理模式下合理界分董事会和监事会职权,在单层制治理模式下用董事会审计委员会取代监事会。新《公司法》根据国有公司董事会改革、取消监事会实践,赋权公司可以在章程中选择实行单层制,即只设董事会、不设监事会。不设监事会的,在董事会中设置由董事组成的审计委员会,行使监事会职权。1993 年《公司法》沿袭大陆法系传统,除设立股东会为权力机构,分设董事会为管理机构、监事会为监督机构,形成公司治理双层架构。后来,又在上市公司中借鉴英美法系设立独立董事。新《公司法》在保留双层制情况下,引入单层制,为公司治理提供可选方案。单层制实际上是对实践中监事会地位和职权不断弱化的一种必要矫正。监事会的制度设计除了在德国取得成功,在我国以及日本、韩国均效果不彰。尽管学者们发现其制度根源在于没有赋予监事会足够的权威以对抗公司管理层和公司控制者,使公司监事会制度徒有其表,[3] 但也没有找到更好的解决办法。修改公司法时实际上面临两种选择,一是继续强化,二是予以废除。如果继续强化,就应当以德国监事会为参照,重新设计和构造董事会和监事会的关系与职权;如果予以废除,可能制度转换成本过大,后果较难预料。立法机构采取折中做法,在保留原监事会、监事职权规定前提下,允许公司自主决定用董事会审计委员会取代监事会。

第四,从信义义务角度观察。在现代公司治理中,董监高是关键因素,其行为直接关系到公司治理的成效。新《公司法》对董监高责任作了体系化的创新性规定,将董监高忠实义务和勤勉义务进行体系化完善。原公司法仅规定董监高的忠实义务和勤勉义务,但未作具体界定;对忠实义务进行了列举,即"八大"不得有的

---

[1] 参见叶林、钱程:《经理的扩权现实与公司法因应》,载《经贸法律评论》2024 年第 4 期。

[2] 参见赵旭东:《股东会中心主义抑或董事会中心主义?——公司治理模式的界定、评判与选择》,载《法学评论》2021 年第 3 期。

[3] 参见施天涛:《让监事会的腰杆硬起来——关于强化我国监事会制度功能的随想》,载《中国法律评论》2020 年第 3 期。

行为。新《公司法》的创新性规定体现在:其一,将忠实义务和勤勉义务类型化并进行界定;将适用范围扩大到控股股东、实际控制人;将对担保行为、关联交易行为、谋取公司商业机会行为、竞业禁止行为(以下简称四类行为),从消极规定转变为积极规定。原公司法对四类行为并没有一概禁止,但采取了消极立法主义,大多规定在"董事、高级管理人员不得有下列行为"之列。新《公司法》予以剔除,分别设置独立条款,总体上采取积极立法主义,规定董监高在满足法定程序前提下可以直接或间接与本公司订立合同或进行交易;允许谋取公司商业机会的例外情形;允许履行程序后的竞业行为;加强对董监高关联交易的规范,扩大关联人范围,增加关联交易报告义务和回避表决规则。其二,强化董监高对维护公司资本充实的法律责任,规定董监高对发起人或股东履行资本充实义务负有监督责任,否则应当对由此造成的公司损失进行赔偿。其三,增加规定董事、高管执行职务,因故意或者重大过失给他人造成损害的,应当与公司承担连带责任。

但是,新《公司法》对公司治理结构的重塑并非十全十美,留下了一些问题和不确定性。其一,正如有的学者所指出,新《公司法》整体来看,显然偏重债权人利益保护,对股东、董事及高管施加了过重的责任。[1] 其二,双层制和单层制的公司治理结构可能在公司治理中出现竞争和排斥,双层制有可能在竞争中败北,导致监事会进一步形式化、空心化,最终被大多数公司弃而不用。其三,在法定化的股东会职权、董事会职权之外的剩余权力,究竟是由股东会行使还是由董事会行使,新《公司法》没有设定区分标准,只是规定股东会、董事会可以行使"公司章程规定的其他职权"。公司章程按照什么原则区分股东会、董事会的意定权力,如何解决可能出现的权力冲突,将演化为一个突出的问题。在剩余权力归属不明的情况下,新《公司法》对剩余权力归属的回避可能成为司法裁判不一致的"致乱之源"。[2] 其四,公司特别是上市公司是只设立一套监督体系,如在董事会内部设立履行监事会职权的审计委员会,或只设立监事会,[3]还是可以同时设立监事会和董事会审计委员会,新《公司法》没有作出明确规定。我们认为,如果同时存在,不仅需要将两个监督机构的职能在章程中进行区分,而且叠床架屋,增加公司治理成本。其五,新《公司法》对有限公司审计委员会强制性要求少,对审计委员会的组成与决议没有法定要求;对股份公司的审计委员会强制性要求多(第121条)。在此情况下,如何确保两类公司的审计委员会都充分发挥作用,需要进一步研究。

---

〔1〕 参见罗培新:《新〈公司法〉的立法缺陷及其完善》,载《政法论坛》2024年第6期。

〔2〕 参见马可欣:《权力动态配置下的董事会中心主义》,载《北京社会科学》2024年第8期。

〔3〕 参见蒋大兴:《新〈公司法〉董事会审计委员会规则的执行困境》,载《中国法律评论》2024年第2期。

四、新《公司法》优化公司组织机构设置的创新性规定

(一)关于国家出资公司

本次修改公司法的重要任务,是将国有企业贯彻落实党中央深化国企改革决策部署的成果、完善中国特色现代企业制度行之有效的政策、国有企业治理改革的经验,予以制度化、法律化,为进一步促进我国经济高质量发展提供制度基础。在推进公司法修改的研究中,有学者建议,公司法应扩大国企范围,扩张对其规范事项,充实国企组织机构规整内容,对其监督机构设置注重自由性和有效性,以促进国企公共目的之实现。[1] 新《公司法》对国有公司规定的条文,应该说充分总结了国企改革有益经验,吸收了改革成果。同时,为了减少委托代理成本,简化国企面对市场竞争时的决策流程,在原公司法关于国有独资公司有关条款基础上,增设“国家出资公司组织机构的特别规定”专章,共规定了 10 个条款(第 168—177 条)。主要的创新性规定包括:一是在公司法适用范围方面,由原仅仅适用于国有独资有限公司,扩大到国有独资、国有控股的有限公司、股份有限公司。按照新《公司法》第 168 条第 2 款的规定,国家出资公司是指国家出资的国有独资公司、国有资本控股公司,包括国家出资的有限公司、股份有限公司。二是明确规定,一般情况下,在中央由国务院代表国家,在地方由地方人民政府代表国家,依法履行出资人职责,享有出资人权益。但国务院、地方人民政府也可以授权国有资产监督管理机构等履行出资人职责(第 169 条)。国家出资人主要以股东角色和身份参与公司决策和经营管理,通过股东会表决、推荐董事和监事等方式行使股东权利,确保国家出资人意志得以贯彻落实。三是加强国有独资公司董事会建设。新《公司法》第 172 条规定,国有独资公司不设股东会,由履行出资人职责的机构行使股东会职权。履行出资人职责的机构可以授权公司董事会行使股东会的部分职权,但是公司章程的制定和修改,公司的合并、分立、解散、申请破产,增加或者减少注册资本、分配利润,必须由履行出资人职责的机构决定。在董事会中设置由董事组成的审计委员会,行使《公司法》规定的监事会职权,同时不再设监事会和监事(第 176 条)。第 172 条的规定直接修改了原公司法第 66 条“国有独资公司合并、分立、解散、申请破产的,应当由国有资产监督管理机构审核后,报本级人民政府批准”的规定,将国家出资公司重大事项的决策权,统一交由实际履行出资人职责的机构行使,无须再报本级人民政府批准。简化决策程序,减少交易成本。四是将合规管理从部门规章提升到立法层面,对国家出资公司提出依法建立健全内部监督管理和风险控制制

[1] 参见蒋大兴:《论国有企业的“公司法构造”——一种法律技术主义的路线》,载《吉林大学社会科学学报》2023 年第 6 期。

度的合规管理要求(第177条)。这昭示着国有企业的合规管理进入法治化新时代。以上修改的基本逻辑是,通过引入"国家出资公司"概念,对国有公司进行体系化整合,将董事会定位为国家出资公司的决策机构,促进公司法的功能扩展。[1]

(二)关于单层制治理结构

从全球主要国家立法考察,公司治理结构区分为双层制和单层制两种类型。前者是指负责公司治理的管理层包括董事会和监事会两个机构,如大陆法系的德国、丹麦、瑞典、日本等国。比如在德国,监事会作为董事会上位机构,可以任免董事、决定董事报酬,还可以行使公司重大决策权、监督权。后者是指负责公司治理的管理层只是董事会,没有监事会这一机构,主要在英美国家实行。由于公司不设监事会,独立董事事实上履行内部监督职能,监督内部董事、经理层的履职行为,维护股东和公司利益。就此而言,相当于大陆法系的监事会制度。新《公司法》将公司治理的双层制强行性规范改革为任意性规范,授权公司可以选择单层制治理模式,即只设董事会,不设监事会。赋予公司自主选择治理结构,将有助于提升公司的治理效能和竞争力。按照新《公司法》第69条、第121条的规定,有限公司、股份公司可以按照公司章程规定,在董事会中设置由董事组成的审计委员会,行使监事会职权,同时不再设监事会或监事。新《公司法》在继续保留双层制治理结构情况下,引入单层制治理结构,为公司治理提供可选方案。实际上,单层制治理结构是对实践中监事会地位和职权不断弱化的一种必要矫正。我国1993年《公司法》就赋予监事会检查公司财务,对董事、经理违法违章行为和损害公司利益行为的监督权,以及召开临时股东会提议权,但在执行中仍然无法形成对公司董事会的有效制约。究其原因,主要在于董事、经理的法律地位、履职权力高于监事,监事对董事、经理的监督权无法真正行使。

(三)关于董事会审计委员会

新《公司法》借鉴英美法系公司治理经验,结合中国上市公司治理实践,规定不设监事会或者监事的有限公司、股份公司、国有独资公司,可以按照公司章程规定在董事会中设置由董事组成的审计委员会。新《公司法》回应了理论界和实务界关切,赋予公司自主选择以审计委员会代置监事会的权利。[2] 由审计委员会取代监事会或监事,是这次公司法修改的重大制度创新。新《公司法》对有限公司、股份公

---

〔1〕 参见汪青松:《国家出资公司治理模式选择与法律制度保障》,载《政治与法律》2023年第9期。

〔2〕 参见叶林、张冉:《董事会审计委员会的组建和运行规则》,载《扬州大学学报(人文社会科学版)》2024年第3期。

司的审计委员会设计了不同的标准。总的立法态度是,对有限公司审计委员会强制性要求少,对审计委员会的组成与决议没有法定要求,主要由公司章程规定;对股份公司的审计委员会强制性要求多,审计委员会的组成与决议必须符合新《公司法》规定。比如,按照第 121 条的规定,股份公司审计委员会成员人数不得少于 3 名,过半数成员不得在公司担任除董事以外的其他职务,且不得与公司存在任何可能影响其独立客观判断的关系;审计委员会作出决议,应当经成员过半数通过。

如果公司已设立监事会或监事,是否还必须一概设立审计委员会?新《公司法》对此没有作出明确规定。我们认为,对有限公司、不上市股份公司,一般不需要,不提倡叠床架屋,增加公司治理成本。但对公开发行股票公司、上市公司、国有大型公司,一般应当同时设立审计委员会,除非法律、行政法规有特别规定。为确保董事会审计委员会设置到位,有关监管机构一般安排一个过渡期。比如,证监会要求,自 2026 年 1 月 1 日起,申请首发上市的企业应当在公司章程中规定在董事会中设审计委员会,行使新《公司法》规定的监事会的职权,不设监事会或者监事。调整公司内部监督机构设置前,监事会或者监事应当继续遵守原有制度规则中关于监事会或者监事的规定。[1] 按照要求,上市公司董事会审计委员会成员全部由非执行董事组成,其中独立董事占多数。审计委员会承担审核公司财务信息及其披露、监督及评估内外部审计工作和公司内部控制等职责。财务会计报告及其披露等重大事项应当由审计委员会过半数通过后,再提交董事会审议。

建立董事会审计委员会是监督型董事会兴起和不断发展的产物。监督型董事会起源于 20 世纪 70 年代。1972 年,美国证券交易委员会要求上市公司设置由独立董事组成的审计委员会,作为董事会与外部审计师沟通的桥梁。1976 年,艾森伯格在其《公司的结构》一书中对董事会功能进行重新定位,提出以非执行董事为主建立"监督型董事会"的功能概念,将董事会的监督职能与管理职能相分离,前者分配给外部董事,后者分配给经理层。20 世纪 80 年代以来,学者和立法者普遍将管理者角色作为传统模式,将监督者角色作为现代模式。[2] 2001 年,为完善审计委员会功能,由美国全国公司董事协会所组建的蓝丝带委员会倡议,董事会中独立董事应当占多数;董事会应当设置审计、薪酬、提名等委员会,并完全由独立董事构成;审计委员会至少应当监督财务报告和风险管理。2002 年的《萨班斯 - 奥克斯利法》从立法上强化非执行董事在董事会中的主导性地位,监督型董事会法定化。借鉴国际经验,新《公司法》对公司监督机制进行重大改革,基于单层制治理架构,允

---

〔1〕 参见中国证监会:《关于新〈公司法〉配套制度规则实施相关过渡期安排》,载中国证券监督管理委员会网 2024 年 12 月 27 日,http://www.csrc.gov.cn/csrc/c100028/c7528631/content.shtml。

〔2〕 参见邓峰:《董事会制度的起源、演进与中国的学习》,载《中国社会科学》2011 年第 1 期。

许公司在设立董事会审计委员会的情况下选择性地不设置监事会,使得单层制董事会负担了监督职能。[1]

(四)关于简化公司组织机构设置

新《公司法》引进单层制公司治理结构时,简化了公司组织机构设置。第一,只有一个股东的有限公司、股份公司不设股东会(第60条、第112条第2款);国有独资公司不设股东会,由履行出资人职责的机构行使股东会职权(第172条)。第二,对在董事会中设置审计委员会的有限公司、股份公司、国有独资公司,不设监事会或者监事(第69条、第121条、第176条)。第三,规模较小或者股东人数较少的有限公司、股份公司,一是可以不设董事会,设1名董事行使董事会职权,该董事还可以兼任公司经理(第75条、第128条);二是可以不设监事会,设1名监事行使监事会职权(第83条、第133条)。其中,有限公司经全体股东一致同意也可以不设监事(第83条)。

以上简化公司组织机构设置的正当性在于:其一,只有一个股东的公司、国有独资公司,公司的出资人为唯一股东,没有必要设股东会。其二,规模较小或股东人数较少的公司,其股东一般也是公司的决策人员和经营管理人员,其所有权和经营权归于1人,减少监事会(监事)或者董事会这样的机构,可以降低代理成本,提高交易效率。其三,在引进单层制公司治理结构时,新《公司法》将监事会(监事)作为任意性规范进行规制,并用审计委员会机制行使监事会职能,形成监督型董事会,符合当今公司治理发展的国际趋势。

(五)关于扩大设置职工董事的公司范围

职工大会(职工代表大会)是我国公司治理结构的重要组成部分。但我们以前只注重国有企业的职工民主管理,而忽视了其他经济组织。原公司法在职工董事的设置方面,只对国有独资、国有全资的有限公司作了规定。新《公司法》突破了职工权益保护是否也可以由组织法规定的理论纷争,[2]不但在第1条立法宗旨中将原条款“保护公司、股东和债权人的合法权益”扩展为“保护公司、股东、职工和债权人的合法权益”,而且将设置职工董事的公司范围予以扩大,不再遵循按照公司所有制类型决定是否设置职工董事的传统思路。按照新《公司法》的规定,公司董事会中应当有职工董事;有限公司、股份公司董事会成员为3人以上,其成员中可以有

---

〔1〕 参见刘斌:《公司治理中监督力量的再造与展开》,载《国家检察官学院学报》2022年第2期。

〔2〕 参见李凌云:《新〈公司法〉中职工权益保护的实现路径》,载《工会理论研究(上海工会管理职业学院学报)》2024年第6期。

公司职工代表;职工人数 300 人以上的公司,除依法设监事会并有职工代表的外,其董事会成员中应当有职工代表。在职工代表的产生程序方面,新《公司法》要求董事会中的职工代表由职工通过职工代表大会、职工大会或者其他形式民主选举产生(第 68 条第 1 款、第 120 条第 2 款)。此外,有限公司、股份公司董事会成员中的职工代表,可以成为审计委员会成员(第 69 条、第 121 条第 2 款)。国有独资公司的董事会成员中,应当有公司职工代表(第 173 条第 2 款)。

(六)关于完善法定代表人制度

1982 年《民事诉讼法(试行)》首先推出"法定代表人"术语,1986 年《民法通则》沿用。此后,关于法定代表人的条款遍布法律、行政法规、地方法规、行政规章和司法解释,形成了一个不断增生的规范群体。[1] 有代表性的学术观点认为,原公司法中对法定代表人的角色定位,忽视了公司的人格性、团体性,权责不协调,导致规则冲突,使得现代公司治理制衡功能不能落到实处。[2] 为此,新《公司法》进行了相应的改革完善。关于公司法定代表人的条款包含三层内容:一是明确公司法定代表人的任职范围。法定代表人由代表公司执行事务的董事或经理担任,具体可按照公司章程的规定确定(第 10 条第 1 款)。与原公司法相比,新《公司法》关于法定代表人的任职范围主要是从功能主义角度规定,更具有灵活性。原公司法虽然规定法定代表人依照公司章程规定,但同时规定只能在董事长、执行董事或经理中选择其一担任,新《公司法》采用概括主义,要求由"代表公司执行公司事务"的董事或者经理担任,不再局限于董事长、执行董事、经理,事实上扩展了任职范围。二是明确法定代表人的行为效力。按照民法典的规定思路,新《公司法》强调法定代表人以公司名义从事民事活动的,法律后果由公司承受。如果公司章程或者股东会决议对法定代表人职权进行限制,无论何种原因,均不得对抗善意相对人(第 11 条第 1 款、第 2 款)。遇有争议时,按照相关司法解释规定,[3]需要以相对人是否尽到合理审查义务确定法律效果归属。即相对人未尽到合理审查义务的,无权主张法律行为对公司发生效力;相对人已尽到合理审查义务,构成表见代表的,法院应当依据《民法典》第 504 条规定处理。[4] 三是明确法定代表人的民事责任。法定代表人因执行职务造成他人(第三人)损害的,首先由公司承担民事责任;公司依法承担民事责任后,可以按照有关规定向有过错的法定代表人追偿(第 11 条第 3 款)。

---

〔1〕 参见方流芳:《国企法定代表人的法律地位、权力和利益冲突》,载《比较法研究》1999 年第 3、4 期。

〔2〕 参见刘道远:《公司法定代表人的角色、制度渊源及其完善》,载《比较法研究》2022 年第 4 期。

〔3〕 《最高人民法院关于适用〈中华人民共和国民法典〉合同编通则若干问题的解释》第 20 条。

〔4〕 参见朱广新:《代表权行使超越法定限制的效果归属》,载《法律科学(西北政法大学学报)》2025 年第 1 期。

此外,新《公司法》新增了第191条,规定董事、高管因执行职务给他人(第三人)造成损害的,公司应当承担赔偿责任;如果董事、高管存在故意或重大过失,则也应当承担赔偿责任。

Abstract: The key to corporate governance is to reasonably distribute power between the board of directors, shareholders and management. Under the dominance of board – centrism, the new "*Company Law*" has comprehensively reshaped the corporate governance structure. Its basic idea is to highlight the central position of the board of directors in corporate governance and implant the audit committee into the board of directors; generally weaken the status of the general meeting of shareholders and limit the powers of the general meeting of shareholders; de – legalize the establishment of the board of supervisors and the powers of managers, and leave it to the company's autonomy. From the perspective of vertical power distribution, the upper path of the new "*Company Law*" is to adjust the boundaries of powers between the board of directors and shareholders, and the lower path is to cancel the statutory powers of managers; from the perspective of horizontal power allocation, it is mainly to reasonably divide the powers of the board of directors and the board of supervisors under the two – tier governance model, and replace the board of supervisors with the audit committee of the board of directors under the single – tier governance model. In addition, the new "*Company Law*" has made systematic and innovative provisions on the responsibilities of directors, supervisors and senior managers, and has systematically improved the loyalty obligations and diligence obligations of directors, supervisors and senior managers.

(责任编辑:杨　会)

论共同意外分担公平责任*

王　竹**

内容提要　共同意外分担公平责任的基础是共同创造的风险共同分担。共同意外行为,是指二人以上共同实施的行为意外造成其中一人或者数人人身损害,行为人对损害的发生都没有过错的情形。共同意外行为的风险具有双向性,损害具有单向性。共同意外行为与共同危险行为、共甘风险行为、共同经历灾害等具有明显差别。共同意外分担公平责任仅适用于过错责任侵权行为类型,排除存在第三人原因的侵权行为类型,损失分担范围应仅限于人身损害。《民法典》通过之前,适用共同意外分担公平责任的案件类型包括参加业余竞技体育活动意外受伤、非机动车之间发生意外交通事故和散养动物之间争斗造成的损害。《民法典》第1186条关于自甘风险的规定限制了共同意外分担公平责任的立法空间。共同意外分担公平责任具有补充性救济性质,根据各方的经济状况等实际情况对受害人给予适当补偿。

关键词　共同意外分担公平责任　共同意外行为　风险共同分担　自甘风险　补充性救济

原《民法通则》第132条规定:"当事人对造成损害都没有过错的,可以根据实际情况,由当事人分担民事责任。"原《侵权责任法》第24条规定:"受害人和行为人对损害的发生都没有过错的,可以根据实际情况,由双方分担损失。"二者实质意义上的文字表达变化,一处是"当事人"改为了"受害人和行为人",另一处是由当事人分担"民事责任"改为了由双方分担"损失"。学说上一般将这两个条文作为公平责任的一般条款并作出否定性评价,因为按照传统侵权法学说,试图从"单方"侵害行

---

* 本文系国家社科基金中华学术外译项目"侵权公平责任论:我国侵权法上公平责任的立法与司法研究"(项目批准号:22WFXB006)阶段性成果。

** 王竹,四川大学法学院教授。

为的角度探讨这两个条文,始终存在缺乏正当性的质疑。[1]《民法典·侵权责任编(一审稿)》第962条规定:“受害人和行为人对损害的发生都没有过错的,可以依照法律的规定,由双方分担损失。”该条文将“可以根据实际情况”改为了“可以依照法律的规定”,实际上否定了法官基于自由裁量权确定“双方分担损失”的权限。《民法典·侵权责任编(二审稿)》和《民法典·侵权责任编(三审稿)》都保留了这一条文。但《民法典(草案)》第1186条规定:“受害人和行为人对损害的发生都没有过错的,依照法律的规定由双方分担损失。”将“可以依照法律的规定”的授权更加严格地限制为了“依照法律的规定”,使该条实质上成为“转致条款”,[2]最终《民法典》第1186条确定了这一表述。[3]

应当指出,“依照法律的规定”的立法模式,实质上等同于《民法典》第1166条对非过错责任的“法律规定……依照其规定”的立法模式,其立法效果实际上将“受害人和行为人对损害的发生都没有过错的”情形下“由双方分担损失”确立为《立法法》第9条(现为第12条)意义上的法律绝对保留项,既可以避免行政法规创设公平责任导致滥用,也课加了立法者的立法义务。否则该条文就会成为具文,不符合编纂民法典专设该条文的立法目的,应该被删除。

尽管《民法典》第1186条将“无过错受害人”补偿责任一般条款的适用范围限制于“依照法律的规定”,实质上废止了该条的一般性适用,但未来立法者的立法义务和立法范围仍然需要从学理上予以明确。笔者将其称为“共同意外分担公平责任”,并认为应该从“由双方分担损失”的“双方”切入,尤其要关注不再是分担“民事责任”而是分担“损失”,探讨其可能的正当性。

一、解读共同意外分担公平责任的新思路与新概念

(一)新思路:共同创造的风险共同分担

由均无过错的当事人双方分担损失如果存在可能的正当性,就不能路径依赖地从过错责任出发,而是必须寻找新思路。笔者坚信,对行为人赔偿责任的苛加,必须有一定的正当性基础,否则构成对行为人自由的不当限制。在当事人对损害的发生均没有过错的情形下,如果苛加行为人的赔偿责任,由于不能以过错作为正当性基础,只能尝试诉诸风险分配的价值取向。这样才能把过错归责之外的所有

---

〔1〕 参见张谷:《论〈侵权责任法〉上的非真正侵权责任》,载《暨南学报(哲学社会科学版)》2010年第3期,第49页。

〔2〕 参见邹海林、朱广新主编:《民法典评注·侵权责任编》,中国法制出版社2020年版,第252页。

〔3〕 参见张玉东:《〈民法典〉中公平责任的“变”与“不变”——以〈民法典〉第1186条为中心》,载《烟台大学学报(哲学社会科学版)》2022年第6期。

归责思想引入,[1]为确定和新制定"法律的规定"由双方分担损失提供指引。

就由均无过错的当事人双方分担损失的可能正当性而言,考虑到"人身损害"的重大性,如果二人以上共同实施的行为意外造成其中一人人身损害的情形,而这种意外是双方共同实施的行为创造的,损害落到其中一人身上也纯属意外,那么可以考虑从"共同意外致害—共同分担风险"的角度适用公平责任予以补偿。这实质上是一种基于共同创造的意外风险共同分担的公平责任思路,必须具备风险的双向性和损害的单向性这两项特征。

1. 风险的双向性

所谓"风险的双向性",是指二人以上共同实施的行为造成的"共同风险"同时指向全部行为参与人,体现为风险的显著性和共同性两个方面。所谓"风险的显著性",是指共同实施行为造成的风险具有一定的显著性。常见的共同实施行为造成一定显著风险的情况,包括业余体育活动和非机动车之间的意外碰撞等。应当指出,生活中的正常意外风险不应该纳入考虑,如行人在走路过程中意外碰撞,或者在乘坐公交车过程中意外碰撞。在一起案件中,原告乘坐被告万佳通公司公交车由昌平去往香堂,该车行至崔村镇真顺果园进站刹车,在惯性的作用力下,被告陈某云身体前倾,手持的金属水壶自然向后伸展,将坐在侧后方的原告嘴部碰伤,造成左上前牙外伤折断。[2] 在另一起案件中,在工作场所内,原告与其他同事说话时开被告的玩笑,被告遂拍了原告的屁股,原告就用手拍被告,后又抬左腿想踢被告,但未踢到,而是摔倒在地受伤。[3] 应当指出,在有较大社会影响的"彭宇案"[4]中,法院认为,上下公交车属于生活中的正常意外风险,不符合风险的显著性要求。

所谓"风险的共同性",是指共同实施行为的各方对造成风险的作用大致相同。如果非受损一方对创造风险的作用占绝对主导,那么这种风险就是单独性的。如果受损一方对创造风险的作用占绝对主导,其损害应该自己承担。在一起案件中,死者陈某某与几名同学一起到湖畔游玩,杨某某、彭某某将杨某武停放于岸边的铁船解开后划向深处去游泳,陈某某、胡某某、蒋某某三人在岸上玩。后陈某某、胡某某、蒋某某三人请杨某龙划另一条小船将三人送至杨某某、彭某某所在船上。五名未成年人在船上游玩过程中,陈某某本人坐在船上将脚伸入湖中玩耍时不慎落入湖中溺水身亡。原告起诉了杨某某、彭某某、蒋某某、胡某某、杨某龙、杨某武六名被告。[5] 本案中,数人共同划船具有一定的危险性,但死者本人自己将脚伸入湖中

〔1〕 参见叶金强:《〈侵权责任法〉第24条的解释论》,载《清华法学》2011年第5期。
〔2〕 参见北京市昌平区人民法院民事判决书,(2014)昌民初字第7492号。
〔3〕 参见江苏省常州市新北区人民法院民事判决书,(2014)新民初字第2009号。
〔4〕 参见江苏省南京市鼓楼区人民法院民事判决书,(2007)鼓民一初字第212号。
〔5〕 参见贵州省普定县人民法院民事判决书,(2014)普民初字第761号。

玩耍是主要风险,不符合风险的共同性要求。

2. 损害的单向性

所谓“损害的单向性”,是指二人以上共同实施的行为造成的“共同风险”仅作用于其中一人,体现为损害的随机性与单独性两个方面。所谓“损害的随机性”,是指共同实施行为的各方遭受损害的概率大致相同。如果损害明显更容易发生在具体受损人身上,则说明双方共同创造的风险实际上是对受损人一方的风险而不是共同面临的随机风险。所谓“损害的单独性”,是指单方受损或者各方受损但损害轻重差别较大。如果各方均有损害且差别不大,则没有适用共同意外分担公平责任的必要,而由当事人各方自行承担为宜。

(二)新概念:共同意外行为

这种可能具有正当性的共同创造的风险共同分担的新思路,实际上确立了一种新型的公平责任适用的行为形态,即共同意外行为。笔者所谓共同意外行为,是指二人以上共同实施的行为意外造成其中一人或者数人人身损害,行为人对损害的发生都没有过错的情形。共同意外行为具有如下特点:

第一,二人以上“共同”实施了行为。所谓“共同”,是指二人以上形成了共同从事某一行为的意图,只有这样才可能为这一行为所蕴含的风险造成的损害进行分担提供正当性。

第二,“造成”“其中”一人或者数人人身损害。这里的“造成”,是因果关系要件。所谓“其中”,是指受损的人是参与共同意外的人之一或者部分,即前文所谓的损害的单独性,再配合风险的双向性,这就构成了进行分担的前提。

第三,所谓“意外”,是指共同实施行为的各方都没有过错。例如,参加正常的业余体育活动本身并没有过错,但如果是双方以比拼蛮力为目的的扳手腕,则应该认定双方均有过错。[1]

需要指出的是,共同意外行为仅限于数个完全民事行为能力人共同创造风险的情形。共同意外行为可能的正当性,必须限定在“人身损害”的范畴之内,而受损人必须是共同意外行为人之一,因此行为人也必须是自然人。而我国《民法典》第1188条第1款规定:“无民事行为能力人、限制民事行为能力人造成他人损害的,由监护人承担侵权责任。监护人尽到监护职责的,可以减轻其侵权责任。”这实际上排除了非完全民事行为能力人适用共同意外行为规则的可能性。

---

〔1〕 参见江苏省无锡市南长区人民法院民事判决书,(2014)南民初字第1930号。

二、共同意外行为与类似情形的对比分析

通过共同意外行为与类似情形的对比,能够更加清晰地界定共同意外行为的外延。

(一)共同意外行为与共同危险行为

《民法典》第 1170 条规定:“二人以上实施危及他人人身、财产安全的行为,其中一人或者数人的行为造成他人损害,能够确定具体侵权人的,由侵权人承担责任;不能确定具体侵权人的,行为人承担连带责任。”按照这一规定,共同危险行为是指二人以上实施危及他人人身、财产安全的行为,其中一人或者数人的行为造成他人损害,但不能确定具体侵权人的情形。

1. 共同意外行为与共同危险行为的共性

共同意外行为和共同危险行为的共性主要是二人以上实施的“行为”造成损害,这是二者与“数人侵权行为”的核心差别,即通过使用“行为”而非“侵权行为”的术语,表明在共同意外行为中,行为人的行为尽管导致了损害,但不是侵权行为;在共同危险行为中,尽管其中一人或者数人的行为造成他人损害,但由于不能确定具体侵权人,行为人的行为也不能被认定为侵权行为。

2. 共同意外行为与共同危险行为的差异

第一,是否必须“共同”实施。传统大陆法系的共同危险行为理论要求行为人必须共同实施危险行为,且主观上表现为共同过失。[1] 我国《民法典》第 1170 条的规定,没有“共同”实施的限制性规定,实际上包括了“共同”危险行为和“分别”危险行为两种子类型。共同意外行为则要求“共同”实施该行为,但这种“共同”,不同于《民法典》第 1168 条规定的二人以上共同实施侵权行为中的“共同”。二者的共同点是双方有交流,有共同意识;二者的差别是,共同侵权行为的共同意识包含侵害他人的意图,共同意外行为的共同意识是共同从事某种行为,并无侵害他人的意图,只是“意外”造成了行为人之一或者部分行为人的损害。

第二,行为人对损害的发生是否有过错。共同危险行为的特点在于行为具有“危及他人人身、财产安全”的属性,如果是一般侵权行为,则应当认定行为人有过错;如果是适用危险责任或者产品责任的侵权行为类型,则应当认定存在客观危险或者产品缺陷。共同意外行为只适用于一般侵权行为,如果行为人有过错,则适用过错责任;只有行为人均无过错的情形,排除了侵权责任的适用,才可能适用共同

---

〔1〕 参见郑玉波:《民法债编总论》(修订二版),陈荣隆修订,中国政法大学出版社 2004 年版,第 143 页。

意外行为。

第三,受到损害的人是否为行为人之一。共同危险行为在设计原型上,其受害人一般不是共同危险行为人之一。而共同意外行为的受害人必须是行为人之一或者部分行为人,这样才存在共同风险的分担基础。

第四,能否确定具体侵权人。共同危险行为的具体侵权人不能确定,否则由具体侵权人承担侵权责任。共同意外行为无论能否确定具体侵权人,都不影响规则的适用。这是因为,行为人的行为并无过错,因此不适用侵权责任,对能否确定具体侵权人也就不作限制。即使共同意外行为的具体侵权人无法确定,由于损害是意外造成的,也可以适用共同意外分担公平责任。

3. 受害人参与共同危险行为不适用共同意外行为规则

数个行为人相互扔石头,或者对着同一面墙扔石头反弹回来,如果无法确定具体侵权人,应该认定受害人参与共同危险行为,[1]而非共同意外行为。这是因为,参与扔石头的共同危险行为人主观上都有过错,不符合共同意外行为的适用前提。

(二)共同意外行为与共甘风险行为

自甘风险一般是指受害人明知可能遭受来自行为人的风险却依然冒险行事并遭受损害的情形,在侵权责任中是一种消极的被侵权人过错,可以减轻侵权责任。[2] 如果双方明知存在过错,在共同自甘风险过程中导致一人损害,由于双方均有过错,不适用共同意外行为。笔者将这种情形称为"共甘风险行为",主要类型包括以下几种。

1. 共同醉酒行为

共同醉酒情形下,一般不存在适用公平责任的可能性。《民法典》第1190条第2款规定:"完全民事行为能力人因醉酒、滥用麻醉药品或者精神药品对自己的行为暂时没有意识或者失去控制造成他人损害的,应当承担侵权责任。"根据该款规定,在主观上应当认定完全民事行为能力人醉酒是有过错的。由此可以推知,完全民事行为能力人醉酒后导致自身损害,也是有过错的。在此判断下,有如下推论:第一,如果共同饮酒人没有过错,完全民事行为能力人醉酒后自伤,[3]或者自行摔

---

〔1〕 这种情形下是否继续适用连带责任存在争议。参见王竹:《再论共同危险行为——以客观关联共同侵权行为理论为视角》,载《福建师范大学学报(哲学社会科学版)》2010年第4期。

〔2〕 参见杨立新、王竹:《论侵权法上的受害人过错制度》,载陈小君主编:《私法研究》(第7卷),法律出版社2009年版。

〔3〕 参见云南省禄丰县人民法院民事判决书,(2014)禄民初字第456号。

倒,[1]应当自行承担责任。第二,如果共同饮酒人没有过错,完全民事行为能力人醉酒后因第三人原因致害,如自行回家过程中发生交通事故,[2]应该由第三人承担责任。第三,如果共同饮酒人恶意灌酒,主观上存在故意,应适用侵权责任;被侵权人是完全民事行为能力人的,可以适用被侵权人过错减轻共同饮酒人的责任。第四,如果共同饮酒人违背了先行行为产生的注意义务,如发现醉酒后未予以劝告和疏导并进行有效的照顾、护送,[3]或者未劝阻其驾驶机动车,[4]应该适用过错责任;被侵权人是完全民事行为能力人的,可以适用被侵权人过错减轻共同饮酒人的责任。

2. 共同冒险行为

所谓"共同冒险行为",是指二人以上共同认识到行为较之一般生活风险有更高的危险性,仍然共同冒险为之,在主观上存在过错。典型的如共同冒险通过路面结冰路段,有人滑倒相互拉扯导致其中一人损害,或者共同相约到河里游泳时有人遇险相互拉扯导致一人溺水身亡,等等。驴友相约到尚未开发的山林中徒步受损,或者几位友人共同发起在室内用炭火烧烤导致死亡,也属于这种类型。共同冒险行为,实质上是共同的"自甘风险"行为。但《民法典》第 1176 条只规定了文体活动领域的自甘风险规则,该条第 1 款规定:"自愿参加具有一定风险的文体活动,因其他参加者的行为受到损害的,受害人不得请求其他参加者承担侵权责任;但是,其他参加者对损害的发生有故意或者重大过失的除外。"文体活动之外的情形并不适用该条文。

3. 共同危险风俗

所谓"共同危险风俗",是指风俗习惯中的危险活动,常见的是在婚礼过程中的"闹婚"活动。部分地方刁难新郎的习俗存在一定的危险性,例如让新郎跳火盆时受伤,更为常见的是要求新郎抱新娘入洞房时受伤。在一起案件中,原、被告双方尚未办理结婚登记,先行举办"婚礼"。在举行婚礼当天,被告按习俗在抱原告进入新房时,由于地板上有水渍,脚底打滑,将原告摔倒受伤。[5]

(三)共同意外行为与共同经历灾害

所谓"共同经历灾害",是指共同经历不构成不可抗力的灾害,如果灾害构成不

---

〔1〕 参见甘肃省天水市秦州区人民法院民事判决书,(2015)天秦墩民初字第 84 号;内蒙古自治区化德县人民法院民事判决书,(2014)化民初字第 00312 号。

〔2〕 参见安徽省太和县人民法院民事判决书,(2014)太民一初字第 00178 号。

〔3〕 参见河南省正阳县人民法院民事判决书,(2013)正民初字第 752 号。

〔4〕 参见内蒙古自治区土默特右旗人民法院民事判决书,(2014)土民初字第 1474 号。

〔5〕 参见甘肃省秦安县人民法院民事判决书,(2013)秦民初字第 1173 号。

可抗力,则应当免除赔偿责任。由于共同经历的灾害并非双方共同创造的风险,所以也不满足共同意外分担公平责任的适用前提。常见的共同经历灾害包括共同经历自然灾害和共同经历原因不明的火灾。

共同经历自然灾害案件,如原告的房屋与被告所有的房屋相邻,由于连日降雨,被告的房屋倒塌后,撞倒原告房屋的后墙。[1] 所谓原因不明的火灾,是指根据公安消防部门出具的"火灾事故认定书",无法确定起火原因的火灾。我国《民法典》和《消防法》均未将火灾作为特殊侵权责任进行规定,因此火灾造成的损害一般适用过错责任。[2] 因火灾造成相邻财产受损,即使能够确定起火点在被告所管理的不动产范围内,若无法确定起火原因,因无法确定被告有过错也不能适用侵权责任。

三、共同意外分担公平责任的适用范围与立法空间

(一)共同意外分担公平责任的适用范围

1. 共同意外分担公平责任的适用范围法定

有学者指出,原《侵权责任法》第 24 条构成隐藏的法律漏洞,法律本应设置其适用的限制而未设置,因此应当运用目的性限缩的方式,将其核心文义的一部分排除在其适用范围之外。因此,该条应当解释为,仅在法律有特别规定的情形,才能适用公平责任。[3] 《民法典》第 1186 条规定的"受害人和行为人对损害的发生都没有过错的,依照法律的规定由双方分担损失",实质上使得共同意外分担公平责任的适用范围法定化。是否在法律上规定具体的共同意外分担公平责任类型,则取决于立法者的判断,但必须排除侵权公平责任的一般性适用,适用类型应以法律的明确规定为限。[4]

2. 共同意外分担公平责任仅适用于过错责任侵权行为类型

共同意外分担公平责任应当仅适用于过错责任侵权行为类型。[5] 这是因为,适用过错推定责任的侵权行为类型中,侵权人一方均为单方增大风险的情形,如各类物件损害责任,不符合共同意外行为的风险双向性适用前提。而危险责任和缺陷责任,尽管责任构成不考虑过错,也可能是意外损害,但其风险的单向性更加明显,也不适用共同意外行为的分担规则。另外,《民法典》第 1165 条第 2 款和第

---

〔1〕 参见甘肃省静宁县人民法院民事判决书,(2014)静雷民初字第 9 号。

〔2〕 参见杨立新:《火灾事故责任的性质及其民事责任》,载《法律适用(国家法官学院学报)》2002 年第 8 期。

〔3〕 参见周友军:《侵权法学》,中国人民大学出版社 2011 年版,第 36 页。

〔4〕 参见张善斌:《公平责任原则适用存在的问题及对策》,载《河北法学》2016 年第 12 期。

〔5〕 参见张新宝:《中国民法典释评·侵权责任编》,中国人民大学出版社 2020 年版,第 83 页。

1166 条将过错推定责任和无过错责任限定为法律明文规定的情形,[1] 且这两个条文授权法律规定的过错推定责任和无过错责任均为“侵权责任”,以与第 1186 条授权规定的公平责任作出功能上的区分,也可以佐证第 1186 条中的“法律的规定”仅限于第 1165 条第 1 款规定的过错责任侵权行为类型。

3. 排除存在第三人原因的侵权行为类型

共同意外分担公平责任的适用前提是风险的双向性,而第三人原因创造的风险类型如果与共同意外行为的行为人创造的风险类型不同,也不符合这一适用前提。常见的误用领域是违反安全保障义务类和学生伤害事故类案件。

就违反安全保障义务类案件,在一起案件中,原告在被告超市购物完毕欲离开,在经过被告超市南门的旋转门时,前面有一名约 10 岁的小女孩,原告紧跟在该女孩后面通过旋转门,女孩用力推了一下旋转门然后出去了,因原告走得慢被该旋转门带倒受伤。法院认定涉案旋转门系合格产品并无瑕疵;致使原告受伤的真正原因是,走在原告前面的小女孩用力推门,旋转门快速旋转而原告走得慢,故被旋转门带倒受伤。法院认定,被告超市在本案中并无过错,本不应当承担责任,但根据原《侵权责任法》第 24 条承担公平责任。[2] 笔者认为,本案中原告与小女孩共同使用旋转门进出,是否可以认定为共同意外行为可以进一步探讨,但如果确定超市没有过错,那么就不能在违反安全保障义务类案件中适用共同意外分担公平责任。

就学生伤害事故类案件,对于在教育机构中发生的体育课意外损害,有的法院作出了由教育机构参与部分责任分担的裁判。[3] 最高人民法院曾经发布典型案例对这种裁判倾向予以确认,认为学校按教学大纲实施教学无过错,学生按照老师的安排进行比赛活动,亦无过错。在进行篮球赛活动中相互抢球发生相撞,当属常理。根据实际情况,由双方分担损失……学校的行为虽无过错,但其组织之行为与受害人的受伤之损害后果之间存在一定的事实联系,具有关联度,让其分担损失也具有合理性,衡平了双方当事人利益。[4] 《民法典》第 1201 条规定:“无民事行为能力人或者限制民事行为能力人在幼儿园、学校或者其他教育机构学习、生活期间,受到幼儿园、学校或者其他教育机构以外的第三人人身损害的,由第三人承担侵权责任;幼儿园、学校或者其他教育机构未尽到管理职责的,承担相应的补充责任。幼儿园、学校或者其他教育机构承担补充责任后,可以向第三人追偿。”教育机

---

[1] 参见郭明瑞:《关于公平责任的性质及适用》,载《甘肃社会科学》2012 年第 5 期。

[2] 参见新疆维吾尔自治区石河子市人民法院民事判决书,(2013)石民初字第 3127 号。

[3] 参见浙江省宁波市中级人民法院民事判决书,(2014)浙甬民一终字第 665 号。

[4] 参见最高人民法院 2014 年 11 月 24 日发布未成年人审判工作典型案例 98 例之案例第 95 号:周某与肖某、肖某某永安市第九中学健康权纠纷案。

构的补充责任,是以侵权责任的不完全承担为前提的。而如果是学生之间因竞技体育发生意外适用共同意外分担公平责任,本身就不符合这一补充责任适用的前提,这种错误的法律适用实际上使学校成为体育活动的“保险人”,只会阻吓学校开展竞技体育活动。

4.“损失”分担范围仅限于人身损害

共同意外分担公平责任作为例外性的侵权公平责任类型,如果过度扩大其适用范围,必将落入“冲击侵权责任体系”的怪圈。实务中,无论是当事人的主张,还是法院的裁判,都主要限于人身损害,尤其是严重的人身伤害或者死亡,而不包括财产损害。[1]

需要指出的是,《民法典》第 179 条第 1 款第 8 项使用了赔偿“损失”的概念:“承担民事责任的方式主要有:……(八)赔偿损失”。但《民法典》侵权责任编第二章的标题是“损害赔偿”。该章除第 1186 条以外,仅在第 1182 条的“侵害他人人身权益造成财产损失……”中和第 1184 条的“侵害他人财产的,财产损失……”中使用了“损失”的概念。纵观整部《民法典》,“损失”也主要用于表述财产损失。从司法实践和立法用语的偏差出发,《民法典》第 1186 条使用“分担损失”的搭配,是继受了原《侵权责任法》第 24 条的用语。而原《侵权责任法》第 24 条使用“分担损失”,是为了纠正原《民法通则》第 132 条规定的“分担民事责任”。原《民法通则》中,对“损失”和“损害”这两个术语有一定程度的混用,如第 122 条第 1 句使用了“损害”的术语:“因产品质量不合格造成他人财产、人身损害的,产品制造者、销售者应当依法承担民事责任。”第 2 句则使用了“损失”的术语:“运输者、仓储者对此负有责任的,产品制造者、销售者有权要求赔偿损失。”对此,原《侵权责任法》第五章“产品责任”统一使用“损害”,但在第 24 条使用“分担损失”,略显草率。《民法典》第 1186 条立法时注意力主要放在了“依照法律的规定”,忽略了对“分担损失”的用语斟酌,对此应作体系解释,该“损失”应为“损害”,建议未来最高人民法院通过司法解释予以明确。

值得思考的是,共同意外分担公平责任,是否应该适当补偿精神损害。《民法典》第 1183 条第 1 款规定:“侵害自然人人身权益造成严重精神损害的,被侵权人有权请求精神损害赔偿。”笔者认为,共同意外分担公平责任仅对人身损害进行救济,而且受损人也不符合“被侵权人”的适用条件,因此不应当对精神损害进行补偿。有法院指出,精神损害赔偿应以过错为前提,[2]因此不适用精神损害赔偿。而

---

[1] 也有学者认为,可以适用于因财产受到侵害而产生的财产损失。参见曹险峰:《论公平责任的适用——以对〈侵权责任法〉第 24 条的解释论研读为中心》,载《法律科学》2012 年第 2 期。

[2] 参见宁夏回族自治区银川市兴庆区人民法院民事判决书,(2014)兴民初字第 5706 号。

且在实务中,部分案件,包括“彭宇案”[1]在内,法院都明确拒绝了精神损害赔偿。从侵权公平责任在群众性体育人身损害案中的适用情况看,损失补偿范围仅涉及物质性损失,精神性损失并不在其调整范围内,[2]这一做法,应当得到坚持。

(二)《民法典》通过之前适用共同意外分担公平责任的案件类型

在《民法典》通过之前,共同意外分担公平责任仅限于适用过错责任的侵权行为类型中由共同意外行为引起的损害,主要案件类型包括以下几种。

1. 参加业余竞技体育活动意外受伤

第一,业余竞技体育活动。竞技体育是指在全面发展身体,最大限度地挖掘和发挥人(个人或群体)在体力、心理、智力等方面的潜力的基础上,以攀登运动技术高峰和创造优异运动成绩为主要目的的一种运动活动过程。[3] 竞技体育伤害争议一般基于体育自治原则而通过仲裁或其他方式解决,诉诸法院者,主要是发生于学校体育、社会体育中的伤害案件。[4] 所以在《民法典》通过之前,共同意外分担公平责任主要适用于业余竞技体育活动。竞技体育具有竞争性,激烈的竞争是竞技体育区别于学校体育和大众体育的本质特征,这就符合了共同意外行为的风险双向性要求。如果在竞技体育活动中只有一个或者部分参与者受伤,就符合损害的单向性要求。如果仅导致了参与者之外的损害,则不构成共同意外行为,而是数人侵权行为。[5] 例如,双打乒乓球过程中因为手臂相撞导致球拍碰到乒乓球台边缘飞出,击中旁观者眼睛的案件。[6]

第二,过错的判断标准。每项竞技运动都有运动规则,如果业余竞技体育活动设置有裁判,那么裁判未吹犯规哨,可以作为被告不存在犯规行为的初步证据,[7]但有相反证据的除外。而即使裁判判罚被告犯规,法院也可能认定被告没有过错。在一起案件中,原告在参加业余足球比赛的过程中被被告踢中头部,进而受伤昏迷。被告所实施的仅仅是一般犯规行为,而非恶意或蓄意犯规行为,其对原告所受

---

[1] 参见南京市鼓楼区人民法院民事判决书,(2007)鼓民一初字第212号。

[2] 参见刘海涛、孙铭成:《公平责任原则在群众性体育人身损害案中的适用》,载《广西教育学院学报》2021年第6期。

[3] 参见卢元镇:《体育社会学》,高等教育出版社2001年版,第92页。

[4] 参见赵毅:《从公平责任到损失分担之嬗变——近年我国法院裁判体育伤害案件的最新立场》,载《体育学刊》2014年第1期。

[5] 参见河南省漯河市源汇区人民法院民事判决书,(2014)源民一初字第150号。

[6] 参见焦益华、阎玉珍:《学生伤害事故中的无过错责任和公平责任》,载《改革与开放》2016年第21期。

[7] 参见宁夏回族自治区银川市兴庆区人民法院民事判决书,(2014)兴民初字第5706号。

之损害并不具有主观过错。[1] 这也提出了裁判用语向侵权责任法靠拢的新要求。[2] 如果业余竞技体育活动没有设置裁判,则应当根据具体案情参考运动规则进行过错的判断。

第三,典型案件类型,主要包括三类:一是在羽毛球、乒乓球等非身体接触式运动过程中双方连续击球,将其中一人眼睛打伤;[3]二是在接力赛交接棒等通过体育器械间接接触的过程中发生意外碰撞受伤;[4]三是参加足球[5]、篮球[6] 等身体接触式运动,出现相互碰撞等引发受伤事件。

第四,因团队比赛中的具体激烈竞技行为意外受伤的"当事人"范围。将业余竞技体育活动纳入共同意外行为的适用范围,最大的争议点在于,到底是所有该次竞技体育活动的参与者参与损害分担,还是仅仅由参与激烈竞技行为的行为人参与分担。[7] 笔者认为,从风险的双向性要求出发,如果在业余竞技体育活动中出现了两人或者多人的具体激烈竞技行为(如抢球),那么具体参与该激烈竞技行为的当事人产生的损害风险显著大于其他竞技体育活动的参与者产生的损害风险,此时"当事人"应当仅限于参与该激烈竞技行为的人,而非该次竞技体育活动的全部参与者。[8]

2. 非机动车之间发生意外交通事故

《道路交通安全法》第 119 条第 4 项规定:"'非机动车',是指以人力或者畜力驱动,上道路行驶的交通工具,以及虽有动力装置驱动但设计最高时速、空车质量、外形尺寸符合有关国家标准的残疾人机动轮椅车、电动自行车等交通工具。"常见的非机动车主要是自行车、电动自行车和残疾人机动轮椅车。《民法典》侵权责任编第五章是对"机动车"交通事故责任的规定,因此非机动车之间发生交通事故适

---

〔1〕 参见北京市朝阳区人民法院民事判决书,(2014)朝民初字第 38827 号。

〔2〕 参见赵毅:《从公平责任到损失分担之嬗变——近年我国法院裁判体育伤害案件的最新立场》,载《体育学刊》2014 年第 1 期。

〔3〕 案例整理参见柯伟才:《公平责任之反思——以羽毛球运动员之间的意外伤害案件为例》,载《武汉体育学院学报》2017 年第 6 期。另参见王宗涛:《侵权法上公平责任的适用立法与司法的比较研究——对〈侵权责任法〉第 24 条之理解》,载《海峡法学》2011 年第 2 期。

〔4〕 案情参见四川省郫县人民法院民事判决书,(2000)成郫民初字第 99 号。原审法院裁判依据有所不同。

〔5〕 参见北京市朝阳区人民法院民事判决书,(2013)朝民初字第 40714 号。另参见陈宏:《对体育运动中公平责任与自甘冒险的比较分析》,载《贵州工业大学学报(社会科学版)》2007 年第 1 期。

〔6〕 参见重庆市沙坪坝区人民法院民事判决书,(2014)沙法民初字第 04734 号。

〔7〕 参见柯伟才:《公平责任之反思——以羽毛球运动员之间的意外伤害案件为例》,载《武汉体育学院学报》2017 年第 6 期。

〔8〕 有学者对此有不同看法,参见张罡:《论公平责任原则在群众性体育运动中的适用——以一起健康权纠纷案为例》,载《河北体育学院学报》2018 年第 1 期。

用过错责任原则。[1] 非机动车之间意外发生交通事故造成其中一车或者部分车辆及行人受损,各方当事人均无过错的,符合风险的双向性和损害的单向性特征。如果超标电动自行车发生交通事故,则适用过错责任原则承担侵权责任。如果是非机动车与行人之间意外发生交通事故,由于不符合风险的双向性特征,也不适用共同意外分担公平责任。

应当指出,非机动车避让机动车意外摔倒的情形,因为不满足风险的双向性要求,只能作为机动车交通事故处理。在一起案件中,原告骑自行车,为避让与其相对行驶并左转弯驶入路边餐馆门前的普通二轮摩托车,摔倒在路边的石墩上,致左肱骨骨折。事发时,两车相距约 3 米,未发生接触,公安交警部门未认定属交通事故。[2] 如果法院认定双方均无过错,应该适用《道路交通安全法》第 76 条第 1 款第 2 项规定的不超过 10% 的赔偿责任,而非共同意外分担公平责任。

3. 散养动物之间争斗造成的损害

2004 年中国社科院版"民法典草案"第 1600 条"饲养的动物致人损害"第 1 款是关于饲养动物损害责任的规定,第 2 款特别对散养动物之间争斗致害公平责任作出了规定:"依习惯散养的动物,因争斗造成动物伤害或死亡,双方保有者均无过错的,由双方分担损害。但当地另有习惯的依其习惯。"项目组的起草说明指出:"本条第 2 款,是总结审判经验作出的新规定。考虑到广大牧区,放牧的动物也是牧民主要的生活资料,发生散养动物争斗死亡或者受伤,当事人径行食用并无什么损害,如有不分担损失的习惯,可依习惯不生赔偿问题。因此规定'当地另有习惯的依习惯'。"[3]张新宝教授认为,依照习惯散养的动物相互争斗造成动物伤害或者死亡的,不适用无过错责任原则,双方保有者均无过错的,分担损失;一方有过错的,由有过错方承担赔偿责任。但是当地对此类纠纷有习惯规则加以处理的,按照习惯规则处理。[4]

(三)《民法典》上自甘风险规定对共同意外分担公平责任立法空间的影响

《民法典》第 1176 条第 1 款规定:"自愿参加具有一定风险的文体活动,因其他参加者的行为受到损害的,受害人不得请求其他参加者承担侵权责任;但是,其他参加者对损害的发生有故意或者重大过失的除外。"从文义上看,该条在文体活动

[1] 《民事案件案由规定》(法〔2020〕347 号)新增了"375. 非机动车交通事故责任纠纷"案由,与"374. 机动车交通事故责任纠纷"并列。

[2] 参见湖北省潜江市人民法院民事判决书,(2014)鄂潜江民初字第 00033 号。

[3] 梁慧星主编:《中国民法典草案建议稿》,法律出版社 2003 年版,第 319 页。

[4] 参见张新宝:《侵权责任法立法研究》,中国人民大学出版社 2009 年版,第 41 页。

领域似乎构成了对第1186条的立法空间限制,在一同参加文体活动的参与者造成其他参与者受伤的情况下,除非存在恶意犯规的故意或重大过失情形,否则,法官便可以直接根据该条文免除行为人的赔偿责任。[1]《民法典》生效后的第1个工作日,北京市朝阳区人民法院依据《最高人民法院关于适用〈中华人民共和国民法典〉时间效力的若干规定》第16条的规定,适用《民法典》第1176条第1款,判决支持在羽毛球比赛中遭受意外伤害的原告全部的诉讼请求,[2]原告上诉后法院维持原判。[3] 而如前文所述,业余竞技体育活动意外受伤是《民法典》之前适用共同意外分担公平责任的主要案件类型,二者之间的关系需要明确。

《民法典》第1186条"受害人和行为人对损害的发生都没有过错的,依照法律的规定由双方分担损失"的规定,可以参考第1166条规定"行为人造成他人民事权益损害,不论行为人有无过错,法律规定应当承担侵权责任的,依照其规定"的模式,进一步明确为:"(行为人造成他人民事权益损害),受害人和行为人对损害的发生都没有过错的,法律规定'由双方分担损失'的,依照其规定。"所谓"文体活动",是指文化、娱乐以及体育活动。[4] 从风险类型来看,体育运动可以分为高风险运动、风险运动和一般体育运动。[5] "具有一定风险"的文体活动,应该以一般大众认识和通常采取的预防措施为标准。例如壁球运动,因为其具有一定的危险性,参加者会佩戴护目镜,但很少有人打羽毛球或者乒乓球的时候佩戴护目镜。所以壁球可以归入"具有一定风险的文体活动",而羽毛球和乒乓球则不应该归入。笔者认为,接触式、对抗式的文体活动,例如,足球、篮球均应归入"具有一定风险的文体活动",即高风险运动和风险运动。而风险类似羽毛球、乒乓球的文体活动,如踢毽子,或者风险更小的文体活动,如棋牌、太极拳等,则不应该归入。但不归入"具有一定风险的文体活动",并不代表不可能发生意外的损害,如在羽毛球双打比赛中,同在一方的队员球拍无意识导致队友眼睛受损的情形。[6] 这些情形,就是共同意外分担公平责任的可能适用领域。[7] 类似羽毛球、乒乓球风险程度及以下程度的文体活动领域,才是共同意外分担公平责任的立法空间,即在一般体育运动中,应

[1] 参见孟强:《公平责任归责原则的终结——〈民法典〉第1186条的解释论》,载《广东社会科学》2021年第1期。

[2] 参见北京市朝阳区人民法院民事判决书,(2020)京0105民初67259号。

[3] 北京市第三中级人民法院民事判决书,(2021)京03民终5483号。

[4] 参见邹海林、朱广新主编:《民法典评注·侵权责任编》,中国法制出版社2020年版,第130页。

[5] 参见李鼎:《体育侵权:自甘风险还是过失相抵》,载《武汉体育学院学报》2020年第5期。

[6] 参见冯德淦:《体育比赛中公平责任适用之检讨》,载《法律适用》2019年第10期。

[7] 参见徐翔:《社会体育伤害事故中公平责任原则与自甘风险原则的较量——基于羽毛球运动致伤案例的探析》,载《体育科研》2020年第3期。

当限制自甘风险规则的适用。[1] 文体活动领域之外,共同意外分担公平责任的立法空间则不受到《民法典》第 1176 条的限制。

四、共同意外分担公平责任的司法程序与考量因素

(一)共同意外分担公平责任的司法程序

即使法院认为不应当适用共同意外分担公平责任,如果当事人自愿补偿,也应该予以确认。如在一起案件中,法院认为:"麦某坤的死亡属意外事件,本案不存在侵权行为,不适用包括公平责任原则在内的侵权行为归责原则,因此广州市番禺区化龙镇复甦村民委员会无须作出补偿。鉴于广州市番禺区化龙镇复甦村民委员会自愿支付 60,453.42 元给黄某妹、麦某兰、麦某国,对此本院予以准许。"[2] 如果法院认为应当适用共同意外分担公平责任,一般会推动调解,除非被告不同意调解。[3] 如果当事人愿意调解但最终并未达成调解协议,法院会参考调解中各方提出的数额作出判决,主要有如下处理方式:

第一,部分达成协议,参考情节差别处理。如在一起案件中,经调解,刘某强、司某廷各赔偿 4500 元,另有赵某强、李某强、阎某羊、赵某进四人不服调解,至今未解决。法院判决被告赵某进、赵某强、李某强、阎某羊各补偿原告损失 3500 元。[4]

第二,愿意赔偿一定比例但对损失总额认识有差距的,法院调解未果,按照愿意承担的比例判决。在一起案件中,被告愿意最多承担 30% 的责任,但双方就营养费及各自在本次事故中应当承担的金额存在分歧,法院调解未果。最终,法院酌定了该项赔偿项目,然后按照 30% 的比例进行判决。[5]

第三,调解中双方预期有较大差距,法院折中判决。在一起案件中,经法院多次调解,原告要求被告补偿 40,000 元,被告出于同情,愿意补偿 20,000 元,但表示要在两年内履行完毕。最终法院判决被告一次性补偿原告人民币 20,000 元。[6]

(二)共同意外分担公平责任的考量因素

有学者认为,考量因素包括但不限于利益获取、风险的开启与维持、风险控制的可能性、损害分散的可能性、合理信赖、受害人自我保护的可能性等,这是基于将原《侵权

---

〔1〕 参见柯友乐:《〈民法典〉视野下体育运动致害的损失分担——基于公平责任司法适用的实证研究》,载《武汉体育学院学报》2021 年第 9 期。

〔2〕 广东省广州市番禺区人民法院民事判决书,(2014)穗番法民一初字第 584 号。

〔3〕 参见天津市蓟县人民法院民事判决书,(2014)蓟民初字第 4093 号。

〔4〕 参见山西省泽州县人民法院民事判决书,(2015)泽民初字第 5 号。

〔5〕 参见重庆市沙坪坝区人民法院民事判决书,(2014)沙法民初字第 04734 号。

〔6〕 参见陕西省安康市汉滨区人民法院民事判决书,(2013)安汉民初字第 00215 号。

责任法》第24条作为无过错责任一般条款的见解。[1] 也有学者建议,“致害人与受害人对造成损害都没有过错的,由双方各承担一半损失”。[2] 更主流的学说认为,在公平责任中主要考虑双方财产状况。但在实务中,裁判文书中明示考虑双方财产状况的情形并不多见,只有部分案例明确考虑被告的经济状况。[3] 笔者认为,尽管在大部分裁判文书中法官或多或少都在考虑双方的财产状况,但因为原《民法通则》第132条和原《侵权责任法》第24条没有明示“实际情况”所指,法官也就没有必要“冒险”去明示这一考量要素了。另外,在适用共同意外分担公平责任的案例中,或者受损人伤势较重,[4] 或者造成受损人死亡的情形。[5] 这是因为从法经济学角度看,适用公平责任来分担损失就会发生比较高的管理费用,那么,如果损害比较小,在当事人的风险损失也比较小的情况下,就没有必要通过公平责任来予以分担。[6] 综合实务中的判例,较为标准的表述是:本案适用公平原则处理,公平原则系补偿责任,应结合原、被告双方的财产状况以及原告受损害的严重程度合理分担原告的物质损害。[7]

笔者认为,尽管《民法典》第1186条将原《侵权责任法》第24条规定的“可以根据实际情况”改为了“依照法律的规定”,但未来立法规定共同意外分担公平责任时,仍然应当明确“根据实际情况”,并主要是指双方经济状况。有学者指出,应当综合整个案件情况,包括双方当事人的经济状况、生活水平、损害后果对受害人的影响程度等,甚至不能忽视行为人的行为目的以及是否有保险等情况,即要考虑双方整体的“财产状况”。[8] 建议未来最高人民法院通过司法解释明确共同意外分担公平责任仍然需要考虑的“实际情况”,可以考虑使用“根据各方的经济状况等实际情况对受害人给予适当补偿”这样的表述。

(三)共同意外分担公平责任的补充性救济性质

原《民法通则》第132条和原《侵权责任法》第24条规定的共同问题在于,在“受害人和行为人对损害的发生都没有过错的”情形下,将公平责任作为第一顺位的救济手段,而没有考虑到现代社会的社会保险、商业保险救济应当优先于公平责

---

〔1〕 参见叶金强:《〈侵权责任法〉第24条的解释论》,载《清华法学》2011年第5期。

〔2〕 杨代雄:《一般侵权行为的无过错损失分担责任——对“无过错即无责任”的质疑及对“公平责任原则”的改造》,载《华东政法大学学报》2010年第3期。

〔3〕 参见甘肃省武威市凉州区人民法院民事判决书,(2014)凉民初字第575号。

〔4〕 参见山东省招远市人民法院民事判决书,(2013)招民初字第2395号。

〔5〕 参见贵州省普定县人民法院民事判决书,(2014)普民初字第761号。

〔6〕 参见胡伟强:《〈侵权责任法〉中公平责任的适用——一个法经济学的解释》,载《清华法学》2010年第5期。

〔7〕 参见宁夏回族自治区银川市兴庆区人民法院民事判决书,(2014)兴民初字第5706号。

〔8〕 参见尹志强:《〈民法典〉公平责任的理解与适用》,载《社会科学研究》2020年第5期。

任适用。只有在这些救济措施无法充分救济受损人的情形,才可以考虑共同意外分担公平责任的救济。

在实务案件中,如果社会保险的理赔金额少于医疗费,法院可能酌定一定的共同意外分担公平责任。[1] 而如果新型农村合作医疗已经报销部分医疗费,医疗费中扣除这部分后,作为共同意外分担公平责任数额确定的基数。[2] 在一起案件中,被告在活动开始前为了避免风险已经为活动参与人购买了意外保险,原告等在事发后已得到了 30 万元的保险理赔,因此原告请求赔偿时,就扣除了这部分金额,法院按照主张金额的 10% 左右酌定了共同意外分担公平责任数额。[3] 笔者认为,作为侵权公平责任的一个类型,共同意外分担公平责任的适用前提应该包括"受害人无法得到充分救济"。

Abstract: The basis of the equitable responsibility for joint accident sharing is the joint sharing of risks created by co – creation. "Joint accidental conduct" refers to a situation in which two or more persons accidentally cause personal injury to one or more of them by an act committed together, and the perpetrator is not at fault for the occurrence of the harm. The risk of joint unintentional behaviour is bidirectional, and the damage is unidirectional. There is a clear difference between joint accident behavior and common risk behavior, shared risk behavior, and joint experience of disaster. The equitable liability for joint accidental apportionment is only applicable to the tort type of fault liability, excluding the type of tort caused by a third party, and the scope of loss sharing should be limited to personal injury. Prior to the adoption of the Civil Code, the types of cases in which equitable liability for joint accident contribution was applied, including injuries caused by accidents while participating in amateur competitive sports, accidental traffic accidents between non – motorized vehicles, and fights between free – range animals. Article 1186 of the Civil Code stipulates that the risk of self – determination limits the legislative space for the sharing of equitable liability for joint accidents. The contribution of equitable liability for joint accidents is of a complementary remedy, and appropriate compensation is given to the victim according to the actual circumstances of the parties, such as the economic situation of the parties.

(责任编辑:吴　涛)

[1] 参见浙江省宁波市中级人民法院民事判决书,(2014)浙甬民一终字第 665 号。

[2] 参见甘肃省临洮县人民法院民事判决书,(2014)临衙民初字第 168 号。

[3] 参见河南省济源市人民法院民事判决书,(2014)济民一初字第 3145 号。

破产程序中以房抵债的效力问题与处置方式探析

李锦福*

内容提要 在房地产企业破产程序中,未办理房屋过户登记但实际占有房屋的以房抵债协议的债权人与普通债权人之间可能会引发关于以房抵债协议的效力、房屋权属以及房屋处置的争议。对此,当协议中约定债权人负有清算返还义务时,可承认流押条款的效力。应坚持破产法公平受偿原则,否认以房抵债协议的债权人对房屋享有物权,同时管理人应及时行使解除权解除以房抵债协议。可以根据《企业破产法》第112条但书的规定,通过债权人内部的协商处理房屋,以保障所有债权人合法权益的实现。

关键词 以房抵债 流押条款 公平受偿

一、引言

随着房地产市场步入低迷期,房地产企业破产案件数量攀升,大量涉及以房产作为债务偿还手段的协议浮出水面,这些协议不仅关乎债权人与房企之间的权益平衡,更直接影响到广大购房者的切身利益和社会稳定。在房企破产案件中,如何妥善处理"以房抵债"关系,不仅关乎购房户、施工单位、抵押担保权人等全体债权人的公平受偿权益,还直接关系到破产案件能否顺利推进,是房企破产案件处理中的一大难点与重点。因此,如何在现有法律框架下有效平衡各方利益,妥善化解矛盾,成为管理人必须认真思考的重要课题。本文将主要探讨情形框定为:双方订立以房抵债协议,债权人实际占用房屋但并未完成过户登记。首先探讨以房抵债协议的效力,接着分析以房抵债协议案涉房屋的权属,然后分析管理人能否解除以房抵债协议,最后倘若以房抵债协议的债权人不能对案涉房屋主张取回权,则探讨如

---

* 李锦福,上海市锦天城(成都)律师事务所高级合伙人。

何制定一个能够令各债权人都满意的房产处置方案。旨在通过全面分析上述问题,为管理人提供理论支持与实践指导,以促进破产程序的有序进行。

二、以房抵债协议的效力认定

(一)现行法律规定对以房抵债协议效力的认定

按照崔建远教授的观点,以房抵债协议系以物抵债协议的一种表现形式,以物抵债协议是指当事人双方达成以他种给付替代原定给付的协议。[1] 以房抵债协议是债权人与债务人共同商定的一种安排,旨在用指定的房产资产来替换原有的金钱债务偿还方式。双方法律关系的基本结构通常表现为债权人与债务人除了订立有借款合同,还订立了房屋买卖合同。而关于以房抵债协议的效力,现行法律规定对此存在不同认定,主要取决于以房抵债协议的达成时间是在原债务履行期届满之前抑或之后。

1. 在债务履行期限届满后达成的以房抵债协议:有效

根据《最高人民法院关于适用〈中华人民共和国民法典〉合同编通则若干问题的解释》(以下简称《民法典合同编司法解释》)第27条、《全国法院民商事审判工作会议纪要》(以下简称《九民纪要》)第44条及《最高人民法院关于当前商事审判工作中的若干具体问题》第9部分之规定,债务人与债权人在债务履行期限届满后达成以房抵债协议,若不存在影响合同效力之情形,该协议自当事人意思表示一致时生效。若债务人未按照约定履行以物抵债协议,经催告后在合理期限内仍不履行,债权人选择请求履行原债务或者以物抵债协议的,人民法院应予支持。那么,在双方实际履行了房屋的交付及产权登记手续后,原债权债务关系即告消灭。

2. 在债务履行期限届满前达成的以房抵债协议:流押部分无效

根据《民法典》第401条、《民法典合同编司法解释》第28条、《九民纪要》第45条及《最高人民法院关于适用〈中华人民共和国民法典〉有关担保制度的解释》(以下简称《担保制度解释》)第68条之规定,以房抵债协议中约定债务人不履行到期债务,财产归债权人所有的,该约定无效,但是不影响当事人有关提供担保的意思表示的效力。若当事人已经完成财产权利变动的公示,债权人也仅能就财产折价或者以拍卖、变卖该财产所得的价款优先受偿,而无法请求其享有房屋所有权。若债权人未进行产权公示,则不享有房屋处置价款的优先受偿权。

总的来说,以物抵债协议的效力依据民法意思自治的精神是得到了法律认可的,将物抵债协议认定为诺成性合同,无疑顺应了法律发展趋势和经济社会发展需

---

[1] 参见崔建远:《以物抵债的理论与实践》,载《河北法学》2012年第3期。

求,这将使得以物抵债协议在债权清偿领域更好地发挥作用,更利于市场稳定、交易安全和社会主义诚信体系建设。[1]

但上述规定"一刀切"地将成立时间在原债务履行期满前的协议认定为流押部分无效,而将成立时间在原债务履行期届满后的流押条款认定为有效,允许债权人可直接以房屋抵债务受偿,却未进一步规定若房屋实际价值远高于债权数额,甚至远高于破产程序中债权人经原债务数额折合清偿率得出的债权数额[2]如何处理,可能造成实质上的不公,且无法契合破产程序中的公平清偿原则,从而导致大量自然人债权人的集体反对和维稳问题。

(二)允许债权人通过以房抵债协议直接受偿房屋之影响

允许债权人依据以房抵债协议直接获取房屋作为补偿,在房地产企业破产流程中,可能带来多重挑战,诸如可能损害到其他债权人的合法权益、违背个别清偿的禁止性规定、妨碍破产财产实现价值最大化等情形,从而造成实体不公和破产程序的复杂化,甚至形成社会维稳难题。

1. 损害其他债权人利益

房地产企业破产时,其资产应按照法定的清偿顺序在所有债权人之间进行公平分配。若允许个别债权人依据以房抵债协议直接受偿房屋,会使该债权人优先于其他普通债权人甚至优先于部分有担保的债权人获得全额清偿,这显然与破产法中倡导的债权债务公平清偿的核心原则相悖。

2. 影响破产财产的范围和价值确定

房地产企业的房屋作为重要的资产,应纳入破产财产进行统一管理和处置。若部分房屋因以房抵债协议而直接归债权人所有,则不利于实现破产财产价值的最大化,也可能影响到破产程序的顺利进行。并且以房抵债协议所涉及的房屋价格往往是在协议签订时确定的,可能与破产程序中对房屋的评估价值存在差异,导致房屋价值无法得到合理评估和充分实现,进而影响到整个破产财产的价值评估和分配方案的合理性。

3. 恶意串通风险和复杂化破产程序

债权人和债务人可能存在恶意串通、虚构债务或夸大债务金额,并以不真实的落款时间来签订以房抵债协议,通过转移房地产企业资产的方式,规避对其他债权

---

〔1〕 参见袁文全、卢亚雄:《检视与规范:以物抵债的适用路径》,载《西南大学学报(社会科学版)》2022年第2期。

〔2〕 破产程序中的债权人能得到清偿的债权数额通常是综合考量破产企业资产状况、债权总额和法律规定清偿顺序后计算得出的结果,反映了债权人在破产程序中能够实际获得的清偿金额,通常该数额是远小于原债权数额的。

人履行债务清偿的责任。这将严重破坏破产程序的公正性和正常秩序,同时也增加了破产管理人审查和识别的难度,给破产程序带来诸多风险和不确定性。在处理以房抵债协议的效力认定、房屋产权变更等问题时,需要耗费大量的时间和精力进行调查、核实和诉讼等工作,这无疑会延长破产程序的时间,导致全体债权人的利益无法及时得到实现。

因此,作为破产企业的管理人在履职过程中,并不能简单地以相关法律规定来认定以房抵债的协议效力,从而只决定是否将房屋抵债给相应债权人。

(三)债权人承担清算返还义务时有限承认流押条款

笔者认为关于以房抵债协议中的流押条款效力,在破产程序中不宜仅以协议成立时间位于原债务期限届满前后而简单认定其无效或有效,而需结合具体情况有限度地承认流押条款的效力。流押禁令之立法意旨系保护债务人免其一时之急迫而蒙重大之不利,旨在保护债权人实际受偿且使债权人不因此获得债权清偿以外之利益。[1] 另外,抵押权只是一种优先受偿权,主债权届期未受清偿时债权人得就担保物之价值优先于普通债权人受偿,但多余价值应返还给债务人以确保其他债权人也能受偿,而流押条款则有损害其他债权人利益之虞。[2]

若从保护债务人的角度来看,流押条款有效对债务人确有不公,而流押条款无效对债权人亦无公正。首先,若流押条款无效,债权人就房屋仅享有抵押权,债权人如果想获得抵押物的所有权可和债务人商定折价,折价作为一种事后的谈判过程,会为交易增添额外的时间与协商成本。而且,请求人民法院拍卖、变卖担保物以实现担保物权,实现成本同样很高,对债权人不利。[3] 其次,承认流押条款有效,再规定债权人承担清算义务就能避免侵害债务人的合法权益。流押条款之所以无效,在于虑及抵押物的价值如过高于被担保的债权额,会导致抵押人与抵押权人之间利益的严重失衡。[4] 可若承认流押条款有效,再规定债权人负清算返还义务,就抵押物价值超出担保债权金额部分对债务人负返还义务,可使双方利益相平衡。反对者有言对债务人保护不利,因为债务人仅享有对债权人的请求返还抵押物多余价值的债权,较之前其直接享有对物的所有权在保护力度上有所下降。笔者认为,交易系双方各自负担风险,不能只对一方给予法律上的优待。否定流押条款的效力系将违约后的拍卖变价风险交由债权人承担,债权人放贷却得不到法律的优先保护不免得担忧,故才会发展出让与担保这一非典型担保样态。而承认流押条

〔1〕 参见谢在全:《民法物权论(中册)》,中国政法大学出版社2011年版,第784－785页。
〔2〕 参见王明锁:《禁止流质约款之合理性反思》,载《法律科学(西北政法学院学报)》2006年第1期。
〔3〕 参见高圣平:《论流质契约的相对禁止》,载《政法论丛》2018年第1期。
〔4〕 参见王者洁:《住房反向抵押的权利证成》,载《法学论坛》2020年第5期。

款的效力,债权人直接享有对抵押物的所有权,不仅可以为其不能如期受偿的担忧松绑,而且可以提高社会资金的流动性。况且,承认流押条款有效且规定债权人负有超出价值部分的归还义务,债务人仍可就超出部分公平受偿且更高效地执行了变价方案。[1]

正如抵押人届期不清偿债务,抵押权人未经任何清算程序径行获得抵押物所有权,有违抵押权的担保物权本质,亦违反了物权公示原则。[2] 笔者建议,当以房抵债协议中约定流押条款,并另外约定了债权人对房屋价值超出借款金额部分承担清算返还义务时,可以认可包含流押条款的协议效力,并视整个以房抵债协议为有效。若以房抵债协议仅规定债务到期后债务人需履行交房义务,则债权人将依据房屋处置所得价款来获得补偿。

三、抵债房屋的权属争议

(一)房屋的权属:是否属于破产财产

尽管以房抵债协议中的房屋尚未完成登记,房屋在名义上仍属于债务人财产,但以房抵债协议的债权人已占有、使用房屋,债权人往往依照《企业破产法》第38条和《最高人民法院关于审理企业破产案件若干问题的规定》(以下简称《破产若干问题规定》)第71条第5项和第6项[3]主张抵债房屋应被排除出破产财产。

实践中,法院就以房抵债协议的债权人在实际占有房屋的前提下能否将案涉房屋排除出债务人即破产企业财产作出了不同的判决。

1. 案涉房屋不属于破产财产

在大连机床集团有限责任公司、李某等一般取回权纠纷案中,大连机床集团有限责任公司进入破产程序,二审法院认为对于以房抵债协议,李某已经履行完毕自己消除债权的全部义务,大连机床集团也履行完毕移交抵债房产的主要义务,在土地、房产已经按照抵债协议交付到李某实际占有的前提下,认定大连机床集团继续对该土地、房产享有所有权有违诚实信用原则,李某已经取得抵债房产的物权期待权。只要大连机床集团履行完协助办理产权过户手续这一附随义务,李某即可取

[1] 基于对双方意思表示的尊重和交易效率的保护,同样赞同对流押流质条款相对解禁的文章有:孟强:《〈民法典物权编〉应允许流质流抵》,载《当代法学》2018年第4期;高圣平:《论流质契约的相对禁止》,载《政法论丛》2018年第1期;李兆环:《两岸抵押权之比较与立法建议》,载《财经法学》2017年第6期;吴光明:《流抵契约禁止原则之转变》,载《人大法律评论》2012年第1期。

[2] 参见杨善长:《流押条款法律效力辨——兼及法律父爱主义立法思想之取舍》,载《河北法学》2017年第3期。

[3] 下列财产不属于破产财产:"……(五)特定物买卖中,尚未转移占有但相对人已完全支付对价的特定物;(六)尚未办理产权证或者产权过户手续但已向买方交付的财产……"

得抵债房产的完全物权,因此认定李某对房产享有取回权。[1] (2021)最高法民申 7840 号裁定书中认为为案涉房产以物抵债时间为借款到期后、申请破产清算前,抵债房屋已办理了相关购房手续,且已经交付使用,还款行为已经履行完毕,故案涉房产依法不属于破产财产。

2. 案涉房屋属于破产财产

而在中国一拖集团有限公司、一拖(洛阳)工程机械有限公司(以下简称一拖公司)等与破产有关的纠纷案中,最高人民法院认为本案所涉抵债财产为工业用房、构筑物及其附属设施等不动产,因该抵债财产未变更登记至一拖公司名下,仍为工机公司所有,根据《企业破产法》第 30 条关于破产申请受理时属于债务人的全部财产为债务人财产的规定,案涉抵债不动产仍属于债务人财产。一拖公司以案涉抵债不动产因实际交付一拖公司占有而完成交付,但与动产物权的变动以交付为公示方式不同,不动产物权的变动以登记公示为要件,故一拖公司的主张缺乏法律依据,不予支持。[2] (2021)最高法民申 9 号案件中认为,在签订以物抵债协议的债务人企业破产的情况下,并不意味着债权人就有权请求继续履行合同。因为一旦允许债权人请求债务人继续履行合同,并基于合同的履行享有物权,则无异于使该债权人享有了物权性质的权利,这违背了破产程序中应遵循的公平受偿原则。

而法院之所以在破产程序中对以房抵债协议所涉房屋权属作出不同判决,是因为破产案件涉及其他普通债权人的参与,破产程序必须遵循公平受偿原则。《破产若干问题规定》关于不动产权属异议的规定中有一个挑战物权基本原则权威性的弊端:第 71 条中的相关规定回避了实际占有房产的债权人是否对该房屋享有所有权的直接认定,然而,它确认了那些已支付对价并实际占有的房屋,或虽未办理产权证或过户手续但已被占有的房屋,可以直接不被纳入破产财产的范围。实际上是承认了债权人为房屋所有权人的法律地位,这直接架空了不动产物权变动的公示原则。

物权行为理论主要包含三个要点:首先是区分原则,其核心在于将物权行为与债权行为相区分,物权行为是指直接导致物权产生、改变、转移或消灭的行为,如产权登记、抵押权设立;而债权行为则是指双方当事人之间基于合同或其他法律行为产生的相对权,如买卖合同中请求交付标的物的权利即属于债权行为范畴。其次是无因性原则,作为区分原则的深化,它表明物权行为的效力独立于其原因行为(即债权行为),即使债权行为无效或被撤销,物权行为的有效性及其导致的物权变动状态仍不受影响。最后是公示原则,它要求民事主体对物权的享有与变动需采

〔1〕 参见辽宁省高级人民法院民事判决书,(2021)辽民终 499 号。

〔2〕 最高人民法院民事裁定书,(2023)民申 143 号。

取公开、透明的方式，以取信于社会公众。具体而言，不动产物权的设立、变更、转让和消灭，依据《民法典》第 209 条的规定，需经依法登记方能产生法律效力；未经登记，则不产生法律效力。由此可知，《破产若干问题规定》中的相关规定与物权基本理论相悖。以物抵债协议是诺成性合同，其产生的后果仍然是债的关系的变动，而不是发生物权变动的效力。[1]

理论界为了合理化债权人的优先地位不得不借期待权这一畸形的法律概念，由此看来期待权根本就不是理论推理的产物而是法政策实施的工具，[2]隐藏在以房抵债下的是代物清偿，若当事人根本未曾缔结买卖合同，亦无适用买受人期待权之余地。[3] 而如果法政策可以压倒法学基本逻辑就目的随意改造规范，那么法学就无颜称自己为一门科学学科。对于普通住房消费者而言，可通过《关于人民法院办理执行异议和复议案件若干问题的规定》（以下简称《执行异议》）第 29 条来合理化其优先地位，以保障基本生存权。然而，以房抵债协议中的债权人通常并不面临类似的生存压力，其能够向房企放贷更显示其经济实力的雄厚。在破产程序中，基于公平受偿原则的限制，利用保障生存权的理由来为以房抵债协议的债权人建立优先地位的说服力显然不足。

但也有观点认为《执行异议》第 29 条创设的不动产买受人之物权期待权本身就不具有正当性基础，无论如何强化不动产买受人无过错这一点，都不足以构成以牺牲执行债权人利益的代价来优先保护不动产买受人。[4] 这一立场略显偏颇，从实际状况出发考虑，若将抵债房屋一味认定为破产财产从而要求各债权人进行大面积的房屋腾退会大概率引发群体性涉诉涉访等更极端的社会不稳定事件，法律应当作为维护社会秩序的利器，而非破坏者。

鉴于此，笔者认为，在破产程序中，确保公平受偿原则占据核心地位是至关重要的，以物权行为理论中的三大原则而非《破产若干问题规定》中针对破产财产的规定为核心，应明确指出，在以房抵债协议中，即便债权人已实际占有房屋但未完成过户登记手续，其对抵债房屋并不享有所有权。但同时可结合具体情况考虑对该债权人群体给予一定清偿方式上的优待，以维护社会稳定和提高破产财产处置效率。大部分订立以房抵债协议的债权人并不是普通的房屋消费者，而是市场交

---

〔1〕 参见杨立新：《以物抵债的类型及其法律适用规则——〈合同编通则司法解释〉第 27 条和第 28 条规定解读》，载《上海政法学院学报（法治论丛）》2024 年第 3 期。

〔2〕 有学者认为期待权的弊端有期待权与物债二分体系不相协调、期待权与物权法定原则难以相洽、期待权会造成权利主体的不当加倍。详细论述参见袁野：《期待权之检讨》，载《法学研究》2024 年第 3 期。

〔3〕 参见钟嘉儿：《以房抵债下受让人的物权期待权》，载《时代法学》2021 年第 3 期。

〔4〕 参见刘颖：《物权期待权排除强制执行规则之再审思》，载《当代法学》2023 年第 4 期。

易的投资者,在市场经济活动中负有更高的注意义务,本身就没有给予其房屋对抗效力保障生存权的现实基础。若承认其享有房屋物权,则会违反《企业破产法》中关于个别清偿无效的相关规定,并不利于其他普通债权人在破产程序中公平受偿。应当坚持我国关于不动产物权变更登记生效原则,在房屋未办理过户登记到以房抵债协议债权人名下的前提下,房屋仍然属于债务人财产。因为房屋作为不动产,其物权归属应取决于产权登记公示,但是实践中大部分以房抵债协议的签订并不伴随产权的同步过户,当事人之间不存在物权关系的公示方式,债权人的请求权并不能对抗第三人。[1] 而就算存在个别债务人为债权人办理了房屋产权登记手续,在破产语境下还应综合考虑其中是否存在债权人和债务人恶意串通以转移破产企业财产,抑或是扩大了原债务而影响其他债权人利益等打破了破产程序中公平清偿的情形。

若抵债房屋已办理产权登记手续,则可由管理人依据《企业破产法》第 18、31 条之规定行使撤销权或解除权,并根据《民法典》第 157、566 条之规定,在行为被撤销时要求债权人返还财产,不能返还或者没有必要返还的,应当折价补偿;而在行为被解除时管理人可以要求债权人恢复原状,债权人可以就原债以及对应损失和违约责任依法申报债权。出于处置破产财产效率的现实考虑,还可给予实际占有房屋的以物抵债协议债权人群体在房屋清算时程序上的优待,本文将在下文详细阐述。

(二)管理人行使解除权分析

《企业破产法》第 18 条为破产管理人提供了对双方均未履行完毕合同的解除权。然而,在以房抵债协议的执行过程中,常见的情况是仅债务人一方未完全履行。对于此情形,法律并未明文规定管理人是否拥有解除以房抵债协议的权力。值得注意的是,即便破产管理人无权解除合同,也不意味着债权人可以要求债务人继续履行。在确认以房抵债协议的债权人在破产程序中无法基于物权行使取回权后,关于管理人是否有权解除以房抵债协议,实践中仍存争议。

1. 支持解除协议

在陈某某、杭州大富房地产开发有限公司与破产有关的纠纷案中,最高人民法院认为:陈某某主张继续履行合同,要求大富公司交付案涉房屋并协助办理产权转移登记手续,实质是要求大富公司在破产程序之外对其个别债权进行全额清偿,势必对大富公司其他债权人的利益造成损害,有违《企业破产法》第 16 条关于“人民法院受理破产申请后,债务人对个别债权人的债务清偿无效”的规定,不应获得支

---

〔1〕 参见黄卉:《买卖型以房抵债合同的理论争点与实务思考》,载《人民司法》2019 年第 29 期。

持。大富公司的管理人作为人民法院依法指定的管理人,对大富公司和陈某某之间的债权债务进行清理时,选择解除合同,并无明显不当。[1] 赞同此观点的相关案例还有(2020)最高法民申 3208 号、(2020)最高法民申 3209 号、(2020)最高法民申 3211 号、(2020)最高法民申 3212 号、(2021)最高法民申 9 号。

2. 支持继续履行协议

在云南腾峰投资有限责任公司弥渡第二分公司、刘某某房屋买卖合同纠纷案中,最高人民法院认为:刘某某作为买受人,以其对腾峰弥渡分公司所享借款债权本息充抵购房款,在刘某某履行了合同主要义务的情况下,腾峰弥渡分公司主张解除案涉《商品房购销合同》于法无据。[2] 持该观点的案例还有(2020)最高法民再 287 号,该案例认为在公司破产重整中,在以房抵债协议真实有效且购房人实际支付了购房款的商品房买卖合同均得到履行的情形下,债权人有权请求按同类债权得到清偿,其要求继续履行案涉《商品房买卖合同》的诉讼请求,应予以支持。(2020)最高法民申 4265 号认为《企业破产法》第 18 条的适用前提是双方当事人均未履行完合同义务,在债权人履行了合同主要义务的情况下,债务人主张解除案涉以房抵债合同于法无据。

管理人对待履行合同解除权的行使应遵守《企业破产法》的立法本意,如果解除合同会导致法律所禁止的后果,管理人则不能解除合同。[3] 从破产法的立法宗旨出发,法律赋予管理人特殊的合同解除权,其核心目的在于尽可能扩大破产财产的规模,以确保一般债权的整体利益得到最大限度的保护,同时限制个别债权人在破产程序外获取不当利益,从而实现破产法所追求的公平清偿目标。在这种立法规范目的下,管理人解除合同的标准就应该是:解除合同与继续履行合同何者能够使破产财产获得更大的利益。[4] 《企业破产法》第 18 条规定,管理人行使合同解除权的客观要件是双方均未履行完毕合同。在此情形下,债权人常常以已履行借款合同中的付款义务来主张其已经履行了房屋买卖合同的付款义务,从而认为不符合《企业破产法》第 18 条所规定的双方均未履行完毕的前提,以此对抗管理人行使合同解除权。

笔者认为,一方面,应当限制以房抵债协议的债权人对于借款合同享有的债权

---

[1] 最高人民法院民事裁定书,(2020)民申 2256 号。

[2] 参见最高人民法院再审审查与审判监督民事裁定书,(2020)最高法民申 4265 号。令人不解的是,刘某某基于买卖合同担保的 12 套房屋的合同价款合计 14,571,674 元,能放出如此高额的贷款,很难解释她的生存权需要优先保护。

[3] 参见王欣新、张思明:《房地产开发企业破产中的房屋产权界定与合同履行》,载《人民司法(应用)》2016 年第 7 期。

[4] 参见李永军:《论破产管理人合同解除权的限制》,载《中国政法大学学报》2012 年第 6 期,第 17 页。

处分权能。若管理人无权解除以房抵债协议,则需依据条款约定为协议中的债权人办理房屋过户手续,这将导致该债权人相较于其他普通债权人获得优先受偿的地位,并可能获得高于其原债务金额对应清偿率折算后的受偿金额,这不符合破产法公平受偿的基本原则,并且违反了《民法典》关于滥用民事权利的规定。[1] 应当否定以房抵债协议的债权人可以履行了借款合同中的支付义务以抵消买卖合同的付款义务,此时合同双方均未履行合同,符合《企业破产法》第 18 条规定的条件。另一方面,在禁止以房抵债协议的债权人处分借款合同的债权以抵消买卖合同的付款义务后,当逾期交房房屋涨价时,以房抵债协议的债权人不得就房屋涨价的差价申报债权,仅能以借款合同的金额申报债权,如果允许其就房屋涨价部分按照违约损害赔偿申报债权,那么与履行以房抵债协议的结果殊途同归,均会降低其他普通债权人的受偿份额和比例。而且当房屋涨价时,房屋收回拍卖能扩大破产财产,更有利于其他债权人受偿。

四、破产企业中抵债房屋的处置新解

(一)以传统方式(公开拍卖)处置抵债房屋可能引发的问题

经过上文所述,以房抵债协议的债权人不仅不得直接就抵债房屋主张取回权,而且待管理人解除以房抵债协议后也仅能就原借款合同的金额申报债权,此时案涉房屋应当拍卖转为价款以供各债权人分配。管理人将涉案房屋以公开拍卖的方式变价出售,如果已经实际占有房屋的以房抵债协议的债权人在拍卖中均各自竞得已抵债房屋且均如数缴纳了拍卖款,则不会面临房屋大面积腾退的问题。然而,如果以房抵债协议的债权人未能竞得已抵债房屋或虽竞得但未如数缴纳拍卖款,作为房地产破产企业的管理人势必要面对持以房抵债协议的大量自然人债权人,以实现房屋大面积腾退的问题。此时实际占有房屋的债权人必将百般阻止拍卖和抗拒腾退,尤其是已投入装饰成本在抵债房屋中长期合家居住的债权人更不会接受此结果,从而极易引发群体性、突发性事件,影响社会稳定。这也将大大影响房屋处置的效率,增加了破产清算程序的人力、时间成本。

是故,以拍卖的方式变价出售抵债房屋,以所得价款作为破产财产按照清偿顺序在全体债权人中统一分配虽不违反法律规定,但并非解决破产企业问题的最佳方案。况且在拍卖过程中,债权人也将集体反对评估机构对拍卖标的的进场评估工作,就算评估工作能顺利完成而推动抵债房屋上拍,让房屋占有人最终配合完成清房交付也存在较大困难。拍卖房产也会因室内有人居住且拒绝腾房而导致拍卖

---

[1] 《民法典》第 132 条规定:“民事主体不得滥用民事权利损害国家利益、社会利益或者他人合法权益。”

一再流拍，就算最终成交，实际成交价也会大幅降低甚至远远低于房产实际价值。所以，按照传统的财产变价方式公开拍卖处置以房抵债房屋，对于涉及以房抵债和不涉及以房抵债的债权人而言大概率是双输局面，最终对破产程序推动、社会稳定维系、各方债权人利益平衡都可能产生极大的负面影响。

（二）抵债房屋处置的创新方式尝试

考虑到各方利益诉求及上述困境，以房抵债协议的债权人旨在获得房屋所有权，而其他普通债权人则期望能公平地从破产财产中获得补偿，那么让以房抵债协议的债权人直接“买下”案涉房屋是既符合双方目的，也可以避免强行腾退引发群体性事件发生的方案，程序成本最低、处置效率最高。要求债权人于主张标的物所有权时负有清算义务，并通过成熟的交易模式解决交易安全问题，也被认为是物权法定原则趋于缓和的表现，而非对物权法定原则的违反。[1]

1. 管理人制定房屋变价方案经债权人会议通过

针对抵债房屋，管理人可以单独制定一份财产变价方案并经债权人会议表决通过，以免对抵债房屋进行公开拍卖引发大面积房屋腾退带来维稳问题。《企业破产法》第 112 条第 1 款规定：“变价出售破产财产应当通过拍卖进行。但是，债权人会议另有决议的除外。”因此，债权人会议作为一个内部协调机制，旨在形成全体债权人的共同意志，并通过对外参与和监督破产程序，保障全体债权人能够充分行使其在破产程序中的参与权，有权对变价出售破产财产的方式进行决议，进而可以决议除拍卖之外的其他财产变价处置方式。

2. 让以房抵债的债权人有条件地获取抵债房屋产权

在实践中，抵债房屋普遍是未办理完毕过户登记手续的，按照物权公示原则以及破产程序中的公平清偿原则，从法律逻辑上看，抵债房屋是应当通过拍卖以处置价款计入破产财产，再将破产财产按照清偿顺序对破产企业的全体债权人清偿。通常而言，享有担保的债权相较于普通债权，会享有优先受偿的权利。而作为房地产企业，其商业模式中经常以其房产为抵押向银行贷款，在破产时，银行便有权就抵押房产的变现价款优先受偿。在这种情况下，以房抵债协议债权人的清偿金额往往会低于房屋市场价值及原债权数额，那么对于以房抵债协议债权人来说，未办理过户登记的房屋始终是一把悬而未决的剑，因此，管理人可以有条件地协助这些债权人获取产权。

---

〔1〕 参见吴光荣：《后民法典时代的让与担保及其适用——兼评〈民法典合同编通则解释〉第 28 条》，载《社会科学研究》2024 年第 1 期。

3. 债权人的清算返还义务

如抵债房屋价值超过债权金额,则超出部分应用于清偿其他债权人;如抵债房屋价值低于债权金额,则不足部分作为普通债权按比例获得清偿。[1] 可以让以房抵债协议债权人通过补差价(通常为房屋现有市价与模拟清算状态下以房抵债债权人应受偿金额之间的差额)的方式取得商品房屋所有权,管理人过后协助办理过户登记以满足现实占有房屋的债权人对房屋行使房屋所有权的目的。以房抵债协议的债权人取得房屋所有权即视为其原债权已获得彻底清偿,并不再参与后续破产财产的分配。而其支付的补差款将计入破产财产,以供破产企业的其他债权人整体依法分配。同时,为有效促进上述方案的推进,管理人可以组织涉及以房抵债和不涉及以房抵债的债权人充分协商,并在中间进行斡旋,提出建设性意见和建议。举例说明:以房抵债债权人债权金额 100 万元,房屋市场价值 100 万元,如将该房屋拍卖后模拟清算状态下该债权人受偿比例为 50%。此情形下,以房抵债债权人如欲取得房屋,应补差价 50 万元。当此方案推行受阻时,管理人可进一步建议让以房抵债债权人仅补差价 40 万元取得房屋,同时,将占有房屋的债权人阻止拍卖和抗拒腾退情形下无法成交或多次流拍后的实际成交价远低于市场价的情况向其他债权人释明,取得其他债权人的理解和认同,从而在债权人之间进行有效斡旋,最终促成上述方案获得债权人会议的表决通过。

该做法既尊重了各当事人的目的,给予双方一个公平磋商谈判的机会,所有债权人就房屋议价在沟通上也比外来拍卖竞价者更加方便,也更易实现房屋的处置;既减少了中间环节的成本,如拍卖佣金、评估费用等,也避免了因拍卖流拍或低价拍卖导致资产价值损失。同时,有效解决了房屋占有人集体反对引发社会不稳定事件的难题,在保障公平清偿的原则下亦推动了破产工作的高效处理,实现了法律价值和社会价值的和谐统一。

五、结语

在破产程序中,如何妥善处理以房抵债协议及其所涉房屋的权属问题,关乎不同债权人的合法权益及破产财产的有效处置。以房抵债协议中即使约定流押条款,在债权人负清算返还超额价值义务时也应认定有效。当以房抵债协议的债权人实际占有房屋但未办理房屋过户登记时,应当坚持不动产物权变更登记生效原则,以房抵债协议的债权人并不拥有房屋的所有权,管理人应当及时解除该协议,以确保后续其他普通债权人能够得到公平受偿。

基于以房抵债协议的债权人目的是对房屋享有所有权,而其他债权人目的是

---

[1] 参见武诗敏:《破产法视野中的以房抵债问题研究》,载《法学家》2023 年第 4 期。

公平受偿,笔者建议依照《企业破产法》第112条但书条款对房屋不进行公开拍卖,转而由债权人在管理人的斡旋下内部协商处理。债权人可以通过补差价的方式取得商品房屋所有权,管理人协助办理过户登记以满足现实占有房屋的债权人对房屋行使房屋所有权的目的。当以房抵债协议的债权人成功获取房屋所有权时,可视为其债权已得到完全清偿,不再参与其他破产财产的分配。最后补偿款将计入破产财产,以供其他债权人依法分配。

上述方案不仅能够有效减少房屋腾退可能引发的社会不稳定问题,还能在充分尊重债权人权益的基础上,确保破产程序的公平与高效。最后,期待该研究能够为管理人提供有价值的理论支持和实践指导,促进各方利益的和谐共赢,实现破产财产的合理处置。

Abstract: In the bankruptcy proceedings of real estate enterprises, disputes may arise between the creditors and ordinary creditors of the mortgage agreement who have not completed the registration of the transfer of ownership of the house but physical possession of the property, and the dispute over the validity of the mortgage agreement, the ownership of the house and the disposal of the house. In this regard, when the agreement stipulates that the creditor has the obligation to liquidate and return, the validity of the ex commissoria clause can be recognized. The principle of fair repayment under the bankruptcy law should be adhered to, and the creditor of the mortgage agreement should be denied the right in rem to the house, and the administrator should exercise the right of rescission to terminate the mortgage agreement in a timely manner. Finally, in accordance with the proviso to Article 112 of the Enterprise Bankruptcy Law, the house can be disposed of through internal negotiation among creditors to ensure the realization of the legitimate rights and interests of all creditors.

(责任编辑:林传琳)

论一般保证纠纷的诉讼形态

郜诗蓓*

内容提要 现行法对一般保证纠纷的诉讼形态语焉不详,导致实体规范与程序衔接不畅。按照传统诉讼标的理论,将一般保证纠纷强行解释为类似必要共同诉讼存在难度,可以选择以牵连关系解释"同种类法律关系",将"经当事人同意"限缩理解为"经原告同意",采取普通共同诉讼的解释方案。当债权人共同起诉时,可以借助主张、证据共通原则以及法官自由心证的统一判断避免矛盾裁判。当债权人单独起诉时,案外保证人或债务人可以作为辅助型无独立请求权第三人加入诉讼。若保证人未参加前诉,前诉判决对保证人有利时可例外地承认既判力扩张。若债务人未参加前诉,无论前诉判决是否对债务人有利,债务人均不受前诉判决的既判力约束,但前诉判决具有事实上的证明效力。

关键词 一般保证 诉讼形态 普通共同诉讼

一、问题的提出

《民法典》的颁布促进了一般保证制度的构建和完善,但宏观来看,现行法规范多关注于一般保证责任的静态实体配置,对于实体规范与程序规则的具体衔接未作出详细回应。我国《最高人民法院关于适用〈中华人民共和国民事诉讼法〉的解释》(法释〔2022〕11 号,以下简称《民诉法解释》)第 66 条和《最高人民法院关于适用〈中华人民共和国民法典〉有关担保制度的解释》(法释〔2020〕28 号)第 26 条均允许债权人将一般保证人和债务人同时诉至法院,在债权人仅起诉保证人时,债务人亦有被依职权追加形成共同诉讼的可能性。但现行法规范对一般保证纠纷的诉讼形态语焉不详,导致实务中对一般保证纠纷适用的程序规则不一,裁判要旨的表述亦处于无序化的状态。

---

* 郜诗蓓,中国政法大学民商经济法学院硕士研究生。

结合学界关于一般保证纠纷诉讼形态的研究共识,固有必要共同诉讼说、牵连必要共同诉讼说、单向必要共同诉讼说等观点已逐渐被取代,但在普通共同诉讼说和类似必要共同诉讼说的解释取舍上,学界仍然存在主要分歧。此外,纵观当前研究,诉讼形态确定后的配套规则问题并未引起充分关注,债权人共同起诉时适用何种审理规则?单独起诉时能否适用第三人制度,又如何界定前诉的判决效力?诸多问题同样有待进一步回应。鉴于此,本文将首先厘清判断一般保证纠纷诉讼形态的实体和程序前提,以此为基础对一般保证纠纷诉讼形态的主要观点展开分析,并根据诉讼形态构建相应的诉讼规则,以期促进实体法秩序统一性与诉讼法纠纷解决质效的统一。

二、一般保证纠纷诉讼形态的判断前提

(一)实体前提:先诉抗辩权的澄清

先诉抗辩权是一般保证责任最主要的特征,如何行使先诉抗辩权对诉讼形态的选择具有重要影响。若认为先诉抗辩权作用于起诉阶段,则仅起诉一般保证人属于遗漏必要当事人的情形;若认为先诉抗辩权的对抗对象是债权人的担责请求权而非债权人的起诉权,则债权人有选择起诉债务人或保证人的自由。因此,有必要对先诉抗辩权的性质进行澄清,厘清后文分析的实体前提。

从先诉抗辩权的性质来看,先诉抗辩权本质上属于“权利抗辩”而非“事实抗辩”,[1]其主要功能在于阻却请求权的行使,因此当事人对先诉抗辩权具有处分利益,是否行使先诉抗辩权应当由当事人自行决定而非由法院依职权适用,否则会陷入将先诉抗辩权混淆为“事实抗辩”的误区。回归到现行法规范,我国《民法典》第687条第2款规定了先诉抗辩权的构成要件,同时在但书部分列举了4种排除先诉抗辩权适用的例外情形。按照法律要件规范说,在具体的程序进行中,先诉抗辩权的行使应遵循“请求—抗辩—再抗辩”的流程,交由当事人之间围绕先诉抗辩权推动诉讼进行。具体而言,面对债权人提出的给付请求,保证人可以主张先诉抗辩权,并对第2款规定的先诉抗辩权的要件事实承担证明责任,而后债权人可以再抗辩,证明存在“但书”情形,以此消灭保证人的先诉抗辩权。

从先诉抗辩权的对抗对象来看,由于先诉抗辩权属于实体权利抗辩,因此先诉抗辩权对抗的始终是债权人对保证人提出的承担给付责任的请求权,而非以先起诉之诉权为对抗对象。换言之,先诉抗辩权的重点并非后被诉之顺序利益,而是后担责之顺序利益。此外,考虑到在审执分离的大背景下执行法院难以对实体问题

---

[1] 参见张海燕:《先诉抗辩权行使之程序展开》,载《现代法学》2022年第3期。

进行细致审查,在执行阶段借助其他程序辅助审查则会增加程序上叠床架屋的成本,[1]先诉抗辩权应当在诉讼阶段行使。若保证人在一审辩论终结前主张先诉抗辩权且法院审理后认定法律效果发生的,可以借助附条件判决保障保证人后担责之利益;若保证人未主张或放弃先诉抗辩权的行使,则无须追加债务人为被告,可以直接判决保证人承担责任。

(二)程序前提:诉讼标的的明确

我国共同诉讼类型的划分以"诉讼标的"为判断标准,但诉讼标的这一概念在比较法上牵涉复杂的理论学说,司法实践对诉讼标的内涵外延的理解亦含混不清。诉讼标的的不同识别标准正是导致诉讼形态判断产生分歧的重要原因,判断一般保证纠纷的诉讼形态须首先对一般保证纠纷的诉讼标的进行分析。

1. 将诉讼标的识别为纠纷事实

出于避免矛盾裁判和实现诉讼经济的考量,有学者主张将"纠纷事实"作为考量单位,把主债务关系与保证关系置于同一个纠纷事实中,提出主债务关系与保证关系虽然在"法律关系"层面并不同一,但是在"纠纷事实"层面构成共同的诉讼标的。再考虑到主债权人的诉讼选择权,应将一般保证之诉认定为类似必要共同诉讼。[2] 该解释路径看似合理,但存在诸多问题。

从保证关系本身进行考察,实践中在主债务未履行完毕时,即使距离主债务合同签署已有很长时间,经当事人协商一致仍可补充设立保证合同。此时签订一份合同的事实通常与一个诉讼标的相对应,由于主合同与保证合同之间存在较长的时间差,难以被统合为一个案件事实单位。即使扩大诉讼标的范围并模糊其识别标准,亦难以保障诉讼标的的同一性。基于诉讼灵活的考量,实践中允许部分撤诉的现象普遍存在。[3] 在特定的诉讼程序中,已经"同一"的诉讼标的仍能被随意划分处置,诉讼标的始终缺乏一个稳定的概念范围,其解释之正确性恐怕难以尽论。

更值得反思的是,考察民事诉讼理论体系的四个层次,民事诉讼理论分层中的"共同诉讼"作为下位概念,应当受制于"诉讼标的"的内涵和外延。[4] 出于避免矛盾判决的考量,将一般保证纠纷界定为类似必要共同诉讼,之后又为弥合诉讼形态与诉讼标的之间的间隙,选择将诉讼标的扩张解释为"纠纷事实",本质上是倒推诉

---

〔1〕 参见朱禹臣:《先诉抗辩权的程序设计:一个跨法域分析视角》,载《法学家》2022 年第 5 期。

〔2〕 参见王亚新、陈杭平、刘君博:《中国民事诉讼法重点讲义》,高等教育出版社 2017 年版,第 178 页。

〔3〕 参见赵某某、李某某与王某某保证合同纠纷案,河南省周口市中级人民法院(2022)豫 16 民终 1565 号民事判决书。

〔4〕 参见任重:《反思民事连带责任的共同诉讼类型——基于民事诉讼基础理论的分析框架》,载《法制与社会发展》2018 年第 6 期。

讼标的的定义以满足特定的诉讼结构，该做法存在由果倒因、削足适履之嫌。此外，对诉讼法说的采取应当持有谨慎的态度。尽管二分肢说已在德国司法判例中得到普遍适用，但是如何剪裁和限定案件生活事实的范围亦存在诸多歧见，其判断标准的模糊性同样受到批判。考虑到两国法律制度和法治理念的差异，以德国理论中具有“弹性”的案件事实重塑我国诉讼标的的概念未必契合于我国现行的法律框架和司法需求。由是观之，将诉讼标的识别为纠纷事实的路径难以走通。

2. 将诉讼标的识别为请求权

按照诉讼标的识别标准的价值取向，诉讼标的应当具有明确性和可预期性，据此落实当事人处分原则，并使法官裁判有的放矢。从当事人处分权的角度，采取旧实体法说，将诉讼标的识别为请求权，能够防止诉讼的不当扩容。具体而言，在一般保证纠纷中，保证债务不存在之认定并非一定基于主合同相关事实，而是仅仅可归咎于保证合同自身。双方当事人可能并没有对主债务存在与否进行争议，而是直接进入保证合同本身是否成立、生效及可履行的讨论中。当债权人仅起诉一般保证人时，有别于诉讼法说项下必要共同诉讼的处理方案，在旧实体法说的立场下，对保证债务的认定不一定涉及对主债务事实的争议，因此主债务人无须被强制介入诉讼。采取旧实体法说的立场能够准确限定案件范围，防止程序适用的不当扩容。从法院裁判的角度，将诉讼标的识别为请求权亦有助于抑制司法实践中恣意划定诉讼标的的问题，为法官划定清晰的审理范围。是故，回归诉讼形态的判断原点，仍以旧实体法说为宜。下文的讨论将在旧实体法说项下，重点比较主债务给付请求权和保证债务请求权，针对当前关于一般保证纠纷诉讼形态的主要观点进行分析。

三、一般保证纠纷诉讼形态的观点分析

（一）类似必要共同诉讼说之否定

当前学界支持类似必要共同诉讼的主要考量在于，其同时兼顾了债权人起诉选择自由与消解矛盾判决、一次性解决纠纷的制度理念。[1] 但如果对该观点进行整体性反思，可以发现将一般保证纠纷归类于类似必要共同诉讼的范畴，不仅理论上难以自洽，程序原理上也存在颇多抵触。

首先，在一般保证之诉中，债权人对债务人的给付请求权与对保证人的保证请求权之间的独立性更胜于牵连性，没有合一判决的必要。具体而言，二者之间诉讼标的的牵连性仅是对案件事实的查明提出了要求，债务人和保证人只是在主合同

〔1〕 参见张海燕：《民事补充责任的程序实现》，载《中国法学》2020年第6期。

是否成立、主债务履行情况等特定事项的认定上存在联系。主合同与保证合同对应的诉讼标的依然是相互独立的,法院仍须就债权人向债务人和保证人主张的给付请求权是否成立进行分别审查,并分别作出认定,对债务人与保证人的判决并不要求合一确定。我国《民法典》第 701 条亦明确规定,即使债务人放弃抗辩,保证人仍有权向债权人主张债务人对债权人的抗辩,包括主合同未生效或无效的抗辩、主合同已过诉讼时效的抗辩等。这意味着,即使债务人对主债务的存在进行了自认或认诺而败诉,保证人在诉讼中仍然可以针对主合同是否成立等事项进行抗辩,在主债务人败诉的情况下,保证人同样可能获得胜诉,〔1〕此时很难满足类似必要共同诉讼"合一确定"的要求,该解释路径难言妥当。

其次,在一般保证之诉中,债务人与保证人之间的利益关系较为复杂。司法实践中,债务人出于与债权人长期商业合作的考量,即使主合同存在效力瑕疵,当资金得到周转时可能仍愿意对主债务作出自认。但一般保证人常常仅是基于对债务人的个人信赖愿意提供保证,与债权人并无密切联系,因此在债务人自认的情形下仍会对主合同瑕疵据理力争。而一旦法院对于主债务关系进行了认定,就会转向对保证关系的审理,此时债务人与保证人之间同样存在利益矛盾的可能性。例如,当涉及保证责任类型的判定时,债务人可能更希望法院认可债权人的连带保证请求,以减轻自己的短期偿债压力。从债务人与保证人的关系出发,一般保证纠纷也更接近于普通共同诉讼。

最后,按照大陆法系的通说,类似必要共同诉讼以既判力扩张为基础,只有当法律明确规定产生既判力扩张时才构成类似必要共同诉讼,其通常被限定于"数人请求变动同一法律关系或者数人基于相同法律关系请求相同给付等特定类型"。〔2〕换言之,应通过法律明确规定,将类似必要共同诉讼限定在理性的适用范围内。否则,扩张适用类似必要共同诉讼极易否定和剥夺未参加前诉之当事人的诉权。但不尽如人意的是,既判力理论在我国发展得并不成熟,我国民事诉讼法也尚未明文确定既判力相对性原则。这导致我国在类似必要共同诉讼的具体适用时,实际上仅侧重于其既无共同诉讼必要又能合并审理的特点,往往忽略其基础机理,在理解和适用上存在过于泛化的趋势。而在大陆法系的立法体例下,普通共同诉讼与必要共同诉讼定位于一般规则与特别规定的关系,形成了宽松解释普通共同诉讼而严格限制必要共同诉讼的格局,往往将一般保证诉讼归入普通共同诉讼

〔1〕 参见陈某与范某某、游某某民间借贷纠纷案,重庆市第五中级人民法院(2014)渝五中法民终字第 01881 号民事判决书。

〔2〕 蒲一苇:《类似必要共同诉讼的产生与适用——兼论连带债务的共同诉讼形态》,载《宁波大学学报(人文科学版)》2021 年第 5 期。

的范畴。[1] 综上所述,类似必要共同诉讼说不是一般保证纠纷诉讼形态的最佳解释模式。

(二)普通共同诉讼说之肯定

如前所述,主债务关系与保证债务关系的诉讼标的具有独立性,债务人和保证人之间的利益关系并不完全一致。较之于必要共同诉讼,普通共同诉讼说既彰显了对债权人起诉自由的充分尊重,也不要求适用于既判力扩张的特定场域,具有尊重债权人意思自治和程序审理规则的天然优势,将其作为一般保证诉讼形态的解释方案较为合适。

但是仍需对以下问题进行回应。首先,有观点主张普通共同诉讼要求分别裁判,[2]而实务中通常对一般保证诉讼采取合一裁判的处理模式,有违普通共同诉讼的基本原理。该观点并非否认普通共同诉讼说的充分理由,因为即使法院在同一裁判文书中对主债权债务关系和保证关系进行了认定,但是二者对应的诉讼标的在判决主文部分依然可以分离开来,不能以形式上的合一否定实质上的独立。其次,案件事实的查明亦不是否定普通共同诉讼的充分理由,借助主张、证据共通原则和第三人制度的适用,由法院通过自由心证对案件事实进行一体化认定,在一定程度上同样可以实现对主债务共通事实的统一判断,实现避免矛盾裁判的价值追求。最后,普通共同诉讼的定性意味着法院在诉讼的分与合上具有主动权,似乎与我国现行司法解释的规定并不一致。但究其根本,现行法规范对起诉方式的限制仅是基于一次性解决纠纷、实现诉讼经济的价值导向所作的特殊规定,既不可归因于先诉抗辩权行使的当然影响,也不应视为固有必要共同诉讼导致的必然结果。且需要明确的是,一次性解决纠纷的目标应当以尊重当事人实体权利为前提,未来立法应优先着眼于先诉抗辩权的本质属性,进一步关注先诉抗辩权的行使与否对诉讼形态的动态影响。当保证人最终决定放弃行使先诉抗辩权时,法院无须依职权追加债务人或驳回起诉,应当允许程序以简单诉讼的形式继续进行。

在一般保证纠纷中,当前适用普通共同诉讼的难点有两个方面:一是直接从文义解释,难以将主债务关系与保证债务关系的诉讼标的解释为同一种类;二是适用普通共同诉讼需要被告同意,但司法实践中债务人或保证人未必愿意被一并审查。对此,有必要结合对司法实践现状的考察,对普通共同诉讼的构成要件展开“解释论作业”。

---

〔1〕 参见[德]奥特马·尧厄尼希:《民事诉讼法》,周翠译,法律出版社2003年版,第425页;[日]高桥宏志:《重点讲义民事诉讼法》,张卫平、许可译,法律出版社2007年版,第223-224页。

〔2〕 参见肖建国、丁金钰:《不真正连带责任的诉讼构造——以〈民法典〉第1203条为中心》,载《宁波大学学报(人文科学版)》2021年第5期。

1. 对“同一种类”的扩张解释

在认定一般保证之诉为普通共同诉讼的目标下,一种可行的方案是扩张解释“同一种类”的外延,将事实和法律层面的牵连性作为界定标准,[1] 以最大限度实现合并审理。在司法实践层面,虽然法院仍以“诉讼标的同一种类”作为普通共同诉讼判断标准,但已经出现个案突破,如在中铁物流公司诉大连银行案中,尽管主合同、质押合同与监管合同并非同一种类的诉讼标的,但是法院依据三者之间的牵连关系,直接判定了适用普通共同诉讼合并审理的正当性。[2] 最高人民法院同样认识到有必要将具有“事实或法律关系牵连性”的诉讼纳入合并审理的范畴。《民诉法解释》新增的第 221 条规定,“基于同一事实发生的纠纷,当事人分别向同一人民法院起诉的,人民法院可以合并审理”。在对该条的解释书中,最高人民法院明确“基于同一事实”是指各单纯之诉所依据的事实关系或法律关系应有牵连,具有一致性或重叠性。[3] 但是何为“事实和法律关系的牵连性”,学理与实践尚未形成统一的判断标准。本文认为,就法律牵连性而言,其主要体现为各请求权法律关系上的从属性、补充性、替代性。就事实牵连性而言,其往往表现为引发纠纷的基础事实共通或具有先行后置的因果关系,考虑到事实判断的边界具有模糊性,应交由法官结合个案情况进行裁量。但可以着重考虑不同请求权的给付目的是否相同,若针对同一给付目的,则通常具有事实牵连性。与此同时,为避免事实牵连关系的适用范围过宽,应将事实牵连性的认定限制在要件事实的范围之内,不宜包含间接事实和辅助事实。

具体到一般保证之诉中,保证合同以主合同的存在和生效为前提,主合同与保证合同具有法律上的主从关系;债务人与保证人对同一给付承担责任,在事实层面亦满足牵连性标准。我国当下对“同种类诉讼标的”的过分限缩难免与普通共同诉讼纠纷解决的效率价值背道而驰。以“事实和法律关系牵连性”缓解“诉讼标的同一种类”适用上的僵化,通过扩张解释将一般保证纠纷归入普通共同诉讼,符合普通共同诉讼的制度价值,具有一定的合理性。

2. 对“经当事人同意”的限缩解释

针对普通共同诉讼当事人同意条款的桎梏,将“经当事人同意”理解为一方当事人同意,进而限缩解释为“经原告同意”,是一种较为妥当的解释选择。首先,从

---

〔1〕 参见任重:《重思多数人侵权纠纷的共同诉讼类型——与卢佩博士商榷》,载《法律科学(西北政法大学学报)》2020 年第 3 期。

〔2〕 参见中铁现代物流科技股份有限公司大连分公司与大连银行股份有限公司、汪某某、赵某金融借款合同纠纷案,最高人民法院(2017)最高法民辖终 356 号民事裁定书。

〔3〕 参见最高人民法院民法典贯彻实施工作领导小组办公室编著:《最高人民法院新民事诉讼法司法解释理解与适用》,人民法院出版社 2022 年版,第 471 页。

司法实务来看，由于多数法院将当事人同意作为合并审理的刚性条件，实践中存在大量因一方当事人提出合并审理的异议，将同一种类诉讼标的的案件拆分处理的情形。[1] 且现行法规范没有明确要求被告说明异议的理由，被告可能滥用同意异议权以恶意拖延、干扰诉讼，阻止共同诉讼的成立。这不仅会损害原告的程序利益，更会在根本上影响普通共同诉讼制度功能的发挥。其次，将"经当事人同意"限缩解释为"经原告同意"在我国立法上也可以寻求到部分规定的支持，如《民事诉讼法》第143条同样对合并审理作出规定但并未要求被告同意。该条与普通共同诉讼均属于诉的合并的范畴，对普通共同诉讼之适用具有借鉴意义。从比较法视角观察，包括德国、日本在内的大陆法系国家也均未将"双方当事人同意"作为普通共同诉讼的构成要件。[2] 最后，从立法目的来看，在我国限缩解释"经当事人同意"这一前提条件并不构成对当事人程序权利的损害，"当事人同意"要件的功能完全可以被管辖异议制度所吸收。[3] 从文本含义来看，当指代特定当事人时，民诉法文本常采用"双方当事人""被代表的当事人"等表述以划定当事人的范围，但《民事诉讼法》第55条仅是规定普通共同诉讼须经"当事人"同意，并没有对表示同意的当事人作出特别限定，这也为限缩解释提供了空间。

总而言之，相较于强行扭转内部关系的类似必要共同诉讼，将"经当事人同意"限缩解释为"经原告同意"的困难较易克服。在一般保证纠纷中，债权人同时起诉债务人和保证人的行为即可以表明其同意适用合并审理，将一般保证纠纷的诉讼形态解释为普通共同诉讼是较为妥当的。

四、普通共同诉讼模式下的具体程序展开

（一）债务人与保证人一并被诉

当前针对普通共同诉讼说的主要质疑在于，各诉之间的独立性容易造成对主债务事实的认定不一进而产生矛盾判决。在司法实践中，可以借助主张与证据共通原则以及法官的自由心证对同一事实作出统一判断，降低或消解矛盾裁判的潜在风险。

依据主张共通原则，当债权人共同起诉债务人与保证人时，若债务人提出主合

---

〔1〕 参见无极县农村信用合作联社与靳某某、靳某等合同纠纷案，河北省高级人民法院（2014）冀立民终字第12号民事裁定书；湖北十堰农村商业银行股份有限公司经济开发区支行诉湖北神鹰汽车有限责任公司等金融借款合同纠纷案，湖北省十堰市中级人民法院（2018）鄂03民初18号民事裁定书。

〔2〕 参见［日］三木浩一：《日本民事诉讼法共同诉讼制度及理论——兼与中国制度的比较》，张慧敏、臧晶译，载《交大法学》2012年第2期。

〔3〕 参见刘君博：《当事人与法院交互视角下共同诉讼研究》，载《清华法学》2022年第6期。

同无效或债务已清偿的抗辩，即使保证人消极不作为，也视为保证人提出该项主张。依据证据共通原则，当债权人一并起诉债务人与保证人时，债务人提供的证明主债务不存在的证据，同样可以作为保证诉讼中认定主债务不存在的事实根据；保证人亦可以援用债务人针对债权人的抗辩权，就主债务是否成立等事项提出证据，该证据同样适用于债务人，但债务人以自认等行为对主债务放弃抗辩的除外。此外，在普通共同诉讼中，由于各当事人具有一定的独立性，对证据可能存在不同的见解，对于债务人或保证人中一方提出的证据，除债权人可对其进行质疑外，也应当赋予其余债务人或保证人争执的机会，以避免突袭裁判，防止其余共同诉讼人遭受防御上的不利益。[1] 站在法院的角度分析，法院对于当事人提出的证据需要进行充分的审查，在具体审查中无须考虑证据是否对提出该证据的当事人有利，只需依照经验法则、知识水平等达到内心确信，对共通事实形成统一心证。总体而言，尽管各当事人相互独立，但由于诉讼程序被合并为一，法官形成的心证是统一的，因此通常不会在当事人之间形成相互矛盾的判决。

（二）债务人单独被诉

1. 保证人的参诉地位

在债权人仅起诉债务人且债务人清偿不能时，债权人仍需向保证人提起后诉。此时前诉对主债务的认定可能对后诉保证人产生影响，保证人与前诉的案件处理结果存在法律上的利害关系，同样具有参诉利益。尽管现行法规范并未明确提及保证人加入前诉的具体路径，但司法实践中已存在借助无独立请求权第三人制度解决保证纠纷的情形。[2]

回归民事诉讼基础理论，我国将无独立请求权第三人分为辅助型无独三和被告型无独三两种类型，其中辅助型无独三接近于大陆法系的“辅助参加人”，是指在诉讼系属中，为使一方当事人胜诉以维护自己的利益，而参加到诉讼中并辅助该当事人对抗另一方的第三人。[3] 若一般保证人加入债权人与债务人之间的诉讼，其可以就主债务的成立、生效等事实提出异议，以尽可能缩小自己对债务的保证范围，进而维护自身利益，从这一点出发可以被视为债务人一侧的辅助型无独三。在程序上，由于我国并没有建立类似大陆法系的诉讼告知制度，由保证人自行申请参加诉讼较为符合其主动参诉的意愿。综上所述，在债务人单独被诉时有必要肯定

〔1〕 参见占善刚：《民事诉讼中的证据共通原则研究》，载《法学评论》2012 年第 5 期。

〔2〕 参见山东俊悟建材有限公司与杨某、杨某某追偿权纠纷案，新疆维吾尔自治区富蕴县人民法院（2022）新 4322 民初 1531 号民事判决书；福清市三建建筑工程有限公司与松原市住康房地产开发有限公司保证合同纠纷案，福建省高级人民法院（2015）闽民终字第 976 号民事判决书。

〔3〕 参见张卫平：《民事诉讼法》，法律出版社 2019 年版，第 165 页。

保证人作为无独三的参诉利益,这在一定程度上也有助于协助法院查明案件事实,降低矛盾裁判的风险。

2. 前诉判决对后诉的效力

当债权人仅起诉债务人且债务人清偿不能时,存在另行起诉保证人的可能性。鉴于前诉与后诉在主债务事实认定方面的共通性,前诉主债务判决也会对后诉的一般保证人产生某种拘束效力,但该种拘束效力的性质仍有待商榷。

当保证人在前诉中辅助参诉时,比较法上往往认为此时辅助型无独三应受到“参加效”的拘束。参加效力虽与既判力存在相似之处,但二者实质上存在较明显的差异,其内涵为辅助参加人不能否定前诉所作出的判决的真实性,并且只有在有限的范围可以提出诉讼实施有缺陷的抗辩。传统上认为,参加效力产生在被参加人和辅助参加人之间,但近年来“参加效力扩张论”呈现出有力态势,不少学者主张在辅助参加人与对方当事人之间也产生参加效力,其主要理由是:辅助参加人在前诉中与被参加人一起穷尽了各种主张和举证,如果允许其对前诉的诉讼结果推卸责任,对对方当事人来说有失公允。[1] 在我国尚未明确规定第三人参诉之效力的前提下,可以考虑借鉴域外国家的“参加效”制度。具体而言,基于公平原则和权责相称原则的考量,除了特定的排除情形(保证人因被阻碍对诉讼产生影响或参诉前的诉讼实施有缺陷),前诉判决在债权人和保证人之间也应产生拘束力。

当保证人未参加前诉时,德国通常将该拘束效力归入基于实体牵连关系的既判力扩张情形,认为当前诉判决对案外人有利且既判力扩张不会超出债权人预期时,案外人将受前诉既判力的影响。[2] 日本法则借助反射效理论予以解释,即当法院判决主债务不存在时,会对保证人产生有利的反射,保证人在后诉中可援引前诉判决对抗债权人的给付请求。[3] 德国的既判力扩张理论与日本的“反射效”理论虽相互区分,但具体情形类似,均主要考量案外人的程序保障权及其利益能否实质上被前诉当事人所代表。[4] 因此,借鉴域外较为成熟的经验,针对前诉主债务判决对案外保证人的拘束效力问题,应从以下两个层次考虑。

第一个层次首先考虑前诉判决对案外保证人是否有利。当债权人败诉时,保证人可以在后诉中援用前诉对自己有利的判决,此时保证人例外地受前诉既判力约束,而后诉法院必须受到前诉判决结果的拘束。此处采纳的“有利标准”类似于德国的既判力扩张和日本的有利反射效,其实体法依据在于我国《民法典》第701

---

〔1〕 参见陈晓彤:《民事诉讼中第三人权责不对称问题研究——以我国参加效制度的缺失与构建为中心》,载《苏州大学学报(法学版)》2019年第1期。

〔2〕 参见[德]奥特马·尧厄尼希:《民事诉讼法》,周翠译,法律出版社2003年版,第332页。

〔3〕 参见[日]新堂幸司:《新民事诉讼法》,林剑锋译,法律出版社2008年版,第511页。

〔4〕 参见陈晓彤:《多数人债务判决对案外债务人的效力》,载《华东政法大学学报》2019年第5期。

条“保证人可以主张债务人对债权人的抗辩”。对于债权人而言,其已经在前诉中对主债务关系进行了充分的攻击与防御,在其可预见到本案存在一般保证人时,限制债权人就“主债务存否”再次进行争执并没有侵害其程序利益,仍在其合理预期之内。对于保证人而言,在前诉判决对自己有利的情况下,承认前诉判决对自己产生既判力的扩张,既符合保证人自身的利益,也有利于节约司法资源,促进裁判统一。

第二个层次考虑案外保证人独立的程序保障权。当债权人胜诉时,债权人固然可以援用前诉生效判决,但此时前诉判决的既判力不得扩张至保证人。对于前后诉共通的主债务事项,应当允许一般保证人依据《民法典》第 701 条提出抗辩,否则会侵害保证人的辩论权和诉讼参与权,对保证人而言有失公允。有学者主张此时前诉判决对保证人的效力应理解为“预决效力”,[1] 其依据在于我国《民诉法解释》第 93 条规定当事人无须举证证明“已为人民法院发生法律效力的裁判所确认的事实”。具体而言,当债权人在后诉中援用于己有利的前诉判决后,由一般保证人提出相反证据将其推翻。“预决效力”的解释路径看似有助于避免矛盾判决、提高诉讼效率,但实则要对其进行反思。一般保证人并未参加债权人与债务人之间的诉讼,但前诉判决确定的事实无须证明即被法院认定,使一般保证人在诉讼伊始就处于不利地位,有裁判突袭之嫌。且“足以推翻”要求对判决理由所认定事实的反面进行“充分”证明,即使允许一般保证人举证推翻,也可能让其承担了本不该承担的证明责任,背离了公平合理的基本原则。[2] 此外,我国目前对于“预决效力”理论基础的理解存在诸多分歧,预决效力主体范围的标准模糊不一,造成审判实务中对“预决效力”适用混乱,客观上损害了司法公正。从辩论主义和正当程序理念考量,应当尽量将预决效力限定在前后诉当事人相同的情形中。

鉴于此,若债权人在后诉中援用了前诉对债务人的胜诉判决,此时不宜作“预决效力”的解释,而是应当回归判决的事实效力。前诉裁判文书应当被理解为具有较强证明力的证据,在后诉认定事实方面有影响法官自由心证的作用。[3] 一般保证人通过援用《民法典》第 701 条规定的债务人抗辩权,仍可就前诉主债务事实展开交锋。相较于预决效力对一般保证人科以较重的证明负担,单纯抗辩权的援用不会改变由债权人承担证明责任的事实。一般保证人只需通过反驳或反证动摇法

---

〔1〕 参见安海涛:《保证合同诉讼的程序原理——基于〈民诉法解释〉第 66 条的分析》,载《华东政法大学学报》2017 年第 2 期。

〔2〕 参见吴英姿:《预决事实无需证明的法理基础与适用规则》,载《法律科学(西北政法大学学报)》2017 年第 2 期。

〔3〕 参见段文波:《预决力批判与事实性证明效展开:已决事实效力论》,载《法律科学(西北政法大学学报)》2015 年第 5 期。

官对主债务事实的内心确信,使其处于“真伪不明”的状态,就可以最终实现抗辩目的。

(三)保证人单独被诉

1. 债务人的参诉地位

前文在实体法方面已经明确先诉抗辩权的意义不在于起诉之顺序性,而在于担责之顺序性,且有赖于当事人的主动行使;在程序法方面已经明确一般保证纠纷的多数人诉讼形态属于普通共同诉讼,本质上是可分之诉。因此,应当认可债权人有选择起诉债务人或保证人的自由,在债权人仅起诉保证人时,法院不得依职权追加债务人为共同被告。

取消对一般保证纠纷起诉顺位的限制,符合民事诉讼程序动态推进的特点。我国现行法规范仅对一般保证中单独起诉保证人的方式进行了限制,并未对连带保证的起诉顺位进行限制,该种程序安排要求法院在诉讼伊始就明确具体的保证类型,容易引发“先定后审”的程序争议。肯定一般保证人单独被诉的合理性有助于统合连带保证和一般保证的诉讼程序,实现程序适用上的统一化。

当前否定单独起诉一般保证人的主要理由是查明案件事实的需要。[1] 但一方面,根据辩论主义的要求,确定裁判基础事实之资料限于当事人双方在辩论中提出的证据,因此民事诉讼所坚持的只能是“法律真实”,可能与“客观真实”并不一致。另一方面,借助第三人制度、证人制度也可以查明案件事实、防止矛盾判决,并非一定要通过限制起诉顺位,在仅起诉一般保证人时由法院依职权追加债务人才能实现。[2] 我国现阶段连带保证诉讼的灵活化也印证了这一观点。

就债务人作为第三人的参诉利益而言,由于保证人败诉后有可能对主债务人行使追偿权,因此主债务人对案件的处理结果存在法律上的利害关系,应当肯定主债务人作为无独立请求权第三人的参诉利益,允许债务人作为辅助型无独三加入前诉,协助保证人获得主债务不存在的认定。

2. 前诉判决对后诉的效力

当债权人仅起诉一般保证人后,存在另行起诉主债务人的可能性。若前诉对保证合同纠纷进行审理时对主债务事实已作出认定,该认定对后诉主合同纠纷不可避免地会产生影响。以债务人是否参加前诉为依据,同样可以分为以下两种情形进行讨论。

---

〔1〕 参见朱禹臣:《备位性影响下一般保证的多数当事人诉讼形态——〈民诉解释〉第66条和〈担保制度解释〉第26条的解释论》,载《甘肃政法大学学报》2022年第1期。

〔2〕 参见安海涛:《保证合同诉讼的程序原理——基于〈民诉法解释〉第66条的分析》,载《华东政法大学学报》2017年第2期。

当债务人作为辅助型无独三参与前诉时，债务人受到“参加效”的约束。一方面，若前诉认定主债务存在，那么债务人在后诉中原则上不能主张前诉裁判不当，否定主债务存在的真实性，前后诉对主债务的认定可以保持一致。但如果债务人能够提出特定的抗辩以摆脱参加效（因被阻碍对诉讼产生影响或参诉前的诉讼实施有缺陷），在后诉主合同纠纷中仍有可能判决主债务不存在，此时前后诉判决的不一致并不属于判决错误，而是我国从职权主义向辩论主义转型的结果，应将“法律真实”作为事实认定的宏观标准。另一方面，若前诉认定主债务不存在，债务人能够援引前诉判决理由中的有利结论，债权人受到该前诉结论的约束，后诉法院在判决时也应以前诉为基础，有学者将此时前诉对债务人产生的效力称为“有利的参加效”。[1]

当债务人未参加前诉时，无论前诉判决对债务人是否有利，前诉判决的既判力均不应当扩张至债务人，其原因在于债务人并不享有援用保证人抗辩的权利，在缺乏例外规定的情形下，应严格遵循既判力相对性原则。此时，前诉对主债务事实的认定对后诉而言也不宜被理解为“预决效力”，而是仅具有事实上的“证明效”，应当被视为具有较强证明力的证据，允许债务人举证推翻。具体与前文的论述相同，此处不再赘述。

综上所述，在普通共同诉讼模式下，具体的制度应用如表 1 所示：

表 1　普通共同诉讼模式下的制度应用

<table>
<tr><th>起诉方式</th><th>程序上的处理</th><th colspan="2">前诉判决对后诉的效力</th></tr>
<tr><td>债务人与保证人一并被诉</td><td>主张与证据共通原则</td><td colspan="2"></td></tr>
<tr><td rowspan="3">债务人单独被诉</td><td>保证人作为辅助型无独三参加诉讼</td><td colspan="2">保证人受“参加效”约束
（参加效力扩张论）</td></tr>
<tr><td rowspan="2">保证人未参加诉讼</td><td>前诉判决对保证人有利</td><td>既判力扩张至保证人</td></tr>
<tr><td>前诉判决对保证人不利</td><td>保证人不受既判力约束；
前诉判决不宜被理解为预决效力；
仅具有事实上的“证明效”，允许保证人行使抗辩权对主债务再行争议</td></tr>
</table>

〔1〕 参见陈晓彤：《民事诉讼中第三人权责不对称问题研究——以我国参加效制度的缺失与构建为中心》，载《苏州大学学报（法学版）》2019 年第 1 期。

续表

起诉方式	程序上的处理	前诉判决对后诉的效力
保证人单独被诉	债务人作为辅助型无独三参加诉讼	债务人受“参加效”约束（参加效力扩张论）
	债务人未参加诉讼	无论前诉判决对债务人是否有利，债务人均不受既判力约束；前诉判决不宜被理解为预决效力；仅具有事实上的“证明效”

五、结语

整合学界与实务的不同观点，如何既实现诉讼的灵活又促成判断的统一已成为当前讨论一般保证纠纷程序建构的中心问题。支持类似必要共同诉讼说的学者正是以避免矛盾判决为主力点，希冀借助既判力扩张的特性实现对主债务共通事实的统一认定，但在传统诉讼标的理论的立场下保证合同纠纷既无法满足“诉讼标的同一”的标准，亦不具备合一判决的必要性。鉴于主债务关系与保证债务关系的诉讼标的相互独立却又彼此牵连，可以通过解释论将其归入普通共同诉讼的范畴。在普通共同诉讼模式下，债权人有选择起诉债务人或一般保证人的自由，法院不得强制追加债务人或保证人为共同被告。

当然，本文仅是选取多数人之债的典型类型一般保证责任作为研究对象，难以对复杂多数人纠纷的程序建构进行全面周到的分析。多数人之债的纠纷解决不仅有赖于实体规范的明确，更亟须程序规则的完善。伴随《民法典》及相关司法解释的出台，应将民事实体权利能否顺利实现作为主要衡量标准，并以此为导向重塑诉讼标的、既判力等中层理论，推进共同诉讼、判决效力等多方面程序制度的建设，最终实现实体法和程序法的双向审视和良性互动。

Abstract: The current law is not detailed on the litigation patterns of general guarantee dispute, resulting in the substantive norms and procedures are not well connected. According to the traditional litigation theory, it is difficult to be forcibly interpreted as similar necessary co – litigation. It can choose to interpret “the same kind of legal relationship” by “implicated relationship”, and limit “with the consent of the parties” to “with the consent of the plaintiff”, to adopt the interpretation scheme of the ordinary joint litigation. When the creditor sues together, conflicting judgments can be avoided with the application of trial rules, evidence common principle and the judge's free evaluation of evidence. When the creditor sues alone, the guarantor or debtor can join the lawsuit as the non – independent third party as an auxiliary. If the guarantor did not participate in the previous lawsuit and the judgment is in favor of the guarantor, the guarantor can be exceptionally bound by the res judicata of the antecedent judgment. If the debtor did not participate in the previous lawsuit, the debtor can not be bound by the res judicata of the antecedent judgment, regardless of whether the antecedent judgment is in favor of the debtor, but the antecedent judgment has factual probative value.

(责任编辑:吴　涛)

公路收费权质押问题研究

杨　柳*

内容提要　在我国现行立法中，公路收费权被视为应收账款的一种，但这种规范模式并未考虑到公路收费权与应收账款之间存在根本性的差别，也致使实践中出现了公路收费权质押过程中的矛盾纠纷。作为一项担保物权，公路收费权质押的有效设立是保障质权人权利最终得以实现的前提，而现行法律中并未对公路收费权质押在公路建设阶段的效力进行规定，一旦收费权被收回，质押关系各方主体对质押效力就容易产生分歧，导致质权在实现过程中出现阻碍。在现有制度下，需要在质押登记阶段就做到双重登记才能确保质权的有效设立，在出现收费权被收回后又重新特许其他主体经营的情况下，参照动产质权灭失后的规定主张对补偿金的优先受偿权。

关键词　特许经营权协议　应收账款质押　基础设施收益权　质押登记

公路作为公共基础设施，依法归国家所有，公路收费权通常也作为一项行政性权利由政府依职权进行管理。在收费公路的建设过程中，收费公路项目投资人将公路收费权向银行进行质押以获取贷款资金是实践中较为常见的一种融资方式。在目前发展阶段，新建的高速公路大多为支线、连接线，地处偏远且多处在山区、丘陵等地形复杂地带，投资成本高，建设周期长，预期经济效益不佳，若仅仅依靠政府财政投资很难完成投资建设任务，亟须引入社会资本投资建设。[1] 在采用公路收费权质押的方式获取资金投入时，如果法律法规不完善，投资权益保障机制不健全，便会影响社会资本进入高速公路投资建设领域的积极性。

《收费公路权益转让办法》（以下简称《转让办法》）中将收费公路概括为政府

---

* 杨柳，上海市锦天城（成都）律师事务所专职律师。

〔1〕 参见张海涛：《完善高速公路特许经营权管理的思考》，载《中国公路》2018 年第 1 期。

还贷公路和经营性公路两种,同时阐明收费公路权益包括收费公路的收费权、广告经营权、服务设施经营权。公路收费权在实践中多以特许经营权转让的方式实现,即政府与国内外经济组织通过协议约定,将某一公路项目在一定期限内的特许经营权转让给具有资质的主体,经济组织在此期限内负责特许经营项目的投资、建设、维护,并享有公路项目运营之后带来的相关收益。所以公路收费权就是特许经营权的一种表现形式。另外,公路收费权又有广义和狭义之分。狭义的公路收费权一般是指经营性公路在建成通车后,经政府批准在一定期限内对在该经营性公路上行驶的车辆收取车辆通行费,以收回公路建设投资的权利。目前有关公路收费权转让的法律规范中所规定的基本是狭义的公路收费权,即已经建成通车的公路项目所取得的收费权利。本文讨论的系广义的公路收费权,既包括经营性公路建成通车后,基于政府收费批文所享有的收费权利,也包括经营性公路建设过程中,基于《特许经营权协议》所获得的预期收费的权利以及排他的权利。

我国法律制度中,公路收费权已于 2007 年归类为应收账款的一种。在 2021 年开始实施的《最高人民法院关于适用〈中华人民共和国民法典〉有关担保制度的解释》(以下简称《民法典担保制度解释》)中,将公路收费权等收费权概括为基础设施和公用事业项目收益权,纳入应收账款的范畴。所以实践中多在应收账款管理体系下进行质押登记等活动。但是公路收费权与应收账款的性质还存在较多的差异,其中最为主要的是,只有在公路已经建成通车的情况下,公路收费权质权的实现才具有可操作性,才能够适用应收账款的相关规定。而在实践中公路收费权质押往往是在建设过程中进行的,一旦公路项目出现一方当事人严重违约或者其他情形导致公路项目建设失败,公路收费权的质押是否有效以及如何进行善后等问题,现有制度下并没有直接可以适用的条款。所以,本文将以一起公路收费权被提前收回对收费权质押造成影响的案例为切入点,分析我国现行公路收费权质押制度存在的不足,并提出有针对性的对策建议。

一、问题的提出——以一起案例为楔

(一)案情梗概

A 高速公路项目的规划公路总长度约 170 千米,经省政府授权,Z 市政府于 2009 年采用 BOT 模式依法进行公开招标,确定 N 公司为投资人,后 N 公司依法组成的 B 公司作为该项目建设法人。随后,Z 市政府与 B 公司签订《特许经营权协议》,授予 B 公司在特许经营期内对项目进行投资、建设、运营、养护管理的权利,并对履约担保、违约责任等作出了详细约定。协议约定该项目应于 2014 年建成通车。根据协议约定 B 公司为该项目融资可将项目特许权质押给贷款人,但应向 Z 市政府备案,于是B公司于2009年12月以公路收费权质押提供担保,向X银行进行贷款作为项目建设的资金。在办理质押登记之后,X银行按用款计划向B公司发放了贷款。

在项目建设期间,由于B公司资金实力不足等原因,工程进度缓慢,虽经Z市政府及省交通运输厅多次协调、督促、催告,工程仍于2014年9月全面停工。因为B公司在项目建设阶段存在多种严重违约行为,Z市政府根据有关法律法规和《特许经营权协议》的约定,向B公司发出《关于终止〈特许经营权协议〉的通知书》,终止了《特许经营权协议》。

2016年,在经过省政府的批复同意后,Z市政府依法对该项目进行了重新公开招标,并确定新中标投资人为D公司,负责项目投资、建设和运营。根据新签订的特许经营权协议约定,D公司将支付Z市政府特许权出让金约170亿元,并负责完成项目后期建设和履行协议约定的其他有关义务。D公司按约支付了转让金并开展项目,该项目现已完工并开始收费运营。[1]

(二)争议焦点问题

虽然本案所涉高速公路项目后来已建成通车,但是B公司、Z市政府,以及对B公司公路收费权享有质权的原贷款银行之间,一直对D公司向Z市政府支付的170亿元的性质存在争议。对于原贷款银行而言,B公司与Z市政府解除《特许经营权协议》后,B公司便不再享有A公路的收费权,那么原贷款银行对公路收费权的质权是否存在,直接影响其对170亿元是否享有优先受偿权。对于B公司而言,其在公路项目前期建设中投入了大量资金,并且还有大量建设工程款项未支付,如果款项被认定为对已建成项目费用的对价,其便对该笔资金有较高程度的支配权。然而并没有相关的法律对此作出明确的规定,特许经营权的收回是否属于法律规定的质押物灭失的情形也存在争议,毕竟A公路的特许经营权被收回后又转让给了D公司,并且在D公司建设完成公路项目后正式开始产生收益。

其中,与公路收费权质押相关的争议问题主要为以下几点:第一,B公司为向银行申请贷款所提供的公路收费权质押担保在特许经营权协议终止后的效力如何?第二,在公路收费权已经再次转让给D公司的情况下,对B公司与银行之间公路收费权质押担保的实现有何影响?

二、公路收费权质押问题的表现形式

目前公路收费权的质押管理是按照应收账款质押的管理办法进行的,在《民法

[1] 参见最高人民法院民事判决书,(2018)最高法民终108号,其争议焦点与本文研究重点不同。

典担保制度解释》第 61 条也明确了“基础设施收益权”质权的优先受偿权,但是关于二者之间的差异也是不可忽视的。当公路建成通车后,收费权已经是一项可以确定的权利,将公路收费权列入应收账款的范围进行质押登记,以及采用相同的方式去实现质权并无难度。可是如果是在公路尚未建成通车这一特殊阶段,应收账款质押的相关规定并不能解决在实际操作中遇到的相关法律问题,主要的表现形式有以下两大方面。

(一)在建公路收费权质押的效力

质物在办理质押时是否存在是解决在建公路收费权质押效力问题的关键。B 公司在向银行办理质押担保时,是在与 Z 市政府签订特许经营权协议之后,此时只取得了第一阶段的政府批文,而为了获取足够的银行贷款作为项目建设资金,B 公司必须在这一阶段将公路收费权作为质物进行质押担保。在实践中存在大量与此类似的情形,但是严格意义上来说,此时公路收费权作为质物应有的经济价值只具备可期待性。

在一般的权利质押当中,作为质物的权利客体通常是权属明确且具备实现条件的权利类型。而公路收费权质押相较于其他质押担保行为最为特殊的一点在于,公路收费权作为质押物在进行质押时,距离其真正取得并产生实际价值还有较长一段时间。在实践中,一旦公路收费权质押在公路建设阶段出现争议,质权人想要实现其质权,首先需要解决的就是此时质物是否存在的问题。

(二)在建公路收费权质权的实现

B 公司质押的公路收费权被政府收回后,重新又以招投标的形式将该路段的特许经营权授予 D 公司,在此情形下,原贷款银行如何行使其质权有非常大的争议,主要观点有三种:一是公路收费权自始不存在,因此质押无效,也就不存在实现的问题;二是公路收费权转让给了 D 公司,因此质物转化为 D 公司缴纳的特许权出让金,原贷款银行可以对特许权出让金主张优先受偿权;三是公路收费权被收回后,政府会对 B 公司进行经济补偿,因此质物转化为补偿款,原贷款银行可以对补偿款主张优先受偿权。以上三种观点的主要依据如下。

1. 质物不存在导致质权无效

这一观点认为,在 B 公司与 Z 市政府之间的特许经营权协议被终止后,公路收费权质押担保便由于作为质物的收费权被 Z 市政府收回而失去了效力,因为质押担保关系依赖于质物的存在而发生效力。在将公路收费权质押给银行时,B 公司用以证明自己拥有公路收费权的依据是与 Z 市政府之间签订的特许经营权协议,但是该权利在公路建设完成正式通车,并取得政府的第二次批文开始向过往车辆收取通行费用质权之前，都无法实际取得其经济价值。所以此时的公路收费权处于一种待确认的状态。当B公司因违约导致Z市政府解除了特许经营权协议，并将特许经营权收回后，意味着B公司事实上不可能再获得公路收费权，因此作为质物的公路收费权因并未实际取得，而导致质权失去效力。

2. 质物转化为重新缴纳的特许权出让金

这一观点认为，Z市政府收回项目并再次转让的是同一特许经营权，所以质物转化成了D公司缴纳的公路收费权出让金。

首先，该项目的再转让事实上是原项目的继续，只不过变更了当事人。因为B公司在项目前期建设中的投资已形成了一定资产，D公司支付的出让金就是该资产的对价，接着在前期投资的基础上继续完成整个项目的建设工作，并进行后期的运营管理，才能使公路收费权最终得以形成。B公司已经投入和建设应当看作构成该公路收费权的一部分，D公司后期的投入也是其中的一部分，两者的投入共同构成了该公路收费权设立的物质基础，所以D公司所支付的出让金应该是B公司前期项目投入的对价。

其次，关于Z市政府终止与B公司特许经营权协议的行为并不会导致公路收费权的消失，只是将其通过重新招标再次出让给D公司，这样并不会导致B公司的公路收费权质押担保灭失，银行仍然有权针对D公司支付的出让金主张因质权产生的优先受偿权。因为在B公司与银行间的质押担保存在的情况下，Z政府收回的公路收费权是一种附负担的权利，即再次进行转让的公路收费权也是一种存在瑕疵的权利。Z市政府在重新转让的这项公路收费权时，要么已对其上的质押担保负担进行了处理以保证重新受让方取得一项无担保负担的权利，要么在转让给重新受让方时，在转让价格方面作出相应的调整但同时继续承担在该权利上的质押担保。

最后，由于BOT项目在授权项目投资人特许经营权时，投资人并不需要支付价款，只是在负责项目建设工作并在特许经营期限内收取相应的费用，在期限届满后将项目及特许经营权一并移交回政府。而本案中D公司支付的公路收费权出让金显然与B公司的前期投资有关，实际上就是重新受让方在已有投入的基础上完成该项目时少支出的投入。

3. 质物转化为补偿款

这一观点认为，Z市政府向D公司进行授权的公路收费权是一项全新的权利，而D公司支付的价款是为了获得该项权利未来可能会产生的经济价值。该案例中关于公路收费权存在两个法律关系：一个是Z市政府向B公司特许公路收费权，后因B公司严重违约而收回的法律关系；另一个是Z市政府向D公司特许公路收费权的法律关系。虽然这两个法律关系中的公路收费权都是设立在A高速公路项目之上的,但却是发生在 Z 市政府与两个不同公司之间的法律关系,而非直接由 B 公司将 A 公路项目收费权转让给 D 公司的,所以应当将这两者分开进行考虑。

此时 B 公司已经完全失去对该项目的公路收费权权益,唯一可以主张的是前期建设过程中的实际投入。在公路项目竣工取得政府第二阶段的公路收费权批文之前,公路收费权始终是一项尚未生效的权利也不能直接为特许权人带来任何收益。所以当 Z 市政府终止了和 B 公司的特许经营权协议后,B 公司便失去了政府授权的公路收费权,自然也不能主张自己对 D 公司为取得公路收费权所支付的全部出让金享有权利,B 公司此时只能主张自己实际建成项目部分的工程款。因为该笔出让金是对公路收费权未来可能产生的经济价值所支付的价款,其价值远远高于公路项目建设过程中的实际投入。由于违约而被收回公路收费权的 B 公司,不能因为其违约行为而获得额外利益,所以只能按照其为该项目在前期所投入的工程量,来主张政府对收回其公路收费权的补偿款。

如果因为公路项目投资人的违约政府收回公路收费权,则投资人丧失对质押物的权利资格。公路收费权取得的必需条件是公路项目已经建成通车,且获得了政府批准的有具体期限和收费标准的权力证书。在这之前已建设的部分,由于并不能够达到建成通车的标准,所以其本身并不能产生经济效益,公路项目投资人只能根据已经投入的工程款,向政府请求相应的补偿。

那么,在公路收费权被收回就对应为质物灭失的情况下,公路收费权被收回后公路项目投资人可以就其已经完成的工程量向政府申请补偿,补偿标准可以由双方依合同规定协商确认,也可以请具有资质的评估机构对已完工部分的工程量进行计价核算,评估出合理适当的补偿款金额。质权人可申请对该笔补偿款享有优先受偿权,以完成质权的实现。

三、公路收费权质押问题产生的根源

(一)公路收费权的特殊性

本文所讨论的在建公路收费权质押权难以实现的根本原因是公路收费权本身的特殊性,其主要体现在以下三个方面。

1. 公路收费权的取得具有行政性

理论界一直存在公路收费权行政特许性的讨论,主要是由于收费权源于政府等公共部门的授权。[1] 但实际上其行政性主要存在于取得方式、转让方式等程序上,而不是其本质特征。依据我国相关的法律规定,与政府通过协议方式取得收费

〔1〕 参见方印、魏维:《PPP 特许经营项目收益权质押若干问题探究——以(2012)榕民初字第 661 号判决为素材》,载《贵州警官职业学院学报》2018 年第 1 期。

公路特许经营权的国内外经济组织最终实现公路收费权的经营权,需要取得政府的两次批准。并且如果在后续出现转让等事宜,也必须有相关部门的批准才可以使行为效力完整。所以其与基于合同产生的应收账款不同,应作为一类单独的权利。[1]

一般情况下,物权或者债权的取得,都是通过法律规定的民事行为或者依据合同关系、侵权关系等所发生的。而收费公路的经营权,必须经营权人经过相关部门的行政批文等手续才可以取得,所以相较于普通的民事权利,多了一层行政属性的色彩。

2. 公路收费权的实现具有长期性

公路收费权属于一种期待性权利,主要体现在其价值的实现上。首先,在公路收费权被授权给公路项目投资人的时候,其得以存在的物质基础也就是收费公路还未建成,其可能产生的经济价值只能通过评估等手段得出,而实际的收益只能在通车之后才会实现。其次,当公路建成后公路项目投资人可以通过相关部门批准的公路收费权开始收费时,其价值也不是一次性可以实现的,而是需要在批准的期限内对通行车辆收取通行费用才能实现公路收费权的实际经济价值。

所以公路收费权的取得与其经济价值的实现之间存在较长的时间差,是一种具有长期性的权利,也存在收费权最终无法取得或者丧失的风险。[2] 公路收费权的这一特点是造成利用其进行质押担保时与其他权利质押存在诸多差异的主要原因,也导致了公路收费权质押在实际操作中出现了较多困境。

3. 公路收费权的存在具有依附性

相较于实践中出现较多、立法也比较完备的在建建筑物抵押,公路项目由于属于公共事业项目,所有权属于国家,所以无法像一般物权进行流转用作抵押担保,只能采用具有较大交换价值的公路收费权作为标的物进行权利质押。但是收费权只是一项依附性物权,是为不特定的民事主体提供服务收取回报的权利,这也是导致质权在实现的过程中存在诸多争议的原因。

首先,公路收费权除了需要政府的行政授权,其自身的存在还依赖于公路项目的存在,只有在公路项目修建完工后,政府才会对最终收费权的设立进行批准,所以公路项目建设工程的进展和竣工核算会直接影响到公路收费权的成立,从而影响到在公路收费权上所设立质权的实现。其次,如果肯定在建公路收费权质押的效力,那么在其尚未实际产生价值便因公路项目的停工导致其被收回时,质权的实

---

〔1〕 参见肖攀:《不动产收益权的权利属性与登记公示》,载《中国房地产》2020 年第 16 期。

〔2〕 参见崔明亮:《基础设施收益权质押法律制度研究》,载《华北水利水电大学学报(社会科学版)》2014 年第 6 期。

现会存在非常大的困难。作为一项依附于公路存在的权利,一旦公路项目停滞不前,公路收费权就失去了价值实现的期待性,很难从已经开始收费运行的公路收费权质押实现方式中找到合适的解决方法。最后,与在建建筑物的抵押制度进行比较时,由于在建建筑物是以其所有权进行的抵押,如果建筑物无法正常完工偿还借款,抵押权人的债权可以通过对该建筑物进行拍卖等转让所有权的方式来实现,因为已经建成的部分也具有一定交换价值。而公路收费权只是依附于公路项目的一项收费权益,当其失效时,质权人不能直接依据质押合同主张对已建成部分公路的物权权利。

以上公路收费权的特性都是造成公路收费权质押问题相较于其他权利质权更加复杂和特殊的根本原因,也导致了收费权质押存在完全不同的两个阶段。不同阶段中的公路收费权质押可能会产生完全不同的法律关系,从而导致认定质权效力的依据出现差异,以及质权在实现的过程中遇到障碍。

(二)现有公路收费权质押制度的缺失

1. 应收账款质押制度无法解决公路收费权质押问题

虽然我国相关法规将公路收费权质押归纳在应收账款质押的范围,但是包括公路收费权在内的特许经营权质押是一种区别于物权担保和权利质权的新型担保权利,[1]与应收账款质押有所不同。

应收账款是指权利人因提供一定的货物、服务或设施而获得的要求义务人付款的权利以及依法享有的其他付款请求权,包括现有的和未来的金钱债权。虽然公路收费权也是基于提供了一定服务才获得的收费的权利,但是公路收费权所提供的服务发生在未来,与应收账款的已经确认了的货物或服务价值不同,其享受收费权服务的主体不特定,产生的实际价值也无法确定。[2] 所以二者作为客体进行质押时,公路收费权提供的只是一种通过与政府签订特许经营权协议而获取的资格,并且其经济价值还要受到经营性公路政策的影响。而应收账款进行质押时已经是能够明确的债权债务关系,以及质物所代表的实际价值也是确定的。这就导致了现行应收账款质押的法律制度无法完全解决公路收费权质押的问题。

2. 缺少对在建公路收费权质押担保的相关规定

我国的公路收费权质押相关的法律规定,均是针对已建成的公路项目而言的,此时的公路收费权经过政府相关部门的两次批准权属已经明确,按照相关规定处

---

〔1〕 参见陈国敏:《特许经营收益权质押的法律问题研究》,载《安徽冶金科技职业学院学报》2024 年第 3 期。

〔2〕 参见王利明:《收费权质押的若干问题探讨》,载《法学杂志》2007 年第 2 期。

理即可。可是在建的公路项目如果已经以公路收费权进行质押担保,但在公路建设阶段出现了法律纠纷,可以参考的法律规定基本上是空白。如遇到本文案例中的情况,各方就只能够通过《民法典》和《民法典担保制度解释》中动产质权和权利质权的相关规定对该阶段质押效力等问题进行模糊的推定,不具有针对性,得出的结论也缺乏理论依据。

另外,公路收费权的取得始终存在行政属性,一旦公路收费权因违约等情形被政府收回,对已经进行质押登记的公路收费权的处理就具有非常大的挑战。必须认清存在于公路收费权这一项权利上的两层不同性质的法律关系,〔1〕才能够更加公平地处理多方权益。

《民法典担保制度解释》出台后,针对将有应收账款的质权实现方式统一了裁判规则,需区分是否已经设定特定账户等两种情形:如果为应收账款回款设定特定账户,则质权人可请求就该特定账户内的资金优先受偿;若特定账户内的资金不足以清偿债务或者并未设定特定账户,质权人可请求折价、拍卖、变卖项目收益权并就所得款项优先受偿。〔2〕 但是这些方式都是针对已建成公路的,对于未建成公路收费权质押的实现方式并未明确。

3. 相关规定多停留在操作层面

高圣平教授明确指出,在目前情况下,将特许经营收费权作为应收账款纳入融资担保体系,是基于立法缺失的暂行做法。〔3〕 通过对我国收费权质押担保的相关法律法规的梳理,不难发现相关的规定多停留在操作层面,《动产和权利担保统一登记办法》中规定的主要是在办理质押登记时的操作方法,《转让办法》主要是规定已建成通车后的公路收费权转让的相关操作办法。一旦公路收费权质押担保出现与案例中相似的复杂情况,在质押物尚未形成具体价值时质押权的实现,很难在相关规定中找到合理的依据进行适用。

四、公路收费权质押问题的解决路径

(一)保证公路收费权质押的有效设立

1. 明确质权设立的条件

1999 年国家开发银行的《国家开发银行公路收费权质押贷款管理暂行办法》规

---

〔1〕 参见覃章慧、李文捷:《收费公路经营权法理分析及立法完善》,载《湖北经济学院学报》2019 年第 2 期。

〔2〕 参见段智露:《民法典视角下基础设施和公用事业项目收益权质押有关实务问题探讨》,载《农业发展与金融》2023 年第 12 期。

〔3〕 参见陈国敏:《特许经营收益权质押的法律问题研究》,载《安徽冶金科技职业学院学报》2024 年第 3 期。

定,公路项目投资人在向开发银行申请公路收费权质押贷款时需要提供以下两份文件:一是省级人民政府及其职能部门批准的公路收费文件;二是省级人民政府及其职能部门批准的公路收费权质押文件。虽然这只是国家开发银行实行的暂行办法,对其他银行机构并无约束力,但是这两份文件恰好可以解决质权人对质押效力的不确定的问题,足以证明公路项目投资人能够作为适格的公路收费权出质人。

以中国工商银行的公路项目质押贷款合同为参考,在申请银行贷款时需要出具三份文件:政府立项、评估和批准开工的批文;政府对征用土地、按比例承担出资和备用资金的承诺;收费权及其标准的批文。这三份文件可以确认出质人具备对用以质押的公路收费权的相关政府授权。而合同中对收费权质押设立的要求之一是,公路项目投资人要将收费权批准文件交银行保管,这就相当于向银行交付了证明公路收费权效力的权力证书,从形式和实质两方面确保质押担保的效力。

2. 实行"双登记"制度

公路收费权质押作为一种权利质权,其设立生效的要件之一就是交付权利凭证或者办理质押登记,由于其特殊性并不存在相应的权利凭证,所以对于公路收费权质押的生效应当采取登记要件主义。

目前现行有效的法律规范,对公路收费权质押的登记机关有两种不同的规定:《国务院关于收费公路项目贷款担保问题的批复》中规定的质押登记部门为地级市以上交通主管部门。而 2007 年出台的《应收账款质押登记办法》〔1〕和 2022 年实施的《动产和权利担保统一登记办法》中规定的应收账款质押登记机构为中国人民银行征信中心。虽然在将公路收费权归入应收账款的范围之后,实践中普遍都将中国人民银行征信中心作为办理质押登记的部门,但是 1999 年国务院所发布的批复并未废止,仍然是现行有效的状态。并且相较于应收账款质押的登记办法,国务院批复的内容更加具有针对性,更加具体化。所以在制度上确实存在两个不同的质押登记部门。

对于现有的两种质押登记制度,虽然操作上已经普遍采用第二种方式,但是毕竟存在两种不同的规定,所以为了避免出现登记效力的瑕疵,有学者提出了可以采取"双登记"措施〔2〕,在交通主管部门的登记可以保证质押的有效性,而在中国人民银行征信中心的登记可以起到公示作用。这样可以分别满足不同部门对质押登记规则的不同规定,以免造成质押登记无效等问题。

〔1〕 中国人民银行于 2007 年发布,已废止。

〔2〕 参见刘莹:《公路收费权质押法理及实务探讨》,载《湖北农村金融研究》2011 年第 9 期。

(二)完善公路收费权质押实现的途径

1. 已建成通车公路收费权质押的实现方式

实践中已经默认的,并被多数银行在质押合同中规定的质押实现方式主要包括:第一,将公路收费权拍卖、变卖,就所得款项优先受偿;第二,由质权人直接代为行使收费权;第三,由质权人直接从出质人在银行设立的专用账户中实现。这三种方式在实践中广泛应用,规定在各大银行的质押合同中,最早的法律中有相关规定的仅有第一项,第三项在《民法典担保制度解释》第61条中得到确认。这三种方式中,最为可行并且经过法院裁判确认过的只有第一种方式,剩下两种方式在操作中均存在不同程度的障碍,需要在实践中注意风险控制。比如,第三种方式一定要在银行开立独立的专用收费账户并签订账户监管协议,明确所有收费所得款项应纳入该账户管理,[1]账户资金的划转需经银行书面同意。并且随时监控,一旦质押人面临经济风险,第一时间向法院诉讼并主张优先权。

2. 收费权被收回情况下质权的实现方式

笔者认为,在公路收费权被收回质物灭失的情况下,其进行的质押担保如果具备有效的质押合同以及符合现行法律的收费权质押登记,那么首先应当认定在其上设立的收费权质押担保是具备生效效力的,接下来再对这种情况下的质权实现方式进行考虑。

经过前文对案例中公路收费权被收回后的质权实现方式的讨论,笔者认为,在收费权被再次转让的情况下,考虑公路收费权质权人质权实现的方式时,需要将特许的行为当作两次独立的法律关系来看,质权人可以针对出质人获得的补偿款主张优先受偿的权利。因为不管第二次出让是否存在,都要先厘清第一次特许公路收费权的法律关系,解决主要矛盾。也就是特许权受让方的权利被收回,代表特许经营权协议的终止,此时双方要根据协议约定的违约责任向对方主张权利,在受让方违约的情况下,其只能根据已完成的工程量,向政府主张已经建成工程的补偿价款。

在公路项目建成通车前,公路收费权尚未取得便被政府收回的情况下,作为质物的收费权失去了产生经济价值的可能性,所以收费权质押自收费权被收回时失去效力。此时已经建成部分的公路并不能产生使用价值,不能算作真正意义上的物,只是作为物的公路的组成部分,其价值仅仅是已建造的工程价值。当政府将公路收费权收回后,政府除了要依据特许经营合同追究公路项目投资人的违约责任,

---

[1] 参见段智露:《民法典视角下基础设施和公用事业项目收益权质押有关实务问题探讨》,载《农业发展与金融》2023年第12期。

还应当依据其为已建成部分的实际投入,补偿对方的工程资金。针对这部分补偿款,根据《民法典》第 389 条之规定,可以认为普通的动产质押当中,如质押物因灭失、毁损或者征用而获得了赔偿金、保险金或补偿款时,该赔偿金作为代位物应为质权的效力所及。[1] 由于《民法典》第 446 条明确规定了权利质权同样适用动产质权的相关规定,所以对公路收费权质押物的代位物可以行使质权同样也可适用。所以银行有权依据以上规定,主张其对质押物灭失后所获得的补偿金享有优先受偿权。

笔者建议应当把这种情况下质权的实现方式明确下来,对其进行合理的规制,否则在实践中出现此类情况时,无法找到合适的依据去解决,将不利于公路收费权融资担保体系的平衡。

Abstract: In China's current legislation, the right to toll on highway is regarded as a kind of accounts receivable, but this norm ative model does not take into account the fundamental difference between the right to collect money and accounts receivable, and the contradictions and disputes in the process of pledge of highway toll rights in practice are largely caused by this reason. As a security interest, the effective establishment of the pledge of highway toll rights is a prerequisite for ensuring the eventual realization of the pledgee's rights, and the current law does not stipulate the effectiveness of the pledge of highway toll rights in the highway construction stage. Under the current system, dual registration must be made at the registration stage to ensure the effective establishment of the security right. In the case where the toll collection rights are revoked and other entities are granted the right to operate again, reference should be made to the provisions on the priority of compensation after the extinction of movable property rights.

(责任编辑:林传琳)

[1] 参见程啸:《担保物权研究》,中国人民大学出版社 2017 年版,第 535 页。

知识产权法研究

论假冒注册商标罪“同一种商品”认定之困境及破局

刘　秀[*]　蒋子涵[**]

内容提要　目前理论界对假冒注册商标罪的客观构成要件要素之一“同一种商品”的认定存在主观说、客观说、主客观混合说等不同理论，司法解释相关规定也存在缺陷，包括客观相似度与相关公众主观认知之间的关系不明、“相关公众”含义不清、刑事犯罪与商标民事侵权边界模糊等问题。应当厘清“同一种商品”各种认定标准之间的逻辑关系，遵循“先客观后主观”的原则，并分层次进行逐一判断；需界定“相关公众”为一般消费者，结合司法人员的自由心证与公众调查的方法进行综合判断；还应扩大刑事保护范围，将“类似商品”纳入保护范畴。

关键词　假冒注册商标罪　同一种商品　相关公众　类似商品

假冒注册商标罪是我国长期以来常见多发的犯罪类型，且近年仍呈增长态势。国家知识产权局2023年发布的《中国知识产权保护状况》显示，2023年全国法院新收侵犯注册商标类犯罪案件6634件，同比增长33.45%。此外，2023年全国检察机关共批捕假冒注册商标罪1418件2217人，起诉2893件6142人。与2022年相比，批捕人数和起诉人数均增长了30%左右（2022年分别为889件、1475人和2327件、4690人）。随着数字经济的快速发展，假冒注册商标罪的犯罪手段逐渐呈现网络化趋势，犯罪分子借助互联网的传播便捷性、数据抓取的隐秘性和精准性，快速向消费者投放假冒注册商标商品的广告，对社会主义市场经济秩序造成了严重冲击。此外，假冒注册商标罪的犯罪主体也逐渐呈现团伙化特征，不再是少数人粗制滥造商标后进行贴牌销售，而是形成了有明确分工的内部团队，其中一些成员具备专业

* 刘秀，成都理工大学文法学院（纪检监察学院）副教授。

** 蒋子涵，成都理工大学文法学院（纪检监察学院）硕士研究生。

技术能力，通过更为精细的手段实施假冒商标行为。因此，加强对商标权的法律保护已成为当前亟待解决的重要课题。

根据我国刑法规定，假冒注册商标罪的客观构成要件为：未经注册商标所有人的许可，在同一种商品上使用与其注册商标相同的商标，情节严重的行为。故“同一种商品”和“与其注册商标相同”是构成假冒注册商标罪的两个基本前提，“同一种商品”指涉案商标所附着的商品与被侵权的注册商标的核定使用商品属于同一种商品，“与其注册商标相同”指涉案商标与被侵权的注册商标相同。相比之下，后者在理论与实践中认定标准较为明确，而前者的理解与适用在理论界与司法实践中存在显著争议。这种争议不仅增加了法官在个案中对事实和法律的认定难度，也导致了案件处理结果的不一致。以浙江某案件为例，行为人李某组织加工生产某品牌运动裤，当地检察机关认为“运动裤”与被侵权的注册商标的核定使用商品“裤子”属于同一种商品，因此以假冒注册商标罪对李某提起公诉。然而审判法院认为“运动裤”在功能、用途等特定属性上与“裤子”具有一定区别，因此两者不属于同一种商品，应以民事商标侵权处理。此案的裁判反映出实践中关于“同一种商品”认定标准不统一的现状。一些法院采用较为宽泛的标准，将商品的基本功能、用途及消费者认知作为重要考量依据，另一些法院更加强调商标核定类别的规范性与明确性，力求避免商品类别认定的主观化和随意化。

基于以上现实图景，本文旨在分析关于“同一种商品”认定过程中的理论困境与实践难题，并提出相应的解决路径，以期为相关法律适用提供理论依据与实践指导。

一、“同一种商品”认定的理论争鸣和评述

关于如何认定假冒注册商标罪中的“同一种商品”，当前学界主要存在下列三种观点：

第一种主观说，主张“同一种商品”的认定，关键在于相关公众是否将其认定为同一种商品。〔1〕

第二种客观说，主张应当严格以 1957 年制定的《商标注册用商品和服务国际分类尼斯协定》（以下简称《商品国际分类表》）中规定的商品名称作为认定“同一种商品”的标准，只要是同一类并处于同一种目的商品，无论其类型、重量、规格、型号如何，均为“同一种商品”。〔2〕

第三种折中说或主客观混合说，提出应将客观标准与主观标准相结合。根据

〔1〕 参见涂龙科：《假冒注册商标罪的司法疑难与理论解答》，载《政治与法律》2014 年第 10 期。

〔2〕 参见姜伟主编：《知识产权刑事保护研究》，法律出版社 2004 年版，第 82 页。

结合的方法不同,该说内部又分化为不同的观点。其中一种代表性观点认为,“同一种商品”指的是在功能、用途、生产部门、销售渠道、消费对象等方面相同的商品,或者相关消费者一般认为相同的商品。认定时应坚持以《商品国际分类表》为标准,并结合消费者对商品的一般认识进行综合判断。[1]

本文认为,在上述的三种观点中,主观说完全依赖相关公众的一般认识,其标准过于抽象和缥缈,法律的确定性不足,在司法实践中难以把握,易产生争议。客观说对同一种商品的认定显得过于严格和机械,且《商品国际分类表》一方面具有一定的滞后性和不周延性,无法涵括所有种类的商品,另一方面又经常发生变化,稳定性不够,《商品国际分类表》自 2013 年以来原则上每年都会进行修订,以调整现有商品或增加新的商品。再者事实上,《商品国际分类表》并不是判别两种商品是否为同一种商品唯一的权威依据。美国专利和商标局曾指出:“分类体系的建立只是为了(专利与商标)局的便利,并不表明分在同一类的商品就一定是关联的,或分在不同类别就是不关联的。”[2]并且 2006 年生效的《比荷卢知识产权(商标和外观设计)公约》商标篇第 20 条第 3 款也明确规定:“根据《尼斯协定》为商标注册所采用的分类不应构成评估商品或服务相似性的标准。”这表明并非所有国家都认同《商品国际分类表》在判定商品相同性方面的作用。

本文认为,主客观混合说具有一定的合理性。该观点采用了《商品国际分类表》的分类标准,明确了客观层面的具体判断方法,使得判断标准具有明确性和实用性,一定程度上满足了法律确定性的要求;同时为避免客观说的偏颇,在客观判断的基础上又增加了一般消费者的主观认知作为补充要素,克服了《商品国际分类表》的机械性、不稳定性和滞后性,可以满足纷繁复杂的司法实践的法律需求。众所周知,《商品国际分类表》是在借鉴和吸收很多国家的经验基础之上形成的商品和服务国际分类体系,共将商品和服务分成了 45 个大类,其中商品为 1—34 类,服务为 35—45 类。我国商标注册部门以《商品国际分类表》为基础,结合多年的实践工作经验,制定和公布了《类似商品和服务区分表》,将商品和服务项目划分类似群。在《商品国际分类表》中,所有商品按照类、组、种三个层级进行了细分分类,每一大类项下根据商品和服务的功能、用途不同区分了不同的组别,在组别内又具体列举了不同种目的商品和服务。由于存在类、组、种三个层级,一般认为,“同一种商品”是以“种”概念来加以区分,即同处于同一种目下所列举的商品才属于“同一种商品”,而不是以类或组为标准来判定是否为“同一种商品”。但在司法实践中,出现了两者并非《商品国际分类表》中的同一种目下的商品,但以消费者的主观认

[1] 参见柏浪涛、谷翔:《假冒注册商标罪疑难问题研究》,载《法律适用》2004 年第 7 期。
[2] National Football League *v.* Jasper Alliance Corp. ,16 USPQ. 2d 1212(TTAB 1990).

识来看属于“同一种商品”,并被最终定性为假冒注册商标罪的情形。本文认为该种做法具有一定代表性和合理性。在缪某某销售假冒注册商标的商品罪案中,缪某某对外销售低价购入的假冒的爱马仕、卡地亚等注册商标的项链、手镯等饰品,缪某某辩称卡地亚的注册商标核定使用的商品范围不包括戒指、耳环。二审法院认定虽然卡地亚的注册商标的核定商品范围没有戒指、耳环等,但上诉人缪某某销售的戒指、耳环等商品在功能、用途、主要原料、消费对象、销售渠道等方面与卡地亚的注册商标核定使用的商品范围“小件饰物”基本一致,相关公众一般认为是同一种事物,可以认定为同一种商品。[1]

尽管主客观混合说相较于其他两种观点更具合理性,但需指出的是,其仍存在以下两个尚未解决的问题。

一是未能厘清客观相似度与相关消费者主观认知之间的关系。何者为主,何者为次,何者优先?相关公众的主观认知到底是构成认定“同一种商品”的充分条件还是必要条件?倘若涉案商品与注册商标核定使用商品在客观方面相同,但相关公众并不会将二者认定为同一种商品时,该如何处理?或者倘若涉案商品与注册商标核定使用商品在客观方面不同,但相关公众易将二者认定为同一种商品时,又该如何处理?

二是刑事打击范围偏窄。如前所述,“同一种商品”的判定,原则上以《商品国际分类表》中同一种目下所列举的商品为标准,而不是以类或组为标准来判定。当涉案商品与注册商标核定使用商品不属于同一种目,即不是同一名称,但属于同类或同组时的商品时,且客观方面相同时,仍可通过主观标准即相关公众认为属于“同一种商品”进行弥补。但是,若两种商品不属于同一类别、客观方面存在差异时,则无论是通过客观标准还是主观标准,均难以将其纳入刑事调整范围。例如,在我国以《商品国际分类表》为基础制定的《类似商品和服务区分表》中,啤酒饮料和酒精饮料被划分为不同的类别,分别为第 32 类和第 33 类。其中,啤酒的注册号为 3201,而白酒的注册号为 330037。如果行为人针对某白酒品牌,制造销售假冒该白酒商标的啤酒,侵犯了该白酒品牌的商誉,但由于啤酒和白酒属于不同类别的商品,因此该行为无法被认定为假冒注册商标罪。再如,工业用黏合剂与家用黏合剂,前者属于《商品国际分类表》中的第 1 类注册商品,后者则归于第 16 类,两种黏合剂分属不同类别,虽然表面看两者都是黏合剂,但两者质地及功能不同,可以说是类似商品,但不是“同一种商品”。[2] 本文认为,两者虽只是类似商品,但假冒行为对商标注册人的商标信誉也势必会造成很大损害,具备高度的社会危害性,应当受到刑法的规制。

---

〔1〕 参见上海市第二中级人民法院刑事判决书,(2013)沪二中刑(知)终字第 5 号。

〔2〕 参见张泗汉:《假冒商标犯罪的若干问题研究》,载《政治与法律》2008 年第 7 期。

二、司法解释关于“同一种商品”认定的规则及困境

最高人民法院、最高人民检察院、公安部2011年联合出台的《关于办理侵犯知识产权刑事案件适用法律若干问题的意见》(以下简称《刑事意见》)采取了主客观混合说[1],引入了“相关公众”的概念,并从两个层面对“同一种商品”的认定作出了细致规定。

在认定标准方面,认定“同一种商品”主要有两种标准。第一种标准是名称相同,名称应依据《商品国际分类表》来认定。第二种标准是名称不同但指向同一事物,即在功能、用途、主要原料、消费对象、销售渠道等方面相同或者基本相同,相关公众一般认为属于同一事物。

在认定对象方面,要求比较注册商标核定使用的商品与行为人实际生产销售的商品。如果注册商标核定使用的商品范围与商标权人实际使用的商品范围不一致,应以注册商标核定使用的商品范围为准,与行为人实际生产销售的商品进行比对,以确定是否属于“同一种商品”。这是因为,如果商标权人实际使用的商品不属于注册商标核定使用的商品类别,则该商品无法获得商标权保护,也无法作为“同一种商品”的比对对象,从而行为人不可能构成假冒注册商标罪。

本文认为,《刑事意见》虽然具有相当的合理性和可操作性,但仍存在以下三个问题:

一是如前所述,对于在认定“同一种商品”时,客观相似度与相关公众主观认知之间的关系,《刑事意见》并没有给出答案。

二是对于“相关公众”的定义,《刑事意见》并未作出明确说明。在司法实践中,通常会参照并采用2002年通过的《最高人民法院关于审理商标民事纠纷案件适用法律若干问题的解释》(以下简称《商标民事纠纷解释》)中第8条对“相关公众”的定义。该条指出:“商标法所称相关公众,是指与商标所标识的某类商品或者服务有关的消费者和与前述商品或者服务的营销有密切关系的其他经营者。”但是,当发生假冒注册商标罪案件时,究竟以商品消费者的视角来判断,还是以其他经营者的视角来判断,目前仍是一个尚未解决、充满争议的问题。不同的视角会导致不同的结果,以普通消费者的视角来看通常认定标准较低,而从经营者的视角来看,作为专业人员通常会认定标准较高。

---

〔1〕 第5条规定:“名称相同的商品以及名称不同但指同一事物的商品,可以认定为‘同一种商品’。‘名称’是指国家工商行政管理总局商标局在商标注册工作中对商品使用的名称,通常即《商标注册用商品和服务国际分类》中规定的商品名称。‘名称不同但指同一事物的商品’是指在功能、用途、主要原料、消费对象、销售渠道等方面相同或者基本相同,相关公众一般认为是同一种事物的商品。”

三是《刑事意见》中的“同一种商品”和《商标民事纠纷解释》中的“类似商品”的定义存在重叠关系，导致刑民边界不清。《商标民事纠纷解释》第 11 条第 1 款和第 12 条对“类似商品”进行了定义：“商标法第五十七条第（二）项规定的类似商品，是指在功能、用途、生产部门、销售渠道、消费对象等方面相同，或者相关公众一般认为其存在特定联系、容易造成混淆的商品。”因此“在功能、用途、生产部门、销售渠道、销售对象等方面相同”的这一类商品，在刑法意义上属于“同一种商品”，却同时在商标法意义上属于“类似商品”，这无疑模糊了民事商标侵权与刑事假冒注册商标罪的界限，从而影响了法律体系内部的统一与协调，造成了理论和实践上的困惑。有观点认为不存在这种法律体系内部的冲突，刑法规定对“同一种商品”的认定标准实际上高于商标法规定，《刑法》第 213 条规定的是“同一种商品”，而《商标法》等相关法律法规强调的是更为宽泛的“同一类商品”。[1] 本文认为这种观点有待商榷。首先，《商标法》和《刑法》并未提出过“同一类商品”这一概念。其次，这一概念的出现为认定过程增加了新的解释因素，那么“同一类商品”的定义是什么？它与“同一种商品”之间又有何区别？最后，其实际并未合理解释为何在《刑法》和《商标法》中，对于文义表述相同的“同一种商品”，它们所指向的对象却有所不同。

需要指出的是，2023 年最高人民法院、最高人民检察院联合起草的《关于办理侵犯知识产权刑事案件适用法律若干问题的解释（征求意见稿）》（以下简称《刑事解释意见稿》）第 2 条将“同一种商品”暂定为下列两种：“（一）行为人实际生产销售的商品名称、实际提供的服务名称与他人注册商标核定使用的商品、服务名称相同的；（二）二者商品名称不同但在功能、用途、主要原料、生产部门、消费对象、销售渠道等方面相同且相关公众一般认为是同种商品的。”这一表述延续了《刑事意见》所持的主客观混合说观点，并且较《刑事意见》摆脱了客观相似度与相关公众主观认知之间关系不明的困境，规定主观因素与客观因素为认定“同一种商品”的必要条件，认定“同一种商品”不仅需要涉案商品与注册商标核定使用的商品在客观相似度上高，而且需要相关公众的主观认知认可，两者缺一不可。但这一规定仍未解决前述另外两个问题，即“相关公众”的定义不明确，以及刑法意义上的“同一种商品”与商标法意义上的“类似商品”定义基本相同。

三、“同一种商品”认定困境的破局

（一）厘清“同一种商品”各种认定标准之间的逻辑关系

为了更好地解决司法实践中的困惑，《刑事意见》中关于“同一种商品”认定的

---

〔1〕 参见李振林：《假冒注册商标罪之“同一种商品”认定》，载《法律适用》2015 年第 7 期。

标准需要厘清两个逻辑关系问题：一个是“名称相同的商品”和“名称不同但指同一事物的商品”之间的逻辑关系；另一个是采用“名称不同但指同一事物”标准时，客观相似度与相关公众主观认知之间的逻辑关系。本文认为，这些标准之间隐含层次、顺位的逻辑关系，遇到具体案例时，应采取分层逐一的判断模式。具体而言：

“名称相同”是第一层次的认定标准，需要首先作出判断。只要名称相同，无须再进行客观相似度判断和考虑相关公众的主观认知。但值得探讨的问题是，“名称相同”从广义上来说又可包括名称完全相同和名称实质相同两种情形。前者是严格根据《商品国际分类表》中同一种目的名称来判断待比较的两个商品名称是否完全相同，后者是因为地域文化、风俗习惯、种族、方言等差异对同一事物形成的约定俗成的不同名称，如元宵和汤圆、抄手和馄饨、番茄和西红柿、土豆和马铃薯等。本文认为，此处的“名称相同”应被限缩解释为完全相同，而不包括需通过方言差异、同义词、上位概念等二次判断的内容。只要二者不是完全相同，即使商品名称实质相同，也应进入下一层次的判断，即判断是否属于“名称不同但指同一事物”。在指导性案例孙某某、钱某某和周某犯假冒注册商标罪案中，犯罪分子孙某某使用“思念”商标标识的包装袋对汤圆、水饺等进行了二次包装，并且对外销售。“思念”品牌商标是郑州思念食品有限公司的合法注册商标，其核定使用商品的范围是元宵、饺子、春卷、冰淇淋等。法院经审理认为，“思念”品牌商标核定使用商品涵盖了元宵（注册号 300052）、饺子（注册号 300233）。“汤圆”与“思念”商标核定使用的“元宵”都是以米粉等为原料、庆祝元宵节的传统食品，北方称为汤圆，南方称为元宵。消费者并不会因为地域称呼不同而认为汤圆和元宵是两种事物，一般会认为二者是同一事物。法院最终判决被告人假冒“思念”牌商标汤圆、水饺构成假冒注册商标罪。可见，法院在判断两者是否属于“同一种商品”时，采取的就是第二层次的判断标准，即“名称不同但指同一事物”，和本文观点相契合。

进入第二层次的判断标准即认定“名称不同但指同一事物”时，应遵循“先客观后主观”的原则，并需要分层逐一判断，采用“三步法”判断方法。第一步，应从客观方面判断待比较的两个商品在功能、用途方面是否相同或者基本相同。功能、用途是必要认定要素，且必须同时具备。如果两个商品在功能或用途方面并不一致，则可立即排除其属于“同一种商品”，无须再去检验公众认知的主观判断。例如，工业酒精和食用酒精，手机和充电器、数据线、耳塞机等手机配件，在功能、用途上并不一致，故不能认定为“同一种商品”。如果两个商品在功能或用途方面相同或基本相同，则进入下一步的判断。第二步，判断主要原料、消费对象、销售渠道等其他方面是否相同或基本相同。本文赞同这些客观方面属于选择认定性要素，不要求同时具备。原因在于，很多不属于“同一种商品”，属于“类似商品”的主要原料、消费对象和销售渠道基本相同,但功能和用途却大有差别。[1] 例如,运动裤与西裤,就不属于“同一种商品”。如果两种商品在功能和用途,以及主要原料、消费对象、销售渠道等其他方面均相同或基本相同,除非有足够的相反证据,否则可直接推定为符合主观判断,即“相关公众一般认为是同一种事物的商品”,从而认定为“同一种商品”。例如,自行车和脚踏车、元宵和汤圆、抄手和馄饨、番茄和西红柿、土豆和马铃薯等就属于这种情况。如果两种商品在功能和用途相同或基本相同,但主要原料、消费对象、销售渠道等其他方面不完全一致,如钟表和手表、戒指和耳环、啤酒和白酒、休闲裤和牛仔裤等,则应进入第三步的判断,即从主观上判断是否符合相关公众的一般认知。如果相关公众一般认为属于同一事物,则是“同一种商品”,反之则不是。但该种情况非常复杂,相关公众的范围以及如何操作才能确定公众的认知到底是什么样的,极易产生争议。

(二)明确“相关公众”为一般消费者,并采取司法人员自由心证 + 公众调查相结合的方式进行判断

如前所述,《刑事意见》并未明确“相关公众”的定义,理论上而言可以包括所有人,包括消费者、经营者、司法者等,但《商标民事纠纷解释》对“相关公众”进行了界定,即包含了一般消费者和其他经营者两种类型。本文认为,在刑事领域应对“相关公众”采用消费者标准,明确以消费者的一般认知作为认定依据,而非其他经营者的一般认知。

其一,商标是一个表明商品或服务来源的纯粹的标志,它天然地承载着区分识别的功能。但商标更重要的功能在于表明商品质量。当消费者在货架上挑选五粮液、泸州老窖等名酒时,其购买行为是由这些名酒本身的质量吸引而促成的。商标暗含了商誉的高低,代表了其所有者或使用者的商誉。商标这个标志只是形式,这个标志背后所蕴含的商誉才是核心和实质。假冒注册商标罪所真正保护的法益,是商标权人对注册商标核定使用商品所享有的商誉,从而保护商标权人潜在的商业利益。侵害商誉的本质在于侵害了消费者免于混淆的权利,正是因为消费者遭遇混淆而买到质量更低的商品才对商标权人的商品产生了失望,商标权人这才失去了潜在的客户导致商业利益受损。商标法对消费者的保护实际上是通过对商标权的保护来实现的。[2] 因此,对于商标权的侵害认定应以是否侵害了消费者免于混淆的权利,是否造成消费者混淆而定,而非以是否造成其他经营者混淆而定。

---

〔1〕 参见孔杏如、李涛:《假冒注册商标罪中“同一种商品”的司法认定》,载《中华商标》2023 年第 10 期。

〔2〕 参见魏森:《商标侵权认定标准研究》,中国社会科学出版社 2008 年版,第 43 页。

其二,其他经营者对于商品的识别具有更高的注意程度,因此他们往往不容易受到混淆,若以其他经营者的一般认知作为判断视角,无疑会抬高假冒注册商标罪的认定标准,缩小假冒注册商标罪的既定打击面。

其三,考察域外规定,很多国家也采用消费者标准。例如,德国反不正当竞争法司法判例中认为,如果只有1%的消费者认为会发生混淆,这种可能性就仅是一种抽象的可能性。而10%已不再是一个微不足道的比例,而是代表了相关交易阶层中相当一部分人的立场和看法。如果相关交易阶层中相当一部分人(超过10%的调查对象)对商品或服务之来源或者两家企业之间存在特殊联系发生了误解,即可认定存在"误认的危险"。[1]

至于如何操作该标准,基于兼顾司法效率和司法公平的双重考虑,本文认为可采取司法人员自由心证+公众调查相结合的方式。实质上来说,司法人员也属于消费者,对某商品的认识往往也并不专业,和普通消费者相差无几,因此,当某案件的承办人员在经过前述的"三步法"判断后,均一致认为或绝大多数认为是同一种事物的商品,则可认定为属于"同一种商品"。但如果案件承办人员争议较大,则可采取学者所建议的相关公众混淆度的调查制度,即设立或委托中立调查机构,负责相关公众混淆度的调查。通过分析调查机构提供的调查结果,司法人员再作出商标相同与否的判断。[2]

(三)将"类似商品"纳入刑法保护

本文认为,要从根本上解决上述刑民边界不清的困境,应扩大刑法保护范围,在《刑法》第213条"同一种商品"后增加"或类似商品",以使其与《商标民事纠纷解释》中"类似商品"的外延保持一致。

本文不赞同现有对"同一种商品"扩大解释的方式。在保持当前客观构成要件的情况下,单独调整刑法意义上的"同一种商品"的外延并不能解决法律秩序内部的概念协调统一问题。商标侵权案件往往涉及侵犯商标权犯罪,这是一种典型的民刑交叉情形。《刑事解释意见稿》和《刑事意见》对"同一种商品"的解释与《商标民事纠纷解释》对"类似商品"的解释相同,会导致同一种商品概念含义上的混乱。这导致了法官在商标民事侵权案件的判决书中用"已构成商标法意义上的相同或类似商品"这样模糊不清的表述进行说理。虽然商品种类相同还是类似不影响商标侵权的认定,但是"同一种商品"是假冒注册商标罪的客观构成要件要素,二者不可混淆。要彻底解决内部含义的混乱,不能仅仅调整"同一种商品"的定义,还需要

[1] 参见邵建东:《德国反不正当竞争法研究》,中国人民大学出版社2001年版,第249页。
[2] 参见涂龙科:《假冒注册商标罪的司法疑难与理论解答》,载《政治与法律》2014年第10期。

同时对“类似商品”和“同一种商品”的定义进行调整,以使二者更加协调一致。然而,《商标民事纠纷解释》对于“类似商品”的界定已经是在文义和目的上可解释范围内的极限了。因此,本文主张与其固守对“同一种商品”的扩大解释,不如大胆地回归客观说,并且在此基础上扩大刑法保护面,将“类似商品”纳入刑法保护。并且,这样使得民法意义上的类似商品与刑法意义上的类似商品在定义上保持了法律体系内部的一致,避免了民法意义的类似商品对应刑法意义的同一种商品的矛盾窘境。

刑法的任务是保护法益,而违法的本质是侵害法益。那么对违法构成要件或客观构成要件的解释理所当然必须以法益概念为指导。[1] 有观点认为,立法者并没有将所有类型的商标侵权行为都予以犯罪化,而只是将其中立法者认为社会危害性和主观恶性确实较大的部分行为予以犯罪化,对于其他行为类型,无论社会危害性多大,均不能作为犯罪处理。[2] 这种观点只是抱守着罪刑法定原则,将行为只停留在形式危害性考察,而忽略了对行为实质危害性的评估,这显然不够全面。

首先,对行为进行法益侵害程度和社会危害性两个维度的考察,未经注册商标所有人的许可在类似商品上使用的行为对商标权人权利的侵害程度明显大于还处在预备阶段伪造、擅自制造他人注册商标的行为。既然伪造、擅自制造他人注册商标的行为可以入罪,那就没有理由将社会危害性更高的在类似商品上使用商标的行为排除在刑法的规制之外。因此从社会危害性的视角来看,增加“类似商品”的规定是合理的。

其次,增加“类似商品”并非意味着民事侵权行为无容身之地。一方面,刑事犯罪和民事侵权的边界可以由“情节严重”进行区分。按照行为的法益侵害程度和刑事制裁必要性,结合《刑法》第 13 条但书进行行为定量解释,确定行为入罪的追诉标准。[3] “情节严重”主要表现为侵权金额,当侵权金额达到相应程度时,将依法刑事追诉;如果未达到该程度,则仅追究其民事侵权责任。另一方面,假冒注册商标罪仅处罚侵犯“相同商标”的行为,而商标侵权行为还包括了侵犯“近似商标”的行为,二者调整范围仍有明显区别。

最后,增加“类似商品”有利于加强对商标权和经济秩序的保护,发挥刑法的一般预防功能。在类似商品上使用假冒注册商标的行为,在物质层面对商标权人造成了直接经济损害,在非物质层面间接地破坏了经济社会赖以生存的诚实信用原则及其彼此相互的信任,干扰经济社会的安宁秩序。企业为了打击假冒注册商标

[1] 参见张明楷:《刑法分则的解释原理》,中国人民大学出版社 2011 年版,第 344 页。

[2] 参见肖晚祥:《假冒注册商标罪司法实务问题探讨》,载《铁道警官高等专科学校学报》2010 年第 6 期。

[3] 参见田宏杰:《立法扩张与司法限缩:刑法谦抑性的展开》,载《中国法学》2020 年第 1 期。

行为不得不提高运营成本,而消费者则需要花费更多精力在挑选正版的商品上,其中交易成本的浪费和交易效率的下降实属对经济秩序产生了危害。同时,2020 年到 2023 年国家知识产权局历年发布的《中国知识产权保护状况》显示:2020 年到 2023 年,全国地方各级人民法院每年新收民事商标案件数量总体呈上升趋势,2020 年为 7 万余件,2021 年为 12 万余件,2022 年为 11 万余件,2023 年为 13 万余件。可见,仅用民事侵权制度在事后打击对保护商标权和经济秩序的目标来说是失灵的,一般预防效果严重不足。

Abstract: Currently, the academic community holds different theoretical views on the identification of "the same kind of goods" as one of the objective elements in the crime of counterfeiting registered trademark. These views include subjective theory, objective theory, and a mixed subjective – objective theory. Judicial interpretations also have deficiencies, such as unclear relationships between objective similarity and the subjective perception of relevant public, ambiguous definition of "relevant public," and blurred boundaries between criminal offenses and trademark civil infringements. It is necessary to clarify the logical relationships among various identification standards for "the same type of goods," adhere to the principle of "objective first, subjective later," and make judgments step by step. A three – step method is recommended for this purpose. The term "relevant public" should be defined as general consumers, and comprehensive judgments should be made using a combination of judicial personnel's discretion and public surveys. Additionally, the scope of criminal protection should be expanded to include "similar goods".

(责任编辑:钟宇晴)

论地理标志检察公益诉讼的实践探索及完善*

孟盛军** 何莉苹***

内容提要 在知识产权强国背景下,开展地理标志领域的检察公益诉讼具有充分的必要性。由于地理标志检察公益诉讼并非法定的范围,司法实践中一些检察机关开展了有益的探索。然而,实践探索存在案件来源不规范、立案范围不清晰、民事行政比例失调、建议内容法律根据不足等误区,亟待改进。因此,应当规范地理标志检察公益诉讼的介入程序,明确地理标志检察公益诉讼的受案范围,调整地理标志检察公益诉讼的探索重点,夯实地理标志检察公益诉讼的法律根据。

关键词 地理标志 检察公益诉讼 实践探索

地理标志是《与贸易有关的知识产权协定》(Agreement on Trade - Related Aspects of Intellectual Property Rights,TRIPs)所确定的七大类知识产权之一,我国《民法典》第123条同样也将地理标志与作品、发明、实用新型、外观设计、商标、商业秘密等并列,作为知识产权客体予以单独规定。然而,地理标志与一般知识产权不同,具有更强的公共属性,对地方经济发展和文化传承具有重要意义;因此,对地理标志的法律保护尤为重要。但是,司法实践中地理标志的法律保护状况并不容乐观,"过水蟹""假五常"等侵犯地理标志知识产权现象频发,[1]地理标志的法律保护亟待加强。作为公共利益的代表,检察机关在地理标志保护领域负有义不容

---

* 本文系最高人民检察院检察应用理论研究课题"地理标志检察公益诉讼制度构建法理逻辑与路径研究"的阶段性成果。

** 孟盛军,成都市人民检察院第二检察部检察官助理。

*** 何莉苹,成都市人民检察院第四检察部副主任。

〔1〕 假冒阳澄湖大闸蟹地理标志行为较多,也被央视曝光过。参见吴珂:《央视曝光假冒阳澄湖大闸蟹地理标志行为!如何加强地理标志保护?》,载《中国知识产权报》2018年12月21日,第8版。"五常大米"被侵权情况也较为严重,新华社也曾报道。参见徐凯鑫:《个个都是"五常大米"?农产品"蹭名牌"亟待"打假"》,载《新华每日电讯》2024年10月29日,第7版。

辞的责任;加强地理标志领域的检察公益诉讼、通过案件办理回应社会关切已经成为加强新时代知识产权检察服务保障创新驱动发展的必然要求。尽管地理标志检察公益诉讼不在"4+11"的公益诉讼案件范围内,但司法实践中不少检察机关进行了有益的探索,不过其部分做法存在一些误区。笔者不揣浅陋,从地理标志检察公益诉讼的必要性出发,对实践中检察机关的代表性案例进行分析,指出地理标志检察公益诉讼实践探索存在的误区,并提出自己的完善建议,以期为地理标志检察保护的进一步完善有所裨益。

一、地理标志检察公益诉讼的必要性证成

经过十年的发展,公益诉讼检察制度从当初《民事诉讼法》《行政诉讼法》明确列举的"4",拓展到了当前《民事诉讼法》《行政诉讼法》等诉讼法和《英雄烈士保护法》《未成年人保护法》等单行法共同构建的"4+11"格局。令人遗憾的是,地理标志检察公益诉讼未列其中。笔者认为,立法虽尚未至,但必将至,在地理标志领域施行检察公益诉讼制度势在必行。

(一)推动地理标志检察公益诉讼符合现实的需要

地理标志是一种知识产权,但其与普通商标、专利、著作权不一样,它是一种公共物品,是一种公共的知识产权,兼具垄断性与开放性。地理标志的公共特征表现为两个方面:第一,产品质量由产地自然因素或人文因素所决定,其产品并不限于由某一个特定的生产经营者提供,该地域内满足产品质量要求的生产者均符合使用地理标志的条件,使得该标志具有公共物品的属性。第二,地理标志的地域性与质量保证功能决定了其为符合条件的成员皆有资格使用的基准规则,以及地域封闭性与质量标准开敞性兼具的条件规则。既然是一种公共物品,地理标志就难以逃脱"公地悲剧"的原理影响;放眼全国,地理标志产品的同质化、地摊化,地理标志识别功能的淡化、地理标志的"非地理化"几乎是一种普遍现象。比如,作为四大名锦之一、国家地理标志保护产品和国家非物质文化遗产的蜀锦,就被反映市场鱼龙混杂,有劣币驱逐良币的现象。[1] 因此,有必要通过构建地理标志检察公益诉讼,解决地理标志重要意义与保护力度失衡的问题。

(二)推动地理标志检察公益诉讼符合国家政策的要求

地理标志产品的品质特征集特定地域自然环境、人文环境和群体智慧于一体,

---

〔1〕 参见曹颖频、田新、李洪梅:《千年蜀锦再放光华》,载《检察日报》2023年4月25日,第4版。

体现了地域性、不可替代性及权益共享性的特征。[1] 地理标志兼具重要的文化意义和经济意义,既有助于维护传统和文化多样性,又能有效带动地方乃至整个国家的经济发展。我国地理标志资源极为丰富,是我国参与全球知识产权博弈的重要筹码。党中央、国务院高度重视地理标志保护工作,将"实施地理标志保护工程"纳入《知识产权强国建设纲要(2021—2035 年)》等重要政策文件,在《"十四五"国家知识产权保护和运用规划》15 个专项工程中设立"地理标志保护工程"专项,明确提出重点任务。可以说,地理标志保护与发展已经上升到国家战略高度。在知识产权强国背景下,积极探索构建地理标志检察公益诉讼,不断完善我国地理标志法律保护手段,是促进知识产权保护工作高质量发展应有之义,是落实党中央、国务院知识产权保护和运用政策的重要举措,是实现中国式现代化的必然要求。

(三)推动地理标志检察公益诉讼有助于重塑法律保护格局

我国地理标志保护格局素有"三足鼎立"的说法:一是地理标志可作为集体商标或证明商标申请注册并加以保护,由原国家工商行政管理总局商标局负责;二是地理标志产品,由原国家质量监督检验检疫总局依据《地理标志产品保护规定》保护;三是农产品地理标志作为知识产权的客体类型之一,根据《农业法》《农产品地理标志管理办法》由农业部管理和保护。[2] 这种政出多门、多头管理的模式极易存在内容重叠和内容冲突,以及执法标准不一、保护效率低下等问题,历来受到理论和实务的诟病。随着国务院机构改革,这种"三足鼎立"的模式有所缓解,地理标志最终在 2022 年均归口国家知识产权局统一管理。然而,地理标志保护力度不足的深层次问题事实上仍然没有得到彻底解决,地理标志保护仍然需要依据《商标法》《反不正当竞争法》《地理标志产品保护办法》等多种法律渊源来解决。特别是对于地理标志产品保护,几乎只能依赖于行政执法部门的主动履职,而无法由申请人、使用人通过诉讼的方式予以救济;实施侵权行为的人唯一可能面临的制裁措施是行政处罚,而被侵权人因为没有诉讼主体资格不能直接获得司法救济。因此,检察公益诉讼制度的构建很有必要。[3]

(四)地理标志检察公益诉讼有其独立的价值

虽然都是检察机关提起的公益诉讼,地理标志检察公益诉讼与其他检察公益

---

[1] 参见诸葛语丹:《构建地理标志公益诉讼制度的必要性及对策——从千百个景区同样的"特产"被吐槽事件谈起》,载《经济与社会发展》2016 年第 3 期。

[2] 参见易继明、秦洋:《论我国地理标志保护模式》,载易继明主编:《私法》第 42 卷,知识产权出版社 2023 年版,第 26 页。

[3] 参见白俊、卢晶、李静等:《"白蕉海鲈"地理标志公益诉讼探析》,载《中华商标》2023 年 S1 期。

诉讼不同,有其独立的价值,这点通过将其与消费者权益保护检察公益诉讼、商标领域的检察公益诉讼对比就可以发现。

地理标志检察公益诉讼不同于消费者权益保护领域的检察公益诉讼。虽然消费者权益保护检察公益诉讼与地理标志检察公益诉讼都具有维护不特定广大消费者合法权益的正当性,但后者所维护的公共利益具有更大的外延。在受案范围上,二者有所重合,但也有明显不同:地理标志检察公益诉讼的受案范围除产品侵权外,还应当包括地理标志商标侵权与知识产权权利滥用。整体而言,消费者权益保护领域的检察公益诉讼更侧重对位于供应链终端的市场消费者的保护,而地理标志检察公益诉讼则更倾向于对位于供应链源头的农产品生产者、制造者的保护,同时兼顾地理标志商标使用者以及产品消费者。

地理标志检察公益诉讼也区别于商标领域的检察公益诉讼。从《商标法修订草案(征求意见稿)》[1]的内容来看,立法层面已启动在商标领域构建检察公益诉讼制度的工作。相较于商标领域的检察公益诉讼,地理标志检察公益诉讼具有更为丰富的内涵。地理标志保护同时涵盖商标与商品保护的双重需求,涉及地理标志保护产品与地理标志商标等多方面的内容。积极探索检察公益诉讼制度在地理标志领域的构建与适用,有助于弥补商标领域检察公益诉讼的不足。

二、检察机关地理标志公益诉讼的实践探索及误区

(一)检察机关开展地理标志公益诉讼的实践探索

如前所述,我国检察机关公益诉讼范围是“4+11”,除这15个法定领域之外,检察机关积极稳妥地探索在其他领域开展公益诉讼工作,如文物和文化遗产保护、网络暴力治理等。[2] 其中也包括地理标志,虽然地理标志检察公益诉讼尚未进入法定领域,但各地检察机关已将其作为拓展知识产权等新领域案件范围中的重要实践对象,并进行了一系列有益探索,取得了较为明显的成效。比如,2018年以来,北京、江苏等地检察机关在开展“阳澄湖大闸蟹”地理标志产品公益诉讼专项监督活动过程中积累了宝贵经验,四川检察机关在蜀锦保护、河南检察机关在汝瓷保护、云南检察机关在普洱茶保护、福建检察机关在福鼎白茶保护、浙江检察机关在龙井茶保护等国家地理标志产品保护方面均开展了诸多工作[3]。

---

〔1〕 2023年1月13日,国家知识产权局公布《关于〈中华人民共和国商标法修订草案(征求意见稿)〉公开征求意见的通知》,向社会各界公开征求意见。

〔2〕 2023年9月25日,最高人民法院、最高人民检察院、公安部联合发布《关于依法惩治网络暴力违法犯罪的指导意见》;依照该意见规定,检察机关对严重危害社会秩序和国家利益的侮辱、诽谤犯罪行为,应当依法提起公诉,对损害社会公共利益的网络暴力行为可以依法提起公益诉讼。

〔3〕 参见周洪波、刘辉主编:《公益诉讼检察实务培训讲义》,法律出版社2022年版,第206页。

经检索和归纳,我们筛选出表 1 中具有代表性的 10 个案例作为本文的实证分析对象。

表 1　10 个具有代表性的地理标志诉讼案例

序号	案例名称	案件类型	权利形式	线索来源	监督点位	结案方式	监督内容
1	西湖龙井案	支持起诉	地理标志证明商标	刑事案件发现线索	假冒地理标志证明商标	支持起诉	递交支持起诉意见书及证据材料
2	南汇西瓜案	支持起诉	地理标志集体商标	主动筛查发现	侵害地理标志集体商标专有权	支持起诉	递交支持起诉意见书
3	成都蜀锦案	行政公益诉讼	地理标志保护产品	群众举报	网店销售假冒蜀锦	诉前检察建议	督促对销售不符合地理标志产品标准商品进行查处
4	河阴石榴案	行政公益诉讼	地理标志保护产品	走访调查	对品牌保护不力等问题线索	诉前检察建议	从违法使用查处、加强宣传保护、规范统一包装等提出建议
5	白蕉海鲈案	行政公益诉讼	地理标志保护产品	调研发现	违规或错误使用“白蕉海鲈”地理标志	诉前检察建议	引导规范使用,加大侵权打击力度,修订管理办法和质量标准体系,健全监管机制,加强综合保护
6	敖汉小米案	行政公益诉讼	地理标志证明商标	调研发现	存在地理标志产品侵权假冒乱象	诉前检察建议	加强监管力度,保障产品质量,加大地理标志使用的管理,保障“敖汉小米”产业健康发展

续表

序号	案例名称	案件类型	权利形式	线索来源	监督点位	结案方式	监督内容
7	吉木萨尔白皮大蒜案	行政公益诉讼	农产品地理标志产品	调研发现	假冒“吉木萨尔白皮大蒜”	诉前检察建议	制定相关标准、管理规范，统一品牌形象，加强对地理标志产品名称和专用标志的使用，加大宣传力度，强化日常监督检查
8	平远脐橙案	行政公益诉讼	地理标志保护产品	调研发现	权责不清、配套机制不健全，存在违规使用情况	社会治理检察建议	督促加强地理标志保护有关工作
9	奉节脐橙案	行政公益诉讼	地理标志证明商标	收到线索	存在大量未经授权生产的“奉节脐橙”包装纸箱	诉前检察建议	查处违法行为，完善授权使用体系，引导规范使用
10	乌兰茶卡羊案	行政公益诉讼	农产品地理标志产品	主动走访调研	鱼龙混杂，存在“过路羊”“过棚羊”等冒名销售现象	诉前检察建议	明确界定职能，严格监管，建立和完善执法规范，引导市场主体合法合规经营，及时纠正违法行为，有效净化销售市场

（二）检察机关开展地理标志公益诉讼实践探索的误区

地理标志检察公益诉讼的实践探索都属于“等”外探索，它们为推进我国地理标志保护作出了重要贡献，取得了一定的成绩，但部分实践探索存在一定的误区，亟待改进。

1. 案件来源不规范

无论是《民事诉讼法》第58条、《行政诉讼法》第25条，还是相关司法解释的规定，检察公益诉讼的线索来源均要求是检察机关在履行职责中发现的。然而，在上述实践探索中,该规定并未真正得到遵守,检察机关基本都是主动出击,依靠走访调研或者主动筛查来获取线索。比如,从上述 10 个案件的来源可见,只有西湖龙井案和成都蜀锦案是在刑事案件办理中或者控告申诉举报中发现的线索,其他案件来源与检察履职都没有明确的联系。甚至在一些时候,行政机关还没有收到相关线索,未有履行职责的机会,就收到了检察机关的立案决定书和诉前检察建议。虽然该种探索模式能够充分发挥检察机关的能动性,迅速提升案件办理的数量,但同样存在法律依据不足,有错位、越位的风险。

2. 立案范围不清晰

在实践探索中,部分检察机关对于公益诉讼立案不严肃、不谨慎,立案范围特别是行政公益诉讼立案范围被不当扩大。《行政诉讼法》第 25 条明确规定公益诉讼针对的是行政机关的违法行为和不作为行为,然而,部分检察机关将一些似是而非的侵害公益行为(如机制不健全,在没有明确法律依据的情况)作为公益诉讼立案,明显不适合、不妥当。比如,在“平远脐橙案”中,检察机关发现的问题是“权责不清、配套机制不健全,存在违规使用情况”,并无具体行政违法行为,最终发出的也不是诉前检察建议而是社会治理类检察建议。由此可见,该案不宜以公益诉讼立案。

3. 行政与民事公益诉讼比例不均

从实践案例来看,检察机关提起行政公益诉讼数量较多,提起民事公益诉讼的数量较少。检察机关民事公益诉讼虽也有部分立案,但因为存在行业协会等适格主体可以提起民事诉讼,检察机关经常以支持起诉方式进行处置。此外,还有一些地区的检察机关在涉地理标志的刑事案件中提起刑事附带民事公益诉讼。[1]

出现检察机关提起行政公益诉讼与民事公益诉讼比例不协调的现象,主要有两个方面的原因:一是民事公益诉讼的提起主体层级更高。除了刑事附带民事公益诉讼可以由基层检察院提起,其他的民事公益诉讼都需要由地市级检察院提起。众所周知,绝大部分公益诉讼的办案主体都集中在基层检察院,由此导致能够办理民事公益诉讼的检察机关较少。二是行政公益诉讼办案难度小于民事公益诉讼。由于行政公益诉讼可以通过诉前检察建议的方式结案,绝大部分并不会真正进入诉讼程序,其在证据收集、证明标准的方面要求事实上更低;而检察机关要提起民事公益诉讼则必须围绕侵权构成要件形成完整的证据指控体系,办案难度较大。

4. 诉前检察建议内容法律根据不足

实践探索中,地理标志检察公益诉讼多以制发诉前检察建议结案,典型者如“成都蜀锦案”“白蕉海鲈案”“敖汉小米案”“吉木萨尔白皮大蒜案”。但不容忽视

〔1〕 与此相对应的是,地理标志检察公益诉讼大多是先以行政检察公益诉讼立案,后以制发诉前检察建议结案。

的是，司法实践中公益诉讼领域的诉前检察建议法律依据不足，甚至与社会治理检察建议在一定程度上存在混同。比如，在“乌兰茶卡羊案”中，检察机关调研发现“茶卡羊”品牌鱼龙混杂、存在冒名销售问题，于是向行政机关制发公益诉讼诉前检察建议，督促行政部门明确界定职能、严格监管、建立和完善执法规范、引导市场主体合法合规经营、及时纠正违法行为、有效净化销售市场。[1] 实际上，《人民检察院公益诉讼办案规则》第 75 条要求诉前检察建议应当有明确的法律依据，列明行政机关整改期限，应当与可能提起的行政公益诉讼请求相衔接。但是，上述司法建议中的“明确职能”“完善规范”“引导合规经营”等都不存在具体的法律依据，也很难有明确的整改标准，更加不可能作为诉讼请求起诉，因此不是妥当的建议内容。

三、检察机关地理标志公益诉讼实践探索的完善

检察机关开展地理标志公益诉讼的实践探索存在一定的误区，应当予以纠正、完善。笔者认为，应当从以下四个方面进行完善。

（一）规范地理标志检察公益诉讼的介入程序

虽然《人民检察院公益诉讼办案规则》已经相当明确规定和细化了公益诉讼具体办案程序，为当前检察机关办理公益诉讼案件提供了统一的规范依据，但是，基于目前实践探索中存在的问题，有必要对地理标志检察公益诉讼介入程序进行再强调。维护公共利益的首要责任应当由行政机关所承担，检察机关既不是唯一的、也不是首要的公共利益代表；只有在行政机关违法、不作为，或者相关行业协会缺位情况下，检察机关才有发挥公益诉讼职能的空间。因此，当检察机关发现地理标志保护问题时，第一时间要做的是将线索移送有关机关或者社会团体，只有在上述机关团体不作为或者乱作为的前提下，检察机关才能依法启动公益诉讼程序；在立案之后，还必须履行诉前检察建议和公告等前置程序，而不是直接提起诉讼。比如，在“西湖龙井案”和“南汇西瓜案”中，检察机关都面临能否以公益诉讼立案、若立案以何种方式介入的考虑，最终由于存在其他可以提起诉讼的适格主体——行业协会，检察机关决定不介入，进而将检察履职方向转为支持起诉。这充分体现了检察机关在公益维护方面的谦抑立场，也是妥当的做法。

（二）明确地理标志检察公益诉讼的受案范围

一方面，在检察机关提起行政公益诉讼的受案范围上，有必要再次强调行政公益诉讼针对的是行政机关的违法行使职权或者不作为；地理标志检察公益诉讼的

---

〔1〕 参见李永皓：《以检察力度提升民生温度》，载《青海法治报》2024 年 9 月 20 日，第 4 版。

案件必须针对《商标法》《地理标志产品保护办法》《反不正当竞争法》等法律具体规定的违法行政行为或者行政不作为,而不能是概括含糊的治理漏洞。

另一方面,在检察机关提起民事公益诉讼的受案范围上,应当平衡好私权保障与公共利益维护之间的关系。对公共利益的范围界定不能局限于一般权利人的利益,否则检察机关越俎代庖,僭越了当事人的权利;亦不能无限泛化,造成权利人主体地位虚化的后果。因此,对已申请注册为证明商标或集体商标的地理标志,由于其明显带有更强的私权色彩,背后往往都存在一个具备相当管理能力和维权能力的行业协会,检察机关在开展民事公益诉讼探索时应当更为审慎。此外,检察机关提起民事公益诉讼同样应当聚焦于具体的侵权行为,比如,其他区域生产者擅自使用或者伪造地理标志商标、不符合地理标志产品特性和品质而冒充地理标志产品,等等。

(三)调整地理标志检察公益诉讼的探索重点

当前,我国的地理标志保护模式为"专门法 + 商标法"的双轨制,无论是专门法的《地理标志产品保护办法》或者是知识产权法的《商标法》,对于行政机关的职能职责都有较为明确的规定;因此,在制度供给上相对充足,为行政救济提供了充分的基础。相反,地理标志特别是地理标志产品,无论是申请人还是使用人,在法律上都不是适格的诉讼主体,不享有相应的民事权利;在面对地理标志侵权行为时,缺乏有效的民事诉讼救济途径。从保护需求的角度出发,检察民事公益诉讼的实践探索显得更为必要。因此,有必要调整地理标志检察公益诉讼的探索重点,扭转当前行政公益诉讼多,而民事公益诉讼少的局面。

与此同时,民事公益诉讼实践探索中关注较多的是地理标志商标侵权行为或者不正当竞争行为,对权利滥用和侵蚀公共领域的侵权行为关注较少,如引起社会广泛关注的"潼关肉夹馍"商标维权事件。[1] "潼关肉夹馍"作为集体商标注册的

---

〔1〕 2016 年在陕西省渭南市潼关县民政局登记的潼关肉夹馍协会,近年来作为原告发起的侵害商标权纠纷,涉及内蒙古、吉林、河南、浙江、安徽、天津、贵州、广东、河北、上海、辽宁等多个省(市、自治区)。潼关肉夹馍协会状告一些小吃店未经他们授权或许可,擅自使用了他们注册的商标,要求小吃店把店里所有打着潼关肉夹馍字样的广告、店招撤下,赔偿原告方损失,或要求交会费接受统一管理,或缴纳近 10 万元购买商标版权。很多地方法院一审、二审,都支持了潼关肉夹馍协会对侵犯其商标的餐饮企业的维权行为。2021 年 11 月经央视等媒体曝光后,该行为引起了社会的广泛关注;国家知识产权局指出,"潼关肉夹馍"是作为集体商标注册的地理标志,其注册人无权向潼关特定区域外的商户许可使用该地理标志集体商标并收取加盟费,也无权禁止潼关特定区域内的商家正当使用该地理标志集体商标中的地名。最高人民法院表示,在地理标志标示的地区范围内并符合地理标志使用条件的,即便不申请加入集体、协会或其他组织,亦可依法正当使用地理标志;相关组织作为商标注册人通过诉讼收取所谓"会员费"以及类似费用的,不符合商标法的规定,依法不予支持。2021 年 11 月 26 日,潼关肉夹馍协会发表《给全国潼关肉夹馍经营者的一封致歉信》,承诺立即停止对全国潼关肉夹馍经营者的维权行为。

地理标志，潼关肉夹馍协会无权向潼关特定区域外的商户许可使用该地理标志集体商标，却在全国范围内针对经营潼关肉夹馍商户批量提起诉讼，索要赔偿费、加盟费。此类超出权利边界进行过度维权，甚至恶意维权、"碰瓷式"维权的案件，已构成知识产权的权利滥用，对公共领域造成不良影响和损失，也应当成为民事检察公益诉讼的关注重点。检察机关可以针对地理标志权利滥用行为，在通过恶意诉讼、虚假诉讼监督的基础上，援引《民法典》第132条的规定，提起民事公益诉讼，补足相关案件中普遍存在的个体经营者、消费者不愿意维权、维权能力不足等问题，切实将有限的办案资源投入社会公共利益最容易被忽视的地方。

（四）夯实地理标志检察公益诉讼的法律根据

当前，地理标志检察公益诉讼的实践探索更多将其定位为一种创新工作，而不是一种严格的案件类型；查明违法行为经常采取所谓的走访调研，建议内容往往是健全机制、加强监管等社会治理导向。这种探索趋势与公益诉讼的内在机理实际上格格不入。地理标志检察公益诉讼即便是一种"等"外的公益诉讼，本质上仍然是案件，必须以事实为依据、以法律为准绳，必须符合《民事诉讼法》《行政诉讼法》要求的证据标准；不能因为是诉前程序，可以协调解决，就放松对证据的要求，放松法律根据的确定，应当按照《民事诉讼法》《行政诉讼法》的要求收集固定证据。

在提出检察建议时，检察机关必须找到明确的《商标法》《反不正当竞争法》等法律法规、司法解释的根据。并且，按照《人民检察院公益诉讼办案规则》第75条的要求，诉讼请求内容应当与诉前检察建议内容相衔接，诉前检察建议内容同样应当做到可诉性；否则，一旦行政机关不采纳，检察机关将无法提起诉讼，必将严重损害公益诉讼的权威性。

四、代结语：检察公益诉讼专门立法中的地理标志部分

虽然本文聚焦的是地理标志检察公益诉讼的实践探索，但探索的目的终究是达到最终"入法"的彼岸；毕竟无论探索取得多少经验，其最理想的解决方法都是通过法律形式固定下来。《十四届全国人大常委会立法规划》将检察公益诉讼法列入一类项目，标志着检察公益诉讼立法工作提上日程。在检察公益诉讼的专门立法中，应当有地理标志检察公益诉讼的一席之地，地理标志检察公益诉讼应当成为其中的一部分。笔者认为，该部分应该规定以下四方面的内容：

第一，明确检察机关的诉讼主体地位。通过立法赋予检察机关对地理标志领域行政违法或者不作为提起行政公益诉讼的权利，使之能够通过诉前检察建议和提起行政诉讼的方式监督行政权力；赋予检察机关对地理标志侵权和不正当

竞争行为提起民事诉讼的权利,使之能够作为地理标志公益代言人行使法律监督权。[1]

第二,明确地理标志检察民事、行政公益诉讼的案件范围,消减模糊地带。地理标志检察民事公益诉讼的案件范围可包括其他区域生产者擅自使用或者伪造地理标志,不符合地理标志产品特性和品质而冒充地理标志产品,地理标志管理组织滥用权利违法收取或变相收取加盟费、使用费等。地理标志检察行政公益诉讼针对的必须是行政机关不行使或者违法行使《商标法》《反不正当竞争法》《产品质量法》《地理标志产品保护办法》等确定的行政监管职责的行为。

第三,健全地理标志鉴定机制。地理标志检察公益诉讼必然涉及专门性知识,必然涉及是否属于假冒地理标志等专业性问题鉴定;建议明确规定由主管部门指定或者与行业协会联合确认有资质的机构作为地理标志的检验检测机构,明确专门的鉴定流程细则,为地理标志检察公益诉讼提起奠定坚实的基础。

第四,建立惩罚性赔偿制度和基金管理机制。通过公益诉讼胜诉的民事案件,在补偿性赔偿的基础上可判决原告承担与过错程度或公益损害程度相当的惩罚性赔偿金,[2]补偿性赔偿金直接归于利益损失者,惩罚性赔偿金则通过基金组织进行管理,用于地理标志发展、维权之需。

Abstract: Under the background of a strong intellectual property nation, conducting procuratorial public interest litigation in the field of geographical indications is fully necessary. Although public interest litigation in geographical indications is not within the statutory scope, some procuratorates have made beneficial explorations in judicial practice. however, there are misconception such as non - standard case sources, unclear case filing scopes, disproportionate civil and administrative cases, and insufficient legal basis for procuratorial suggestion, which urgently need improvement. Therefore, it is necessary to standardize the procedures for procuratorial intervening in public interest litigation in geographical indications, clarify the scope of cases accepted for procuratorial public interest litigation in geographical indications, adjust the focus of

[1] 参见诸葛语丹:《构建地理标志公益诉讼制度的必要性及对策——从千百个景区同样的“特产”被吐槽事件谈起》,载《经济与社会发展》2016 年第 3 期。

[2] 在检察机关办理的药品安全民事公益诉讼案件中,惩罚性赔偿的请求较为常见。据最高人民检察院第八检察厅负责人介绍,最高人民检察院将联合最高人民法院出台关于食品药品安全领域民事公益诉讼案件适用惩罚性赔偿若干问题的指导意见。参见行海洋:《最高检:将出台意见明确食药领域民事公益诉讼惩罚性赔偿问题》,载《新京报》2024 年 3 月 15 日,第 8 版。药品安全民事公益诉讼案件如此,地理标志民事公益诉讼案件亦然。

explorations in procuratorial public interest litigation in geographical indications, and strengthen the legal basis for procuratorial public interest litigation in geographical indications.

（责任编辑：马浩洋）

韩国商业秘密立法修订对我国的启示

杨华权[*]　张膑月[**]

内容提要　韩国《商业秘密保护法》历经多次修订，其中最新一次修订发生在2024年。中韩两国在商业秘密保护的非专门立法模式上相同，但在刑事立法动向及数据的商业秘密保护路径探索等方面存在差异。韩国商业秘密法的修订在确立商业秘密专门立法模式、完善商业秘密刑事规制体系、纾解数据的商业秘密保护之争等方面给我国带来重要启示。

关键词　韩国商业秘密法　立法修订　制度嬗变　中国启示

在全球经济竞争及新一轮科技革命和产业变革的推动下，商业秘密作为知识产权的重要组成部分及国家重要的战略资源，不仅关系企业发展，更关涉产业安全乃至国家安全，[1]但不充分有效的商业秘密保护制度可能难以实质遏制侵犯商业秘密行为。在此背景下，对商业秘密保护高度重视的韩国于2024年2月20日修订了《不正当竞争防止和商业秘密保护法》(以下简称《商业秘密保护法》)，并于2024年8月21日正式生效。韩国商业秘密保护立法经多年修订与完善，呈现鲜明的发展脉络，其修订中的典型制度具有研究价值与借鉴意义。因此，本文旨在回顾韩国商业秘密法[2]历次修订主要内容，分析韩国商业秘密立法修订中的典型制度嬗变规律及问题所在，并与中国的商业秘密有关制度作对比，最后尝试得出有益的启示。

---

* 杨华权，北京理工大学法学院副教授。

** 张膑月，北京理工大学法学院硕士研究生。

〔1〕 参见李剑、廖继博：《国家层面知识产权案件上诉审理机制：历史、现状与展望》，载《法律适用》2019年第1期；国家发展改革委产业经济与技术经济研究所课题组、任旺兵、邱灵：《商业秘密保护与产业创新发展：作用机制、现实困境与战略取向》，载《宏观经济研究》2024年第2期。

〔2〕 韩国并无一部专门的商业秘密法。韩国有关商业秘密保护的立法主要集中在《商业秘密保护法》中，因此本文所提的“韩国商业秘密法”主要指韩国《商业秘密保护法》。

一、韩国商业秘密立法修订概述

韩国关于商业秘密的保护主要规定于前述提到的《商业秘密保护法》。但该法于 1961 年 12 月首次颁布时的名称为《不正当竞争防止法》(1961 年第 911 号法律),仅包含 10 个条款,主要规定欺骗性交易行为,其中并未明确规定商业秘密保护的内容,且受限于韩国当时的立法技术及国内的政治经济环境〔1〕,此法当时并未发挥实际作用〔2〕。此后,该法一共经历了大小 27 次修订〔3〕。

(一)1961 年至 2023 年的修订情况

在最新的 2024 年 2 月 20 日修订前,1991 年及 1998 年的修订较为重要,以下将分别简要介绍。

1. 1991 年的修订

1986 年,韩、美两国缔结《关于知识产权的备忘录》,约定韩国政府对向政府提交的财产资料等应予以适当保护的义务,由此提高了韩国对秘密资料保护的意识。〔4〕 1989 年,美国通用电气公司在美国法院起诉韩国日进企业侵犯商业秘密,最后韩国日进企业败诉。韩国作为一个技术驱动型国家,此后主动应对国际潮流,吸取商业秘密保护制度欠缺的教训,在 1991 年 12 月 31 日修订的《不正当竞争防止法》(1991 年第 4478 号法律)中,正式纳入侵犯商业秘密行为。此次修订,韩国规定了商业秘密的定义〔5〕及侵犯商业秘密的行为类型,设立了商业秘密侵权之民事救济及公司员工向第三人违法披露商业秘密的刑事责任。但值得注意的是,虽然商业秘密是在韩国《不正当竞争防止法》(1991 年第 4478 号法律)的立法篇幅内,但韩国将商业秘密保护与禁止不正当竞争行为独立成章,分别对两者作了法律定义并单独规定各自行为性质及法律责任,在首条的立法目的中也是将制止不正当竞争

---

〔1〕 当时的韩国社会处于战争以后的混乱时期,而且该法是在朴正熙总统获得政权以后,作为立法近代化计划之一而制定的。

〔2〕 参见郑德培:《〈韩国防止不正当竞争及保护营业秘密法〉的制定及修改情况简介》,载《经济法论丛》2003 年第 2 期。

〔3〕 在 2024 年 2 月 20 日韩国《商业秘密保护法》最新修订之前,韩国还分别在 1986 年、1991 年、1997 年、1998 年、1999 年、2001 年、2004 年、2007 年、2008 年、2009 年、2011 年、2013 年、2015 年、2016 年、2017 年、2018 年、2019 年、2020 年、2021 年及 2023 年有所修订;其中 2004 年、2009 年、2011 年、2016 年、2017 年、2020 年均修订了两次。

〔4〕 参见郑德培:《〈韩国防止不正当竞争及保护营业秘密法〉的制定及修改情况简介》,载《经济法论丛》2003 年第 2 期。

〔5〕 韩国《不正当竞争防止法》(1991 年第 4478 号法律)第 2 条第 2 款规定,“商业秘密”是指对业务活动有用的技术或管理信息,如生产方法、销售方法和其他不为公众所知但具有独立经济价值的技术或管理信息,并且经过大量努力而保密。

行为及制止侵犯商业秘密行为予以并列提出。

2. 1998 年的修订

1998 年,韩国检察院逮捕了 16 名三星公司和 LG 公司半导体部门的退职和在职研究员,理由是他们直接盗窃原单位的秘密文件并向外部传送。[1] 受“半导体产业间谍事件”促使,韩国内部引发了关于制定产业间谍防止法的讨论,并因“担心核心技术泄露等商业秘密侵权行为可能会增加”[2] 而于 1998 年再次修订《不正当竞争防止法》(1991 年第 4478 号法律),并更名为《反不正当竞争和商业秘密保护法》(即本文简称的《商业秘密保护法》)。此次修订除更名外还主要包括:(1)将禁止或者预防侵害请求权的诉讼时效由自知道侵害行为之日起 1 年或者自侵害行为发生之日起 3 年内分别提高至 3 年及 10 年;(2)细化侵害商业秘密的损害赔偿金额计算方式,并新设规定法院可以命令一方提交计算侵权造成的损害赔偿金额所需的数据,以帮助权利人更好地实现损害赔偿请求权;(3)增加了原侵害商业秘密行为的刑事责任并扩展了需要负刑事责任的行为类型,如企业员工违法在国外使用或知道将在国外使用而向第三方披露。

3. 1999 年到 2023 年修订简述

韩国在 2007 年再次提高了向外国泄露商业秘密者的法定刑;在 2009 年的修订中规定韩国专利厅厅长[3] 在商业秘密保护中的研究、教育和宣传职责;2011 年,韩国因落实《关于大韩民国与美利坚合众国自由贸易协定和大韩民国与美利坚合众国自由贸易协定的换文》的要求,新增诉讼中的保密命令制度;在 2013 年的修订中引入原始商业秘密认证制度,[4] 以减轻在与商业秘密侵权相关的诉讼中证明拥有商业秘密的负担;在 2019 年的修订中引入故意侵害商业秘密的惩罚性赔偿制度并进一步提高侵害商业秘密刑事犯罪的法定刑;2020 年,韩国自己指出其知识产权保护水平不够,大企业对中小企业的技术掠夺及向竞争国家的技术外流现象等正在

---

[1] 参见郑德培:《〈韩国防止不正当竞争及保护营业秘密法〉的制定及修改情况简介》,载《经济法论丛》2003 年第 2 期。

[2] 韩国国家法规信息中心网站“制定和修订的原因”,https://www. law. go. kr/,访问日期:2024 年 12 月10 日。

[3] 部分文献翻译为“知识产权局局长”或“特许厅厅长”,本文参照郑友德、马一德、范长军编著的《中国商业秘密法学者建议稿及立法理由》(知识产权出版社 2024 年版)中采取的“专利厅厅长”的表述。

[4] 即商业秘密持有人为证明包含商业秘密的电子文件的原创性,向商业秘密原件的认证机构登记从电子文件中提取的唯一识别值(也称“电子指纹”)。登记之电子指纹与商业秘密持有人保存之电子文件所提取的电子指纹相同时,可以证明该电子文件为登记电子指纹的负责登记电子指纹的机关(也称“原证明书”机关)可据此出具证明书,证明该电子文件为登记时的原件。

加剧,[1]为更好掌握国内相关产业及市场情况,在本次修订中新增专利厅厅长应与有关机关协商或合作,每5年制定基本计划及每年制定实施计划;2021年,为应对数字时代中数据保护法律不完善的问题,韩国在不正当竞争行为类型中新增非法使用数据行为,并将该客体限定为"不作为秘密管理"的数据。

(二)2024年的修订情况

2024年韩国《商业秘密保护法》有关商业秘密部分的修订主要涉及数据的商业秘密保护路径之明确、新设"禁止损害商业秘密"刑事犯罪条款及其他一系列提高侵犯商业秘密行为责任力度的措施,涉及民事赔偿责任及刑事制裁等各板块。[2]

1. 修订"不正当使用数据"中的数据要件

在本次修订前,韩国已于2021年建立了"不正当使用数据"制度,具体而言是禁止不正当手段获取、使用或披露向"特定人员或者大量特定人员"提供的、通过电子手段管理、具有相当数据累积而产生价值的技术信息或者经营信息。本次修订明确在不正当使用数据的数据要件中列出"商业秘密除外",替代了修订前的"不作为秘密管理"的表述。该变化一是意味着韩国明确肯定了数据可以落入商业秘密的范畴;二是建立起数据的商业秘密保护路径与"不正当使用数据"这一反不正当竞争保护路径,个案可依照数据的特质选择对应的保护路径。

2. 新设"禁止损害商业秘密"刑事条款

韩国此次修订在第9条第8款新设"禁止损害商业秘密"条款,即任何人不得在无合法授权或者超越授权范围的情形下损害、破坏或者变更他人的商业秘密。并在其后规定刑事处罚,即对以获取不正当利益或者对商业秘密的权利人造成损害为目的,损害、破坏或者变更他人商业秘密的人,可处10年以下有期徒刑或5亿韩元以下的罚金。预计此规定将主要适用于通过黑客攻击等损害商业秘密、离职员工擅自删除商业秘密材料等行为。

3. 加强责任承担,提高违法成本

除以上两方面值得重点关注的修订外,韩国本次修订还涉及惩罚性赔偿金额的上限、法人侵犯商业秘密犯罪的罚金刑和公诉时效,以及刑事犯罪中的没收规定。该部分修订内容分别从民事责任和刑事责任方面加强了侵犯商业秘密人的责任承担力度,以期提高侵犯商业秘密的违法成本,达到法律的预防功能。

提高惩罚性赔偿金额倍数上限。根据修订后的韩国《商业秘密保护法》,如果

---

〔1〕 参见韩国国家法规信息中心网站"制定和修订的原因",载 https://www.law.go.kr/,访问日期:2024年12月8日。

〔2〕 参见韩国《商业秘密保护法》(2024年第20321号法律)第2条、第9条、第14条。

被认定故意侵犯商业秘密，则法院可认定的惩罚性损害赔偿金额上限从损害金额的“三倍”提高到了“五倍”。随着韩国惩罚性赔偿制度的修订，权利人有望从恶意侵权行为中获得更充分的赔偿。

强化侵犯商业秘密犯罪中法人的责任。此前，对于自然人雇员的侵权行为，可以对未尽应有注意义务的法人雇主处以与自然人侵权行为可处罚金相同的法定刑的罚金。但此次韩国《商业秘密保护法》修订后，对于法人雇主，最高可处以自然人可处罚金刑上限的三倍，对法人提起公诉的时效也从修订前的 5 年延长至 10 年。考虑到在法人层面合谋、实施侵犯商业秘密犯罪的趋势日益增加，韩国提高了对法人的罚金、延长对法人的公诉时效等，进一步强化了对涉及侵犯商业秘密犯罪的法人的刑事制裁力度。

引入侵犯商业秘密刑事犯罪中的没收规定。韩国修订后的《商业秘密保护法》第 18 条第 5 款中新增了对侵犯商业秘密行为中的物品及由此产生的财产应予以没收的规定。韩国该规定意味着在刑事犯罪中，不仅应该没收违法所得，还会没收实施犯罪的物品或工具，并欲以此制止二次再犯或者危险工具在社会上的传递。

综上所述，韩国此次《商业秘密保护法》的修订主要是增加和完善了侵犯商业秘密行为的各种制裁和预防手段，并回应了数据经济时代对数据保护的新需求。其中，新设的“禁止损害商业秘密”刑事犯罪条款以及韩国《商业秘密保护法》中关于数据的两种保护路径的构建方式值得关注。

二、中韩商业秘密立法修订中的典型制度嬗变及对比

（一）中韩商业秘密非专门立法的相同现状

韩国商业秘密保护制度主体内容集中于《商业秘密保护法》，其科学技术领域的核心商业秘密也可能受《保护及防止产业技术泄露法》的强化保护。但韩国《商业秘密保护法》并不是针对商业秘密的专门立法，而是集反不正当竞争和商业秘密保护于一体。并且如前所述，韩国在 1991 年首次将商业秘密纳入立法体系时，就是与反不正当竞争行为并列。

中国商业秘密法不仅体现于《反不正当竞争法》，还见于《刑法》《民法典》《劳动合同法》《电子商务法》《外商投资法》《反间谍法》《促进科技成果转化法》等法律，如《刑法》第 219 条单列“侵犯商业秘密罪”；也见于《技术进出口管理条例》《外商投资法实施条例》等行政法规和《最高人民法院关于审理不正当竞争民事案件应用法律若干问题的解释》、《最高人民法院关于审理侵犯商业秘密民事案件适用法律若干问题的规定》（以下简称《审理侵犯商业秘密规定》）等司法解释，如《技术进出口管理条例》第 48 条规定，技术进出口管理人员违反规定泄露所知悉的商业秘

密的,依照刑法侵犯商业秘密罪的规定追究刑事责任。[1]

虽然两国目前都未就商业秘密专门立法,中国商业秘密立法的分散性更强,韩国在《商业秘密保护法》中赋予了商业秘密保护更加独立的地位。一是韩国《商业秘密保护法》在标题中将"不正当竞争防止"和"商业秘密保护"并列;二是在《商业秘密保护法》第 2 条将"不正当竞争行为"和"侵犯商业秘密行为"分别定义;三是韩国《商业秘密保护法》第三章专列商业秘密的保护条款。我国现行《反不正当竞争法》则明确在第二章"不正当竞争行为"之下的第 9 条规定侵犯商业秘密的行为。

(二)中韩商业秘密保护的刑事立法动向及影响

韩国在 1991 年正式引入商业秘密保护制度之时,只确立了公司员工向第三人违法披露商业秘密这一种需要负刑事责任的行为类型,并且规定其刑罚为 3 年以下有期徒刑或 3000 万韩元以下的罚金。此后韩国在历次修订中逐步提高侵犯商业秘密行为的刑事责任,通过提高法定刑期、拓宽犯罪行为类型、增加追诉实时效等提高违法者的违法成本。在本次最新修订后,韩国新增"禁止损害商业秘密"条款,并规定违法损害、破坏或者变更他人商业秘密的人,可处 10 年以下有期徒刑或 5 亿韩元以下的罚金。此规定明显地扩大了需要负刑事责任的行为类型。笔者认为,此修订可能与韩国近两年来黑客攻击事件[2]频发有关。但问题是,黑客攻击的目的几乎不存在单纯为了破坏的情况,通常破坏行为的目的是获取或披露商业秘密,因此"禁止损害商业秘密"打击的行为类型可能与以对商业秘密持有人造成损害为目的获取、披露或泄露的行为产生竞合。虽然两者在法定刑上一致,但是容易造成体系上的混乱,韩国这样立法可能是基于国家产业安全不容侵犯的增强性立法。但转换场景,韩国在 2021 年曾发生一起员工离职时删除公司谷歌账户中 4216 份商业文件,更改管理员账户密码并重置公司网页的案例,立法修订后,此类员工则可能会因为触犯"禁止损害商业秘密"罪,而受到刑事处罚,且不存在与原体系竞合的情况。

我国关于商业秘密的刑事条款集中规定在刑法之中,并在《刑法》(1997 年修正)第 219 条规定"侵犯商业秘密罪",针对的行为类型主要客观方式表现为非法获

---

[1] 我国《技术进出口管理条例》第 48 条规定:技术进出口管理工作人员违反本条例的规定,泄露国家秘密或者所知悉的商业秘密的,依照刑法关于泄露国家秘密罪或者侵犯商业秘密罪的规定,依法追究刑事责任;尚不够刑事处罚的,依法给予行政处分。

[2] 如一家经营高尔夫模拟器产品的韩国公司 Golfzon 于 2023 年 11 月遭到黑客的勒索软件攻击,导致 21 万名用户的个人信息被泄露。其中 5831 人的身份证号码和 1647 人的账号隐私信息也被泄露。参见《创纪录!韩国版腾讯领巨额罚款,因个人信息保护不力》,载今日头条网,https://www.toutiao.com/article/7372180369757553204/?upstream_biz=doubao&source=m_redirect,访问日期:2024 年 12 月 2 日。

取、披露、使用或允许他人使用，构罪条件要求给商业秘密权利人“造成重大损失”，若造成“特别严重后果”[1]，则法定最高刑可达 7 年。此后，我国在 2020 年《刑法修正案（十一）》中删除了给商业秘密的权利人“造成重大损失”这一犯罪结果构成要件，并将构罪条件更改为“情节严重”；将法定升格刑的条件由造成“特别严重后果”更改为“情节特别严重”，并将对应的最高有期徒刑增加至 10 年。

从中国《刑法》第 219 条的嬗变来看，中国对商业秘密的刑事保护规律与韩国类似，通过降低刑事构罪门槛、增加法定刑等方式，提高对商业秘密刑事犯罪的打击力度。韩国对商业秘密刑事犯罪的打击力度更强，需要负刑事责任的行为范围更广。但与此同时，韩国学者也认为过度适用刑事制裁可能会遏制企业创新和自主经营，主张刑罚的适用要慎重，应明确区分民事救济与刑事制裁。

我国也存在不容忽视的问题，当《刑法修正案（十一）》删去造成“重大损失”这一结果要件时，其行为特征与现行《反不正当竞争法》第 31 条几乎完全一致，导致侵犯商业秘密的民刑边界较为模糊。[2]

（三）中韩数据商业秘密保护路径的曲折式探究

韩国于 2021 年引入了“不正当使用数据”制度，将其视为不正当竞争行为的一种类型。该制度表面与商业秘密关联并不大，但是韩国在 2021 年立法之初就在相关条文中明确了数据的范围，首先该数据符合《韩国促进数据产业和数据利用框架法》[3]的定义；其次该数据是向特定人员或者是向特定大量人员提供的，因此其公开的范围是有限的；最后该数据不是作为秘密管理的。有学者也将该制度称为“限定提供数据”制度，认为该制度是为了规制部分数据利用行为，以期达到有助于保护数据权利者但又不影响数据流通的目的。[4] 起初该制度保护对象明确排除了具有秘密性的数据，因此法适用上就会与商业秘密制度产生联系。但是具备秘密性并不是构成商业秘密客体的充分条件，很难从理论上周延保护仅仅具备秘密性的那部分数据。立法修订后，该问题得以解决，韩国正式将“不正当使用数据”制度中

---

[1] 《最高人民法院、最高人民检察院关于办理侵犯知识产权刑事案件具体应用法律若干问题的解释》（法释〔2004〕19 号），将重大损失的金额定位 50 万元以上，特别严重后果的金额定位 250 万元以上。

[2] 参见何晓兰、武东方：《商业秘密民刑交叉案件的司法适用研究》，载《法治文化》集刊 2024 年第 2 卷，第 248 页。

[3] 根据《韩国促进数据产业和数据利用框架法》（2021 年第 18475 号法律）第 2 条规定，“数据”是指根据《软件振兴法》第 2 条第 1 款规定，通过观察、实验、调查、收集等方式，可以通过光学或电子方式处理的数据或信息，或通过信息系统和软件生成的数据或信息。

[4] 参见刘影、眭纪刚：《日本大数据立法增设“限定提供数据”条款及其对我国的启示》，载《知识产权》2019 年第 4 期。

的数据第三个要件明确为不属于商业秘密,该修订意味着韩国明确建立起数据的商业秘密保护路径与反不正当竞争保护路径。若构成商业秘密,则可以得到法律更强的保护,典型的体现就是可以适用惩罚性赔偿制度。

我国现行《反不正当竞争法》未直接建立有关数据保护的条款,因此,部分数据保护案件可能会依据《反不正当竞争法》第 12 条的互联网专条来解决。但是,以该条款保护数据存在局限性,与现在的数据保护需求匹配不够,因为行为人可能并不满足“利用技术手段”及“通过影响用户选择或者其他方式”等法定要件。当互联网专条不能适用时,裁判依据只能转向兜底条款。除此之外,我国在《审理侵犯商业秘密规定》中将“数据”囊括进“经营信息”这一商业秘密客体,这似乎为我国解决现有数据保护问题提供了一种思路。

三、韩国商业秘密法的修订对中国的启示

(一)确立商业秘密专门立法模式

在面对错综复杂的现实商业秘密保护需求、外部国家施加的压力及不同国家的制度方案时,我国首先应思考商业秘密的立法模式,才能在此基础上提出更符合本土国情的方案。韩国这种在同一部法中将反不正当竞争与商业秘密保护并列而行的做法是否值得我们借鉴呢?其实不然,考虑到商业秘密保护与反不正当竞争的区别,将商业秘密在反不正当竞争法中独立成章的做法并不符合我国立法习惯,还可能会让反不正当竞争法变得不伦不类。[1] 近年来,为应对商业秘密保护的新需求,许多国家或地区纷纷对商业秘密立法作出修订并呈现专门立法的趋势,[2] 如美国《保护商业秘密法案》及欧盟《商业秘密保护指令》均采取专门立法模式。我国学者也围绕建议商业秘密专门立法[3] 和仍以反不正当竞争法模式规制[4] 辩论。主张专门立法的学者认为,我国分散的立法模式导致“现有的实体与程序条款既不完善又分散凌乱,缺乏完整性、系统性和逻辑自洽性,导致司法尺度不一、执行力度不足、实施效果不佳、企业商业秘密管理水平也随之低下”。[5] 反对专门立法的学者则认为,“现行的以反不正当竞争法为核心的商业秘密保护制度虽然有些许不

[1] 参见郑友德、钱向阳:《论我国商业秘密保护专门法的制定》,载《电子知识产权》2018 年第 10 期。

[2] 参见鲁竑序阳:《国外商业秘密保护的立法安排及其启示》,载《上海政法学院学报(法治论丛)》2022 年第 5 期。

[3] 2019 年 3 月,马一德教授作为全国人大代表,向十三届全国人大二次会议提交了“《中华人民共和国商业秘密法》代表议案”。参见郑友德、马一德、范长军编著:《中国商业秘密法学者建议稿及立法理由》,知识产权出版社 2024 年版,第 1 – 12 页。

[4] 参见马忠法、李仲琛:《再论我国商业秘密保护的立法模式》,载《电子知识产权》2019 年第 12 期。

[5] 郑友德、马一德、范长军编著:《中国商业秘密法学者建议稿及立法理由》,知识产权出版社 2024 年版,第 1 页。

足,但它体系完善且产生了良好效果;修改现有法律的成本小于单独立法”。[1] 笔者认为,虽然商业秘密保护的重要性不可忽视,但是否应该专门立法还应持谨慎态度,如在《商业秘密保护指令》制定之后,欧盟仍有一部分国家保留了反不正当竞争法保护商业秘密的模式。[2] 对此,我国应在分析商业秘密专门立法的必要性和可行性基础上,分析商业秘密基础理论,作出符合我国国情的判断和制度安排。

1. 商业秘密专门立法的必要性与可行性分析

必要性方面,商业秘密高价值性已得到企业认可[3]并在我国实务界出现高额的侵权赔偿额,[4]对商业秘密的保护应当引起重视。而由于“大数据和人工智能等新兴技术的勃兴,盗用商业秘密的不法行为日益猖獗”,[5]一部更完善的商业秘密法规范对保护一国国家产业安全十分重要;另外,从体系上讲,商业秘密专门立法是符合《民法典》第 123 条对知识产权的前瞻性安排并与其他知识产权专门立法步伐[6]保持一致的必要举措。而且我国现行《反不正当竞争法》仅仅规定了侵犯商业秘密的惩罚性赔偿制度,笔者认为惩罚性赔偿制度是对“权利”侵害的一种制度设计,商业秘密保护与反不正当竞争法的不适应性进一步凸显;此外,在分散式的立法模式中,很难对商业秘密保护制度做协调统一的安排,因而出现“维权难、举证难、赔偿难、审理难、胜诉难”等“五难”困境。[7] 因此,专门立法是建立统一、完善、有效的商业秘密保护体制的重要路径。

可行性方面,首先是专门立法的条件已经较为成熟,并不会带来过高法律成本。商业秘密法律保护体系已初具规模,现有的民事、行政、刑事及诉讼法领域的

---

[1] 参见马忠法、李仲琛:《再论我国商业秘密保护的立法模式》,载《电子知识产权》2019 年第 12 期。

[2] 如奥地利和波兰是选择将指令的规定纳入反不正当竞争法以及其他相关法律中。

[3] 如“2021 年英国知识产权局(UKIPO)发布的研究报告指出,相比专利在内的正式知识产权,商业秘密等非正式知识产权的重要性逐年增加,英国约 70% 研发企业利用商业秘密来保护创新成果,科技公司约 60% 创新成果最先以技术秘密方式存在”。参见国家发展改革委产业经济与技术经济研究所课题组、任旺兵、邱灵:《商业秘密保护与产业创新发展:作用机制、现实困境与战略取向》,载《宏观经济研究》2024 年第 2 期。

[4] 参见最高人民法院民事判决书,(2020)最高法知民终 1667 号。最终的赔偿数额为 1.59 亿元,此为截至目前我国法院判决的史上赔偿额最高的侵犯商业秘密案。

[5] 参见郑友德、钱向阳:《论我国商业秘密保护专门法的制定》,载《电子知识产权》2018 年第 10 期。

[6] 著作权、商标权、专利权保护均可依据相关的专门立法,植物新品种保护、集成电路布图设计保护可以依据相关的专门保护条例。虽然法律位阶不同,但《民法典》第 123 条规定的其他知识产权客体基本都通过专门法模式进行保护。可见,我国知识产权保护采取专门法模式是通用做法。参见鲁竑序阳:《国外商业秘密保护的立法安排及其启示》,载《上海政法学院学报(法治论丛)》2022 年第 5 期。

[7] 参见郑友德、钱向阳:《论我国商业秘密保护专门法的制定》,载《电子知识产权》2018 年第 10 期。

立法已搭建起大致清晰的立法脉络,为商业秘密专门立法奠定了基础。[1] 其次是已有较为成熟的国际商业秘密专门立法实践,可为我国提供借鉴基础。另外,学者们已经起草了符合我国实际情况的商业秘密法的学者建议稿,商业秘密专门法已具备文本雏形。[2]

2. 商业秘密专门立法的理论省思

(1)基于商业秘密法益保护模式的专门立法省思。商业秘密是否单独立法的核心问题还包括是否明确以"权利"为核心来构建商业秘密的保护体系,该问题源于对商业秘密法律属性的认识,其主要有知识产权说和法益说两种观点。法益说基于我国商业秘密置于反不正当竞争法体系中,认为商业秘密与其他反不正当竞争法保护的客体一样为法益;而知识产权说基于我国《民法典》第123条将商业秘密列为知识产权的类型之一,认为商业秘密与著作权、商标权、专利权等都属于一项排他性权利。尽管知识产权说被《民法典》明确确认,但理论界和实务界关于商业秘密的法律属性仍然将信将疑。笔者认为,首先基于前述的分析,商业秘密专门立法具有必要性,其权利化在《民法典》时代已成现实。而商业秘密的知识产权说与法益说并不冲突,法益是上升为权利的一个阶段,在商业秘密权利化清晰的阶段有必要脱离反不正竞争法这一"权利孵化器",并且保护商业秘密也就是保护正当的竞争秩序,不能将二者完全地对立。

(2)基于商业秘密客体法律特征的专门立法省思。虽然《民法典》第123条明确将商业秘密归入知识产权的范畴,但理论界普遍认为商业秘密有着与一般知识产权客体不同的特质,其本身具有秘密性且保护无时间限制。从传统知识产权立法模式来看,其往往基于客体的公开性和有期限性来构建权利保护体系,例如,专利法通过公开技术方案换取有限期的独占权保护,商标法通过注册公示赋予商标一定期限的专用权。但商业秘密的特殊特征并不构成对其权利化的否定,另外,保护商业秘密与保护知识产权存在整体上的相似之处,都是会鼓励创造和投资,[3] 并且已有学者对传统知识产权的时间性等特征解构,提出"求新"才是知识产权在新阶段应有的核心特征,[4] 因此商业秘密与传统知识产权特征不相符的理论困境也正在缩小。但与此同时,商业秘密现阶段显现出的独特特征意味着商业秘密专门

[1] 参见陈灿平、李妍:《我国商业秘密专门立法探讨》,载《湖南大学学报(社会科学版)》2021年第2期。

[2] 2019年3月,马一德教授作为全国人大代表,向十三届全国人大二次会议提交了"《中华人民共和国商业秘密法》代表议案"。参见郑友德、马一德、范长军编著:《中国商业秘密法学者建议稿及立法理由》,知识产权出版社2024年版,第3-11页。

[3] 参见黄武双:《商业秘密的理论基础及其属性演变》,载《知识产权》2021年第5期。

[4] 参见刘晓:《知识产权的特征重解:以创新性为核心特征》,载《知识产权》2023年第12期。

立法不能套用传统知识产权的立法框架,需要突破传统思维,构建一种能够适应其独特特征的保护机制。采取保密措施以及商业秘密的非公开性和无期限性,仅仅意味着商业秘密专门立法的构建需要更加注重公共利益的平衡,在制度设计上要避免促进不合理的技术垄断及限制雇工职业自由等情形。以商业秘密保密措施法定标准的确立为例,我国现行《反不正当竞争法》对保密措施的标准界定为“相应”,暂时还缺乏细化且合理的标准。后续在专门立法的体系构建时,为满足社会开放式创新模式的要求并促进商业秘密有限分享,不能将“相应”理解为万无一失的程度;为避免商业秘密制度“架空”专利法激励信息公开的功能,也不能对“相应”的门槛放得过低。[1] 这意味着我国对商业秘密专门立法要充分结合商业秘密客体的法律特征,平衡商业秘密所有人的权益与社会公共利益。

(二)完善商业秘密刑事规制体系的思考

1. 审慎借鉴“禁止损害商业秘密”刑事条款

韩国本次新设“禁止损害商业秘密”刑事犯罪条款,即任何人不得在无合法授权或者超越授权范围的情形下损害、破坏或者变更他人的商业秘密。该类犯罪行为的模式值得我们注意,其规制的行为是对商业秘密的破坏,常见的方式如黑客攻击以及员工的删除等行为,该类行为并不直接指向对商业秘密的获取或利用,但是也给权利人造成了巨大的利益损失。而我国以及世界上大多数国家都暂时未针对仅仅破坏商业秘密的行为规定刑事责任。通常来讲,侵犯商业秘密的目的是获取、披露、使用或者允许他人使用商业秘密,即我国现行《刑法》第 219 条规定的“侵犯商业秘密罪”的行为模式。即使我国在《刑法修正案(十一)》中增加了“电子侵入”,但是其指向的进一步目的行为是获取而非破坏。当然这也具有一定的现实原因,结合以往的案例,商业秘密人之外的任何主体在侵犯商业秘密的同时都有再进一步利用的目的。但是随着商业秘密数据化程度的增强以及国家间核心技术或商业秘密重要性的凸显,有些侵犯行为仅仅停留在破坏或更改的层面。该部分破坏商业秘密的行为又该如何规制?如个别员工出于泄愤或者其他原因,擅自删除公司存储的包含商业秘密的数据。

笔者认为,我国目前是否需要借鉴韩国“禁止损害商业秘密”的刑事规定还需要持谨慎态度。韩国之所以规定“禁止损害商业秘密”的条款,是因为韩国高新产业较为发达,且重要领域受黑客攻击的事件频发。[2] 在我国司法实践中,也曾有员

---

〔1〕 参见黎华献:《商业秘密保密措施之合理性判断标准》,载《中外法学》2024 年第 6 期。

〔2〕 参见《韩核电站受黑客袭击导致关键技术外泄,朝鲜被指为幕后黑手》,载澎湃新闻 2014 年 12 月 24 日,https://m.thepaper.cn/newsDetail_forward_1288334。

工损害重要文件甚至是商业秘密的案例,如某员工在离职前删改了自己使用电脑中的一些文件并给企业造成了损失,我国法院最终以破坏生产经营罪判处有期徒刑3年。[1] 该行为类型确实可以落入韩国所谓的“禁止损害商业秘密”条款,若一个法律问题的发生率并不大且如果可以利用现有制度予以解释和解决,就暂时没有必要再单独立法。现阶段,我国可以持续关注并综合评估。

2. 以“情节严重”为基,厘清商业秘密民刑交叉边界

《刑法修正案(十一)》生效后,我国民刑界分的标准聚焦于“情节严重”这一关键要素。这是我国为落实《中华人民共和国政府和美利坚合众国政府经济贸易协议》(以下简称《中美经贸协议》)所做的修正,《中美经贸协议》要求不再以实际损失作为入罪门槛。但我国目前的法律对何为“情节严重”这一抽象概念的规定还不太明晰,在司法实践的具体适用过程中可能引发一定程度的不确定性和争议。但此问题的研究仍有迹可循,有一定可辨的路径与线索。

首先,虽然立法已经明确作出修改,但不可否认给权利人造成“重大损失”也是“情节严重”的一个重要方面,“情节严重”作为一项综合性的定罪要素,难以通过具体的量化指标来衡量。但在判定侵犯商业秘密行为是否情节严重时,给权利人所造成损失的程度依旧是不容忽视的关键因素之一。[2] 因此,将《最高人民法院、最高人民检察院关于办理侵犯知识产权刑事案件具体应用法律若干问题的解释(三)》(以下简称《侵犯知识产权刑事案件解释(三)》)中对重大损失的类型评价为情节严重并不会超出一般的认知范围。根据《侵犯知识产权刑事案件解释(三)》,除了考量损失数额,还可以考量违法所得数额以及是否直接导致商业秘密权利人破产、倒闭等情形。

但“情节严重”不仅仅是“重大损失”,还包括其他严重情节。既然侵犯商业秘密罪已不再是结果犯,就必须考量除“重大损失”之外的其他严重情节。对此,笔者认为需要理解侵犯商业秘密罪的保护法益。多数观点认为,侵犯商业秘密罪兼具保护特定主体财产权益和市场经济秩序的法益,其中更以维护市场竞争秩序为要义,这为我们解读“情节严重”提供了重要的切入视角。因此,其判断既包括以上提到的对权利人损失严重,也包括行为人的行为对市场竞争秩序的破坏严重。此角度也充分说明由唯数额论的重大损失判断标准过渡到情节严重的综合考量阶段的合理性。那些严重破坏市场公平竞争环境、扰乱正常商业活动生态、对商业秘密权利人的市场竞争优势造成严重打击的行为,无疑应当纳入“情节严重”的范畴,应当

---

[1] 参见《删改电脑文件造成公司损失》,载中国法院网,https://www.chinacourt.org/article/detail/2004/07/id/123988.shtml,访问日期:2024年12月4日。

[2] 参见刘湘廉:《我国知识产权刑法的最新修正及其适用》,载《重庆大学学报(社会科学版)》2022年第2期。

受到刑法的制裁。通过对保护法益的精准把握,我们能够更加准确地识别和衡量侵犯商业秘密行为的严重程度,从而为“情节严重”的判断提供坚实的理论基石,逐步厘清商业秘密民刑交叉的边界。

(三)纾解数据的商业秘密保护之争

1. 数据商业秘密保护现存争议溯源

自数字经济时代来临后,数据产权保护就一直是法学界讨论的热点。在未单独制定数据财产法前,数据[1]的产权保护通常是诉诸各类单行法,其中商业秘密制度是数据产权保护无法绕过的关键制度。传统上,商业秘密一是需要构成商业信息这个客体要件,二是要满足秘密性、保密性和价值性这 3 个构成要件。但看似确定的商业秘密的客体界定与构成要件分析,在面对可能构成商业秘密的数据时却具有一定的模糊性。商业秘密客体方面,《审理侵犯商业秘密规定》第 1 条第 2 款中规定的“经营信息”囊括“数据”,但是这里的“数据”并不能按照《数据安全法》第 3 条“任何以电子或者其他方式对信息的记录”的最大化范围来理解,最高人民法院的参与者后来解读该司法解释时也未对此作出解释。如果数据条目是《审理侵犯商业秘密规定》规定的“技术信息”,则数据集合可以认定为商业秘密保护客体没有争议。商业秘密客体的模糊性,导致常见的期刊论文数据库及社交媒体用户生成内容数据集等数字化的文学艺术作品的集合,是否为商业秘密制度意图保护的“经营信息”存在争议。商业秘密构成要件方面,数字时代对商业秘密“秘密性”提出了新的挑战,例如,如何看待数据集合[2]整体不公开,但其中单个数据常常源自公开渠道或处于公开状态下的数据集合“秘密性”。此类问题已在学界出现不同的观点。持肯定观点的给出的理由是要区分数据条目与数据集合两者的秘密性,并认为如果数据条目的收集需要实质投入,则意味着不容易获得。即使在所有数据条目公开可得的情形下,只要数据集合整体并不容易获得即具备了商业秘密要求保密性。[3] 持否定观点的认为,“对于现实中大多数的数据信息而言,信息制作者采集的信息本身大多来自公有领域,是任何人均可以从公开渠道直接获取的,显然,将各地为公众所知的信息汇编之后形成的成果认定为具有秘密性是荒谬的”。[4] 实务中,对于以上提到的争议问题很多都是给出否定性答案,因而企业只

---

[1] 数据有多种分类方式并具有多种类型,本文以下探讨的数据仅仅指商业数据。

[2] 单个数据并不是数据财产权赋权的对象,因此本文在探讨数据财产性权利保护时,指的是数据集合。

[3] 参见崔国斌:《新酒入旧瓶:企业数据保护的商业秘密路径》,载《政治与法律》2023 年第 11 期。

[4] 芮文彪、李国泉、杨馥宇:《数据信息的知识产权保护模式探析》,载《电子知识产权》2015 年第 4 期。

能寻求《反不正当竞争法》的原则性条款予以保护。

2. 数据商业秘密保护争议下的理性权衡

笔者认为,在现行有效的法律框架下,不应该一味追求对数据的保护,过分扩宽商业秘密的客体及适用范围。如单个数据条目是公开可得或均源于公开途径时,笔者认为从理论上借助数据集合不容易获得就赋予数据集合秘密性这种观点缺乏商业秘密理论基础。笔者赞同可以借鉴日本和韩国的做法,即"限定提供数据"制度,选择在反不正当竞争法的体系内新增对该类投入实质劳动的数据集合的保护。具体而言,则是在我国反不正当竞争法中与商业秘密保护平行立法,以保护这种"商业秘密以外的以营利为目的向特定人提供,采用电磁方法积累了相当数量,并进行电磁管理的技术信息或者经营信息"〔1〕。如在淘宝诉美景案中,淘宝的"生意参谋"数据集合包含淘宝平台海量商品的销售情况和店铺的经营情况,数据具有相当规模;普通用户通过许可的用户界面检索和浏览,并不能使用爬虫工具,即具有相应的技术管理措施且是向特定的人提供。〔2〕 值得注意的是,国家市场监督管理总局于 2022 年 11 月发布《反不正当竞争法(修订草案征求意见稿)》及草案说明,其第 18 条("商业数据专条")规定了商业数据的保护方案。但该方案并未明确规定商业数据的"限定提供性"。但从解释层面,我们应该认为此处的商业数据应当具有限定提供性,因为数据要素价值的充分实现需要数据的自由流通与利用,受法律保护的数据只能被限定在较小范围。另外,对商业数据专条中商业数据的理解还可参照日韩,需满足以电子或电磁方式的要求,〔3〕因为只有电子数据或机器可读数据才具有真正数字经济时代下的数据要素价值。

四、结语

商业秘密对于国家和企业发展意义重大。韩国商业秘密保护法的修订历程为我们展现了一个不断适应时代发展、强化保护力度、完善法律体系的动态过程,为中国提供了多维度的思考与借鉴方向。但是,要避免韩国商业秘密保护制度中出现的痛点。在立法模式选择上,中国需在充分考量本国国情与法律体系现状的基础上,权衡商业秘密专门立法的必要性与可行性并构建与商业秘密特质相适应的立法体系。刑事规制方面,韩国"禁止损害商业秘密"刑事条款的设立为我们敲响了警钟,提示在商业秘密数据化趋势下,应关注单纯破坏商业秘密行为的法律规制

〔1〕 孔祥俊:《论反不正当竞争法"商业数据专条"的建构——落实中央关于数据产权制度顶层设计的一种方案》,载《东方法学》2022 年第 5 期。

〔2〕 参见浙江省杭州市中级人民法院民事判决书,(2018)浙 01 民终 7312 号。

〔3〕 参见魏远山:《我国反不正当竞争法商业数据专条的制度构建——兼评〈反不正当竞争法(修订草案征求意见稿)〉第 18 条》,载《环球法律评论》2023 年第 6 期。

问题。然而,借鉴他国经验需谨慎,应结合我国司法实践中的既有案例与实际情况,综合评估新条款的引入时机与方式,同时进一步厘清民刑交叉边界,明确“情节严重”等关键概念的内涵与外延,确保法律适用的准确性与公正性。在数据的商业秘密路径保护方面,应避免过度扩张商业秘密保护范围,可借鉴日本、韩国“限定提供数据”制度,完善我国反不正当竞争法相关制度。在促进数据合理流通与利用的前提下,加强对数据产权的保护,平衡数据主体、企业与社会公众之间的利益关系。

Abstract: Republic of Korea's Trade Secrets Protection Act has undergone multiple revisions, with the most recent amendment occurring in 2024. China and Republic of Korea share similarities in adopting non-specialized legislation models for trade secret protection, but differ in their criminal legislative trends and approaches to exploring data protection pathways for trade secrets. The amendments to Republic of Korea's trade secrets law provide important insights for China in establishing a specialized legislative model for trade secrets, improving the criminal regulation system for trade secrets, and resolving disputes over trade secret protection for data.

(责任编辑:李　硕)

刑事司法研究

低龄未成年人犯罪核准追诉的程序性问题探讨

李海梅[*]　李红英[**]

内容提要　刑事诉讼包括立案、侦查、起诉、审判、执行几个阶段的诉讼行为，将低龄未成年人犯罪核准追诉的程序定位成侦查程序行为更贴合司法实践。低龄未成年人核准追诉的证据条件中，证据审查内容以年龄证据资料审查优先，证明标准比照审查批准逮捕的"两个基本"。参照审查批准逮捕的证明对象与证明标准确定低龄未成年人核准追诉的证据条件，并充分保障当事人的参与权与救济权。

关键词　低龄未成年人　核准追诉　程序定位

一、问题缘起

最高人民检察院发布的《未成年人检察工作白皮书（2023）》显示，2023年全国检察机关受理审查起诉14周岁至16周岁的未成年犯罪嫌疑人共计10,063人，同比上升15.5%。[1] 与此同时，不满14周岁的未成年人（以下简称低龄未成年人）触犯刑法的案件已达到了一定的比例，且呈现出初犯年龄降低、暴力程度加剧的趋势。[2] 此外，低龄未成年人严重暴力犯罪案件案发后，经媒体报道渲染，引起社会各界广泛关注。比如2016年6月，四川省阿坝州24岁女教师被13岁男生泼汽油点燃后抢走手机；[3]2018年12月，湖南沅江12岁男生持刀将自己亲生母亲

---

* 李海梅，成都理工大学文法学院（纪检监察学院）党委书记，教授。

** 李红英，成都理工大学文法学院（纪检监察学院）硕士研究生。

〔1〕 参见最高人民检察院：《未成年人检察工作白皮书（2023）》，载最高人民检察院网上发布厅2024年5月31日，https://www.spp.gov.cn/spp/xwfbh/wsfbh/202405/t20240531_655854.shtml。

〔2〕 参见叶小琴：《个别下调法定最低刑事责任年龄条款的适用路径》，载《苏州大学学报（法学版）》2023年第4期。

〔3〕 参见赵汉卿：《美女教师被初一男孩泼汽油点燃……只为一部手机，肇事少年被父亲用铁链拴家中》，载搜狐新闻2016年8月13日，https://www.sohu.com/a/110349511_355285。

杀害[1]。前述案件引起了强烈的社会反响,上述案件中的行为人由于案发时未达《刑法》规定的刑事责任年龄,未被追究刑事责任;由此引发了"刑事责任年龄是否应该下调或取消"等争论。对此,《刑法(修正案十一)》新增了第 17 条第 3 款,规定了低龄未成年人承担刑事责任的实体要件和程序要件。

2024 年 4 月 8 日,最高人民检察院首次核准追诉低龄未成年犯罪嫌疑人。[2]然而,最高人民检察院核准追诉低龄未成年人案件的刑事程序衔接存在较大的空白,具体的适用规范不明。《刑事诉讼法》和相关的司法解释未明确"经最高人民检察院核准追诉"的程序定位,核准追诉的证据条件,核准追诉期间当事人的参与权与救济权保障等内容。低龄未成年人发生严重暴力犯罪时,核准追诉程序存在法律规范不明、司法实践适用不一的问题。核准追诉程序的体系定位直接决定了核准追诉程序启动主体、程序启动时间、核准追诉的证据条件等。解决前述问题的关键是明确低龄未成年人核准追诉程序的体系定位。[3]

二、低龄未成年人核准追诉程序的体系定性之争

法律暂未明确低龄未成年人核准追诉程序衔接问题,对此,多数学者持立案程序行为观点。若支持"立案程序行为"观点,则表明最高人民检察院核准追诉涉案低龄未成年人前,公安机关立案、侦查、采取强制措施等行为属违法行为。若支持后两者观点,则表明最高人民检察院核准追诉低龄未成年人前,公安机关有权依法对涉案低龄未成年人开展刑事立案侦查,并根据低龄未成年人的犯罪行为和在案证据采取相应的强制措施。因而,核准追诉行为的程序定位直接决定了核准追诉程序启动主体、程序启动时间、强制措施的适用等具体程序问题。针对不同学者的观点,分析如下。

(一)立案程序行为

宋英辉、刘铃悦等学者持"立案程序行为"的观点,[4]认为最高人民检察院核准追诉核准的客体是低龄未成年人严重暴力案件,经过最高人民检察院核准追诉所产生的法律效果是对案件启动刑事追诉程序。未经核准追诉的案件,公安机关

---

〔1〕 参见李敏:《12 岁弑母男孩指认现场,村民:他还在笑,杀人后镇定骗外公》,载澎湃新闻 2018 年 12 月 7 日,https://www. thepaper. cn/newsdetail_forward_2715795。

〔2〕 参见姜雨薇:《邯郸初中生被害案 3 名未成年犯罪嫌疑人被核准追诉》,载中国新闻网,https://www. chinanews. com. cn/gn/2024/04 –08/10194573. shtml。

〔3〕 参见吴光升:《核准追诉低龄未成年人刑事责任的程序定位及其重要展开》,载《政治与法律》2022 年第 1 期。

〔4〕 参见宋英辉、刘铃悦:《低龄未成年人犯罪核准追诉问题研究》,载《法治研究》2022 年第 3 期。

无权发动刑事诉讼、侦查犯罪和起诉犯罪,更无权对涉案低龄未成年人采取强制措施。此外,刘艳红认为"核准追诉"中的追诉是指按照刑事案件的性质,依法启动追究刑事责任的诉讼程序,与《刑法》第392条第2款规定的"介绍贿赂人在被追诉前主动交待介绍贿赂行为的,可以减轻处罚或者免除处罚"和《刑事诉讼法》第284条规定的"实施新的犯罪或者发现决定附条件不起诉以前还有其他犯罪需要追诉"内涵一致,而非核准检察院向人民法院提起公诉。[1] 即最高人民检察院核准追诉是启动司法机关的刑事责任刑事诉讼程序的前提,最高人民检察院的核准追诉与否直接决定了案件的处理程序是刑事案件程序还是非刑罚处遇干预程序。[2]

这一观点虽保障了涉案低龄未成年人的权益,但不符合司法实践。若在最高人民检察院核准追诉前,公安机关无权予以刑事立案,则无法侦查案件,案件事实难以查清。由此产生的问题是,应通过何种途径查清案件事实,并将案件呈送至最高人民检察院?即使案件依法呈送至最高人民检察院,最高人民检察院决定核准追诉与否案件事实不清晰、证据不足的困境,不利于核准追诉立法目的的实现。因而,若依照该观点,将严重阻碍低龄未成年人刑事案件的及时侦破,实质上不利于低龄未成年人,主要体现在以下三个方面:

第一,不利于保障涉嫌犯罪低龄未成年人的权益。发生低龄未成年人严重暴力犯罪事件时,公安机关不予以刑事立案,则无法及时介入案件,对案件展开侦查,查清案件事实;更不利于公安机关及时了解其实施犯罪行为的原因,并对其开展教育矫治。发生低龄未成年人严重暴力犯罪案件时,若公安机关因案件暂未被最高人民检察院核准追诉而不予以刑事立案并开展刑事侦查,被害人及其家属存在以极端行为进行同态复仇的风险,导致矛盾激化,引发更大的社会风险。而公安机关及时立案调查,一定程度上能够防止矛盾的升级。

第二,不利于保障未成年被害人的权益。案涉低龄未成年人日常生活和学习中,接触最多的群体除了父母,便是同龄人或者更低年龄的人。从被媒体披露出来的低龄未成年人刑事案件,"2013年重庆10岁女童摔婴案"[3]、"湖南11岁男孩掐死7岁女孩案"[4]、"2019年大连13岁男童杀10岁女童案"[5]、"2024河北邯郸3

---

[1] 参见刘艳红:《规范激活与规则创建:惩罚未成年人的最佳刑事责任年龄》,载《法制与社会发展》2024年第4期。

[2] 参见戴丽:《低龄未成年人案件核准追诉问题研究》,载《预防青少年犯罪研究》2022年第2期。

[3] 康开利:《2013年,将1岁婴儿从25楼摔下的10岁女孩李蕾,后来怎么样了?》,载网易网2022年2月23日,https://www.163.com/dy/article/H0ST3H9D0523IM8R.html,访问日期:2024年12月23日。

[4] 杨晨虹:《11岁男孩掐死7岁女孩,事发后照常上学玩耍》,载搜狐新闻,https://news.sohu.com/20160926/n469153647.shtml。

[5] 《大连13岁男孩奸杀10岁女童案:"还好我虚岁14!"》,载搜狐新闻2019年11月6日,https://www.sohu.com/a/352000159_604521。

名初中生杀害同学案”等,不难发现低龄未成年人严重暴力犯罪案件中,被害人呈现出与犯罪嫌疑人同龄甚至年龄更低的趋势,且根据社会一般人的标准,犯罪嫌疑人往往会侵害与其同龄甚至年龄更低的未成年人。此时未经最高人民检察院核准追诉,公安机关无权予以刑事立案侦查这一观点虽一定程度上保障了涉嫌犯罪未成年人的权益,却忽视了未成年被害人的人身权益。

第三,不利于低龄未成年人追诉程序立法目的的实现。低龄未成年人核准追诉的立法宗旨是由最高人民检察院审查判断涉案低龄未成年人核准追诉的必要性,[1]审查的主要内容是涉案低龄未成年人对自身行为的理解与辨认能力,即根据案件事实,认定涉案低龄未成年人的人身危险性和可教育矫治性,衡量的依据是公安机关查明的案件事实。公安机关先立案后核准的做法符合刑事案件办理的流程,且已被实践检验。因此,立案程序行为这一观点显然与司法实践相悖。

(二)审查起诉行为

有学者在探讨诉讼时效制度中的特别追诉权时认为,《刑法》第 84 条规定的“法定最高刑为无期徒刑、死刑的,经过 20 年,如果 20 年以后认为必须追诉的,须报请最高人民检察院核准”中,核准追诉指最高人民检察院核准公安机关同级人民检察院依法提起公诉。[2] 其程序定位是审查起诉行为,最高人民检察院核准的是检察机关依法提起公诉的行为,这便意味着在报请核准追诉时,公安机关已然侦查终结,查明了所有案件事实,符合移送检察机关审查起诉的要件。因而,此时核准追诉的程序定位是检察机关审查起诉后、依法提起公诉前的行为。其理由是符合文义解释,追诉与立案分属不同的法律概念,核准追诉不是核准立案;同时《人民检察院刑事诉讼规则》第 321 条明确规定了“未经最高人民检察院核准,不得对案件提起公诉”。对此,有学者认为,低龄未成年人核准追诉的程序定位应是“先行立案和侦查,如果最高人民检察院不予核准再撤销案件”。[3] 该观点符合诉讼时效制度特别追诉权定位探讨中多数学者所认可的观点,[4]然而运用于低龄未成年人核准追诉时,存在以下可探讨的空间:

诉讼时效制度中的特别追诉权与低龄未成年人核准追诉存在较大的差异,二者的立法原意并不相同。诉讼时效制度中的特别追诉权的立法目的是“迫使处于

---

〔1〕 参见宋英辉、刘铃悦:《低龄未成年人犯罪核准追诉问题研究》,载《法治研究》2022 年第 3 期。

〔2〕 参见王牧、张萍:《核准追诉制度实务问题研究》,载《法学杂志》2018 年第 3 期。

〔3〕 程捷、李广钊:《最低刑事责任年龄个别下调制度的法教义学评释》,载《少年儿童研究》2021 年第 5 期。

〔4〕 参见吴光升:《核准追诉低龄未成年人刑事责任的程序定位及其重要展开》,载《政治与法律》2022 年第 1 期。

刑罚真空状态下的犯罪人在追诉时效期限内自我约束、自我改造和自我救赎,体现刑罚的开放和轻缓化"[1],同时达到节约司法资源。而低龄未成年人核准追诉的立法宗旨是充分保障低龄未成年人的权利,缩小符合实体条件的低龄未成年人范围。[2] 核准追诉的行为性质不同。特别追诉权涉及的案件行为人是依法应当负刑事责任、符合追诉条件且应当追诉的,最高人民检察院需核准确认是否重启追诉时效。而低龄未成年人严重暴力案件的行为人经过最高人民检察院核准追诉后,才符合追诉的要件。[3] 此外,二者核准与否的考量因素不同。前者重点考察行为人行为的影响程度,包括对国家利益的损害和对社会稳定性的破坏程度;后者重点考察涉案低龄未成年人的身心状况,关注行为人可矫治教育的可能性。

该观点与儿童利益最大化原则相悖。将最高人民检察院的核准追诉行为认定成核准人民检察院提起公诉,意味着低龄未成年人涉嫌刑事犯罪的案件,一经最高人民检察院核准追诉,检察机关将直接向人民法院提起公诉,案件必然进入审判程序。然而司法实践中,经过最高人民检察院核准的低龄未成年人案件,存在不被提起公诉的可能性。[4] 一是案件符合法定不起诉条件时,即当涉案低龄未成年人在审查起诉期间死亡时,检察机关应依法作出法定不起诉决定。二是案件符合存疑不起诉条件时,即在审查起诉阶段,检察机关发现证据发生重大变化,如低龄未成年人涉嫌犯罪的关键性证据被依法排除,致使案件的相关证据无法形成完整的证据链时,案件的证据不符合证据达到追究刑事责任的标准,则人民检察院有权依法作出存疑不起诉的决定。由此可见,最高人民检察院核准追诉低龄未成年人的案件不宜完全参照最高人民检察院对诉讼时效特别追诉权的程序定位。

(三)侦查程序行为

有少数学者持"侦查程序行为"的观点,[5]他们认为《人民检察院刑事诉讼规则》将"核准追诉"置于"审查起诉"前,最高人民检察院最可能核准的是公安机关的移送审查起诉,而非核准立案或提起公诉。《刑法》第 17 条第 3 款规定的程序性限定条件旨在解决应否追究涉案低龄未成年人刑事责任的问题,而非如何追究低龄未成年人刑事责任。将"核准追诉"定位成侦查程序行为,更有利于公安机关查

---

〔1〕 张禹、焦俊峰:《我国刑法核准追诉制度的教义学展开》,载《重庆社会科学》2022 年第 11 期。
〔2〕 参见刘艳红:《规范激活与规则创建:惩罚未成年人的最佳刑事责任年龄》,载《法制与社会发展》2024 年第 4 期。
〔3〕 参见宋英辉、刘铃悦:《低龄未成年人犯罪核准追诉问题研究》,载《法制研究》2022 年第 3 期。
〔4〕 参见简小文:《低龄未成年人案件核准追诉若干问题研究》,载《兰州大学学报(社会科学版)》2023 年第 2 期。
〔5〕 参见吴光升:《核准追诉低龄未成年人刑事责任的程序定位及其重要展开》,载《政治与法律》2022 年第 1 期。

清案件事实,同时也符合司法实践中的具体应用。

笔者认可该观点。将核准追诉程序明确为侦查程序的行为,有助于司法机关更加全面、准确地收集案件材料。同时,由公安机关根据所侦查的证据,初步判定案件是否符合核准追诉的要件,并在认为需要提请最高人民检察院核准追诉时,提请同级人民检察院予以审查,并层报最高人民检察院核准追诉,如此更加符合司法实践。此外,将其定位成侦查程序行为,与刑事诉讼程序不存在冲突或需要协调的问题;发生低龄未成年人严重暴力犯罪案件时,公安机关第一时间予以刑事立案并开展刑事侦查的行为,完全符合刑事诉讼立案程序的规定。

三、低龄未成年人核准追诉前的证据条件

《刑法》第 17 条第 3 款明确了追究低龄未成年人刑事责任的实体要件和程序要件,但《刑事诉讼法》和相关司法解释并未明确最高人民检察院核准追诉的证据类型、证明标准。调查和收集低龄未成年人涉嫌犯罪的证据时,传统方法可能无法涵盖所有实践中的情况。司法工作人员应将其视为特殊情形,在法律规定权限内进行调查和收集证据。未成年人参与刑事诉讼程序,始终坚持“不出庭作证为原则,出庭作证为例外”的作证方式。而低龄未成年人被核准追诉前公安机关收集的证据存在以下可探讨空间:低龄未成年人案件的证据类型、证明对象、证明标准。

(一)低龄未成年人核准追诉案件的证据类型

对低龄未成年人而言,当案件情况涉及故意杀人或故意伤害导致严重残疾时,侦查人员不仅要收集口供,还需留意涉案未成年人的日常行为表现,虽然可能在表面上与案件本身并无关联,但相关信息有助于侦破犯罪动机、所采取的行为方式与造成结果之间的因果关系等。此外,在处理低龄未成年人案件时,利用高科技方法犯罪的情况比较罕见,视听资料和电子证据等类型的证据相对较少,侦查人员有效利用 DNA 检测对比和痕迹鉴定等技术手段,有助于形成证据链的闭环。

微信等即时通讯工具的聊天记录,也可以成为电子证据的重要来源。确认电子证据的真伪和效力后,需按照“前端控制”“司法推定”“不利自认”“补强作证”等规则处理。[1] 刑事诉讼法及相关司法解释对电子数据的收集、固定和运用的程序规范,与物证、书证等其他证据的要求基本相同。[2] 法律规定赋予了低龄未成年人一定的受审能力,但过度使用刑事拘留等强制措施会违背“最大限度保护未成年人利益”的原则。在处理低龄未成年人案件时,需要特别注意对不同强制措施的运

〔1〕 参见刘品新:《论区块链存证的制度价值》,载《档案学通讯》2020 年第 1 期。

〔2〕 参见刘品新:《论区块链存证的制度价值》,载《档案学通讯》2020 年第 1 期。

用。收集低龄未成年人言词证据的方式也应当注意,当发现犯罪嫌疑人供述与被害人陈述的内容存在冲突时,办案单位应重点收集这类证据,确保后续对案件事实的调查不出现纰漏。所以,低龄未成年人案件在证据类型、调查对象和取证方法上,与成年人犯罪案件相比,都具有明显的特殊性。

(二)低龄未成年人核准追诉案件的证明对象

根据《刑法》第17条第3款的规定,对低年龄未成年人进行核准追诉前,须审查该未成年人是否满足条款所规定的条件,包括对"人"、对"事"的条件,以及"人"与"事"之间存在的关联等。此外,低龄未成年人核准追诉的对象存在"人""事",或者二者结合的争议。[1]

在对于"人"的核准方面,当公安机关报请核准时,必须有充分证据表明该案犯罪嫌疑人为年满12周岁未满14周岁的未成年人。若未能确认嫌疑人身份应继续侦查;若确认嫌疑人已满14周岁,应结束侦查并移送审查起诉;若确认犯罪嫌疑人未满12周岁,应立即撤销案件。而根据《刑法》第17条第3款的规定,刑事责任能力的判断标准除了行为人是否已满12周岁,还有行为人主观上是否能够区分罪与非罪并控制自己的行为,同时在客观上已经实施了如故意杀人或故意伤害等行为,并造成了被害人死亡或因手段特别残忍造成重伤致严重残疾的结果,且符合情节恶劣的多重要件才能够推定该低龄未成年人具备刑事责任能力。那么,根据《刑法》第18条和第19条的规定,若被告因精神疾病或生理上的重大缺陷而无法正确认知行为,可认定其无刑事责任能力,从而推翻原先的责任推定。公安机关在提交核准追诉时,若行为人及其法定代理人提出行为人无刑事责任能力的辩护理由,是否还应提交证明行为人不存在此类辩护理由的鉴定意见?在对于"事"的核准方面,在核准追诉过程中,公安机关提供的相关证据必须清晰展现出犯罪事实,证明涉案低龄未成年人已经实施了严重危害社会行为。而在关于"事"与"人"之间的关系问题上,则必须有充分的证据能够证明是被核准追诉的低龄未成年人实施了故意杀人和故意伤害的危害行为。

(三)低龄未成年人核准追诉案件的证明标准

由《最高人民检察院关于办理核准追诉案件若干问题的规定》可知[2],我国刑事审判中采用的是"客观化"的证明标准,旨在以证据说服审判人员。但审判人员

---

〔1〕 参见朱孝清:《"核准追诉"若干问题之我见》,载《人民检察》2011年第12期。
〔2〕 《最高人民检察院关于办理核准追诉案件若干问题的规定》第6条规定:"侦查机关报请核准追诉的案件,由同级人民检察院受理并层报最高人民检察院审查决定。"

的判断不可避免受到个人经历和价值观主观因素的影响。处理涉低龄未成年人的追诉案件时,应坚持最严格的证明标准。确认行为人身份时,严格遵循法律规定的程序,保障其合法权益不被侵害。尽管核准追诉与审判的本质有所不同,刑事审判均应依据"裁判成熟"原则,确认并保证"犯罪事实清楚,证据确实充分"。审理过程中的证据要求应更为严苛,以保证判决的公正。〔1〕"证据是否充分"是关于量的问题,旨在进行刑事审判前,必须先确保证据的完备性。"证据的权威与充足"在审理未成年人案件时尤为重要。此时,审判人员需运用"客观证明标准",仔细区分"需要证明的事实"与"作出裁决所依据的事实"在证明强度上的区别。判断"证据是否属实"是关于质的问题,审判人员在处理涉低龄未成年人刑事案件时,需基于充足的证据确立其判断的正确性和公平性,这样的判断应当依赖于客观证据的逻辑推理,而非个人主观想法。

在处理低龄未成年人案件时,审判人员应当更加关注证据的有效性。在将"客观证明标准"运用于低龄未成年人案件的时候,审判人员应该对"待证事实"与"用于定案的事实"在证明力方面的差异给予充分注意。〔2〕《刑事诉讼法》第 55 条明确规定了刑事审判中证据的要求,也就是"证据确实、充分"的评判标准。在核准追诉过程中,必须按照法定程序来核实所谓的"定案所依据的证据"。换言之,法院需要依照法律规定的证据审查流程来检查和评判"定案证据"。在评估低龄未成年人的"潜在危险性"以及其"重新融入社会的可能性"时,核准追诉过程中涉及道德品行的证据材料,也将被视为一个关键的评价标准。那么在此阶段,"道德品行评价"的材料是否具备诉讼证据的属性,以及这些材料能否成为判决依据的一部分,变得至关重要。尽管笔者认为品行证据不能作为影响案件证明力的直接证据,但若忽视此类证据,可能导致在核准追诉过程中,仅凭危害结果评估,检察机关的做法的公正性可能会受到质疑。审判人员在对某一低龄未成年人的行为进行庭外调查时,社会调查报告等其他相关信息可作为初始心理评估的依据。在适当情形下,品行证据也可作为补强证据证明力的一种参考,但应当注意,仅有补强功能的证据不能作为能够证明案件事实的独立证据存在。据此,法院处理低龄未成年人犯罪案件遵循直接言词原则的同时,可将庭外调查获取的证人证言、行为人供述纳入合理的证据范围。

四、当事人参与权与救济权保障

在涉低龄未成年人案件中,当事人的具体权利内容是低龄未成年人核准追诉

---

〔1〕 参见陈瑞华:《刑事证据法的理论问题》(第二版),法律出版社 2018 年版,第 308 页。

〔2〕 参见李慧群:《郑福田、傅兵抢劫案——对共同犯罪案件如何把握"证据确实、充分"的证明标准》,载《刑事审判参考》,法律出版社 2013 年版,第 52—53 页。

程序中应当明确的重要问题。核准追诉作为刑事诉讼程序的环节之一,其核准的过程需按照刑事诉讼的特点来制定,同时在核准过程中也应当充分保护低龄未成年被告人和被害人及其家属的程序性权利。

(一)涉案低龄未成年人的权益保障

公安机关向检察院提交核准追诉请求后,最高人民检察院核准追诉前,是否需要讯问涉案低龄未成年人并征询涉案低龄未成年人监护人、聘请律师的意见等问题,目前并无明确规定。对于被追诉的低龄未成年行为人而言,最高人民检察院核准追诉不直接决定其行为性质和具体的权利义务,但是对其利益有显著影响的程序性决策,其重要性不逊色于检方的批准逮捕。为贯彻司法亲历性、提高案件处理的质量等原则,在辩护律师提出要求时,应听取其意见。[1] 我国《刑事诉讼法》规定,检察机关审查批捕未成年人时,应当讯问涉案未成年人,若其辩护律师或值班律师提出建议,应听取其意见。同理,最高人民检察院应当在听取涉案低龄未成年人及其律师或值班律师的看法后,再作出是否对行为人核准追诉的决定。

核准追诉主要包括刑事责任能力和犯罪手段及情节两个内容。第一,判断行为人在具体行为和造成的后果基础上,是否具备相应的刑事责任能力,此时行为人及其法定代理人可以提交缺乏判断是非的能力或者不能控制自己行为的相关证据;第二,行为人是否采取了特别残忍的手段,或者是否属于情节恶劣的问题。负责处理这类案件的侦查和检察机关应及时告知行为人及其法定代理人委托辩护律师的权利,以确保行为人能够全面参与核准追诉程序。如果发现行为人没有聘请辩护律师,应当立刻通知法律援助机构,派遣律师为其进行辩护和提供相应的法律援助。

(二)被害方的权益保障

确保受害者及其近亲属的合法权益,对维护社会稳定具有重要意义。问题在于,受害者及其近亲属是否有权参与决定是否追诉的过程?若他们对不予核准追诉的决定不满,应如何寻求救济?在考虑是否追究低龄未成年人的刑事责任时,评估的关键因素是这些未成年人在犯罪时是否能够理解其行为的性质及其后果,以及是否能够控制自己的行为。在此过程中,被害人存在过错与否也应作为评估因素。另外,最高人民检察院作出的是否核准追诉的决定,效果实际上相当于是否决定对犯罪嫌疑人提起公诉。如果最高人民检察院有不恰当地决定不予核准追诉的情况,那么被害人及其家属追究犯罪嫌疑人刑事责任的权利就无法得到保障。因

---

〔1〕 参见黄河、覃剑峰、刘涛:《核准追诉案件办理疑难问题探析》,载《人民检察》2019 年第 23 期。

此笔者认为,在决定是否向法院提交追诉许可申请之前,以及最高人民检察院作出批准追诉的决定前,听取被害人及其直系亲属的意见是必要的。出于保证最终核准追诉决定准确性、保障被害人及其近亲属应有权益等目的,应赋予其参与核准追诉程序的权利。被害人及其近亲属若提交书面意见,公安机关和检察机关应正式记录在案。

当最高人民检察院对涉案低龄未成年人作出不予核准追诉的决定时,与决定不起诉或不追究行为人的刑事责任具有相同的效力。在一般案件中,对于不满意不起诉决定的被害人及其法定代理人的救济措施,《刑事诉讼法》规定,被害人及其法定代理人可以在收到决定书后向上一级检察机关申诉。若该检察机关继续维持不起诉的决定,被害人也可以自行直接向法院起诉。[1] 被害人及其法定代理人持有异议时,有自行提起诉讼、寻求法律救济的权利。由于是否核准追诉的决定是由最高人民检察院作出,无法向"上一级"检察机关提出申诉。且根据《刑法》第 17 条第 3 款的立法原意,追究低龄未成年人的法律责任应视为少数情况,若被害人及其近亲属因不同意最高人民检察院的决定而向法院自行提起诉讼,可能导致法律条文适用范围过广,这与立法初衷不符。所以笔者建议,更为恰当的处理方式是,当被害人及其法定代理人在对不予核准追诉的决定表示异议时,应允许他们向最高人民检察院申请复议。同理,当公安机关或下级检察机关认定涉案低龄未成年人不符合起诉条件,遂直接决定不向最高人民检察院提出核准追诉的请求时,被害人及其法定代理人若存在异议,有权向上级侦查或检察机关申请复议,复议的结果应及时告知被申请人。

五、完善低龄未成年人核准追诉程序的建议

(一)明确低龄未成年人核准追诉的程序定位

在《刑事诉讼法》或司法解释中明确规定核准追诉低龄未成年人的行为是侦查程序行为,由公安机关启动报请核准追诉的程序,公安机关的同级检察院受理审查,并逐层报最高人民检察院核准追诉。实践中,低龄未成年人案件的调查取证工作系由基层公安机关进行,"与之同级别、同地域的基层检察院更熟悉案发原因、案件事实及造成的社会影响等情况,由基层检察院先行审查案件并提出是否核准追诉的意见,更有利于最高检审查决定是否核准追诉"。[2] 同时,若发现存在刑讯逼供等违法取证行为或案件证据薄弱需要补充侦查时,基层检察院可以及时开展侦

---

〔1〕《刑事诉讼法》第 210 条规定,被害人有证据证明对被告人侵犯自己人身、财产权利的行为应当依法追究刑事责任,而公安机关或者人民检察院不予追究被告人刑事责任的,被害人可以提起自诉。

〔2〕蒋亚芳、陈莹:《低龄未成年人核准追诉实践困境与完善》,载《中国检察官》2024 年第 13 期。

查监督、引导侦查。在办案中发现存在其他侵犯未成年人合法权益时，基层检察院能够更为便利地开展综合履职工作。

最高人民检察院核准追诉前，公安机关应对低龄未成年人予以刑事案件立案，并展开侦查。[1] 第一，符合公安机关办案的一般程序和逻辑。刑事诉讼相关程序规定，公安机关对严重暴力事件予以刑事立案，并启动侦查程序，查清、确认犯罪主体身份和犯罪事实的行为。第二，公安机关的侦查行为有法律保障。《刑事诉讼法》明确规定了讯问时安排法定代理人或合适成年人到场、开展情况调查等办理未成年人案件的程序要求。同时，司法解释宜进一步规定，核准追诉期间，公安机关有权采取的强制措施以及报请核准追诉的主体。

明确强制措施的适用。最高人民检察院决定是否核准追诉前，可以适用刑事拘留等强制措施，但一般不宜适用逮捕措施。采取刑事拘留措施不仅有利于案件的顺利侦破，也能为送入专门学校预留时间。但逮捕措施除外，其适用对象是有证据证明有犯罪事实且可能判处徒刑以上刑罚的犯罪嫌疑人，而对于已满 12 周岁未满 14 周岁的犯罪嫌疑人，只有经最高人民检察院核准追诉的，才应当负刑事责任，故在确定是否需要追究刑事责任之前，不宜适用逮捕措施。

明确由公安机关的同级检察院为报请核准追诉的主体。公安机关的同级检察机关实质审查案件，以确保案件事实与证据的充分性和合法性，上级检察机关对案件所形成的纸质材料开展形式审查。检察机关作为法律监督机关，具有监督公安机关侦查行为的职能，当其对公安机关所移交的案件事实及涉案低龄未成年人的相关社会调查等存在疑惑时，能够及时调查并询问相关情况，确保涉案低龄未成年人相关信息及案件事实的真实性。公安机关的同级检察机关认为不符合核准追诉条件时，应及时退回案件；公安机关的同级检察机关认为应追诉，并附上了《人民检察院报请核准追诉案件报告书》及其理由时，其他上级无权作出不予核准的决定。应在对案件开展形式审查后，附上是否同意的意见，若不同意，则附上理由，并层报至最高人民检察院，由最高人民检察院决定是否核准。

（二）明确证据审查的内容和证明标准

明确低龄未成年人“核准追诉”是侦查程序行为后，法律或司法解释应详细规定、解释核准追诉程序中证据审查的内容以及需要达到的证明标准。

第一，证据审查内容层面。一是优先审查年龄证据资料。确定涉案低龄未成年人的年龄区间确属已满 12 周岁不满 14 周岁。这一因素关乎到核准追诉程序中“核准”活动的意义，如果查明该行为人在行为时已经超过 14 周岁，那应当按照《刑

[1] 参见蒋亚芳、陈莹：《低龄未成年人核准追诉实践困境与完善》，载《中国检察官》2024 年第 13 期。

法》第 17 条第 2 款对其直接进行审查起诉活动,无须最高人民检察院对其作出“核准”的决定;若查明该行为人不满 12 周岁,公安机关应撤销案件,并根据低龄未成年人行为不良的程度,纳入矫治教育或专门学校程序。在审查证明案件的危害结果与被申请追诉的低龄未成年行为人存在的关联性证据时,应提供合理、清晰的证明标准。二是严格界定未成年人品行证据的性质和标准,防止出现证据混淆。与案件事实无关的社会调查报告、学校处分记录、社会关系证明等材料应仅作为在有确切的证据证明行为人犯罪事实的情况下,对已有证据证明力的补强参考,而不能为了达到案件的证明标准将其直接纳入案件核准追诉程序的证据范围内。在案件审理前对所有涉案低龄未成年行为人的证据合法性进行审查,发现有违证据原则与规则的证据应当依法排除,防止出现对未成年人违规使用强制措施的现象。

第二,证明标准层面。比照审查批准逮捕的“两个基本”证据标准。犯罪事实基本清楚具体包括:有证据证明发生了犯罪事实;有证据证明该犯罪事实是犯罪人实施的;证实犯罪人实施犯罪的证据已基本查证属实。据此可以确定犯罪事实成立,犯罪人的基本情况和法定量刑情节已基本查明,既慎重采取核准追诉,又为最高人民检察院判断追诉必要性提供了依据,有效保障核准追诉的质效,符合诉讼规律。[1]

(三)明确当事人在核准追诉程序中的相关权利

在启动低龄未成年人核准追诉程序时,应在《刑事诉讼法》或相关司法解释中明确当事人在核准追诉程序中的参与权和救济权。

第一,明确规定被追诉的低龄未成年人享有申请律师及时介入的权利。若无能力聘请辩护律师,司法机关应当及时受理行为人及其法定代理人的相应请求,指派法律援助律师确保其表达权的实现。若行为人及其监护人、代理人均未提出申请法律援助的相关请求,司法机关应及时通知相关部门指派律师为涉案低龄未成年行为人提供法律援助。若律师在介入案件调查后发现检察机关在核准追诉过程中未对犯罪嫌疑人进行讯问,或发现公安机关存在对案涉低龄未成年行为人违规采取强制措施等行为,应及时提出意见和质疑,从而保障行为人在核准追诉程序中的基本人身权利。对于辩护律师提出的书面意见,公安机关应全部予以附卷,保障后续可能进入的审判程序中行为人的辩护权利。

第二,明确规定被害方申请复议或其他的救济途径。在最高人民检察院作出对行为人不予核准追诉的决定后,若其提出异议,司法机关应确保其申请复议或者其他能够保护自身合法权益的救济途径。当被害人质疑案件的实体程序,且向公

---

〔1〕 参见王牧、张萍:《核准追诉制度实务问题研究》,载《法学杂志》2018 年第 3 期。

安机关提供了相关证明材料，公安机关应当及时受理并审查。公安机关经查证属实后，若认为被害人提供的材料确实可能影响核准结果的，应及时呈送同级人民检察院，由同级人民检察院审查后认为符合核准追诉条件的，应逐级呈送最高人民检察院，由最高人民检察院决定是否核准追诉。此外，应当明确被害人及其近亲属申请司法复议的期限，并在指定的期限内及时告知申请人复议的结果。

（四）推动检察机关一体化履职

办理低龄未成年人案件推行检察一体化办案机制，有利于充分发挥各层级检察院在精准办案、矛盾化解、犯罪预防等方面的不同优势，形成办案合力，最大限度实现办案“三个效果”的有机统一。

对于低龄未成年人犯罪案件，检察机关应组建专项工作组。案发时，下级检察院根据相关规定，立即上报至最高人民检察院第九检察厅。由第九检察厅主导，省级检察院未检部门具体负责，联合四级检察院的检察人员，组建专项工作组，实现从单一检察院视角向全检察机关协同办理的转变。该工作组将全面负责案件处理、沟通协调及矛盾化解等工作。启动低龄未成年人案件核准追诉程序后，专项工作组保持全流程运作，确保稳定的工作力量，有效解决各阶段、各方面的矛盾问题，力求办案效果最优化，确保最高人民检察院的追诉或不追诉决定最符合未成年人利益。推行低龄未成年人案件检察一体化办案机制，有助于提升办案专业化水平，实现最佳办案效果。同时，专项工作组的检察官应充分讨论解决方案，依法依规、客观审慎、独立行使职权。

六、结语

《刑法修正案（十一）》适用以来，针对第 17 条第 3 款的讨论不断，但多集中于认定罪名、手段和情节等实体要件，较少探讨核准追诉的程序定位及由此产生的程序衔接问题。本文仅探讨了低龄未成年人犯罪核准追诉的程序性问题，以最高人民检察院核准追诉的程序定位为切入口，通过分析不同学者的理论观点，提出了相应的建议，但仍需进一步探讨核准追诉低龄未成年人的具体程序，如核准追诉的启动时间、核准追诉的证据内容、低龄未成年人刑事责任与罪错未成年人分级干预措施的衔接等。明确相关问题并规则化，《刑法》第 17 条第 3 款的规定才能真正落地，实现低龄未成年人核准追诉程序的合理化、透明化。

Abstract: Criminal proceedings consist of several stages of proceedings, including the filing of a case, investigation, prosecution, trial and execution, so that the procedure for authorizing the prosecution of crimes committed by minors of a younger age is positioned as an act of investigative procedure that is more in keeping with judicial practice. In the conditions of evidence for the approval of prosecution of juveniles below the age of criminal responsibility, the review of evidence is prioritized by the review of evidence of age, and the standard of proof is modelled on the "two fundamental requirements" for the review and approval of arrests. Determining the evidentiary conditions for the approval of prosecution of juveniles below the age of criminal responsibility by reference to the object and standard of proof for the examination and approval of arrests, during which the right of the parties concerned to participate and the right to redress are fully safeguarded.

(责任编辑:谢　天)

论认罪认罚从宽程序中被追诉人反悔与检察应对*

钟宇晴**　涂　征***

内容提要　认罪认罚从宽制度是建设中国特色社会主义法治体系的重大创新，也是我国刑事诉讼制度改革的重要成果。反悔权对于保障被追诉人认罪认罚自愿性举足轻重，但如何正确对待被追诉人在认罪认罚后的反悔问题一直存在争议。通过分析目前的司法实践情况，发现主要存在以下问题：法律对被追诉人的反悔权保障机制不完善，缺乏相应规制导致被追诉人恶意反悔，致使权利被滥用；被追诉人反悔后的法律后果不明确，导致司法实务处置无章可依。为此，立法上理应对保障机制予以完善；同时为反悔权的行使设定约束机制，规制恶意反悔、无端反悔等情形；明晰反悔的法律后果、诉讼程序的转换、认罪供述及衍生证据的处理；发挥检察机关的主导作用，规范应对被追诉人反悔。

关键词　认罪认罚从宽　反悔权　检察机关　权利保障

认罪认罚案件中被追诉人反悔，一般指签署具结书后被追诉人基于各种理由推翻此前的认罪认罚供述，对量刑建议或法院由此作出的判决表示异议。《刑事诉讼法》并未明确赋予认罪认罚案件中被追诉人的反悔权，其相关规定散见于各类司法文件中。如 2017 年最高人民法院、最高人民检察院《关于在部分地区开展刑事案件认罪认罚从宽制度试点工作情况的中期报告》已明确要建立“被告人反悔程序回转机制”。2019 年最高人民法院、最高人民检察院、公安部、国家安全部、司法部《关于适用认罪认罚从宽制度的指导意见》（以下简称《认罪认罚指导意见》）第 39 条第

---

* 本文系国家社会科学基金重点项目“深化司法体制综合配套改革研究”（项目批准号：20AZD029）的阶段性成果。

** 钟宇晴，成都理工大学文法学院（纪检监察学院）讲师。

*** 涂征，成都市人民检察院副检察长。

3 款、第 51 条、第 52 条、第 53 条规定认罪认罚后的反悔及撤回。这表明在是否赋予被追诉人反悔权这一问题上，我国立法层面与域外一样总体上是持偏向的态度。[1] 在 2021 年修改的《最高人民法院关于适用〈中华人民共和国刑事诉讼法〉的解释》(以下简称《刑事诉讼法解释》)也针对部分涉及被追诉人反悔的问题给予相应的解决方案，人民检察院也将“认罪认罚后，被追诉人反悔”的案件列为日常工作中重点评查的案件。在 2024 年《刑事诉讼法》再修改的背景下，亦有不少学者提出应当注重刑事诉讼程序中的人权保障，健全认罪认罚从宽制度，确保认罪认罚的自愿性与合法性，强化诉讼的矛盾纠纷化解功能。[2] 正是因为目前立法对认罪认罚从宽程序中被追诉人反悔权的态度不明、法律规定模糊，缺乏具体且明确的工作指引，导致司法实践中检察机关对被追诉人反悔的问题应对不足，操作不一，难以做到对被追诉人合法诉讼权益的有效保障。是故，本文以认罪认罚制度中被追诉人反悔的案件作为考察对象，立足我国基层检察院的检察实务开展情况，以期从制度规则设计、被告人权益保障以及检察权规范化运行等方面给予相应的对策建议。

一、认罪认罚从宽程序中赋予被追诉人反悔权的制度价值

从法理上讲，在认罪认罚从宽程序中，保障被追诉人反悔权的制度基础在于：首先，反悔权作为一项诉讼权利，是辩护权的重要组成部分。由于控辩双方地位天然存在不平衡，应对处于弱势的辩方权利进行补给，促进控辩双方的平等量刑协商，从而保障被追诉人合法权益。其次，无救济则无权利，反悔权对于被追诉人认罪认罚自愿性的保障尤为重要，而自愿性的保障可以说是作为认罪认罚从宽制度运行的正当性基础。[3] 反悔权保障是缓和司法公正与效率张力关系的一剂良药，在程序业已十分简化、快速的情况下，可以促进量刑的公平与妥当乃至防止与避免错案发生。最后，保障反悔权亦是对被追诉人上诉权的尊重。

以划分阶段而言，反悔主要表现为审前阶段的反悔、审判过程中的反悔以及一审判决后的反悔，[4] 而其中有关判决后的反悔，其主要表现形式为上诉，我国《刑事诉讼法》第 227 条第 3 款明文规定“对被告人的上诉权，不得以任何借口加以剥夺”，故其亦是保障反悔权重要的理据之一。检察机关应适度容忍被追诉人行使反

[1] 参见熊秋红：《比较法视野下的认罪认罚从宽制度——兼论刑事诉讼“第四范式”》，载《比较法研究》2019 年第 5 期。

[2] 相关文献参见徐鹤喃：《我国刑事诉讼法第四次修改的基点与面向》，载《比较法研究》2024 年第 6 期；陈卫东：《三重维度下刑事诉讼法修改重点问题研究》，载《中国刑事法杂志》2024 年第 4 期；陈光中、陈琼雯：《〈刑事诉讼法〉修改的回顾与展望》，载《法学杂志》2024 年第 2 期等。

[3] 参见闫召华、李艳飞：《论认罪认罚的自愿性及其保障》，载《净月学刊》2018 年第 2 期。

[4] 参见马明亮、张宏宇：《认罪认罚从宽制度中被追诉人反悔问题研究》，载《中国人民公安大学学报(社会科学版)》2018 年第 4 期。

悔权。认罪认罚从宽制度中被追诉人行使反悔权,于检察机关而言并非只有增加工作负担之弊,更有落实检察官客观公正义务、维护被追诉人合法权益、提升检察活动正当性和促进司法公正之利。检察权具有司法权的性质,而司法的目的在于维护法治,要求检察官中立、客观;检察机关享有《宪法》赋予的法律监督职能,一定程度上可以被认为是以监督为业的"法治守护人"。[1]

因此,检察官客观对待被追诉人行使反悔权,对被追诉人合理地反悔予以容忍,尊重被追诉人行使权利,超越控方当事人的角色与立场,方能更好地履行检察职能以促进司法公正与建设法治国家。当然,司法程序的顺利运行与各参与者的"能动性"密不可分[2],检察官也需提升自身办案的规范性,减少工作失误并防止不规范操作导致被告人反悔。

二、认罪认罚从宽程序中被追诉人反悔案件呈现的现实问题

结合S省C市认罪认罚案件办理情况,确实存在一定的被追诉人反悔情况,反悔权的保障与规范存在如下问题:其一,反悔权缺乏保障机制,权利告知、证据开示等环节虚化及值班律师未提供有效帮助导致被追诉人不敢反悔。其二,反悔权的行使缺乏合理规制,恶意反悔时有出现,造成诉讼程序无谓拖延。其三,因反悔而产生的一系列实体与程序后果处于模糊地带,是否带来不利评价、司法人员安排、认罪供述及衍生证据处理等问题不甚明确。具体论述如下。

(一)缺乏权利保障机制导致被追诉人不敢反悔

目前,在S省C市认罪认罚从宽案件办理实务中,被追诉人在认罪认罚案件中行使反悔权的比例较低,且行使反悔权的时间点集中于一审判决后,在审前阶段及审判阶段被追诉人反悔较少。究其原因,在于对被追诉人的反悔权缺乏具体的保障机制,导致其不敢反悔,具体而言:

第一,相关文件的规定较为模糊,对被追诉人的反悔权态度不明。如前所述,我国在各类司法文件中提及了被追诉人认罪认罚后反悔的程序处理机制,但既未将反悔作为被追诉人的一项权利加以明确,也未提供反悔的认定标准、反悔的时间点以及反悔权如何行使等具备可操作性的具体规则,造成了被追诉人行使反悔权的重重困难。[3] 由此,弱化了被追诉人行使反悔权的合法性、正当性,加之对反悔的后果规定不明,给被追诉人留下了遐想的空间,导致被追诉人轻易不言反悔。另

〔1〕 参见龙宗智:《中国法语境中的检察官客观义务》,载《法学研究》2009年第4期。
〔2〕 参见谢澍:《刑事诉讼主体理论的扬弃与超越》,载《中国法学》2023年第3期。
〔3〕 参见李艳飞:《试论速裁程序中的被追诉人反悔权》,载《行政与法》2018年第11期。

外,被追诉人行使反悔权可能遭受司法机关的压制。认罪认罚的适用可以提升诉讼效率和缓解“取证难”的问题,而被追诉人反悔将会阻碍前述利益的实现,因此,对于被追诉人的反悔,司法机关本身动力不足。

第二,被追诉人的知悉权保障不足。首先,在认罪认罚案件中,法律强调了司法机关的告知义务,但实践中司法机关鲜少明确告知被追诉人享有反悔权,亦不会主动向其释明行权规则及法律后果。既不知享有何种权利,就谈不上行使权利。其次,检察机关对证据开示制度探索不足。《认罪认罚指导意见》第 29 条[1]中采用“可以……探索”内涵模糊的词语,宣示性大于实操性,导致检察机关无从下手或怠于探索。是以,被追诉人对于全案证据、案件进展的了解仍取决于司法机关的态度,不能充分知悉案件情况,对反悔权的行使也就望而却步。

第三,对被追诉人的辩护保障不力。在被追诉人行使反悔权的案件中,其中值班律师参与的案件占比 69.2%。而相较于辩护律师而言,值班律师享有的权利范围有限且缺乏行权保障机制,难以为被追诉人提供有效的法律帮助。实践中更为严峻的是,值班律师逐步沦为被追诉人认罪认罚的见证人,这一点在与 S 省 C 市实务部门的交流中得到证实。在辩护律师参与度不高、值班律师亦不能提供有效辩护的情况下,被追诉人不敢轻易行使反悔权。

(二)缺乏必要规制导致反悔权被滥用与诉讼拖延

与反悔权缺乏保障机制导致不敢反悔的问题相比,缺乏必要规制致使反悔权被滥用则是另一个极端。被追诉人恶意反悔带来的风险主要在于:诉讼程序延宕增加司法成本,司法机关先前为适用认罪认罚从宽而做的努力化为泡影;加剧控辩冲突,损害制度运行基础;亦表明被追诉人并非真心尊重判决,而是怀有投机心理、侥幸心理,这都与认罪认罚从宽制度的初衷相背离。虽然实践中检察机关会利用抗诉来对抗被追诉人的技术性上诉,但在认罪认罚考核指标、法律的严格限制、检察机关内部层层审批的束缚下,以抗诉打击恶意上诉的做法收效甚微。探究恶意反悔的根源,还是在于立法缺漏,反悔权缺乏必要规制,司法机关即使有意规制也缺乏法律依据。权力需要关进笼子里才能避免腐败,行使权力也应有范围边界才能避免被滥用,在为被追诉人行使反悔权构建保障机制的同时,也要设立合理的限制,规制被追诉人反悔权的行使。

(三)被追诉人行使反悔权后的法律后果及处理规则模糊不清

《认罪认罚指导意见》并未明确反悔后被追诉人是否会被加重处罚,以及对重

---

[1] 《认罪认罚指导意见》第 29 条规定:“人民检察院可以针对案件具体情况,探索证据开示制度,保障犯罪嫌疑人的知情权和认罪认罚的真实性及自愿性。”

新审理时审判人员安排、为获取从宽处理所作的有罪供述及衍生证据的处理未给予规定。实践中反悔虽为小概率事件,但影响颇大。譬如程序倒流浪费司法资源,强化被追诉人反悔的侥幸心理以及损害控辩双方的信任关系。为更好地保障追诉人合法权利又最大限度避免权利滥用,便于检、法规范操作以实现司法公正,亟须明确认罪认罚从宽制度中反悔的法律后果及细化处理规则。

1. 反悔是否导致不利评价的规定不明

第一,对于反悔后是否要加重处罚规定不明。2016 年公布的《关于在部分地区开展刑事案件认罪认罚从宽制度试点工作的办法》、2018 年修订的《刑事诉讼法》中均未涉及被追诉人认罪认罚后的反悔权及法律后果。对有关认罪认罚程序中追诉人反悔权的规定主要为《认罪认罚指导意见》第 39 条、第 51 条、第 52 条、第 53 条,但总体而言,规定较模糊,尚未能对司法实践提供明确指引。依据上述规定,反悔的法律后果主要为转换审判程序、取消量刑优惠。但在取消量刑优惠之后,能否以被告人不诚信浪费司法资源、损害司法权威等理由加重处罚则未予明确。

第二,部分认罪认罚案件取消量刑优惠后可能与"上诉不加刑""发回重审不加刑"相矛盾。依据《认罪认罚指导意见》第 45 条之规定,二审法院对一审适用速裁程序的上诉案件,对事实不清、证据不足的应当发回原审法院不再按认罪认罚案件办理;对因量刑不当为由提出上诉的,则应当驳回上诉、维持原判,或依法改判。在无新事实、新证据的情况之下,对于无正当理由的反悔、技术型上诉,若取消量刑优惠改判,所判刑罚理应比一审刑罚重,但又与"上诉不加刑"相矛盾,频繁启动抗诉以突破"不加刑"之限制又不经济;若不取消量刑优惠,则又难以规制随意反悔、滥用上诉权之行为。同样的困境也存在因事实不清、证据不足被发回重审不再按照认罪认罚处理的案件之中。

第三,取消量刑优惠与加重处罚界限不清。实践中被告人往往具有多项法定从宽或酌定从宽量刑情节,但认罪认罚具结书并未载明各量刑情节相对应的量刑优惠。被告人并不清楚认罪认罚反悔后会取消多少量刑优惠。目前,检察机关应对被告人反悔通常做法为"取消量刑优惠",不会对被告加重处罚。这体现了检察机关对被追诉人正当行使反悔权的合理容忍与尊重。但放眼全国不乏"名为取消量刑优惠,实为变相加重处罚"的情况,难以息讼服判。

2. 涉及司法人员是否需要更换的规定不明

反悔后司法人员是否需要更换规定不明,实践中对于审判中反悔导致重新审理的,法院贯彻经济便捷之原则,较少更换法官。其一,《认罪认罚指导意见》第 39 条、第 48 条均涉及诉讼程序转换的问题,被告人违背意愿认罪认罚的或者认罪认罚反悔等,应依法转为普通程序重新审理。其二,对于适用速裁程序的认罪认罚案件,被告人以事实不清、证据不足为由上诉,二审法院审查后撤销原判、发回重审的。综观以上两类需转换普通程序重新审判的情形,均未点明司法人员是否需要更换。其三,对于反悔后,是否需要更换检察人员亦无规定可循。

3. 认罪口供及衍生证据的处理规则不明

第一,被追诉人反悔后曾作有罪供述如何处理缺乏规定。实践中仅《认罪认罚从宽制度告知书》中有所涉及,即被追诉人撤回具结书后,具结书不能作为本人认罪认罚的依据,但仍可能作为其曾作有罪供述的证据,由法院结合其他证据进行认定,但对此应作何解释则存在争议。

第二,对于由被告人供述而取得的物证、书证等,在被告人反悔后如何处理则更无规定可循。理论界亦看法不一,大体有排除衍生证据与不排除衍生证据两种观点。前者理由在于避免司法人员进行“瑕疵协商”套取被告人供述完善证据链之后却宣告协商无效,侵害被追诉人合法权益。[1] 后者则认为,我国对非法证据尚未建立排除衍生证据规则,在认罪认罚案件中因被告人反悔排除衍生证据,将造成法律体系内的失衡,也将对发现实质真实、实体公正、惩罚犯罪与维护社会秩序的价值造成冲击。[2]

三、认罪认罚从宽程序中被追诉人反悔权行使的规范化程序设计

反悔权既体现对被追诉人自愿性保障,又易导致程序拖延背离制度初衷,二者如何平衡实为难点。既要为被追诉人行使反悔权提供保障机制,又要规制恶意反悔,亦需依阶段、依类型明确反悔的法律后果及程序后果。加强发挥检察机关的主导作用,减少被追诉人反悔,维护认罪认罚的稳定性和诉讼程序的安定性。

(一)健全权利保障机制保障被追诉人反悔权的行使

1. 构建被追诉人反悔权行使的具体规则

构建反悔权行使的具体规则,首先应当在立法上明确被追诉人享有反悔权,并以行权主体、行权时间、行权条件以及行权后果为支点,搭建起反悔权行使的具体框架。具体来说,在行权主体上,应当肯定被追诉人在反悔权的行使上具有优先性,而控诉方的反悔应受到严格限制。在行权时间上,应当明确在一审判决作出后尚未生效前均享有反悔权。在行权条件上,为避免被追诉人反悔权行使的任意性,应当对被追诉人的反悔权施加一定的程序要求和正当性要求。在行为后果上,我

〔1〕 参见周维明:《德国刑事协商制度的最新发展与启示》,载《法律适用》2018 年第 13 期。

〔2〕 参见田力男、杨振媛:《认罪认罚反悔后有罪供述适用问题探究——以“司法契约”理论下有罪供述撤回为切入点》,载《公安学研究》2019 年第 4 期。

们应从明确反悔的实体后果及程序安排进行展开，对此问题后文将详细述之。总之，须构建起反悔权行使的具体规则，使其有法可依、有据可循，增强被追诉人行权底气，同时便于司法机关规范应对。

2. 保障被追诉人对认罪认罚从宽的程序知悉权

第一，充分履行告知义务。司法机关应充分履行告知义务，且应在告知书中增加反悔权的告知内容，[1]阐明相关规定，并针对被追诉人的疑问进行释明。全案办理情况也是被追诉人决定是否行使反悔权的重要依据，因此，司法机关应向被追诉人适当披露案件进展及全案情况，但也应把握好案件披露的限度，避免被追诉人借案件披露逃脱罪责。

第二，探索证据开示制度，加强释法说理。充分的证据开示对于平衡控辩资源、保障被追诉人知情权、认罪认罚的自愿性与稳定性以及实现诉讼的正当性具有重要作用。虽然立法已经提出探索证据开示制度，但值班律师的缺位、检察机关本身缺乏动力导致证据开示制度难以推进落实，被追诉人依然无从掌握自身案件的证据情况。鉴于此，应推进证据开示制度的探索，使被追诉人在证据方面的知悉权得到保障。证据开示制度主要是检察官向辩方开示证据，以客观证据到主观证据的顺序制作证据清单，并简要注明证据来源、证明对象；辩方则主要开示无罪或罪轻证据。只有充分知晓自身所享有的权利，且对事实、证据有所了解，被追诉人方能合理行使反悔权。

3. 提升值班律师的履职积极性

在认罪认罚从宽程序中，被追诉人以让渡部分诉讼权利的代价换取了实体上的从宽处罚和程序上的从简处理，其诉讼权利被做了减法，程序利益被"合法"剥夺，这使原本就处于劣势地位的被追诉人面临更大的权益受侵害风险，有效辩护越发重要。维护被追诉人的合法权益离不开全面了解案件情况，可考虑逐步扩大值班律师行权范围及加强行权保障。实践中值班律师怠于行使权利，如会见权，采取提高待遇或设定考核指标激励值班律师履责，见效快但失效也快。盖因物质激励难以长久发挥作用，而加强考核则有"逼迫履责"之嫌，考核易僵化且流于形式。但提高待遇、优化考核仍有其合理性与可行性，只是根本上应通过提高值班律师的地位激励值班律师履责：给予值班律师更高的地位，并明确其程序性地位，突破现行值班律师见证人之定位，充分肯定值班律师对司法事业所作贡献，给予其足够尊重。同时，注重培养值班律师内在的职业荣誉感。

---

[1] 参见徐远太、黄美容：《认罪认罚从宽制度的改革进路——以反悔机制的构建为视角》，载《山东法官培训学院学报》2018 年第 4 期。

(二)对被追诉人反悔权行使的合理规制

1. 以行使时间和行使理由划定反悔权的边界

以反悔权的行使时间为标准,审判前、审判中被告人最后陈述前应允许被追诉人享有任意的反悔权。一审判决作出后,被追诉人行使反悔权应说明理由且需经法官审查。事实上,诉讼程序越往后,案件事实证据越清晰明了,被追诉人出现选择错误的概率也越小,因此也更需要提供正当理由说服司法机关。[1]

而被追诉人所提理由的正当与否,可从以下几个方面进行考量:(1)被追诉人认罪认罚的明知性、自愿性确有可能受侵害。(2)在被追诉人反悔之前,控方先期违反承诺,对被追诉人合法权益造成损害。(3)法院最终判决所确定的刑罚与量刑建议不符,超出被追诉人心理预期。(4)被追诉人确有合理根据表明认罪认罚可能致使产生错案。(5)证据、事实发生重大变化。被追诉人在判决作出后行使反悔权,需说明理由以供法官审查。只有通过法官审查,才能确认被追诉人反悔权的行使具备正当性。

2. 检察机关适度容忍与审慎抗诉

对于被告人行使反悔权,检察机关应负有适度容忍之义务,盖因其负有客观公正义务,应保持中立、客观,辅助法官查明事实真相。同时,检察机关应保持行权的谦抑性。检方拥有更多的权力及资源,在与辩方的抗衡中已然处于优势,检察权的行使应体现为合法、合理,守诺重信而非随意反悔。但检察机关应注重提升案件办理的规范性、合法性,避免工作失误以从源头上消解被告人的反悔心理。

检察机关应秉持客观公正之立场,审慎把握是否抗诉。应明确的是,被追诉人反悔并非必然引起抗诉,抗诉应遵循《刑事诉讼法》第 228 条之规定即“第一审的判决、裁定确有错误”,且应结合认罪认罚案件具体情况进行把握。如对于幅度型量刑建议,法院在幅度中线以上进行量刑的,被告人上诉,检察机关则不宜抗诉。[2]审慎抗诉利于引导被告人自觉尊重认罪认罚具结和承诺,但应把握好度,不宜频繁抗诉,损害认罪认罚制度运行基础。

3. 建立科学合理的量刑规则

被追诉人的反悔可能带来诉讼程序的反复、拖沓,造成认罪认罚制度目的的落空,要解决此问题,则需要事前预防与事后补救相结合。就抑制恶意反悔的滋长而言,建立科学合理的量刑规则将起到事前预防的作用。一方面,科学合理的量刑规

[1] 参见洪浩、方姚:《论我国刑事公诉案件中被追诉人的反悔权——以认罪认罚从宽制度自愿性保障机制为中心》,载《政法论丛》2018 年第 4 期。

[2] 参见苗生明:《认罪认罚后反悔的评价与处理》,载《检察日报》2020 年 2 月 20 日,第 3 版。

则可以增加被追诉人对量刑建议的接受度,进而强化认罪认罚的意愿,由此可从源头上减少认罪认罚后反悔的出现。另一方面,针对被追诉人认罪认罚的程度,设置不同的量刑幅度,即区分被追诉人是否反悔,向被追诉人释明反悔后可能面临的刑罚,以使其知晓任意反悔可能带来的刑罚后果。[1] 如此,被追诉人在行使反悔权时将会重新进行利益权衡、价值评估,避免因不正当的反悔错失从宽处罚的机遇。综上所述,科学合理的量刑规则,既是对整个反悔权行使的事前预防,也是对恶意反悔的事前遏制。

(三)明确行使反悔权后的法律后果及处理规则

1. 依阶段、依情形明确反悔的法律后果

首先,行使反悔权因阶段、情形不同,后果会有所差异。审前与审判阶段被追诉人反悔无须理由,仅取消量刑优惠,不宜加重处罚。其一,审前与审判阶段反悔对被追诉人加重处罚于法无据。《认罪认罚指导意见》第51条、第52条、第53条中仅要求排除认罪认罚因素,依法客观公正裁判,难以解读出需要对反悔之人加重处罚之意思。其二,审前与审判阶段反悔对被追诉人加重处罚于理不合。既要尊重被追诉人认罪的自由,也要保障其悔罪的自由。加之,审前与审判阶段反悔,对司法资源的耗费尚在可接受范围之内,不宜以"加重处罚"压制被告人行权。对于判决后以上诉进行反悔的,对于正当反悔不宜取消量刑优惠,对恶意反悔则可取消相应的量刑优惠。如以出现检察院遗漏重要证据或出现新事实新证据且足以影响案件公正为由进行上诉,此为被追诉人维护合法权益的合法合理之举,不宜取消量刑优惠。但应注意识别假上诉、技术性上诉。如实践中法院完全采纳量刑建议但被告仍以量刑过重为由上诉妄图获取更轻刑罚或拖延送监之日,实属无端耗费司法资源的不诚信之举,应予以批判、预防。对于"假上诉",二审法院审查后可驳回上诉或通过释法说理允许被告人撤回上诉,或通过检察官抗诉以撤回具结书,使法院不受一审量刑之限制,综合考量案件事实进行重新量刑。

其次,以检察院抗诉压制恶意上诉并非长久之策,且检察院应坚持"谦抑"行权、谨慎抗诉,故应着力于从源头上降低反悔风险以及从程序上构建预防恶意上诉之机制。如可以将认罪认罚案件判决后无正当理由的上诉作为"上诉不加刑"之例外,法院查明上诉系"无正当理由",无须检察院抗诉也可取消量刑优惠,不受具结书及一审量刑之限制。同理,可将以"事实不清、证据不足"为由上诉而发回重审的

---

[1] 参见刘华敏、施红、高苏山:《论认罪认罚从宽制度中被追诉人反悔权行使机制的构建》,载《上海法学研究》第20卷。

速裁案件，视为《刑事诉讼法》第 237 条第 1 款规定的“发回重审不加刑”的例外。[1]

最后，可考虑在具结书中列明认罪认罚的从宽幅度，以便被追诉人切实感受到认罪认罚制度的优越性、真实性，使其坚定选择。同时，在具结书中明确告知无正当理由反悔之后果，使被告人明确知晓认罪认罚带来的量刑优惠及反悔后会取消量刑优惠，有利于增强被追诉人认罪认罚的可预见性以及选择的明智性，以消解反悔心理。

2. 行使反悔权程序转换后司法人员安排

第一，因《认罪认罚指导意见》第 39 条第 3 款、第 48 条而导致程序转换重新审理的，无须更换审判人员，因为大部分认罪认罚案件案情简单且事实清楚及法院存在“案多人少”之困境。但转换为普通程序后需要审判人员严格把控庭审流程，不可刻意省略部分庭审环节；若需要另行补充审判员组成合议庭的，原审判员可作为合议庭成员之一。但反悔后案件均需进行重新审理，以贯彻“集中审理”之原则，确保司法亲历性。

第二，对于适用速裁程序因事实不清、证据不足上诉被发回重审的，笔者认为可依照《刑事诉讼法》第 239 条处理，即另行组成合议庭审判。若由原审合议庭或独任审判员重新审理则于法不合，背离《刑事诉讼法解释》第 29 条第 2 款之规定。[2] 加之，速裁程序简化部分庭审环节，并未对案件进行实质化审理，发回重审后则应给予被告人实质审理的机会。若由原一审法官进行重审，法官易对反悔的被告形成偏见，无形中予以重判，同时法官易受已形成的“有罪判断”干扰而有损客观公正。

第三，被追诉人在审查起诉阶段或审判阶段反悔，笔者认为无须更换检察官，除非存在法定回避的情形。盖因检察官负有客观公正义务并受司法责任终身追责制的约束，加之案件仍需要接受法院审查及降低司法成本之需。但检察官主导审前程序更要求检察官秉持客观公正之立场，准确适用法律，正确办理案件。

3. 认罪口供及衍生证据的处理规则之明晰

首先，反悔后具结书仅能证明被告人曾作过有罪供述，对罪行认定系“辅助

[1] 参见董坤：《审判阶段适用认罪认罚从宽制度相关问题研究》，载《苏州大学学报（哲学社会科学版）》2020 年第 3 期。

[2] 《刑事诉讼法解释》第 29 条第 2 款规定：“在一个审判程序中参与过本案审判工作的合议庭组成人员或者独任审判员，不得再参与本案其他程序的审判。但是，发回重新审判的案件，在第一审人民法院作出裁判后又进入第二审程序、在法定刑以下判处刑罚的复核程序或者死刑复核程序的，原第二审程序、在法定刑以下判处刑罚的复核程序或者死刑复核程序中的合议庭组成人员不受本款规定的限制。”

证据”。[1] 具结书本身是格式化文书，其中并无关于犯罪事实（时间、地点、行为等）的任何具体性描述，甚至不包括罪名。因此具结书不符合证据所具有的还原案件事实的基本功能和要求，实务中不能将具结书直接作为口供来用，更不能径直以具结书作为认定案件事实的证据。[2]

其次，被追诉人曾作出的有罪供述原则上可不予排除，仍可作为认定案件事实的证据。被追诉人是对认罪认罚反悔，法院经过审查，认为该有罪供述不能与在案证据相印证、存在矛盾之处或存在非法取证的则予以排除，且应在证据目录中列明审查情况；反之则可不予排除。

最后，基于有罪供述而得的衍生证据可不予排除，因为排除衍生证据可能造成整个证据链的崩塌，且难以进行重新取证（如依据被告供述取得的指纹随时间灭失），从而导致难以定罪。无形中会诱发被告人反悔心理，从而影响认罪认罚从宽制度的适用，难以实现刑事诉讼探明真相、惩罚犯罪之目的。

（四）发挥检察机关的程序主导作用，规范应对被追诉人反悔

认罪认罚案件中，检察机关主导地位不仅意味着裁量权的扩大，更代表着检察机关在把握认罪认罚案件质量、过滤认罪认罚案件提升诉讼效率以及修复社会关系方面责任的加重。在应对被追诉人行使反悔权的问题上，检察机关亦有可为之处，以降低被追诉人反悔概率。

1. 着力促进刑事和解，加强释法说理

在刑事诉讼中，专门机关的教化、被害方的谅解、家人的规劝能够促进被追诉人形成悔罪心理、真诚认罚、及早弃恶从善与复归社会。在以往案件处理过程，促成和解多由法官承担，但在认罪认罚从宽制度中，促进和解之责转移到了检察官头上，可谓检察官办案能力的一大考验。S 省 C 市各级检察院充分发挥检察官主导作用，多方沟通着力促进和解，以实现认罪认罚从宽制度“修复社会关系”之目的。此举亦有利于降低被追诉人反悔概率，在促进和解的过程中，检察官可对被追诉人的认知能力作出初步预估，并适时解答被追诉人的疑问；通过被追诉人客观外在行为对被追诉人是否真诚悔罪认罚、认罪认罚的稳定性、是否有“反悔”之倾向等作出预判，并及时处理，如对纠结、认罪认罚不稳定的被追诉人则可充分告知后果并提醒其谨慎选择。

---

[1] 参见田力男、杨振媛：《认罪认罚反悔后有罪供述适用问题探究——以“司法契约”理论下有罪供述撤回为切入点》，载《公安学研究》2019 年第 4 期。

[2] 参见万毅：《认罪认罚从宽程序解释和适用中的若干问题》，载《中国刑事法杂志》2019 年第 3 期。

2. 做实量刑协商,精准量刑建议

认罪认罚从宽制度中,被追诉人因“不满量刑”反悔、上诉较为常见,其成因主要在于量刑建议精准性有待提高。总体而言,认罪认罚案件中定刑量刑建议显著增加,但存在主刑确定、附加刑模糊与刑罚执行方式不明等情况。少数检察官采取“精准主刑 + 并处罚金”“精准主刑 + 幅度罚金”的模式,以降低量刑建议不被采纳对考核的不利影响。但罚金对部分被告人来说也是“不可承受之重”,实践中便存在单纯以“罚金过重”上诉的案例。[1]

检察官应精进业务能力,提高量刑建议之精准性,从源头上降低被追诉人反悔风险。由于量刑问题涉及大量证据整理、事实提炼和法律运用事项,而使得公诉人员成为刑事诉讼活动中“最为繁忙的人”。[2] 面对“新业务”,检察官应提升量刑规范化能力,在进行证据开示、充分的量刑协商的基础上,固定量刑情节,综合考量对主刑、附加刑、刑罚执行方式提出精准适格的量刑建议。协商越充分、量刑越精准,被追诉人方能越早明确认罪认罚的预期利益,从而降低反悔概率,更好推动认罪认罚从宽制度运行及实现目的。

Abstract: In the process of building a socialist legal system with Chinese characteristics in the new era, the leniency system for confession and punishment is a major innovative work. This is also an important reform achievement of China's criminal procedure system. The right to retract is crucial in ensuring the voluntary admission of guilt and punishment by the accused. But there has always been controversy in the legal community about how to properly deal with the issue of the defendant's repentance after pleading guilty and accepting punishment. Through analyzing the current judicial practice, we found that there are mainly the following problems: the legal protection mechanism for the defendant's right to retract is not perfect, and the lack of corresponding regulatory measures leads to the defendant's malicious retraction, which directly leads to the abuse of rights; The unclear legal consequences of the defendant's repentance have led to non - standard judicial practice. Therefore, in legislation, we should improve the protection mechanism, establish a constraint mechanism for the exercise of the right to retract, and regulate situations of malicious and unjustified retractions; Clarify the legal consequences of reneging, the

[1] 例如陈某盗窃案中,检察院与陈某达成的量刑建议为“有期徒刑 7 个月—10 个月,罚金人民币 1 千元—3 千元”,法院判决“有期徒刑 8 个月,罚金人民币 3 千元”,被告人以“罚金过重”为由提出上诉。

[2] 参见石经海:《量刑建议精准化的实体路径》,载《中国刑事法杂志》2020 年第 2 期。

conversion of litigation procedures, the defendant's confession, and the handling of derivative evidence; Give full play to the leading role of the procuratorial organs, standardize the handling plan for the defendant's repentance, and achieve a balance between litigation efficiency and fairness value.

（责任编辑：马浩洋）

论刑法中的夹结现象及其处断规则

库梦圆[*]　焦旭鹏[**]

内容提要　德国和日本所持的竞合论、罪数论体系在夹结现象中的研究重点不同，德国仅承认想象竞合型夹结现象，而持罪数论的日本还额外讨论牵连型夹结现象。虽然牵连犯本身具有缺陷，但牵连犯现象仍需要一个合理的解决方案，将其部分纳入想象竞合型夹结现象的范围中，其余部分数罪并罚。关于夹结现象，承认夹结作用的效力，使全案按照一罪处理是值得质疑的。在具体处断规则上，应在先"并"后"竞"的基础上进行明确，即应先放下夹结的罪名不看，将本身就相互独立的数个犯罪按照实质竞合的规则确定执行刑的裁量范围后，再与起到贯穿作用的罪名依照"想象竞合从一重"从重处断；此两种处断方式兼顾了禁止重复评价原则与充分评价原则，更加具有合理性。

关键词　夹结现象　想象竞合犯　从一重重处断　禁止重复评价

一、问题的提出

夹结现象是指具有时间延续性的犯罪行为与其他相互独立的数个犯罪行为之间具有想象竞合关系和牵连关系的客观犯罪现象，是对客观犯罪现象的归纳。而夹结作用(Klammerwirkung)是指因夹结现象这一客观犯罪存在而使全案得以一罪论处的作用。[1] 尤其是在以牵连犯引发的夹结现象中，我们实务基本承认夹结作用的效力，采取"全体科刑一罪说"，按其中最重的罪名一罪从重处罚。[2] 因本文

* 库梦圆，中国社会科学院大学法学院刑法学硕士研究生。

** 焦旭鹏，中国社会科学院法学研究所副研究员，中国社会科学院大学法学院副教授。

〔1〕 参见李紫阳、李艳杰：《刑法罪数论中的夹结现象及其处理》，载《河北青年管理干部学院学报》2021年第2期。

〔2〕 参见最高人民法院刑事审判第一庭编著：《刑事审判参考》(1999年第5辑)，法律出版社1999年版，第1－8页。

讨论的是夹结现象的处断规则，是否承认夹结作用的效力或部分承认夹结作用，会带来不同的法律后果，因此应当将夹结现象与夹结作用作为不同的概念看待，本文将通过两个案例引出夹结现象在我国司法实务中的处理现状及现存问题。

案例一：被告人张某与同伙共同出资在重庆注册了花生米征信有限公司，后花生米公司因暴力催收，客户报警，为逃避打击，转移该公司业务并成立了聚联公司，仍从事催收业务，具体方式如下：聚联公司业务员通过同行介绍、在微信朋友圈发动贷款信息招揽客户；引诱客户签订合同金额与实际借款金额不符的借款合同和承租人等空白内容的房屋租赁合同，上门家访考察后放款，以扣除资料保管费、家访费、最后一期利息、违约保证金、将高额利息计入本金等方式虚增借款金额，制造虚假给付痕迹，形成虚假债权债务，骗取借款人财物。借款人还款逾期时，公司员工边打电话威胁，边尾随上门催收。借款人还款逾期后，纠结社会闲散人员将客户诱骗或强行带到公司、宾馆对借款人进行辱骂、威胁、殴打、非法拘禁，逼迫借款人还款。[1]

案例二：被告人姚某在未取得烟草专卖许可证的情况下，通过微信向他人购买假冒香烟用于出售。后姚某将装有假烟的包裹搬回家时被公安机关当场查获品牌香烟约787盒，经鉴定，除两盒芙蓉王（硬）为真品卷烟外，其他被搜出来的卷烟均为假冒注册商标且伪劣卷烟。[2]

案例一中，被告人张某因催收贷款实施的包括将他人强行带走等非法行为分别构成了非法拘禁罪、敲诈勒索罪和非法侵入住宅罪，其中非法拘禁罪与敲诈勒索罪，非法侵入住宅罪与敲诈勒索罪分别成立牵连关系，此时就存在夹结现象。同样在案例二中，被告人姚某长时间未经许可经营烟草买卖的行为构成非法经营罪，在此期间使用微信购入假冒品牌香烟并卖出的行为触犯了生产、销售伪劣产品罪，销售假冒注册商标的商品罪。其中，生产、销售伪劣产品罪与销售假冒注册商标的商品罪并无任何重合关系，两者各自独立，但因为各自与非法经营罪成立想象竞合关系，此时也存在夹结现象。在案件的具体处理上，存在否认各罪之间想象竞合或牵连关系从而数罪并罚，以及承认夹结作用从而全案一罪处理两种结果迥异的方式，并没有一个科学明确的解决路径。

由此可见，夹结现象在我国是有讨论的空间和必要的，通过起贯穿作用的犯罪行为可将两个原本应适用数罪并罚规则的犯罪行为串联起来，适用想象竞合犯或牵连犯的规则从一重罪处断，将会极大地影响法官的裁量。因此，夹结作用遭受到

---

〔1〕 参见张某、邓某等20人诈骗、敲诈勒索、非法拘禁、非法侵入住宅案，青海省西宁市中级人民法院（2019）青01刑终326号刑事裁定书。

〔2〕 参见姚某非法经营案，江西省萍乡市安源区人民法院（2021）0302刑初430号刑事判决书。

了不同程度的质疑,被夹结的两个罪名在实行行为上并没有任何的重合,为何还能成立行为单数从而适用想象竞合犯的规定?本应该按照实质竞合并罚的数个犯罪行为,为什么附加了另一个犯罪行为后,实质竞合加重刑罚的效果就要被切断,从而减轻被告人的刑事责任?以上是本文将解决的主要问题,并尝试构建一个解决夹结现象的更合理的处断规则。

二、夹结现象的类型

作为客观存在的夹结现象本身很具研究意义,但是德国、日本的研究侧重有所不同。德国在竞合论的体系下仅承认想象竞合型夹结现象,而持罪数论的日本在此基础上还例外地承认牵连型夹结现象。本文将对两种夹结现象的类型逐一进行讨论。

(一)牵连型夹结现象的基本问题

牵连型夹结现象是指两个本来独立的犯罪行为,由于各自和第三个犯罪行为产生牵连关系,前两个犯罪行为全部被第三个犯罪行为夹结成牵连犯的情形。[1] 有观点认为,讨论牵连型夹结现象绕不开牵连犯存废之争,一旦否认牵连犯的概念自然也就没有讨论牵连型夹结现象的必要。[2] 牵连犯存废历来是我国刑法学界争论不休的问题,观点针锋相对。我国传统理论通说是承认牵连犯的概念,但也必须看到是否承认、如何界定和处断牵连犯一直都是学界尚未达成共识的问题,甚至一度出现彻底取消牵连犯的主张,“牵连犯目前在我国刑法中还有部分价值,但意义已经十分有限”。[3]

本文支持废除牵连犯的概念,理由如下:

首先,目前在我国对一罪与数罪的区分仍以犯罪构成为标准,以构成要件的符合次数作为确定罪数的标准,符合一个犯罪构成的,构成一罪;符合数个犯罪构成,构成数罪。[4] 根据该说,犯罪人的犯罪目的虽然只有一个,但是其故意、行为、侵害的法益都是数个,符合数个犯罪的构成要件,应当成立数罪。虽然作为犯罪的手段行为和牵连犯的数个犯罪行为都是为了一个最终目的而实施,但是不应忽视犯罪的手段行为和结果行为也都具有各自的目的,牵连犯具有两个相互联系且不同层

---

〔1〕 参见王彦强:《牵连犯成立要件的判例研究——基于对 1700 余件裁判文书的观察分析》,载《中外法学》2024 年第 4 期。

〔2〕 参见李紫阳、李艳杰:《刑法罪数论中的夹结现象及其处理》,载《河北青年管理干部学院学报》2021 年第 2 期。

〔3〕 陈兴良:《教义刑法学》(第三版),中国人民大学出版社 2017 年版,第 712 页。

〔4〕 参见张明楷:《刑法学》(第六版),法律出版社 2021 年版,第 616 页。

次的目的,而不是一个;另外,牵连行为与两个独立的犯罪行为并无本质区别,所造成的危害结果的轻重和大小,只能根据行为人的行为产生的实际结果来衡量。[1]例如,行为人先挪用公款后进行赌博活动构成的牵连行为与独立的挪用公款的行为和独立进行赌博的行为,本质上并无区别,不能仅凭两者之间有牵连关系就认定为一罪处理,强行将应当并罚的数罪视为一罪处理,会带来罪刑不相适应的问题。

其次,牵连犯在我国缺少立法支撑,成立牵连关系的界限十分模糊。"难以对牵连犯的处罚形成统一的标准,不符合罪数形态应具有同一处罚标准的前提。"[2]牵连关系是目的和手段的牵连或者原因和结果的牵连,但是目的和手段、原因和结果的范围究竟有多大?例如,公认最典型的牵连关系——伪造文书或印章进行诈骗的行为,因伪造印章的行为并不是实施诈骗犯罪的类型化及通常性的手段特征,两行为之间不具有牵连关系,也应当并罚。[3] 以上并不是个例,笔者以"牵连犯"为关键词在北大法宝中进行检索,发现在我国的司法判决中,大多以手段与结果行为、原因与结果行为不具有通常的对应关系为由,否定两罪之间的牵连关系。由此可见,如果主张两个行为侵犯不同的法益或不具有通常的关系且刑法对此无规定就可以数罪并罚,相当于否定牵连犯理论。肯定牵连犯,就不应当有数罪并罚的问题,因为"牵连犯完全是与数罪并罚相对应的一组罪数形态概念中的一个"。[4] 张明楷教授认为,应当把研究的目光放在对什么样的牵连犯实行数罪并罚,对什么样的牵连犯仅适用一个重罪的法定刑,进而提出在刑法规定实行并罚的场合,否认牵连犯;只有具备牵连关系且仅适用一个重罪的法定刑时,才属于牵连犯。[5] 但这样的解释还是没有成功走出如何认定两行为之间是否存在牵连关系的困境,在犯罪分子实施的数个本身就具有联系的犯罪行为中划分哪些是具有牵连关系的犯罪行为,是极为困难的。

最后,牵连犯的规定仅存在极少数国家中,也有国家或地区取消或几近取消牵连犯的概念。如果一项规定是有益的,那至少不应当被取消或者废除。一般认为,牵连犯的概念源自德国。费尔巴哈于1824年起草的《巴伐利亚刑法典(草案)》中最早系统、完整地阐述其概念并明确提出了适用"从一重处断"的原则,[6]但似乎并未得到多数国家刑事立法的承认。德国通说认为,"应以犯罪构成要件来区分行

---

〔1〕 参见储槐植、孟庆华:《论有牵连关系的两罪也应实行并罚》,载《中外法学》1990年第5期。

〔2〕 陈洪兵:《罪数论的中国方案——包括的一罪概念之提倡》,载《华东政法大学学报》2020年第3期。

〔3〕 参见杨某1合同诈骗、伪造公司印章杨某2合同诈骗、诈骗案,江苏省泰州市医药高新技术产业开发区人民法院(2019)苏1291刑初129号刑事判决书。

〔4〕 刘宪权:《罪数形态的理论正本清源》,载《法学研究》2009年第4期。

〔5〕 参见张明楷:《罪数论与竞合论探究》,载《法商研究》2016年第1期。

〔6〕 参见高铭暄、叶良芳:《再论牵连犯》,载《现代法学》2005年第2期。

为单复数,构成要件本身以实施数个具体行为为条件时仍认定为一行为按一罪处理,对于目的行为或原因行为所构成犯罪的构成要件本身不能涵盖手段行为或者结果行为时,则属于实质竞合即数罪”。[1] 以盗窃罪为例,日本设置牵连犯规定的目的是避免因设立新罪带来的刑罚适用均衡方面的疑虑,即“牵连犯是为解决日本新旧刑法转换的特殊问题而采取的立法例”。[2] 即便如此,日本也出现过废除牵连犯的主张,1940 年的《改正刑法案》《昭和刑法准备案》和 1974 年的《刑法改正草案》都主张删除牵连犯的立法规定,其理由为“即使删除牵连犯规定,认为是想象竞合之情形亦相当多,并不会对被告造成不当利益”。[3] 虽然草案未得到通过,但至少能说明牵连犯的存在是有疑问的。在我国刑法中已经有牵连犯并罚的规定,实践中也存在从不并罚到并罚的趋势,牵连犯完全可以成为实质竞合中的讨论内容。[4]

综上,废除牵连犯是有理论根据的,司法实践也能为其提供例证,更加符合刑法的发展。但是基于我国目前现状,原因行为与结果行为、手段行为与目的行为存在密切关系的行为确实存在,如行为人为了实施盗窃行为非法侵入他人住宅。事实上,就目前对盗窃罪的规定来讲,入户盗窃分明是同时符合盗窃罪和非法侵入住宅罪的构成要件,但是将入户盗窃作为一个整体行为进行处罚也能说明部分牵连行为完全可以朝着想象竞合发展。因此,对于该类行为,可以大致分为想象竞合犯和数罪并罚两种具体路径进行处理。首先,就想象竞合犯的情形,应当重新明确行为单数的概念,如果数个具有牵连关系的行为是基于一个意思决定所启动的一个复合的因果流程,其中数个相互连结的因果事实,彼此之间具有方法目的、原因结果关系时,即为一行为。[5] 例如,行为人为了抢劫财物,打伤被害人后夺走财物的场合就应当成立故意伤害罪和抢劫罪的想象竞合犯。但相反,如果不是基于一个意思或者不具有方法目的、原因结果关系时,就应当数罪并罚。例如,行为人为了走私抗拒检查,走私罪与妨碍公务罪之间具有不同的故意,不能认定是一行为,从而应当并罚。如此一来,针对夹结现象就只承认想象竞合型夹结现象,日本罪数论中额外讨论的牵连型夹结现象不在本文讨论的处断规则之内。

---

〔1〕 蔡智玉:《从法律拟制与注意规定的区分看牵连犯的处理规则》,载《人民法院报》2019 年 6 月 20 日,第 6 版。

〔2〕 路军:《移植与限度:牵连犯教义学理论引入之反省》,载《法学杂志》2019 年第 6 期。

〔3〕 日本法务省刑事局编:《法制審議会改正刑法草案の解説》,大藏省印刷局 1975 年版,第 111 页。转引自王彦强:《牵连关系的类型——基于刑事立法、司法解释规定的分析》,载《法学研究》2022 年第 3 期。

〔4〕 参见陈兴良:《教义刑法学》(第三版),中国人民大学出版社 2017 年版,第 741 页。

〔5〕 参见许玉秀:《一罪与数罪之分界——自然的行为概念》,载《台湾本土法学杂志》2003 年第 46 期。

（二）想象竞合型夹结现象的基本问题

两个本来独立的行为，各自和第三个犯罪行为产生想象竞合关系，此种现象即为想象竞合型夹结现象。“第三个行为虽可能是状态犯，但更可能是继续犯。”[1]在夹结现象中，只是起到贯穿作用的犯罪行为与被夹结的犯罪行为之间处于想象竞合关系，数个被夹结的犯罪行为之间则是实质竞合的关系。若承认起到贯穿作用的犯罪行为具有夹结作用，将本来属于实质竞合关系的两罪视为行为单数，从而将本案所有犯罪都依想象竞合来处断。

德国在想象竞合型夹结现象的认定以及处理上，经历了从严格认定的阶段到夹结去除的阶段。为了不违背禁止重复评价原则，又不让行为人获得不适当的评价，德国法院认为夹结作用的成立需要作为“夹子”的行为是成立夹结作用的所有行为中罪责最重的不法行为。如果和两个相互独立的犯罪分别构成想象竞合关系的是一个较轻的罪，就无法发生夹结作用。例如，醉酒驾车致人死亡后逃逸的行为，醉酒驾车分别与过失致人死亡、交通肇事后逃逸成立想象竞合，醉酒驾车因为罪责过轻无力连结另两个较重之罪，无法发生夹结作用。[2] 在严格认定阶段，只要有一个被夹结的犯罪行为的罪行轻于被贯穿的罪行，就应当否定这样的夹结作用。不过，新的司法判决推翻了这个指导思想，改为：某个各与其他两项犯罪重合的犯罪行为，在即便是其中的一个要比它们之间居间的连接单元更为严重的情况下，也能够成立这两个其他犯罪上的犯罪单数。[3] 此时，即使只有一个罪名轻于夹结之罪也能承认夹结作用，否认夹结作用的情形被限制在两个被夹结的罪均重于夹结之罪。虽然德国实务上仅将否认夹结现象视为例外，但反对意见却蓬勃发展，逐渐走向了夹结去除的阶段。“盖原本应依实质竞合处理的行为，仅因有一贯穿行为的存在，而变得依想象竞合处理，其无异于是将行为人的责任化重为轻，而造成不正义的现象。”[4]因此在想象竞合型夹结现象的处断上，是否承认夹结作用以及否定夹结作用后采用何种处断规则能够最大限度地对行为人的犯罪行为做到不重复且充分的评价，是确定想象竞合型夹结现象处断规则的中心所在。

---

〔1〕 林钰雄：《新刑法总则》，台北，元照出版有限公司2023年版，第629页。

〔2〕 参见许玉秀：《一罪与数罪的理论与实践（三）》，载《台湾本土法学杂志》2006年第80期。需要注意到的是我国在交通肇事罪的规定上已经将致人死亡的情形规定在内，与过失致人死亡罪是法条竞合的关系，无法成立两个独立的罪名，这点和《德国刑法典》的规定有所不同。

〔3〕 参见［德］约翰内斯·韦赛尔斯：《德国刑法总论》，李昌珂译，法律出版社2008年版，第474页。

〔4〕 柯耀程：《变动中的刑法思想》，中国政法大学出版社2003年版，第402页。

三、夹结现象处断规则相关学说探讨

(一)夹结现象处断理念之选择

承认夹结作用与否,实际上是禁止重复评价原则与充分评价原则之间的矛盾,对行为人的所有犯行作出充分而不过度、不重复的评价是指导竞合论的帝王条款。[1] 禁止重复评价作为罪刑相适应的派生原则,其对象是与定罪量刑有关的一切事实,这个对象界定相对于"同一行为事实""同一犯罪构成要件事实""同一犯罪"等更具合理性。[2] 判断是否构成刑法上的重复评价,需要判断是否对同一定罪事实或量刑情节进行了重复考量。禁止重复评价的渊源可以追溯到古罗马时期,古罗马法学家乌尔比安在《论告示》第 18 编中指出:"数个针对同一事实相竞合的诉讼,尤其是刑事诉讼,相互吸收。"[3]

充分评价原则也被称为全面评价原则,指的是在事实与规范的涵摄过程中,法律适用者需要对一切主客观事实进行无遗漏的评价,这样才能最大限度地保护法益,包括定罪上的完全评价与处断上的完全评价。[4] 学者们对两个原则之间的关系存在不同看法。有的学者认为禁止重复评价原则与充分评价原则具有共同的价值基础,两者相辅相成,是刑法目的的一体两面,两者并不冲突。[5] 一般情况下,对案件事实进行不重复且充分的评价是可能的,但"由于行为所实现的构成要件之间仅存在部分的交叉,禁止重复评价原则与全面评价原则存在潜在的冲突",[6] 尤其是在想象竞合中。

在李某某交通肇事案中,李某某驾驶重型特殊结构货车碾轧骑普通二轮摩托车的樊某,造成樊某当场死亡。事发后,李某某继续驾车向前行驶六七十米后停车,后驾车驶回公司。根据《交通安全法实施条例》第 92 条规定:"发生交通事故后当事人逃逸的,逃逸的当事人承担全部责任",经公安交管部门认定,李某某发生交通事故后驾驶车辆逃逸是认定李某某对该起交通事故负主要责任的原因。故公诉机关据此指控李某某的行为构成交通肇事罪,逃逸情节已经被作为入罪情节加以

---

〔1〕 参见林钰雄:《新刑法总则》,台北,元照出版有限公司 2023 年版,第 584 页。

〔2〕 参见聂慧苹:《禁止重复评价之刑法展开与贯彻》,载《中国刑事法杂志》2015 年第 3 期。

〔3〕 [意]桑德罗·斯奇巴尼选编:《司法管辖权　审判　诉讼》,黄风译,中国政法大学出版社 1992 年版,第 73 页。

〔4〕 参见庄劲:《犯罪竞合:罪数分析的结构与体系》,法律出版社 2006 年版,第 50—51 页。

〔5〕 参见王杰:《禁止重复评价原则的内涵澄清与实践展开——以想象竞合为切入点》,载《广西警察学院学报》2023 年第 1 期。

〔6〕 徐凌波:《犯罪竞合的体系位置与原则——以德国竞合理论为参照》,载《比较法研究》2017 年第 6 期。

考量,若再将该行为作为量刑加重情节,有违禁止重复评价原则。[1] 但行政法的评价是否必然阻却刑法的再次评价?由于行政处罚和刑事处罚本质是不同性质的处罚,不能因刑事责任免除行政责任,更不能以行政责任代替刑事责任。[2] 此外,不涉及不同领域的情形,就罪数认定上也存在冲突。在伊某滥用职权、受贿一案中,被告人伊某在担任某县经济贸易局局长期间,为了个人的私情、私利及单位小集体的利益,在审查材料时明知含有大量虚假数据,而不正确履行审核申报材料真实性、可靠性的工作职责并予上报,造成国家直接经济损失上百万元。同时,被告人伊某收取该公司现金、葡萄酒等。[3] 该案一审认定收受他人贿送的财物既是构成滥用职权罪的一个完整的犯罪行为,也与受贿罪的犯罪构成要件形成竞合。如此认定显然混淆了滥用职权行为与收受贿赂行为之间的关系,若只以受贿罪一罪定罪处罚,必然对其滥用职权行为失去评价,违反了充分评价原则。由此可见,对被告人实行不重复且充分的评价是一种理想状态,是司法工作者应当追求的目标,某些情况下,两个原则之间确实存在冲突。

禁止重复评价原则背后的价值理念是人权保障,充分评价原则背后的价值理念则是法益保护,因此,两个原则之间的冲突实际上是刑法两个价值追求之间的衡量。[4] 强调刑法的人权保障价值,会在一定程度上弱化其法益保护机能;重视刑法的法益保护机能,又会带来人权保障的淡化。当发生价值冲突时,一般认为需要视情况借助于价值位阶原则、个案衡量原则和比例原则予以解决,[5]刑法惩罚犯罪是为了保护被害人的权利、安抚被害人及其家属、保证犯罪人受到人道而公正的惩罚、维护稳定的社会秩序和正常的国家运转,这些都是人权保障的基本要求,[6]在价值位阶上,人权保障价值是要高于法益保护的价值的。"法的正义性表现在刑法领域,就是要在惩罚犯罪、防卫社会的同时,切实有效地保障被告人的权利,防止不恰当地加重被告人的责任,以期实现罪刑的均衡性,而禁止重复评价是法的正义性的题中应有之义。"[7]我们要秉持有利于被告人的原则,首先保证不对犯罪行为进行重复评价,如果因为禁止重复评价而导致无法充分评价行为人的部分行为,那么

---

〔1〕 参见李某某交通肇事案,北京市朝阳区人民法院(2013)朝刑初字第316号刑事判决书。

〔2〕 参见李煜兴:《行刑衔接的规范阐释及其机制展开——以新〈行政处罚法〉行刑衔接条款为中心》,载《中国刑事法杂志》2022年第4期。

〔3〕 参见伊某等滥用职权、受贿案,福建省龙岩市中级人民法院(2012)岩刑终字第150号刑事裁定书。

〔4〕 参见李海滢、王延峰:《因受贿而渎职的罪数问题:处断原则与理论依据》,载《河南社会科学》2021年第10期。

〔5〕 参见徐显明主编:《法理学原理》,中国政法大学出版社2009年版,第294—295页。

〔6〕 参见肖中华、朱志炜:《论刑法解释的价值取舍——从法治视角看人权保障与社会正义的冲突》,载《法学杂志》2017年第3期。

〔7〕 欧阳本祺、秦长森:《积极刑法观的实践修正与功能完善》,载《东南大学学报(哲学社会科学版)》2023年第2期。

允许放弃对该部分犯罪行为的评价。[1] 因此,在夹结现象的处断上,应当尽可能地选择一种可以兼顾禁止重复评价原则与充分评价原则的方案,在无法两全的情况下,应当以禁止重复评价原则为优先。

(二)夹结现象相关学说辨析

前文案例二中提到的非法经营烟草案是典型的想象竞合型夹结现象,在下文相关学说的讨论中将借助该案例加以说明。

1. 先“并”后“竞”说

先“并”后“竞”说是雅克布斯(Günther Jakobs)教授在全面否认夹结作用的基础上提出的处断方案。雅克布斯教授认为应先放下夹结的罪名不看,将本身就相互独立的数个犯罪按照实质竞合的规则确定执行刑的裁量范围后,再与起到贯穿作用的罪名依照想象竞合从一重处断。[2] 在上述案例中,借用雅克布斯教授的处断规则,先将行为人实施的生产、销售伪劣产品罪和销售假冒注册商标的商品罪进行并罚处理后,将得到的量刑结果与行为人触犯的非法经营罪依照想象竞合关系从一重处断,得到最终的刑罚。蔡圣伟教授评价该方案既不会有重复评价的漏洞,因为被贯穿的罪名仅被评价一次,也不会忽略后发生的行为与被贯穿罪名之间的行为重合关系,同时也兼顾到了两个被夹结的罪名之间并没有实行行为重合的事实,为我们在这种迷宫中提供了一条出路。[3] 值得一提的是,刘士心教授的方案与雅各布斯教授的观点有相似之处,只是在最后的处理结果上有所区别,雅克布斯教授主张“从一重处断”,刘士心教授主张“从一重重处断”。“从一重处断”是目前的主流说法,也是大部分国家和地区采取的处断原则,但其弊端也是显而易见的。行为人虽然只实施了一个行为,但是触犯了两个罪名,造成了两个危害结果,只选择其中最重的罪名定罪处罚,忽视其他相对较轻的罪名,使其无法参与量刑的同时丧失了评价判断意义。[4] 此外,“从一重罪处断”也无法解决当出现两个刑罚相同的罪名时孰轻孰重的问题,随意选取一个罪名恐怕没有合理依据。“从一重处断”虽然可以避免量刑增加的负担已达到诉讼经济的效果,但随之而来的代价是实质正义的牺牲,是对刑法价值位阶的颠倒。[5] 综上,相较于“从一重罪处断”而言,“从一重重处断”可能是更合适的选择。

---

〔1〕 参见曲新久:《刑法的精神与范畴》,中国政法大学出版社 2000 年版,第 152 页。
〔2〕 参见蔡圣伟:《刑法问题研究(二)》,台北,元照出版有限公司 2013 年版,第 437 页。
〔3〕 参见蔡圣伟:《刑法问题研究(二)》,台北,元照出版有限公司 2013 年版,第 437 页。
〔4〕 参见边煜欣:《想象竞合犯处断原则的困境与重构》,载《时代法学》2022 年第 1 期。
〔5〕 参见李杰:《论想象竞合犯的行为本质及处断原则》,西南政法大学 2009 年硕士学位论文,第 23—24 页。

2. 分割解决说

分割解决说是学者韦勒提出的专门针对继续犯所形成的夹结现象的处断方式，将起到贯穿作用的继续犯犯罪行为进行分解，并将分解后的各段继续犯分别与对应的其他犯罪依照想象竞合进行处理，之后再按照实质竞合的方式进行并罚处置。[1] 韦勒认为，“在夹结现象中持续出现了他行为的，在法律上是一个独立的新的行为，其实质是否认了起夹结作用的行为的一个性”。[2] 韦勒意图将行为人实施的非法经营罪行为进行分解后，分别与生产、销售伪劣产品罪和销售假冒注册商标的商品罪依照想象竞合从一重处理后，再按照实质竞合的方式进行并罚。韦勒的学说注意到了只有在时间上具有连续性的行为，才会出现夹结现象的问题，看似很科学，但却忽略了很重要的问题：被夹结的行为可以被什么分割？如果行为可以被分割，如何分割比较合理？

前文已经提到，当禁止重复评价原则与充分评价原则发生不可避免的冲突时，应当优先适用禁止重复原则。“当众多学者都认为分割是解决问题的唯一手段之时，也就意味着他们都认为此时防止评价不足比禁止重复评价更重要。”[3]应当明确的是，当将彼此之间具有方法目的、原因结果关系的行为视为行为单数，本身就存在评价不足的问题，并不能完整地保护所有被侵害的法益。例如，行为人非法持枪杀人，非法持枪行为与故意杀人的行为由于出于一个意思决定，符合一个因果流程，两罪之间成立想象竞合，择一重按照故意杀人罪处置。但是故意杀人罪被规定在侵犯公民人身权利、民主权利一章中，其保护法益是人的生命权；而非法持有、私藏枪支、弹药罪是一种妨害社会管理秩序的犯罪，其保护法益是公共安全，具体表现形式是公众免于恐惧的安全感。[4] 故将行为人的行为评价为故意杀人罪的保护法益并不能涵盖非法持有、私藏枪支、弹药罪所保护的公共安全，这种情形下为了实现充分评价的目的，将行为人非法持枪的行为分割为两部分是可以被理解的。但是也存在不能分割的情形，如行为人酒后驾车连续撞击数人的场合。[5] 根据我国刑法相关规定，以危险方法危害公共安全罪的结果可以表现为三种：一是出现危及多数人的生命或重大健康的具体危险，但未造成任何实害性后果；二是出现他人轻伤或者单纯的财产损失结果；三是出现致人重伤、死亡或者使公私财产遭受重大损失的结果。即便未发生任何实害性后果，或仅发生人员、财产轻微损伤的后果，

[1] 参见柯耀程：《变动中的刑法思想》，中国政法大学出版社 2003 年版，第 404—405 页。

[2] 张爱晓：《犯罪竞合基础理论研究》，中国人民公安大学出版社 2011 年版，第 175 页。

[3] 吴盛文：《论刑法中的夹结效应》，中国政法大学 2021 年硕士学位论文，第 27 页。

[4] 参见车浩：《非法持有枪支罪的构成要件》，载《华东政法大学学报》2017 年第 6 期。

[5] 参见侯某以危险方法危害公共安全案，浙江省温州市中级人民法院（2012）浙温刑终字第 787 号刑事判决书。

如果其已经给公众的生命、身体等造成现实紧迫的具体危险,则应当认定构成以危险方法危害公共安全罪。行为人连续发生碰撞,如果造成被害人重伤或者死亡,可能会因为主观意志上的故意或者过失构成故意杀人罪或者过失致人重伤罪,但我国刑法通常会将这一系列的行为评价为以危险方法危害公共安全罪,通过以危险方法危害公共安全罪这一罪名就可以涵盖这一连串行为所侵害的法益。此时,就我国刑法规定而言,行为人酒后驾车的行为是无法分割的,韦勒提出的处断规则并不适用于所有的夹结现象。即使所有的行为都可以被分割,按照什么样的分割标准也是值得考虑的问题。

3. 先"竞"后"并"说

有观点认为,应先将被夹结的罪名各自与起到夹结作用的罪名依照想象竞合从一重处断后,再依照实质竞合合并处罚,从而确定应当执行的刑罚。先将非法经营罪和生产、销售伪劣产品罪按照想象竞合关系进行从一重处理,再将其和销售假冒注册商标的商品罪依照想象竞合关系从一重处理,之后再将两个依照想象竞合关系从一重处理的结论依照实质竞合关系进行并罚。对该处断方式的质疑是,按照此种处理方式,行为人所犯的非法经营罪将会被评价两次,有重复评价同一事实之嫌。想象竞合虽然是从一重处断,但也并非不重视轻罪所起的作用,行为人实施的所有犯罪行为都对最终的刑罚结果产生影响。根据这一设想,假设都是基本犯的情形,先将非法经营罪和生产、销售伪劣产品罪从一重处,定非法经营罪;再将非法经营罪和销售假冒注册商标的商品罪从一重处,同样定非法经营罪,最后按照实质竞合合并处罚就是两个非法经营罪并罚,在我国的刑法理论和司法实践中显然是行不通的。

4. 前"竞"后"并"说

有学者则是将起到贯穿作用的犯罪与发生在先的犯罪依照想象竞合关系从一重处理,之后再将从一重的结论与其他犯罪行为所触犯的罪名依照数罪并罚的关系进行并罚处理。[1] 该方案中,非法经营罪已经和生产、销售伪劣产品罪成立想象竞合,已经得到了充分的评价,不需要再次与销售假冒注册商标的商品罪合并考量,此种处断方式避免了非法经营罪被重复评价的漏洞。但该方案也不是无可指摘的,行为人的非法经营行为同时与销售伪劣产品的行为和销售假冒注册商标的商品的行为存在联结关系,为什么只考虑发生在先的犯罪行为与起到贯穿作用的犯罪行为的特殊关系从而进行特别处理,却忽略了后发生的犯罪行为也与起到贯穿作用的犯罪行为有特殊关系?就像蔡圣伟教授所说:"剩余罪名的实行行为与加重危险物品罪的实行行为亦有重合,何以两罪名在局部统一性判断下不论以行为

[1] 参见甘添贵:《刑法案例解评》,台北,瑞兴图书股份有限公司 1999 年版,第 313—316 页。

单数之想象竞合?”[1]

除以上学说外，也有众多学者尝试为合理处置夹结现象提出自己的方案，例如，普珀教授在完全否定夹结作用的基础上，认为应从一开始就将起到贯穿作用的行为分解为数个构成要件实现，然后与其他构成要件实现之间成立想象竞合，“该解决办法可以避免形成想象竞合的不同规则之间的悖论，也可以在只有持续犯被判决，且该持续犯只有与其中一个罪名有共同的实行行为，而另一个罪名的构成要件此前已避开了刑事诉讼时，避免刑事诉讼被用尽。”[2]还有最简单粗暴的处理方式，数罪之间即使具有联结关系也应数罪并罚。综合考虑后，以上种种学说均存在无法自圆其说的缺陷，不是处理想象竞合型夹结现象的最佳选择。

四、夹结现象处断规则的建构

（一）夹结作用之否定

是否承认夹结作用仍需回归到夹结现象的构成上，本身是两个互不干涉、适用并罚规则的独立数罪，因各自与被夹结的行为构成一个行为单数从而成立想象竞合，进而全案适用想象竞合犯的规则从一重罪处断或从一重重处断，是否合理是构建处断规则需要考虑的第一个问题。按照德国同种数罪也应并罚的做法，当行为人侵害他人住宅后杀害被害人一家，就形成一个非法侵入住宅罪与数个应该并罚的故意杀人罪之间的想象竞合，若承认夹结作用，对于此案的处理就变成在非法侵入住宅罪与故意杀人罪之间按照重罪处罚，最终定一个故意杀人罪。倘若行为人不实施非法侵入住宅的行为，只是在大街上接续杀死多人，就能按照数个独立的故意杀人罪进行处罚，多实施一个侵入住宅的不法行为，最终量刑反而变轻了，显然是不合理的。此外，此种做法也是在告诉潜在犯罪人，只需要多实施一个能够成立想象竞合关系的犯罪反而会得到更轻的刑罚，无疑是在鼓励犯罪。

在我国同样如此，在张某等人诈骗、敲诈勒索、非法拘禁、非法侵入住宅一案中，被告人张某等人基于非法占有目的实施敲诈勒索行为，具体使用非法拘禁与非法侵入住宅的手段。[3] 具体到夹结现象中，张某等人可就非法拘禁罪和敲诈勒索罪成立想象竞合，非法侵入住宅罪与敲诈勒索罪成立想象竞合。承认夹结作用就会造成在三个罪名中选择一个较重的刑罚执行的局面，这显然不能为司法部门所

---

[1] 蔡圣伟：《刑法问题研究（二）》，台北，元照出版社有限公司 2013 年版，第 437 页。此处，蔡圣伟教授举的例子是行为人持枪先后杀死两人的行为，故其起到贯穿作用的罪名是加重危险物品罪。

[2] [德]英格博格·普珀：《德国刑法总论：以判例为鉴》（第四版），徐凌波、喻浩东译，北京大学出版社 2023 年版，第 458—459 页。

[3] 参见张某、邓某等 20 人诈骗、敲诈勒索、非法拘禁、非法侵入住宅案，青海省西宁市中级人民法院(2019)青 01 刑终 326 号刑事裁定书。

接受,也无法起到法律的一般预防效果。事实上,终审法院也是按照并罚进行处理的,这恰恰证明了若按照全案择一重罪论处会带来罪刑不相适应的问题,进而损害司法的威信。因此,本文并不赞同因为作为“夹子”的犯罪行为与其他两个本应成立实质竞合的犯罪行为有想象竞合关系,就将全案以一罪论处。

(二)从一重而重处断之确立

明确本文持否定夹结作用的立场后,本文赞同刘士心教授在完全否认夹结作用的基础上提出的处断方案。刘士心教授认为应先放下夹结的罪名不看,将本身就相互独立的数个犯罪按照实质竞合的规则确定执行刑的裁量范围后,再与起到贯穿作用的罪名依照想象竞合从一重重处断。[1] 前文已经介绍该方案与雅各布斯教授提出的方案在前期处理上是一致的,只是在执行刑的确定上分为“从一重处断”和“从一重重处断”。需要说明的是,刘士心教授在书中只是用了极少的篇幅介绍该方案,并未详细说明其合理之处,也未明确“从一重重处断”究竟是“从一重从重处断”还是“从一重加重处断”。因此,本文欲通过对二者进行对比得出较为适合的结论。

“从一重重处断”是指对想象竞合犯的处罚应当选择行为所触犯的重罪名并适当从重或加重的处罚原则,包括“从一重从重处断”与“从一重加重处断”,该理论在我国的兴起是由于部分学者认为“从一重处断”并不能充分评价行为人的罪行。[2] 在“从一重处断”和“从一重重处断”的选择上,首先,无论是“从一重处断”或者“从一重重处断”,本质上还是依照想象竞合犯的处断规则为基础,而想象竞合犯的处理,《刑法》第 329 条“抢夺、窃取国有档案罪”明文规定了其处罚原则为“从一重处断原则”,该处断原则不仅适用于本条款,也可以类推适用于其他想象竞合犯,即依照行为触犯的数个罪名中法定刑较重的犯罪定罪处罚,而不实行数罪并罚。[3] 由于成立想象竞合犯仍然是一个行为,只是恰好符合了数个罪名的构成要件,因此从行为的一个性出发,想象竞合应当作为一罪处理,毕竟没有行为就没有犯罪,采取并罚显然对该行为进行了重复评价。[4]

但是相对于单纯的一罪而言,其数罪特征更强,造成两个法益侵害的结果,从一重重处断“与想象竞合犯的社会危害性程度具有双向性的实际相适应,在其处罚

---

〔1〕 参见刘士心:《竞合犯研究》,中国检察出版社 2005 年版,第 164 页。

〔2〕 参见何荣功、黄丽:《论想象竞合犯的处罚原则及其适用》,载《武汉大学学报(哲学社会科学版)》2005 年第 3 期。

〔3〕 参见高铭暄、马克昌:《刑法学》(第 10 版),北京大学出版社 2022 年版,第 185 页。

〔4〕 参见陈兴良:《刑法适用总论》,中国人民大学出版社 2017 年版,第 589 页。

上只有轻于实际数罪,同时又重于单纯一罪,才能切实体现罪刑相适应原则”。[1]“从一重重处断”在瑞士、意大利等国家的刑法典中有明确规定,例如,《瑞士联邦刑法典》第68条规定:“因一行为或数行为可能被科处数个自由刑的,法官可就其最严重行为科处自由刑,并适当提高该自由刑的期限,但所提高之刑期不得长于应科处自由刑最高限之一半。判刑时法官应受刑种最高限的约束。”[2]瑞士刑法典的做法符合想象竞合侵害了数个法益的特点,相对于从一重处断更能体现罪刑相适应原则。[3]

其次,从一重重处断也并不与禁止重复评价原则相违背。“刑法上的重复评价是将一个定罪量刑事实反复进行评价,其所得出的结论可能违背罪刑相适应原则,使被告人承担明显不利的后果”,包括定罪上的重复评价与量刑上的重复评价。[4]具体到定罪情节上,并不是只要是一个行为就不应被重复评价,而是本质上反映同一不法或罪责内涵的同一行为或情节不得被再次评价。[5]例如,行为人交通肇事后逃逸致死的行为,从形式上看行为人只是实施了一个逃逸行为,但是行为人对于被害人死亡结果的发生却是持放任态度,理应成立故意杀人罪。因此,就交通肇事后逃逸致死的行为,应当成立交通肇事罪与故意杀人罪的想象竞合,而不会被重复评价。既然想象竞合犯本质上也是数个故意,造成数个侵害结果,“从一重重处断”就是更加合适的选择。

就“从一重重处断”内部而言,“从一重从重处断”是指通过比较法定刑或宣告刑选出罪名较重的刑罚后,将其余轻罪作为量刑情节,在最重之刑罚上从重处罚。[6]“从一重加重处断”则是指在受到数罪总和刑罚的限制的前提下,在最重刑罚之上加上最重刑罚的1/2或1/3作为最终刑罚。两种规则相比看似“从一重加重处断”在具体刑罚的设置上更加精准,但事实并非如此。首先,从一重加重处断本身是从意大利、瑞士等国家和地区确认的刑罚方式,但就这些国家而言也没有确定到底是增加1/2还是1/3,不同的国家采取的标准不尽相同,以及加重幅度的由来也未能得到清晰的回答。如上文提到瑞士刑法典明确规定应加重刑期不得多于总刑期的1/2,但意大利刑法对于想象竞合“按限制加重的原则处理,即应按‘数罪中处刑最重的刑罚,再加重该刑罚的三分之一’处罚,实际适用的刑罚可等于,但不得

---

〔1〕 吴振兴:《试论“从一重重处断”原则》,载《法学研究》1993年第6期。

〔2〕 《瑞士联邦刑法典》,徐久生、庄敬华译,中国方正出版社2004年版,第26页。

〔3〕 参见马克昌:《比较刑法原理:外国刑法学总论》,武汉大学出版社2002年版,第797页。

〔4〕 参见周光权:《论受贿罪的情节——基于最新司法解释的分析》,载《政治与法律》2016年第8期。

〔5〕 参见王明辉、唐煜枫:《论刑法中重复评价的本质及其禁止》,载《当代法学》2007年第3期。

〔6〕 参见边煜欣:《想象竞合犯处断原则的困境与重构》,载《时代法学》2022年第1期。

超过各罪应处刑罚的总和”。[1] 其次,采取从一重加重处断的国家并不区分想象竞合犯和典型数罪,这与我国的规定是不同的。我国虽然也没有关于想象竞合犯的明文规定,但是在《刑法》分则及司法解释中多次规定,“依照处罚较重的规定定罪处罚”,可见我国采取的是区分想象竞合和典型数罪的区分制,而非单一刑罚制。[2]

目前来看,关于从一重从重处断最大的争议是将其余轻罪作量刑情节由法官自由裁量会导致刑罚的不确定性,增大法官的自由裁量权容易造成罪刑擅断。但是法官如何裁量是受到法官个人素质和价值立场的判断影响的,因此所谓的缺陷并不是一个普遍性的问题。司法实务部门在实践基础上使用量刑规范化的指南来引导裁判,也能发挥较大作用。

相较于从一重加重处断,从一重从重处断更能实现对犯罪全面且不重复的评价。首先,对于想象竞合犯,需要在判决书中详细交代行为人实施的犯罪行为可能涉及的罪名,从而实现刑法积极的一般预防效果,这是由想象竞合犯的明示功能决定的。[3] 任何的法律规范,都是由“假定”“指引”“法律后果”三部分组成的,想象竞合犯中其余轻罪不参与量刑,只是在判决书中列明不能起到任何法律效果,仅适用余罪刑法规范的假设和指引部分,人为地割裂了刑法行为规范的逻辑结构,一定程度上违反了罪刑法定的要求。[4] 对于想象竞合犯,既要考虑较重的法益侵害事实,也要考虑较轻的法律侵害事实。其次,从一重罪从重处断在我国司法解释中是能够找到依据的,2013 年最高人民法院、最高人民检察院《关于办理盗窃刑事案件适用法律的若干问题的解释》第 11 条规定:“采用破坏性手段盗窃公私财物,造成其他财物损毁的,以盗窃罪从重处罚;同时构成盗窃罪和其他犯罪的,择一重罪从重处罚。”另一个有力证明仍然出现在夹结现象的处理上,我国《刑法》第 333 条第 2 款规定,“有前款行为,对他人造成伤害的,依照本法第二百三十四条的规定定罪处罚”。[5] 该条款明确了若是行为人实施了非法组织卖血或强迫卖血的行为同时对他人造成伤害,成立非法组织卖血罪或强迫卖血罪与故意伤害罪的想象竞合,也就是本文讨论的夹结现象。从各罪的法定刑来看,非法组织卖血罪和强迫卖血罪分别为 5 年以下有期徒刑和 5 年以上 10 年以下有期徒刑,故意伤害罪造成轻伤的法

---

〔1〕 [意]杜里奥·帕多瓦尼:《意大利刑法学原理》,陈忠林译,法律出版社 1998 年版,第 419 页。

〔2〕 参见孟红艳:《想象竞合犯“择一重罪从重处断”的提倡与适用》,载《国家检察官学院学报》2023 年第 4 期。

〔3〕 参见周光权:《刑法总论》,中国人民大学出版社 2021 年版,第 404 页。

〔4〕 参见庄劲:《想象的数罪还是实质的数罪——论想象竞合犯应当数罪并罚》,载《时代法学》2006 年第 2 期。

〔5〕 李立众编:《刑法一本通:中华人民共和国刑法总成》,法律出版社 2024 年版,第 819 页。

定刑为 3 年。[1] 按照雅克布斯教授的处断规则,应先将非法组织卖血罪与强迫卖血罪并罚,后与故意伤害罪从一重处,如此,造成被害人伤害的结果无法得到评价。综上,处理想象竞合型夹结现象时,在刘士心教授提出的处断原则的基础上,应将从一重重处断确定为从一重罪从重处断。

确定想象竞合型夹结现象的处断规则后,有必要对可能涉及夹结作用的判例进行分析。本文案例二中,被告人姚某在未取得烟草专卖许可证的情况下,通过微信向他人购买假冒注册商标且伪劣卷烟用于出售的行为应当如何处断?已知被告人姚某长时间未经许可经营烟草买卖的行为构成非法经营罪,在此期间购入明知道是假冒烟草后出售的行为触犯了生产、销售伪劣产品罪,同时也触犯了销售假冒注册商标的商品罪。所以,应先将生产、销售伪劣产品罪和销售假冒注册商标的商品罪并罚后得出一个量刑范围,再将得到的结果与非法经营罪应判处的刑罚进行比较,选择一个较重的刑罚,同时将余下的罪名作为量刑情节从重处罚。该处断规则可以很好地避免前述学说中存在的各种弊端,可以说是相对合理的解决路径。

五、结论

夹结现象作为一个客观存在但讨论度不高的犯罪形态,设置一个恰当的处断规则是有必要的。夹结现象大致分为两种类型,持竞合论的德国仅承认想象竞合型夹结现象,认为夹结现象只会出现在纯正竞合领域,而持罪数论的日本在此基础上还额外讨论牵连型夹结现象。本文在否定牵连犯概念的基础上,将原有的牵连犯现象部分并到想象竞合犯中,部分数罪并罚。因此,需要重新明确想象竞合犯中“行为单数”的概念,将其判断标准定为只要一个意思决定所启动的一个复合的因果流程,其中数个相互连结的因果事实,彼此之间具有方法目的、原因结果关系时,即为一行为,从而成立想象竞合关系。在夹结现象的处断规则构建上,既需要对行为人的犯罪行为穷尽评价,尽可能全面地评价所有行为,同时又要考虑到保障人权的需要,禁止对一切定罪量刑的事实进行重复评价,以做到不重复且充分的评价为目标。在想象竞合型夹结现象中,在刘士心教授方案的基础上明确从一重重处断应当是从一重罪从重处断,即先放下夹结的罪名不看,将本身就相互独立的数个犯罪按照实质竞合的规则确定执行刑的裁量范围后,再与起到贯穿作用的罪名依照想象竞合从一重处断后,再将其余罪作为量刑情节从重处罚。

Abstract: The focus of the study on the Interlocking Phenomenon differs between

[1] 参见陈伟、石莹:《徘徊在“从一重”与“从一重重”间的想象竞合犯》,载《山东警察学院学报》2017年第1期。

Germany and Japan, which adopt different systems of the crime number and concurrent crime. Germany only recognizes the imaginative concurrent type of Interlocking Phenomenon, while Japan, following crime number theory, additionally discusses the implicated type of Interlocking Phenomenon. Although implicated offenses are inherently flawed, they still require a reasonable solution. Some aspects should be included within the imaginative concurrent type of Interlocking Phenomenon, while the remaining parts should be punished as separate offenses. The acknowledgment of the effect of Interlocking Phenomenon, which allows treating the case as a single offense, is subject to debate. Regarding specific disposition rules, a clear approach should be adopted based on the sequence of "concurrent" followed by "imaginative," meaning that the independent offenses should first be classified according to the rules of substantial concurrence, determining the range of punishment. The offense serving as the unifying factor should then be dealt with according to imaginative concurrence and punished more severely. These two methods of disposition balance the principles of prohibiting double evaluation and ensuring adequate evaluation, thus offering a more reasonable approach.

(责任编辑:钟宇晴)

论破产程序中刑民交叉案件处置思路的显现与协调

韩金璧*

内容提要 我国刑民交叉案件处置思路，较为重视刑事制度效果的优先发挥。就破产案件而言，这一思路主要通过刑事程序优先、刑事退赔制度在破产申请、破产债权申报及清偿阶段予以显现，并对打击经济犯罪、维护社会主义市场经济秩序产生了重要的作用。但与此同时，由于《企业破产法》在规范上缺乏对刑民交叉案件处置思路的呼应，涉刑破产案件受理困难、刑事被害人与民事债权人权益冲突、"同案不同判，同理不同判"等情况较为突出。为进一步加强在破产程序内对刑事程序优先的甄别，平衡刑事被害人和民事债权人在破产程序中的利益，应当采取完善《企业破产法》第19条、规范破产受理标准及裁判文书说理方式、设置退赔权益无须申报机制、退赔权益与破产普通债权同顺位清偿制等协调方案。

关键词 涉刑破产案件 刑民交叉 刑事程序优先 刑事退赔

一、破产申请阶段刑民交叉案件处置思路显现与协调

(一)处置思路显现：刑事程序优先

在破产申请阶段，我国刑民交叉案件处置思路主要体现为刑事程序优先。2019年最高人民法院发布的《全国法院民商事审判工作会议纪要》(以下简称《九民纪要》)"十二、关于民刑交叉案件的程序处理"一节中，专项规定了涉众型经济犯罪刑民交叉处理思路，一言以蔽之，即在"同一事实"或民事裁判必须依靠刑事裁判结论出具时，按照"刑事程序优先，民事程序靠后"处理。受该处理思路影响，涉刑破产

---

* 韩金璧，四川大学法学院诉讼法专业博士研究生。

案件受理较为谨慎。[1] 具体而言有两种情况:一是对于申请人提出的破产申请,若被申请人已经涉嫌刑事犯罪,法院常不予受理该破产申请;二是法院本已经受理破产申请,但是在破产审判过程中发现被申请人涉嫌刑事犯罪的,法院常裁定驳回破产申请。

直接不予以受理的情况,在涉刑破产实务中比较常见。例如,在某置业公司破产清算案中,法院裁定文书在说理部分认为,由于被申请人的法定代表人涉嫌刑事犯罪被检察机关羁押,公司账户被移送,尚不能确定被申请人是否满足资产不足以清偿全部债务这一破产原因,故不予受理;[2] 在某建设集团有限公司破产清算案中,申请人为证明被申请人已经满足破产原因,提供了与被申请人借贷纠纷法院判决的文书及执行终本裁定,但破产法院认为被申请人因为涉嫌刑事犯罪尚在侦查中,申请人提供的证据仍不能证明被申请人达到了破产原因。[3] 以上案件裁判均是依照 2006 年颁布的《企业破产法》(以下简称《破产法》)第 2 条有关破产界限之规定而作出,且部分情况下会适用 2011 年《最高人民法院关于适用〈中华人民共和国企业破产法〉若干问题的规定(一)》第 3 条,[4] 即通过财务账册、审计报告等不满足证明标准,不予受理破产案件。

在已经受理破产申请后,扭转程序裁定驳回申请的案件,刑事程序优先的影响更为明显。例如,某房企破产重整案中,债务人企业已经实质进入破产重整程序,债权人会议已经召开多次,重整计划已经出具,但由于在审理过程中发现债务人企业涉嫌刑事犯罪,法院认为情况发生改变,无法继续证明债务人企业存在破产原因,进而对已经受理的破产申请裁定驳回。这种因为涉刑原因裁定驳回已经受理且实质性进入程序的案件,对于破产程序中各方利益的影响较大,[5] 类似法院裁定的主要依据是《破产法》第 12 条,以及 2002 年《最高人民法院关于审理企业破产案

---

[1] 参见徐怡、尤子谦:《破产程序中的民刑交叉问题研究——基于 96 个司法案例样本的实证分析》,第三届破产法治 · 天府论坛——成渝地区双城经济圈破产协作专题研讨会会议论文,2022 年 1 月 9 日于四川成都。

[2] 参见工建公司、郑州华德地毯集团有限公司申请万通置业公司破产清算案,河南省偃师市人民法院(2020)豫 0381 破申 2 号民事裁定书。

[3] 参见饶某申请湖北盛隆建设集团有限公司破产清算案,湖北省武汉市中级人民法院(2020)鄂 01 破申 26 号民事裁定书。

[4] 《最高人民法院关于适用〈中华人民共和国企业破产法〉若干问题的规定(一)》第 3 条规定:"债务人的资产负债表,或者审计报告、资产评估报告等显示其全部资产不足以偿付全部负债的,人民法院应当认定债务人资产不足以清偿全部债务,但有相反证据足以证明债务人资产能够偿付全部负债的除外。"

[5] 参见周福民、白江:《刑事优先原则中的法律理念冲突》,载《法学》2006 年第 2 期;张泽华、崔军委:《涉众型经济犯罪刑事追缴、退赔与破产程序衔接路径研究——以破产程序统一受偿为视角》,载胡云腾主编:《司法体制综合配套改革与刑事审判问题研究——全国法院第 30 届学术讨论会获奖论文集(下)》,人民法院出版社 2019 年版,第 1147 页。

件若干问题的规定》(以下简称《破产规定》)第12条、第14条,即在程序推进过程中发现了债务人企业不符合破产原因,有隐匿、转移财产的行为或无法解释巨额财产支出,可以裁定驳回破产申请。这些原因中,特别是后两项主要以已查明的事实为基础,其根本指向在于否定破产的正当性,但仅仅依靠破产企业已经进入刑事程序,就径行认定满足裁定驳回的条件,操作上存在疑问。

(二)协调动因:刑事程序优先适用亟待甄别

直接不予受理破产申请,或裁定驳回破产申请,共同特点在于,虽用刑先民后的处置思路处理案件,但裁判依据主要依靠《破产法》关于破产界限的相关规定。表面上看该两种处理方式均有法可循,但是否满足《九民纪要》对刑民交叉案件的处理方式,值得探讨。《九民纪要》第129条、第130条对于适用刑先民后处理思路的案件,处理结果上分为两种:第一种是在涉稳涉众经济犯罪案件中,以"同一事实"论为基础,以刑事案件是否立案为时间标准,分为侦查机关未及时立案时法院"可以将案件报请党委政法委协调处理",侦查机关未作出立案决定时法院"应当中止审理",侦查机关作出立案决定后法院"应当裁定驳回起诉"三种,但无论处理方式如何,最终实质都会回到以刑事案件办理为先,民事案件程序暂不开启。第二种是不满足"同一事实"的前提,但民事裁判必须依靠刑事裁判结果的出具时,法院"裁定中止诉讼"。从涉刑破产案件申请阶段的处理手段而言,若以赃款流入情况为标准,无非出现几种情况:破产财产完全属于赃款赃物(常对应企业本身作为刑事犯罪主体);破产财产与赃款赃物混同但可以区分或无法区分(对应仅企业个别人员犯罪后牵连企业本身,或企业犯罪行为与合法经营行为并存);破产财产与赃款赃物无涉(对应企业仅个别人员犯罪但与企业本身无牵连)。上述情况,本应结合《九民纪要》第129条、第130条说理,最终作不予受理破产申请、裁定驳回申请、裁定中止破产程序或继续审理,但意外的是,实务中较多以涉刑原因对破产程序的开启持否定态度,尤其是在企业是否满足破产原因还缺乏定论的情况下,裁定中止破产程序和继续审理几乎得不到适用。从现状看,无论在裁判说理部分是否点明破产案件与刑事案件属于"同一事实",案件的处理方式均是依照《九民纪要》第129条进行的,这在做法上存在技术路径疑问。

此外,利用"同一事实"之认定,进而援引破产法律条款完成法律论证,并最终得出不予受理或驳回申请结论,也存在理论上的障碍。其一,"同一事实"在破产程序中的认定并不存在逻辑上的圆满性。承认刑事程序优先的基础在于对"同一事实"的认定,即"同一主体"与"同一法律事实"。所谓"同一主体",即刑事犯罪主体与民事责任承担主体一致;所谓"同一法律事实",即刑事定罪构成要件事实与民事责任认定的事实一致,这是一种直线性质的认定,也仅存一个事实数量。当企业本身作为犯罪的主体时,法院认定“同一主体”较为简单,但当企业自身并非犯罪,仅是赃款流入了企业从而产生混同,此时按理论则不应当构成“同一主体”。本质上,破产程序作为概括清偿程序,是各类偿债事由的集合,在其中某一偿债事实与企业犯罪事实能够匹配时,不能证明其他偿债事实也能够与犯罪事实相互匹配,此时按理论不能对整个破产程序适用刑事程序优先。即使不能确定某涉刑偿债事由是否应当在程序上采取驳回或者中止,也至少应当肯定其他无涉于刑事犯罪的偿债事由继续进行破产清理。其二,理论实际效果存在偏差。适用刑事程序优先,目的是提升民事案件审理的效率,防止民事裁判与刑事裁判出现不同结论,彰显刑事威慑力。但部分破产案件适用刑事程序优先,并不能达到同样的效果。特别是部分实务部门忽视破产程序除本身债权确认程序外,还存在财产调查、债权申报、债权表决等程序。对企业财产的调查程序,可以结合破产债权申报等程序进行更加细致的财产状况分析,可提升整体案件的处置效率。刑事程序旷日持久,径行适用刑事程序优先,会累积其他债权人的时间、经济成本。此外,刑事程序优先虽彰显了刑事威慑力,但这是针对犯罪分子与单独诉讼程序而言的。直接适用刑事程序优先,债权人往往会因为刑事办案机关先行处理退赔而对刑事程序的推进产生抵触。

究其本质,目前涉刑破产案件采取的处理方式其实与《九民纪要》刑先民后处置本意存在偏差,这种变化盖因刑事程序优先在结合破产程序时产生了处置标准上的异化,是一种双重标准。在一般民事诉讼案件中,根据《民事诉讼法》及相关司法解释的规定,案件裁定不予受理或裁定驳回起诉,主要理由在于诉讼主体不适格、无具体诉讼请求及理由、不属于民事诉讼受理案件范围或无管辖权,其中诉讼主体、诉讼请求理由、管辖权可以直接进行“有”或者“无”的具体判断,而案件受理范围,根据《民事诉讼法》第 3 条、第 127 条及相关司法解释,也可以作出类似判断,这种判断标准近乎于表面审查即可完成。《九民纪要》在刑民交叉案件中对于案件不予受理、驳回起诉、中止审理的判断标准与该标准一致,即《九民纪要》对于不同类型案件的处置方式,均有与一般民事诉讼相对应的关系。但在破产案件中,是否受理案件、是否裁定驳回受理,均由《破产法》第 2 条、第 12 条,《破产规定》第 12 条、第 14 条及相关司法解释规定予以统领,需要对被申请企业是否达到了破产原因进行表面实质审查。[1] 换言之,这是一个类似举证证明的过程。在企业涉及刑事诉讼后,这种判断存在不确定因素,面临“或有”“或无”两种判断方式,但无分别处理的方案,似乎不启动程序更为稳妥。进而,在法院无法准确判断案件信息时,《九民纪要》分情况进行案件处理的精神实际上都可以被《破产法》破产原因标准所替代,造成刑事程序优先的单一适用。据此而言,目前刑民交叉案件的基本思路在对

〔1〕 参见王卫国:《破产法精义》(第 2 版),法律出版社 2020 年版,第 45 页。

待涉刑破产案件上确实存在疑问，涉刑理由也不宜当作一把金钥匙适用于所有破产案件，应当加以甄别后使用。这是在破产申请阶段协调刑民交叉案件处置思路的动因。

（三）协调方案

1. 完善《破产法》第 19 条配套条款

涉刑破产案件中，裁定不予受理或驳回申请的理由之一在于企业因涉刑导致债务情况不明，此时破产法院对于企业账册、审计报告等资料信息获取的难点在于，刑事诉讼开启后，刑事办案机关通常适用财产性刑事强制控制措施对企业账户、资料进行查封、扣押、冻结，这个方法具有封闭性。《破产法》第 19 条规定："人民法院受理破产申请后，有关债务人财产的保全措施应当解除，执行程序应当中止。"该条款设置本意，一是在于方便破产法院全方位了解债务人负债情况，打通财产统一处置障碍；二是在债务人财产已然不足以清偿全部债务的情况下，防止"先执先拿"等不公平情况出现，统一由法院管控，维护各债权人利益，进而使债务豁免制度能够得到顺利贯彻。由此可见，对该条款中"保全措施"和"执行程序"类别的理解，将直接关乎刑事查封、扣押、冻结效力的实现。而对于《破产法》第 19 条规定是否包含刑事程序，虽然理论上形成了较为一致的肯定意见，但在实务中却出现了不同的处置方式。[1] 例如，《九民纪要》第 109 条认为，人民法院审理企业破产案件时，有关债务人财产被其他具有强制执行权力的国家行政机关，包括公安机关等采取保全措施或者执行程序的，应该解除保全措施和中止执行，只是在方式上以人民法院主动协调沟通为主。[2] 而在实践中，因为《破产法》第 19 条没有设置法律责任兜底条款及语焉不详，导致案件中常由破产管理人持法院协调函件进行沟通。在沟通中，公安机关常认为《破产法》第 19 条本身不包含财产性刑事强制控制措施，导致刑事办案机关和破产法院、破产管理人在该条的理解上存在偏差。故而，对于本情况的处理，可通过两种方式予以解决。

---

[1] 参见王欣新：《破产法》，中国人民大学出版社 2019 年版，第 69 页。

[2] 《九民纪要》第 109 条规定："要切实落实破产案件受理后相关保全措施应予解除、相关执行措施应当中止、债务人财产应当及时交付管理人等规定，充分运用信息化技术手段，通过信息共享与整合，维护债务人财产的完整性。相关人民法院拒不解除保全措施或者拒不中止执行的，破产受理人民法院可以请求该法院的上级人民法院依法予以纠正。对债务人财产采取保全措施或者执行措施的人民法院未依法及时解除保全措施、移交处置权，或者中止执行程序并移交有关财产的，上级人民法院应当依法予以纠正。相关人员违反上述规定造成严重后果的，破产受理人民法院可以向人民法院纪检监察部门移送其违法审判责任线索。人民法院审理企业破产案件时，有关债务人财产被其他具有强制执行权力的国家行政机关，包括税务机关、公安机关、海关等采取保全措施或者执行程序的，人民法院应当积极与上述机关进行协调和沟通，取得有关机关的配合，参照上述具体操作规程，解除有关保全措施，中止有关执行程序，以便保障破产程序顺利进行。"

首先,明确法律条款用语。应当明确《破产法》第 19 条规定“保全措施应当解除”及“执行程序应当中止”包含刑事涉案财产的查封、扣押、冻结措施及刑事的执行程序。具体而言,由于考虑到民事、行政、刑事程序的平衡性,可在“人民法院受理破产申请后,有关债务人财产的保全措施应当解除,执行程序应当中止”规定后,单设第 2 款“前述保全措施、执行程序,包含民事性质程序和非民事性质程序”。

其次,设置法律兜底责任条款,明确拒绝、拖延解除保全措施、中止执行程序的相关主体的法律责任。法院拒绝、拖延解除保全措施、中止执行程序,根据《九民纪要》相关规定,一般由破产管辖法院向作出保全、执行的法院的上级法院进行反映,由上级法院对下级法院依法进行纠正。此外,如果造成了严重后果,破产管辖法院还能向纪检监察部门进行反映。但是对于公安等刑事办案机关拒不解除财产性刑事强制控制措施,《九民纪要》规定主要以人民法院与刑事办案机关协调为主,现实中主要以政法委协调为主;只有在特殊案件,公安错扣、错划、错冻且拒不解冻、还扣的情况下,根据 1996 年《最高人民法院、最高人民检察院、公安部关于对冻结、扣划企业事业单位、机关团体在银行、非银行金融机构存款的执法活动加强监督的通知》,[1]破产法院、管理人有权向公安部、上级公安提出,由公安部对各级公安、上级公安对下级公安限期。由此可见,对于公安等刑事办案机关的责任需要进一步明确。在具体规范上,在《破产法》第 19 条已经明确负有解除保全、执行中止的责任主体有刑事办案机关的前提下,该机关不予解除保全措施、中止执行的,应当先由受理破产的法院与刑事办案机关进行协调。协调不成且不具备正当理由的,可以由该刑事办案机关的上一级领导、指导机关对等的人民法院,向该刑事办案机关的上一级领导、指导机关提出纠正建议。该领导、指导机关收到建议后,应当及时采取措施。对于造成损失的,应当追究拒不解封的刑事办案机关的赔偿责任。其中“对等的人民法院”应当为破产受理法院本身或具备直接业务指导关系的上级法院。刑事执行为法院本身的,可参照上述规则逻辑或结合内部已有监督体系,进行机制构建。

2. 明确审查标准规定,强调审查目的

首先,《破产法》应当以专条专项规定的方式,明确破产申请审查案件应严格以申请材料是否满足《破产法》第 2 条为审查标准。在审查标准上,需重申表面实质

---

〔1〕《最高人民法院、最高人民检察院、公安部关于对冻结、扣划企业事业单位、机关团体在银行、非银行金融机构存款的执法活动加强监督的通知》规定:“最高人民法院、最高人民检察院、公安部发现地方各级人民法院、人民检察院、公安机关冻结、解冻、扣划有关单位在银行、非银行金融机构存款有错误时,上级人民法院、人民检察院、公安机关发现下级人民法院、人民检察院、公安机关冻结、解冻、扣划有关单位在银行、非银行金融机构存款有错误时,可以依照法定程序作出决定或者裁定,送达本系统地方各级或下级有关法院、检察院、公安机关限期纠正。有关法院、检察院、公安机关应当立即执行。”

审查方法,强调以“现实材料证明标准”为依据,在债权人、债务人及其他相关主体提供了法律、司法解释要求的申请材料后,基于已经提供的申请材料进行判断,并明确这种审查首先是基于静态已提供的材料进行审查。

其次,对于债务人的资产负债表,或者审计报告、资产评估报告等进行审查,应当以数字反映为优先,当这些材料在数字上已经反映债务人存在破产原因时,应当裁定受理破产申请。

最后,在重整原因的判断中,明确在同时可能存在破产原因与可能不存在破产原因两种情况时,应当裁定先行进入破产程序,以后如出现能够确定该企业不具备破产原因的证据、情况,可及时裁定驳回破产申请,避免债权人及其他利益相关方因未及时进入救济程序而产生损失。

3. 明确法院说理方法,避免模糊性说理

首先,在破产涉刑案件中,对于裁定不予受理破产申请和裁定驳回破产申请,要明确不得仅援引《破产法》第 2 条、第 12 条,《破产规定》第 12 条、第 14 条进行笼统说理。对于不满足到期债务不能清偿的,应当阐明申请人提出的债权债务在成立上、效力上、偿还争议上是否能够直接证明债务人无法偿还;对于不满足资不抵债情况的,应当阐述无法从债务人的资产负债表,或者审计报告、资产评估报告、刑事退赔数据上直接判断债务人是否满足资不抵债的原因;对于不满足明显缺乏清偿能力判断的,应当阐明是否因刑事案件结果不明而无法判断是否明显缺乏清偿能力,进而阐述刑事涉赃因素对于该判断的影响力大小。

其次,对于仅因赃款流入,但破产企业本身不涉及刑事犯罪的,明确不得以刑事理由阻碍破产程序推进。本规则设置的理由在于,在破产企业并非刑事案件的单位犯时,也并非底层债权债务关系中债权的相对方。在民事上,被害人并无直接针对这种涉赃但善意破产企业的债权请求权。而在物权请求权上,由于赃款流入破产企业后,是根据 2014 年《最高人民法院关于刑事裁判涉财产部分执行的若干规定》(以下简称《刑事财产执行规定》)第 11 条第 2 款的规定,在破产企业本身不具备主观恶意时,刑事办案机关无法继续进行退赔。在赃款常为现金的情况下,与破产企业的合法财产出现了混同,失去了追缴的特定性,现实中仅能由被告人继续退赔的方式予以赔偿。[1] 本部分赃款在可以区分的情况下,按照《刑事财产执行

〔1〕 参见周爽:《破产审判中涉及刑民交叉若干问题研究——以非法吸收公众存款犯罪与民间借贷为例》,载赵万一主编:《供给侧结构性改革背景下的中国破产法》,华中科技大学出版社 2018 年版,第 69 页。作者在针对破产程序债务人财产与非法集资类犯罪赃款流入的关系时论述道,因非法集资犯罪案件所追缴的非法集资资金属于货币这一特殊种类物,只要不能将该资金特定化即区别于债务人(犯罪人)的其他货币资金,则不能返还被害人,且“因‘非吸’被害人被侵害的是债权,而非物权,不能行使财产取回权”。

规定》第 11 条第 2 款的规定，刑事被害人取回权受阻，与破产程序本身进行无涉。总之，对于赃款流入而破产企业善意且不涉及犯罪的，应当明确破产程序依法启动，这与企业本身是单位犯罪的处理方式有所区别，不能一概认为不能进入破产程序。

二、破产债权申报、清偿阶段刑民交叉案件处置思路显现与协调

（一）处置思路显现：刑事退赔制度的适用

在破产债权申报、清偿阶段，我国刑民交叉案件处置思路主要依靠刑事退赔制度显现出来。刑事退赔，又称"退赔被害人损失""责令退赔"或直接简称"退赔"，自 1997 年我国《刑法》修改后，由该法第 64 条"犯罪分子违法所得的一切财物，应当予以追缴或者责令退赔"之规定确立，并与 2021 年《最高人民法院关于适用〈中华人民共和国刑事诉讼法〉的解释》（以下简称《刑事诉讼法解释》）第 176 条共同组成框架制度。[1] 其中"退赔"的简称，主要起源于实务部门，后被理论界沿用。具体到破产程序中刑事退赔制度的适用上，是指在破产程序启动后，被告在刑事办案机关的责令下，对刑事被害人因非法占有、处置财产而受有的损失进行赔偿、弥补。涉刑破产案件面临两种性质的财产执行，一是本身的刑事涉案财产执行，如非法吸收公众存款案件中被害人的资金退赔；二是破产案件中的民事债权清偿。据此，实务中主要涉及两个适用上的问题：第一，刑事诉讼尚在进行中，要不要允许刑事被害人在破产程序中进行债权申报；第二，退赔权益的实现，到底是在破产程序外，还是可以一并纳入破产程序。其中，第二个问题最终会回到退赔权益与其他民事债权的顺位问题上来。

首先，关于是否允许刑事被害人在破产程序中进行债权申报，实务中存在两种做法，一是允许刑事被害人在破产程序中进行债权申报；二是不允许进行申报。对于不允许进行申报的理由，刑事办案机关普遍认为这种做法与刑事退赔不能另行提起民事诉讼的规定相违背。债权申报的本质，是民事债权的确权程序，破产管理人对债权情况进行梳理并提交债权人大会后，最终由法院审查予以裁定确认，本质上也是民事诉讼的变种，是民事诉讼在破产程序内效率化的处置方式，其中当事人的意思自治有较大空间。而刑事退赔的启动，并非像刑事附带民事诉讼或单纯民

---

〔1〕《刑法》第 64 条规定："犯罪分子违法所得的一切财物，应当予以追缴或者责令退赔；对被害人的合法财产，应当及时返还；违禁品和供犯罪所用的本人财物，应当予以没收。没收的财物和罚金，一律上缴国库，不得挪用和自行处理。"最高人民法院 2021 年 3 月 1 日施行的《刑事诉讼法解释》第 176 条规定："被告人非法占有、处置被害人财产的，应当依法予以追缴或者责令退赔。被害人提起附带民事诉讼的，人民法院不予受理。追缴、退赔的情况，可以作为量刑情节考虑。"

事诉讼那样可由刑事被害人自主提起，尽管可以提出申请或要求，但只能静待刑事办案机关依照职权审查后决定适用。这也决定了刑事被害人在破产债权申报过程中，若刑事退赔判决还未形成，则无法绕开刑事办案机关的决定而直接申报，只能在退赔判决形成后申报债权。该规则由2013年《最高人民法院关于适用刑法第六十四条有关问题的批复》[1]以及2024年最高人民法院发布的《法答网精选答问（第一批）》予以明确，尽管该批复和问答尚有对接不畅之处，但至少可以确认基本的实务操作模式。例如，最高人民法院、河南省高级人民法院、河南省漯河市中级人民法院在左某某与河南福田联合一百置业有限公司、田某某破产债权确认纠纷系列民事裁定、判决中指出：对于涉刑性质的债权，应该通过刑事程序进行主张，对于提出债权申报的，不予支持。[2]

其次，退赔权益的实现，到底是在破产程序外，还是可以一并纳入破产程序，实务中的适用也存在两种不同的表现。第一种是在破产程序外直接进行退赔，第二种是让退赔权益加入破产程序中，与其他民事债权一起进行破产清理。第一种做法如2014年最高人民法院、最高人民检察院、公安部颁布的《关于办理非法集资刑事案件若干问题的意见》“九、关于涉案财物追缴处置问题”之规定：“查封、扣押、冻结的涉案财物，一般应在诉讼终结后返还集资参与人。涉案财物不足全部返还的，按照集资参与人的集资额比例返还”。该规定虽只针对非法集资刑事案件，但涉刑破产案件中，若涉及退赔，也一般依照此方法，即在破产程序外，在刑事被害人内部按照比例进行退赔。第二种做法，在破产程序内实现退赔权益，也具体有两种适用方式：一是在破产程序内优先清偿刑事退赔权益，如湖南省永州市中级人民法院在彩虹（永州）燃气有限公司、李某某破产债权确认纠纷案[3]、河南省周口市中级人民法院在朱某某与富燕达昌（北京）国际投资有限公司破产债权确认纠纷案[4]中，均认为刑事退赔款项应当优先于其他民事债权；二是在破产程序内，将刑事退赔权益与破产普通债权并列处理，如四川省成都市中级人民法院在李某某、成都兴能置业有限公司破产债权确认纠纷案[5]中，认为刑事被害人的退赔款项应当与破产普

[1]《最高人民法院关于适用刑法第六十四条有关问题的批复》规定：被告人非法占有、处置被害人财产的，应当依法予以追缴或者责令退赔；被害人提起附带民事诉讼的，人民法院不予受理。

[2] 参见左某某与河南福田联合一百置业有限公司、田某某破产债权确认纠纷案，最高人民法院（2016）最高法民申1841号民事裁定书、河南省漯河市中级人民法院（2020）豫11民初126号民事一审判决书、河南省高级人民法院（2021）豫民终205号民事判决书。

[3] 参见彩虹（永州）燃气有限公司、李某某破产债权确认纠纷案，湖南省永州市中级人民法院（2021）湘11民终1694号民事二审判决书。

[4] 参见朱某某与富燕达昌（北京）国际投资有限公司破产债权确认纠纷案，河南省周口市中级人民法院（2021）豫16民初2号民事一审判决书。

[5] 参见李某某、成都兴能置业有限公司破产债权确认纠纷案，四川省成都市中级人民法院（2021）川01民终1434号民事二审判决书。

通债权顺位一致,不具有优先性。总的来看,刑事办案机关和刑事被害人通常主张退赔损失的绝对优先顺位,而民事办案机关通常将该权利融入破产清偿体系,仅设置相对优先顺位或与破产普通债权为同一顺位。

在破产债权清偿中,由于案件普遍面临各类优先债权问题,参与集体清偿的债权本身清偿率过低。企业涉刑后,按照《刑事财产执行规定》第 13 条的规定,刑事被害人的财物退赔优先于民事债务,即便是涉刑企业的赃款无法全额退赔的情况下,部分所剩合法财产因为被刑事法院判决继续退赔,也应当优先支付被害人没有完全弥补的直接损失,这意味着本该拿来清偿破产程序中集体债权的一部分又被分走一笔,加剧了各方的冲突。

(二)协调动因:《破产法》规范缺位背景下的利益平衡需求

刑事退赔与破产程序出现不同做法,根本原因在于《破产法》对退赔权益顺位相关规定的缺位。表面上,不允许刑事被害人在破产程序中提前申报债权,是为了维护刑事判决内容的既判力,防止管理人、破产法院对各刑事被害人退赔权益作出提前认定,影响刑事诉讼的正常进行,但《破产法》第 47 条“附条件、附期限的债权和诉讼、仲裁未决的债权,债权人可以申报”的规定在实际操作中,仅是对诉讼未决案件进行提前登记,待诉讼结束后根据判决情况进行调整,故而从根本上不会直接影响到刑事裁判最终导向。所以,刑事被害人进行债权申报后最大的问题,不是债权申报本身会不会影响刑事既判力,而是当刑事诉讼终结过后,对于已经由刑事判决确认的刑事退赔权益,由于《破产法》缺少对该权益顺位的直接规定,刑事办案机关较难抉择到底是在破产程序中实现退赔权益,还是在破产程序外优先将涉案款项直接在刑事被害人范围内直接分配,这两种做法将直接关乎退赔权益实现的程度。换言之,是否允许刑事被害人在破产程序中申报债权,是一个关乎刑事执行实现方式和程度的问题,该问题与刑事办案机关是否决定将退赔权益纳入破产程序中处理,本质也是牵连的,最终会回到权益实现顺位上。

在退赔权益、民事债权实现顺位上,目前仅在《刑事财产执行规定》第 13 条中有阐述,《破产法》《刑事诉讼法》均无涉及。换言之,该司法解释的内容,并无上位法予以直接彰显,导致了刑事优先原则在适用上的扩张。[1] 对于这个问题,实务部门常用《全国法院破产审判工作会议纪要》(以下简称《破产纪要》)第 28 条予以补足,该纪要规定:“对于法律没有明确规定清偿顺序的债权,人民法院可以按照人身

〔1〕 参见部名扬:《我国财产刑案件民事债权优先受偿制度的缺陷及根治——从〈最高人民法院关于刑事裁判涉财产部分执行的若干规定〉第 13 条谈起》,载《哈尔滨工业大学学报(社会科学版)》2017 年第 5 期。

损害赔偿债权优先于财产性债权、私法债权优先于公法债权、补偿性债权优先于惩罚性债权的原则合理确定清偿顺序”。但根据2009年最高人民法院发布的《关于裁判文书引用法律、法规等规范性法律文件的规定》第4条、第6条,[1]法官在法律适用时受制于法律位阶解释规则无法直接援引《破产纪要》,仅能将其作为内部说理予以掌握,但仅就说理而言,也是十分困难的。因为破产涉及的主要是债权统一清理,退赔权利要纳入破产程序,在理论上先要得证其到底是不是一项债权,但这个认定素有疑问。[2] 根据《破产纪要》,若要使刑事退赔权利与破产普通债权持平,唯一可行的切入点是将刑事退赔权利认定为“公法债权”,或称“刑事债权”。所谓“公法债权”,依据通说系基于行政权力设置的债权。在债的主体上,通常由国家行政机关担任债的主体一方,由特定相对人作为另一方。一方面,这种债也具备相对性,但其主要强调国家行政机关依据行政职权对特定人的直接给付性要求,而非代位性给付要求;[3]另一方面,这种债的目的是实现社会公共利益而非私人利益。[4] 显而易见,刑事退赔并不适用这一原理,其主体上的行权机关属于司法机关,且其收到的退赔款项主要用于补偿被害人损失而非公共利益,该退赔损失的填补也并非司法机关的直接需求,加之其行权途径上具有一定间接代位性,是仅在程序上代刑事被害人接收款项。故而,将公法债权理论或刑事债权理论套用到刑事退赔上,欠缺妥当性,无法很好处理涉刑破产案件各项债权与退赔权利之间的关系。早期,各地方法院注意到该问题后,积极开展了基于本地区地域状况的理论研究及规范答疑活动,但标准、适用不一。2024年2月29日,针对相关问题,《人民法院报》通过专版形式,刊载了《法答网精选答问(第一批)》。其中,首次涉及刑事涉案财产的性质甄别和处置问题,具有极强的指导性和先进性。但关于刑事退赔制

---

[1] 最高人民法院《关于裁判文书引用法律、法规等规范性法律文件的规定》第4条规定,“民事裁判文书应当引用法律、法律解释或者司法解释。对于应当适用的行政法规、地方性法规或者自治条例和单行条例,可以直接引用”;第6条规定,“对于本规定第三条、第四条、第五条规定之外的规范性文件,根据审理案件的需要,经审查认定为合法有效的,可以作为裁判说理的依据”。

[2] 实务中,部分学者、实务专家认为刑事退赔体现的是一种类似于侵权性质的债权,进而认定《刑法》第64条之规定实际上是民法规范在刑事法律中的提示性规定。但这个观点值得斟酌,原因在于,一项债权无论是因为合法行为而发生或因为违法行为而发生,其本质上均存在债权双方主体的意思自治,这种意思自治无论是在实体上面体现为“意思表示”,还是在程序上面可以依照当事人意思提起相应程序,其规范性质均留存对当事人意思的尊重。但刑事退赔并不能完全由刑事被害人自主启动,这即意思自治受限的表现。此外,刑事退赔实现的范围、内容也是根据刑事办案机关实际办案效果决定,这一过程中,被害人不允许私自转让退赔利益,这也导致被害人在破产程序内是否能提前转让退赔利益、参与表决程序并充分实现意思自治受有疑问。可见,并不能直接认定退赔权利是一项债权。

[3] 参见汪厚冬:《公法之债论——一种体系化的研究思路》,苏州大学2016年博士学位论文;戚耘飞:《劣后债权内部排序问题研究》,上海师范大学2023年硕士学位论文,第13—14页。

[4] 参见吴钰:《论公法债权》,载《苏州大学学报(哲学社会科学版)》2008年第5期。

度的赔偿效果究竟为何种性质的问题,仍未得到解决,而且对于将退赔被害人损失适用到破产程序受偿的做法,并没有完全肯定。以该问答为表征的问题,同样也是其余相关司法解释出现的难点。此外,破产涉刑案件的实务工作中,刑事退赔工作往往会在刑事侦查机关采取查封、扣押、冻结措施后提前开展,往往在刑事审判结束时,相关退赔数额已经被退赔完毕,这就导致《破产纪要》基于审判的刑事退赔工作流于形式。[1] 这种司法解释之间的冲突、司法态度之间的不确定性、上位法的缺位,无法全面解决刑事退赔与破产程序之间出现的协调问题,影响了各方主体的利益平衡。据此,应当予以协调。

(三)协调方案

1. 在《破产法》中设置退赔权益无须申报机制

《破产法》第 48 条规定,债权人应当在人民法院确定的债权申报期限内向管理人申报债权,但债务人所欠职工债权、社会保险债权无须申报,而是由管理人经过调查后以清单形式公布,异议人此时再提异议。[2] 破产债权申报机制,是对破产债权进行确认的前提,虽然未申报债权在破产程序内一般无法获得清偿,但实体上的权益并未消失。因而就破产程序的申报机制来讲,其对于破产债权仅是在破产期限内可诉性、可执行性的排除,并且在破产程序结束后,也仅是阻碍了债权人对破产债务人请求权的行使。对于是否应当允许刑事被害人申报,本质上应当承认刑事被害人退赔权益在破产程序实现是其基本方向,但确有在破产程序中设置申报程序或不进行申报而直接进行审查两种不同路径。若确认刑事被害人损失需经申报后才能行使,那么刑事被害人怠于进行权利申报时,因破产程序具有豁免性,程序终结后,刑事执行已被破产程序替代,退赔权益将无法实现。故而,确立退赔权益无须申报的机制,可以使退赔权益完成保全,这是该程序机制建立的第一个原因。

建立退赔权益无须申报机制的第二个原因在于,可以有效对接刑事办案机关。对于退赔被害人的损失数额,一般在刑事审判机关作出的刑事裁判主文中有清晰的名单和数额,管理人可以直接根据刑事判决所确定的人员、数额予以确认。若刑事退赔判决尚未形成,管理人可以先行与刑事办案机关进行沟通获取。但在申报

---

[1] 参见付云飞:《犯罪所得的追缴与退赔研究》,西南财经大学 2020 年博士学位论文,第 72—73 页。

[2] 《破产法》第 48 条规定:“债权人应当在人民法院确定的债权申报期限内向管理人申报债权。债务人所欠职工的工资和医疗、伤残补助、抚恤费用,所欠的应当划入职工个人账户的基本养老保险、基本医疗保险费用,以及法律、行政法规规定应当支付给职工的补偿金,不必申报,由管理人调查后列出清单并予以公示。职工对清单记载有异议的,可以要求管理人更正;管理人不予更正的,职工可以向人民法院提起诉讼。”

主体上,受刑事办案机关对退赔被害人损失认定的影响,管理人尚不可直接向刑事被害人个人进行定性确权,以免影响刑事退赔判决的发挥。此外,免除退赔权益申报主体责任,也能够为退赔判决前、退赔判决后刑事办案机关、刑事被害人信息交接提供便利,保有了对刑事程序的尊重。

2. 在《破产法》中明确退赔被害人损失与破产普通债权同一顺位

在普通债权与刑事被害人损失顺位方面,二者在理论上相互钳制。在底层逻辑上,被害人对于自身陷入困境主观上是否具有过错,是理论界讨论的焦点。第一种观点认为,特别是在非法吸收公众存款罪、非法集资罪中,虽然被害人遭受到了金钱上的损失,但被害人自身也难辞其咎,具备过错的主观心理状态。例如,四川省高级人民法院破产审判规则认为"在债权数额认定上,相较于因与债务人正常交易而产生债权的债权人,刑事案件被害人作为非法金融活动的参与者,其往往本身也具有一定的过错"。而破产普通债权人,系基于信赖合理的市场交易秩序而陷入债权债务纠纷,因而在债权维护上,并不能认定刑事被害人的地位当然优先于破产普通债权人,进而在破产程序中,也应当更加注重对破产普通债权人权益的维护。这种观点否定了退赔权益的优先性。第二种观点认为,破产涉刑案件中,并不能当然否定刑事被害人的善良地位。例如,浙江省杭州市中级人民法院在陈某某、中国建设银行股份有限公司淳安支行破产债权确认纠纷案中,认定刑事被害人淳安支行在经济交易中并非存在过错,故而不应否定其债权的优先性。一方面,破产普通债权人在信赖合理经济交易秩序上,虽然是善良的,但商业交易的本质决定了交易双方在获取交易利益的同时,应当承担可以预见的商业风险。具体到破产案件内,破产普通债权人应该能够预见因债务人企业破产而产生的债权债务纠纷风险,这也是破产程序对破产普通债权非全额清偿合理性的论证依据之一。另一方面,刑事被害人虽然参加的是非法金融活动,但在具体案件实践过程中,大部分人可能会意识到基本的商业交易风险,但很难预见到刑事风险。基于此,在案件是否涉刑方面,刑事被害人并不存在过错,且在刑事司法力量的加持下,该种权利也具备一定的国家意志,因此,不能认为破产普通债权人的权利顺位优先于退赔被害人损失。可见,上述两种观点互相无法进行区分和有效说服。但从涉刑破产案件中普通债权人债权债务性质、特征上讲,刑事被害人利益归属于个人,且为纯粹经济投资利益,而普通债权人利益归属个人,且亦为经济投资利益。因此,在理论钳制上、经济收益流向上,刑事被害人与普通债权人并无二致,[1]故而将其列为同一顺位较为公平合理,符合逻辑。为防止在债权清偿阶段可能出现的退赔权益绝对优先,需要在《破产法》中明确退赔被害人损失与破产普通债权为同一顺位。

〔1〕 参见张东平:《集资案件刑民关系的交叉与协调》,载《北京社会科学》2014年第1期。

三、结语

刑事程序优先、刑事退赔制度的适用,是涉刑破产案件中刑民交叉处理思路的两个重要体现,并统领着案件的受理、案件最终实体落地两个关键问题,这一过程产生的不同协调方式,根源在于刑事诉讼、刑事实体审判体现的价值引导,即打击违法犯罪、维护社会秩序的公法价值,但不能完全照顾到破产公平清偿这一私法价值。但不可否认的是,目前我国刑民交叉的处置思路在打击犯罪、维护社会秩序上产生了不可估量的作用,故而其与破产程序的协调问题,不能以完全否认刑事程序优先、刑事退赔制度为方向,而是仅需在技术处理上进一步细化,使两种价值得到更好协调,让破产公平清偿在刑事价值下得到最大化的维护。其实,我国刑民交叉案件处置思路中,更为关切的问题是刑事优先原则这一观念的适用。其作为一项法学理论术语,虽然在我国规范文本上没有直接体现,但却通过各项制度间接体现出来。这种原则精神的显现方式,在历史习惯、法律本土文化影响下,使原则本身的概念、内涵无法被清晰定义,逐渐成为一种"说不清、道不明"但大众广泛认可的"内心确信",也正是这种特点,使其根本影响着刑民交叉案件的处置导向。由于篇幅限制,本文暂未对这一根本问题进行探讨,望留予后文讨论之。

Abstract: In China, the handling of criminal - civil intersection cases places significant emphasis on the priority of effectiveness of criminal justice procedures. In the context of bankruptcy cases, this approach is mainly reflected through the priority of criminal procedures and the application of the criminal restitution system during the stages of bankruptcy application, declaration of bankruptcy claims, and debt repayment. This has played an extremely important role in combating economic crimes and maintaining the order of the socialist market economy. However, at the same time, due to the lack of corresponding provisions in the Bankruptcy Law, issues such as difficulties in accepting bankruptcy cases involving criminal activities, conflicts of interests between criminal victims and civil creditors, and inconsistent judgments in similar cases are quite prominent. To further strengthen the identification of the priority of criminal procedures within the bankruptcy process and balance the interests of criminal victims and civil creditors in the bankruptcy process, this paper proposes specific coordination methods such as improving Article 19 of the Bankruptcy Law, standardizing the criteria for accepting bankruptcy cases and the reasoning in judicial documents, establishing a mechanism for automatic recognition of compensation rights without the need for declaration, and implementing a system of equal ranking for compensation rights and ordinary bankruptcy claims in the repayment process.

（责任编辑：谢　天）

审查起诉阶段公安机关移送案件撤回机制研究

江　晶[*]　黄　锴[**]

内容提要　审查起诉阶段公安机关将移送案件撤回是历次《人民检察院刑事诉讼规则》《公安机关办理刑事案件程序规定》修改遗留的"产物",现行法律规范并无明确规定。从司法实践看,公安机关撤回案件确有实践需求,但目前撤回机制存在案件系属不明确、程序流转不严谨、文书制作不规范、检察监督不严格、权利保障不充分的问题。完善案件撤回机制可从限缩撤回适用范围、强化撤回审核监督、畅通权利救济渠道三方面出发,在明确案件系属问题的基础上,规范撤回程序、加强权利保障,通过循序渐进的方式改造案件撤回机制以适应司法实践需要。

关键词　审查起诉阶段　案件撤回机制　检察监督

一般而言,刑事诉讼是按照既定程序由前诉讼阶段向后诉讼阶段推进的过程,各阶段程序主导者根据已有材料和法律规定,或将案件推送至下一阶段或终结刑事诉讼程序。[1] 审查起诉阶段的案件撤回是指公安机关将案件移送检察机关审查起诉后,出于某些原因将案件撤回至前一阶段。因此,案件撤回在理论上又被称为程序倒流,可分为审查起诉期间的案件撤回和退回补充侦查期间的案件撤回。前者并无明文规定,后者规定可见于《公安机关办理刑事案件程序规定》(以下简称《程序规定》)和《人民检察院刑事诉讼规则》(以下简称《刑诉规则》)。出于司法实践需要,目前检察机关在全国检察机关统一业务应用系统中保留了"同意移送单位撤回"的操作模块,实践中一般由公安机关与检察机关会商,采取前者申请、后者同

---

* 江晶,四川省成都市新都区人民检察院党组书记、检察长。

** 黄锴,四川省成都市新都区人民检察院办公室副主任。

〔1〕 参见汪海燕:《论刑事程序倒流》,载《法学研究》2008 年第 5 期。

意的方式撤回案件。

一、案件撤回机制的立法演变

(一)审查起诉期间的案件撤回

第一阶段——直接退回公安机关处理。1999年《刑诉规则》第262条规定了对公安机关移送审查起诉案件的两种处理方式:一是犯罪嫌疑人没有违法犯罪行为的,应当书面说明理由并将案卷退回公安机关处理;二是犯罪事实并非犯罪嫌疑人所为的,应当书面说明理由将案卷退回公安机关并建议公安机关重新侦查。此外,经审查如需将案件退回,应当撤销原逮捕决定,通知公安机关立即释放。该条规定是当时检察机关将案件退回公安机关的直接法律依据。

第二阶段——应当作出不起诉决定。2012年《刑诉规则(试行)》第401条〔1〕删除了1999年《刑诉规则》中关于直接退回的规定,明确上述没有犯罪事实的情况应依法作出不起诉决定。2019年《刑诉规则》第365条〔2〕沿用了2012年《刑诉规则(试行)》中关于处理无犯罪事实案件的处理思路,明确应当作出不起诉决定。应当注意的是,2012年《刑诉规则(试行)》和2019年《刑诉规则》不仅将案件直接退回的处理方式变更为作出不起诉决定,同时还规定重新侦查情形亦应当先作出不起诉决定后再将案卷材料退回公安机关。2018年《刑事诉讼法》修改时吸收了该思路,其第177条第1款规定人民检察院在上述情形下应当作出不起诉决定。

从历版《刑诉规则》修改内容来看,关于审查起诉期间不满足起诉条件案件的处理思路经历了一次重大变革,该种思路转变一方面是基于节约司法资源考虑,另一方面是认为直接退回的处理方式会造成部门之间推诿扯皮,不利于人权保障。

(二)退回补充侦查期间的案件撤回

1987年《程序规定》第105条第2款规定:“经过补充侦查,发现不应移送起诉的,撤回《起诉意见书》;如果发现新的同案犯或者新的罪行,可根据情况重新制作《起诉意见书》或者制作《补充起诉意见书》。”1998年修改时将该条规定删除,此后

---

〔1〕 2012年《刑诉规则(试行)》第401条规定:“人民检察院对于公安机关移送审查起诉的案件,发现犯罪嫌疑人没有犯罪事实,或者符合刑事诉讼法第十五条规定的情形之一的,经检察长或者检察委员会决定,应当作出不起诉决定。对于犯罪事实并非犯罪嫌疑人所为,需要重新侦查的,应当在作出不起诉决定后书面说明理由,将案卷材料退回公安机关并建议公安机关重新侦查。”

〔2〕 2019年《刑诉规则》第365条规定:“人民检察院对于监察机关或者公安机关移送起诉的案件,发现犯罪嫌疑人没有犯罪事实,或者符合刑事诉讼法第十六条规定的情形之一的,经检察长批准,应当作出不起诉决定。对于犯罪事实并非犯罪嫌疑人所为,需要重新调查或者侦查的,应当在作出不起诉决定后书面说明理由,将案卷材料退回监察机关或者公安机关并建议重新调查或者侦查。”

各版《程序规定》均无撤回《起诉意见书》的相关内容。

2013 年《程序规定》第 285 条规定："对人民检察院退回补充侦查的案件……发现原认定的犯罪事实有重大变化，不应当追究刑事责任的，应当重新提出处理意见，并将处理结果通知退查的人民检察院……"2020 年修订的《程序规定》将该条修改为"发现原认定的犯罪事实有重大变化，不应当追究刑事责任的，应当撤销案件或者对犯罪嫌疑人终止侦查，并将有关情况通知退查的人民检察院"。此次修改将模糊的"处理意见"细化为"撤销案件"和"终止侦查"两种形式，分别对应全案撤销和共同犯罪中部分嫌疑人撤销。从两版《程序规定》来看，退回补充侦查期间公安机关始终拥有径自撤销案件或终止侦查的权力，无须人民检察院批准或决定。

但是，2019 年《刑诉规则》第 347 条要求公安机关就退查未重报案件向检察机关说明理由，如存在违法撤案情形，检察机关应当提出纠正意见。这说明，退查案件原则上均应重报，特殊情况下，公安机关虽然拥有径自撤销案件或终止侦查的权力，但仍受检察机关监督和制约。

二、案件撤回机制的实践考察

（一）案件撤回的主要类型

实践中，撤回案件大致可分为以下几类：一是事实不清、证据不足。如案件仅存在口供，无其他证据形成证据链条，不能排除嫌疑人不构成犯罪的合理怀疑，或现有证据无法证明嫌疑人具有犯罪的主观故意。此种情况下，一般会经公安机关申请或会商，由公安机关撤回案件自行处理。二是案件需经补充侦查。两次退查的时间上限为 2 个月，该段时间不足以公安机关完成补充侦查工作，因此采取撤回案件的方式处理。三是定性出现分歧。如检察机关认为根据现有证据犯罪嫌疑人不构成犯罪或构成犯罪但依法不应当追究刑事责任，即没有犯罪事实或符合《刑事诉讼法》第 16 条规定的不应当追究刑事责任的情形，但公安机关在移送审查起诉时认为构成犯罪，此时定性出现分歧。四是犯罪嫌疑人不在案或无受审能力。案件移送审查起诉后检察机关发现犯罪嫌疑人脱管或有重大疾病无受审能力，采取由公安机关撤回的方式权宜处理。五是管辖问题。案件移送审查起诉后，发现其他司法机关已经立案侦查或应当由监察机关管辖的，通过撤回案件的方式由公安机关移送其他机关处理。

（二）案件撤回的原因分析

下文选取 4 例司法实践中较为常见且典型的撤回案例，通过对比分析，梳理概括出案件撤回的深层次原因。

案例一：某故意伤害案，检察机关在审查起诉期间将案件退回公安机关补充侦查，要求对犯罪嫌疑人的精神状况进行鉴定，确定其是否具备刑事责任能力。经鉴定，发现其在案发时不具备刑事责任能力，公安机关决定撤销立案决定并将结果口头告知检察机关承办人。

案例二：某盗窃案，检察机关在审查起诉期间认为公安机关认定的盗窃金额存疑，因此开展自行补充侦查，根据新调取的证据和新价格鉴定意见，认定犯罪嫌疑人盗窃金额未达构罪标准。公安机关向检察机关递交《撤回案件申请书》，建议将案件撤回继续侦查，检察机关同意并出具《同意移送机关撤回通知书》，由此结案。

2020 年《程序规定》第 296 条[1]被视为退查期间公安机关撤回移送审查起诉案件的直接依据，但审查起诉期间却无明确规定。因此，由案例一、案例二引发的直接问题是：第一，案件撤回是否必须经过退查程序？实践中，多数案件的同意撤回决定是在审查起诉期间作出的，这反映出办案人员更倾向于在审查起诉期间撤回而非在退回补充侦查期间撤回。此中缘由有二：一方面，部分案件已无退查之必要。退查程序本质上是为暂未达到起诉标准的案件提供进一步查清事实、补强证据的程序机会，是慎重作出起诉或不起诉决定的应有之义。未经退查直接撤回说明案件已无退查必要或侦查机关已经开展了大量工作，退查期间无查证属实之可能，无须继续浪费司法资源。另一方面，退查期间撤回要求较严格。在退查期间，公安机关可以径自撤回案件，只需将结果通知人民检察院。但其范围被严格限定在“原认定的犯罪事实有重大变化，不应当追究刑事责任的”情形内，部分案件不属于此类情形，无法适用该条规定，因此选择在审查起诉期间撤回案件。

第二，检察机关为何不直接行使不起诉权？一般而言，公安机关将案件移送审查起诉后，检察机关应当依法作出起诉或不起诉决定，经决定起诉的，人民法院应当作出有罪或无罪判决，而不能让诉讼程序回流。[2] 2019 年《刑诉规则》第 365 条也规定，犯罪嫌疑人没有犯罪事实，或者符合《刑事诉讼法》第 16 条规定的情形之一的应当作出不起诉决定。即作出起诉或不起诉决定是检察机关推进或终结程序的正当方式。但实践中，部分公安机关将法定不诉、存疑不诉和检察机关监督撤案的案件实行分值较重的负面评价，对审查起诉阶段撤回的案件则不予考核，因此在

---

〔1〕 2020 年《程序规定》第 296 条规定：“对人民检察院退回补充侦查的案件，……发现原认定的犯罪事实有重大变化，不应当追究刑事责任的，应当撤销案件或者对犯罪嫌疑人终止侦查，并将有关情况通知退查的人民检察院……”

〔2〕 参见周科楠、李红：《公诉阶段公安机关撤回案件实证研究———以 R 省检察机关 2013 年至 2015 年受理公安机关移送审查起诉案件为样本》，载《净月学刊》2016 年第 5 期。

部分情形下检察机关为配合公安机关工作而同意撤回。[1]

案例三:某职务侵占案,检察机关经审查认为该案事实清楚、证据确实、充分,拟向法院提起公诉。但准备移送案件时发现,原采取取保候审强制措施的犯罪嫌疑人已潜逃,遂商请公安机关撤回案件,待犯罪嫌疑人到案后重新移送。

案例四:某非法吸收公众存款案,A 地检察机关经审查发现犯罪嫌疑人在 B 地还有犯罪事实且系主要犯罪事实,经了解,B 地公安机关正在对该主要犯罪事实进行侦查。经 A 地检察机关与 A 地公安机关协商,决定由 A 地公安机关撤回案件并移送 B 地公安机关并案处理。

犯罪嫌疑人不在案或因重大疾病无受审能力与并案管辖等是实践中常见程序阻碍。案例三中,犯罪嫌疑人不在案的情况下,检察机关无法直接作出起诉或不起诉决定,因此待逃跑的犯罪嫌疑人重新归案或患病的犯罪嫌疑人具有受审能力时再重新移送审查起诉,符合实践需要。案例四中,检察机关可以作出起诉决定,但此时起诉并不是最有利于案件办理和指控犯罪的程序推进手段,也易造成司法资源浪费。同时,在该案情境下,外地检察机关尚未受理该案,由本地公安机关移送外地公安机关并案侦查显然更为适宜。

综上,在司法实践中,某些特殊情况下公安机关与检察机关确有撤回案件的实践需求。可依据上述分析将撤回案件分为两大类:一是案件实体问题存在认识分歧。公安机关与检察机关就案件事实认定、法律适用等实体问题认识存在差异,部分案件符合不起诉条件,但基于配合公安机关工作或其他考虑,检察机关同意撤回案件。二是案件程序流转不畅。部分案件由于遇到特殊情况,无法在满足法律规定的前提下使刑事程序向前流转,亦无法当然终止,因而采取撤回案件的方式权宜处理。从理论分析,有学者将我国刑事程序倒流的情况分为“程序性补救型”“实体性补救型”“规避错误型”三类,并从程序倒流的功能和目的思考,认为单纯为规避错误结果的程序倒流具有非法性。[2] 从司法实践来看,实体问题认识分歧的撤回案件大多属于“实体性补救型”和“规避错误型”两类,程序流转不畅的撤回案件一般是出于避免程序性错误或推动程序继续流转的目的而撤回。

三、案件撤回机制存在的问题

(一)案件系属不明确

学界对审查起诉期间和退回补充侦查期间的案件系属问题研究较少,相比较

[1] 参见李斌、刘云:《加强检察机关审查起诉环节对公安机关撤回案件的监督》,载《中国检察官》2023 年第 19 期。

[2] 参见汪海燕:《论刑事程序倒流》,载《法学研究》2008 年第 5 期。

而言,撤回起诉的案件系属问题较为明确:一是撤回起诉使已提起的公诉被撤销。案件一经撤回并经法院允准即发生案件诉讼系属和法律关系消灭的效力,案件从此终结。二是法院退回补充侦查。此时案件仍系属于法院,诉讼法律关系并未消灭,原先提起的公诉仍然有效。[1] 同理,案件一经移送审查起诉即系属于检察机关,理论上只有检察机关自行结案或同意公安机关撤回案件方能使诉讼关系消灭;而退查期间诉讼法律关系并未消灭,案件系属并未变更,但《程序规定》和《刑诉规则》又赋予了公安机关在退补期间径自撤案的权力,使该阶段案件系属较为混乱。

(二)程序流转不严谨

对于审查起诉期间的案件撤回存在两方面问题:一是缺乏明确法律依据。上文论及,审查起诉期间案件撤回的规定仅见于1999年《刑诉规则》,之后各版《刑事诉讼法》《刑诉规则》《程序规定》均无相关规定,以公安机关申请检察机关同意的方式撤回案件法律依据不足。二是侦查结论矛盾。在公安机关将案件移送审查起诉时其侦查结论为"移送审查起诉",而案件撤回后重新提出的处理意见一般为"撤销案件",此时第一次"移送审查起诉"的侦查结论未经检察机关审查后作出起诉或不起诉的处理意见,依然具有法律效力。退回补充侦查并非严格意义上的程序终结方式,因此两次侦查结论存在矛盾之处。

从刑事诉讼程序流转的规律来看,案件进入后诉讼阶段就不应轻易退回前阶段,程序倒流的设计是为特殊情况下的转圜、补救之用。实践中,基于各方面原因,检察机关往往会同意公安机关以退回补充侦查的方式撤案。本质上,退回补充侦查的程序设计是为避免前期侦查工作归于无效,导致司法资源浪费,退查决定本身也应包含检察机关经审查后的初步判断:一是根据现有证据无法直接作出起诉或不起诉的决定;二是案件在一定程度上存在事实不清、证据不足的情况,需进一步查明;三是根据司法规律,退查所需证据大概率能够查实、事实能够进一步明确。因此,"以退补之名,行撤案之实"的做法违背了制度本意,也有悖于刑事程序流转之规律。

(三)文书制作不规范

实践中,审查起诉期间公安机关撤回案件主要表现为主动撤回,公安机关口头或书面申请,检察机关经审查后制作《同意移送机关撤回通知书》。例如,《同意移送机关撤回通知书》中载明:"在我院审查起诉期间,你局认为该案不应当追究刑事责任,重新提出处理意见。经审查,同意你局将该案撤回自行处理的意见。"

---

[1] 参见张建伟:《论公诉之撤回及其效力》,载《国家检察官学院学报》2012年第4期。

文书制作问题可概括为以下几方面:一是申请撤回案件的文书形式不一致。表现为“函”“情况说明”“申请”等各种形式或仅为口头申请,出具文书的公安机关层级也不尽相同,较为混乱。二是相应文书未入卷。部分撤回案件公安机关未提供书面申请书或申请书未入卷,导致该诉讼环节缺乏印证材料。三是缺乏后续处理文书。公安机关决定撤销案件、终止侦查或重新移送审查起诉均应存在对应文书,部分案件缺少公安机关后续处理结果的对应文书。

(四)检察监督不严格

审查起诉期间的案件撤回缺少明确法律依据,是实践中创设的结案方式。在尊重司法实践的前提下,检察机关适用审查起诉期间的案件撤回应当慎之又慎,不可随意扩大撤回案件范围。《刑事诉讼法》第 177 条第 1 款规定:“犯罪嫌疑人没有犯罪事实,或者有本法第十六条规定的情形之一的,人民检察院应当作出不起诉决定。”如案件符合不起诉条件,应当依法作出不起诉决定而非由公安机关撤回。此外,检察机关作出同意案件撤回的决定较为随意,相较于对不起诉决定的严格限制[1],同意公安机关撤回案件仅需检察官与公安机关承办人商榷后达成一致意见,缺少有力的内部监督机制。

退回补充侦查期间的案件撤回可依据《程序规定》和《刑诉规则》,但《刑事诉讼法》未予确认,二者效力层级较低且相关规定模糊。《程序规定》中明确的撤案条件为“发现原认定的犯罪事实有重大变化,不应当追究刑事责任的”,后续处理方式为“将有关情况通知退查的人民检察院”。从 2019 年《刑诉规则》第 347 条可以看出,退查案件原则上均应重报,部分案件原认定事实发生重大变化,不应追究刑事责任的应当向检察机关说明理由。实践中,存在公安机关撤回案件后既不继续侦查又不撤销案件或终止侦查的情况,导致案件长期未结,诉讼程序无法终结。

(五)权利保障不充分

相较于直接作出不起诉决定,撤回案件因缺乏明确法律依据使当事人诉讼权利无法得到有效保障。第一,依据《民事诉讼法》第 153 条第 5 项“本案必须以另一案的审理结果为依据,而另一案尚未审结的”中止诉讼的规定,部分情况下,如需要以刑事案件是否构成犯罪来确定民事案件责任分配,则可能因刑事程序长期未终结,使当事人无法启动民事诉讼解决纠纷。第二,被害人及其近亲属诉权无法得到保障。如案件撤销,根据《程序规定》第 189 条第 1 款规定:“公安机关作出撤销案

[1] 2019 年《刑诉规则》第 370 条规定:“人民检察院对于犯罪情节轻微,依照刑法规定不需要判处刑罚或者免除刑罚的,经检察长批准,可以作出不起诉决定。”

件决定后,应当在三日内告知原犯罪嫌疑人、被害人或者其近亲属、法定代理人以及案件移送机关。”不起诉案件的被害人可依据《刑事诉讼法》第180条,向上一级人民检察院申诉,如人民检察院维持不起诉决定,则被害人可以向人民法院起诉。而在撤回案件的情境下,被害人缺少申诉及自诉的权利救济渠道。第三,犯罪嫌疑人人身权利被长期限制。撤回后长期挂案的案件中,犯罪嫌疑人强制措施一般为取保候审、监视居住,非羁押状态下强制措施并不会当然解除,如公安机关不及时撤销案件或解除强制措施,则犯罪嫌疑人人身权利会长期受限。

四、案件撤回机制的完善路径

(一)明确案件系属,限缩撤回适用范围

根据案件系属理论,只有拥有案件系属权的机关方能对案件作出终局性的实体和程序决定。在审查起诉阶段案件系属权归于检察机关,检察机关对案件作出的实体结论应当是该阶段唯一有效的结论,检察机关作出的程序性结论也应当是决定刑事诉讼程序在该阶段继续前进或后退的唯一有效结论,不合理的程序倒流导致其过度适用和功能错位,应当予以规范。[1]

在结合司法实践规律和现行法律规范的基础上,明确案件系属问题、改造撤回机制可从三方面出发:一是废止审查起诉期间的案件撤回。在审查起诉期间检察机关未作出实体和程序性结论,撤回案件于法无据,容易造成程序流转混乱、随意撤案等问题,逐步摒弃实践中该类做法有助于进一步规范办案流程。在正当程序导向的要求下,应废止审查起诉期间的案件撤回。[2] 对于实践中确有撤案需求,现行《刑事诉讼法》规定的结案方式较为单一的问题,可依据《程序规定》和《刑诉规则》中有关规定,将案件退回公安机关补充侦查,符合条件的案件在退回补充侦查期间依法撤销。二是严格限制退查期间的案件撤回。应当明确,在审查起诉期间检察机关是程序的主导者,作出退回补充侦查决定的主要依据是案件事实和法律规定。对于符合不起诉条件的案件,应当在审查起诉阶段直接作出不起诉决定。在退补期间,如案件事实确实出现重大变化,符合撤案或终结侦查条件的,可以依据相关规定处理。同时,应当进一步将“重大变化”限定为退查期间出现的事实新变化,并将案件补充侦查情况重报检察机关,由检察机关依法处理。三是逐步改造退查期间的案件撤回。目前,退查期间公安机关拥有径自撤案或终止侦查的权力,这从事实上冲击了审查起诉阶段检察机关案件系属权,也容易造成撤案监督滞后

[1] 参见王宇坤:《刑事程序倒流失范的成因分析与规范路径》,载《大连海事大学学报(社会科学版)》2020年第5期。

[2] 参见胡雨晴:《公安机关“撤回处理”的实践反思》,载《中国检察官》2022年第18期。

的问题。从改造的角度讲,可将“应通知”的事后监督变更为“经同意”的事前审批,如在退查期间案件事实出现重大变化,由公安机关向检察机关申请,经同意后方可撤销案件或终止侦查。

(二)规范撤回程序,强化撤回审核监督

考虑到公安机关撤回案件的实践需要和改造周期,在现阶段如无法全面禁止案件撤回,可进一步规范撤回程序,检察机关加强审核,发挥法律监督职能。具体而言:一是同意撤回决定提级审批。实践中,《同意移送机关撤回通知书》的审批权限仅为检察官,少部分案件存在分管副检察长审批的情况。可将同意撤回决定的审批权限上调至副检察长,同时,严格依照《程序规定》中县级以上公安机关负责人批准的规定,申请撤回案件径自处理须由县级以上公安机关负责人决定,进一步规范撤回程序。二是规范适用退查程序。退查是保留办案权的前提下,要求公安机关对实体问题不清的案件开展补充侦查,而撤回则是放弃办案权由公安机关自行处理。从案情来看,存疑不起诉的案件与部分撤回案件存在类似之处,但存疑不起诉须经过补充侦查,而以事实不清、证据不足的理由撤回的案件,大多数未经退查程序,在程序上不够严谨。因此,可参考存疑不起诉的制度构造,要求以事实不清、证据不足为理由撤回的案件必须经过补充侦查。三是规范制作法律文书。一方面,严格遵守文书入卷的工作规范,将撤回申请、同意撤回决定及后续处理情况等相关文书及时上传至业务系统文书卷宗区,纸质版留存内卷,保留该诉讼环节印证材料。另一方面,可尝试重构撤回起诉意见书制度,如公安机关撤回案件须同步撤回起诉意见书,在退查时亦应退回起诉意见书,重报时重新提交,以适应事实认定或法律适用的变化。四是加大重点案件监督力度。2019 年《刑诉规则》仅规定退查案件超期未重报应当说明理由,公安机关违反法律规定撤销案件的应当纠正。可进一步补充对公安机关撤回案件自行处理后长期挂案的侦查监督,依据申请撤回案件时的理由进行后续监督审查,发现违法行为及时纠正。

(三)加强权利保障,畅通权利救济渠道

撤回案件一般难以再次启动刑事程序,较为容易侵害当事人的知情权、申诉权、救济权等。[1] 从改造案件撤回机制、保障当事人诉讼权利的角度分析:一是应加强当事人知情权保障。在公安机关申请撤回案件,检察机关作出同意撤回的决定后应当及时告知犯罪嫌疑人、被害人及其近亲属等,将公安机关申请撤回案件的

〔1〕 参见杜丹:《论加强规范公安机关撤回案件检察监督》,载《广西政法管理干部学院学报》2021 年第 6 期。

理由、检察机关同意决定的依据、案件事实情况及法律依据告知当事人，明确案件将重新退回至公安机关，以及相对应的权利救济途径。二是构建撤后申诉制度。检察机关可对公安机关开展侦查监督，如应当立案而不立案、不应当立案而立案或违法撤销案件，但如公安机关撤回案件后不及时撤销案件，当事人则无法通过正当渠道保障自身权利。同时，由于撤回案件决定由检察机关同意，由作出决定的检察机关再次审查也无过多实际意义。因此，可以尝试构建由本级检察机关审查撤销案件情况、上一级检察机关审查同意撤回决定的申诉制度，如原同意决定确不符合法律规定，应当依法撤销，公安机关不及时撤销案件的依法启动侦查监督程序。三是重点关注撤回案件中犯罪嫌疑人强制措施状态。依据《刑事诉讼法》第 79 条、2019 年《刑诉规则》第 105 条以及《关于取保候审若干问题的规定》第 24 条之规定，在无变更强制措施、检察机关作出不起诉决定、审判机关作出生效无罪判决等法定情形下，取保候审等强制措施并不能当然解除。因此，为保障犯罪嫌疑人合法权益，在案件撤回后检察机关应当重点关注其强制措施状态。对于强制措施期限届满的，应当由决定机关依法作出解除或变更强制措施决定；对于撤回案件后公安机关撤销案件或终止侦查的，应当由决定机关依法及时作出解除强制措施决定并办理解除手续。

Abstract: The withdrawal of the transferred cases by the public security organs at the examination and prosecution stage is a product of the revisions of the Criminal Procedure Rules of the People's Procuratorate and the Procedures of the Public Security Organs in Handling Criminal Cases, and there are no relevant provisions in the current legal norms. From the perspective of judicial practice, there is indeed a practical need for public security organs to withdraw cases, but there are some problems in the current withdrawal mechanism, such as unclear case jurisdiction, unrigorous procedure circulation, non – standardized documentation, inadequate procuratorial supervision, and insufficient protection of rights. Improving case withdrawal mechanisms can proceed from three aspects: limiting the scope of application of withdrawal, strengthening review and supervision of withdrawal, and unblocking channels for rights remedies. On the basis of clarifying the problems of cases, we should standardize the withdrawal procedure, strengthen the protection of rights, and reform the case withdrawal mechanism in a gradual way to meet the needs of judicial practice.

（责任编辑：马浩洋）

纪检监察学研究

人工智能技术在腐败线索发现中的应用研究

白秀银[*]　朱司思[**]

内容提要　人工智能是纪检监察工作在技术层面实现创新突破的核心支撑，在腐败线索发现过程中，人工智能技术让腐败线索识别更加智能化，能够为智慧纪检监察系统提供更全面、更准确的信息支持。对信息化时代腐败风险识别的数据进行收集、分析和建模，实现腐败风险预警，从数据的挖掘、汇集、处理、预警、可视等方面探索人工智能在腐败线索发现中的应用，契合信息时代大数据助力腐败线索发现的需要。在人工智能与传统人工并进的框架下，真实有效的数据汇集是基础，科学算法和有效关联是核心，人工审核与干预机制是保障，数据安全与隐私保护是基石，对人工智能技术在腐败线索发现中的应用研究具有重要的理论价值与现实意义。

关键词　人工智能　腐败线索发现　技术应用

二十届中央纪委三次全会特别强调了“推动数字技术深度融入纪检监察各项业务”，凸显建设一体化工作平台的重要性。大数据反腐是信息技术在智慧纪检监察工作中的关键应用，代表着当前和未来权力监督的基本趋势。人工智能技术是基于大数据的一种承载方式，通过深度学习大数据，识别和提取有用信息，建构出比数据本身更深层次的模式和关联，预测发展趋势和结果，减少人为干预，正好能够契合信息时代大数据助力腐败线索发现的需要。人工智能技术正在超越传统信访举报模式，推动着腐败线索发现模式的变革，腐败线索发现的自动化、预警化有效促进了数字赋能的纪检监察工作高质量发展。人工智能技术能有效分析、识别公权力运行轨迹，形成公权力运行信息的汇集、处理、分析、风险识别为一体的线索发现闭环，提早预警腐败风险，对人工智能技术在腐败线索发现中的应用研究具有

---

* 白秀银，成都理工大学文法学院（纪检监察学院）教授。

** 朱司思，成都理工大学文法学院（纪检监察学院）硕士研究生。

重要的理论价值与现实意义。

一、文献综述与问题缘起

随着数字技术的不断迭代,以生成式人工智能为代表的人工智能技术为纪检监察监督方式的革新提供了一个新的契机。学界关于大数据环境下的腐败治理颇有研究,截至 2024 年 11 月,笔者在中国知网以“大数据”“反腐败”为主题词进行检索发现,相关文献由 2013 年以前年均不足 1 篇增到 2024 年的 26 篇,2017 年以来文献数量相对稳定,基本维持在 20 多篇。如图 1 所示。

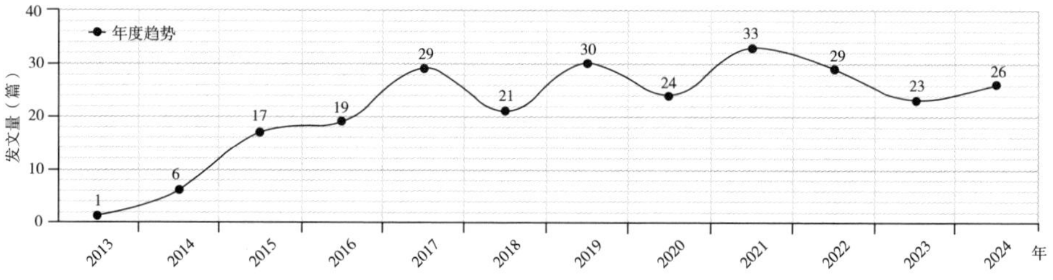

图 1　“大数据”“反腐败”主题文献变化趋势

关注的主题主要集中在大数据时代如何通过大数据挖掘和利用来反腐败,推动纪检监察工作,如图 2 所示。海量数据是人工智能技术应用于反腐败工作的基础。通过系统收集和分析政府采购数据、受益所有权数据和政府支付数据,可以发现潜在的腐败线索。齐敏、任建明(2023)指出数据是贯穿大数据时代腐败治理的主线,且伴随大数据技术的快速发展,为海量数据的处理提供了技术支撑。[1] 董石桃(2020)提出大数据反腐是通过组织整合来推动大数据技术执行,[2] 人工智能发现腐败线索并非纪检监察机关发现腐败的数字化替代,而是腐败线索发现在网络社会的数字化延伸。简 · 芳汀(2004)认为,政府行动者内嵌于认知、文化、社会以及制度结构的特性会影响对因特网和相关 IT 技术的设计、感知和使用。[3] 这些理论研究成果为探寻人工智能技术在腐败线索发现中的作用提供了理论支撑。

---

〔1〕 参见齐敏、任建明:《反腐数据治理的价值意蕴、问题及策略研究——基于“监督—执纪—决策”的分析框架》,载《湖南社会科学》2023 年第 2 期。

〔2〕 参见董石桃:《技术执行的组织整合:整体性治理视域下的大数据反腐》,载《电子政务》2020 年第 11 期。

〔3〕 参见[美]简 · 芳汀:《构建虚拟政府:信息技术与制度创新》,邵国松译,中国人民大学出版社 2004 年版,第 79 页。

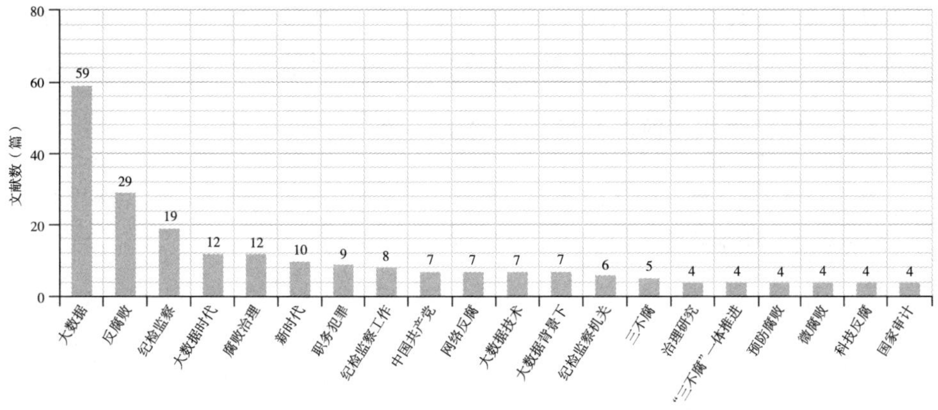

图 2　大数据反腐相关研究主题分布

随着大数据技术的升级、人工智能的发展，国内外学者也逐渐关注人工智能在腐败治理方面的作用和应用，但是知网上目前收录的相关中文文章并不多，主要发表在核心期刊，理论研究成果质量较高，英文文献则较多集中在应用技术层面的理论探讨。

学界普遍认为人工智能，特别是机器学习和自然语言处理（Natural Language Processing，NLP），在腐败线索发现中展现了巨大的潜力。机器学习能够识别大型数据集中的复杂模式和关系，发现潜在的腐败行为。例如，通过训练机器学习算法，可以对合同授予进行标记，区分腐败和非腐败的交易，从而供纪检监察部门进一步调查。使用自然语言（人类语言）的计算机和人类之间的交互，可以审查结构化数据和非结构化数据，如文本文件和电子邮件，以发现腐败线索。比如，秘鲁数字调查机构 ojo - publico 开发的 AI 模型，基于秘鲁政府公开的采购、工程建设和选举捐赠的合同数据，已核查出 11 万份问题合同，发现了合同中的腐败和违规风险。

面对日益复杂的腐败线索识别任务和爆发式增长的海量信息，传统的纪检监察机关腐败线索发现方式显得势单力薄，借由人工智能的“数据自治”，对腐败风险点进行识别，进而发现线索，解放纪检监察腐败线索发现的人力去从事更有价值的工作。腐败线索的发现，主要通过闭源和开源两种信息渠道，其中闭源信息主要靠人工获取，或者在内网进行数据抓取，而源情信息抓取则可以更大程度发挥人工智能算法的作用，来弥补传统人工信息获取在人力和算力方面的不足。自然语言处理技术能够处理和分析文本数据，如新闻报道、社交媒体和电子邮件等，以发现腐败线索。通过分析文本中的关键词、短语和上下文信息，NLP 技术可以识别出潜在的腐败行为。随着人工智能算法的日益成熟，为在诸如社交媒体等开源信息渠道抓取腐败线索提供了可能，极大地拓宽了纪检监察机关获取腐败线索的途径。

综上，人工智能技术在腐败线索发现中的应用，为反腐败工作提供了新的视角和方法。通过大数据、开放数据和人工智能的结合,可以大幅提升腐败查处的及时性和准确性,优化预防腐败制度,提高廉政治理决策的科学性。

二、信息化时代腐败线索发现面临的问题

在信息化时代,腐败线索的发现面临着多重挑战,这些挑战不仅源于腐败行为本身的隐蔽性,还来自信息技术快速发展所带来的环境复杂性。

(一)腐败行为隐蔽性增强,数据开源化程度不高,面临着线索收集问题

腐败行为的隐蔽性增强和数据开源化程度不高共同导致了线索收集的问题。腐败行为的隐蔽性增强意味着腐败分子,可能利用制度漏洞、权力寻租、利益输送等手段,在暗中进行腐败行为,使得这些行为更加难以被发现和揭露。这种隐蔽性不仅增加了反腐败工作的难度,而且降低了腐败行为被查处的概率。随着信息技术的发展,信息腐败作为一种新的腐败类型逐渐浮现,腐败手段也日趋隐蔽和高科技化。腐败分子也可能利用网络的隐蔽性、时空性等特点,使用高科技手段来掩盖其腐败行为,如使用加密通信、虚拟货币等进行非法交易。这种腐败形式更具隐蔽性,信息交易双方或多方可以形成利益共同体,通过隐秘的信息传递方式牟利,将贪腐行为巧妙地掩盖起来,使得腐败线索更加难以发现。信息腐败的兴起与技术手段的掩盖增强了信息时代腐败行为的隐蔽性,腐败线索发现愈加困难。

数据开源化程度不高,则是指与腐败行为相关的数据和信息往往被掌握在少数人或机构手中,没有得到有效公开和共享。这导致反腐败机构在收集线索时面临信息不对称的问题,难以获取全面、准确的信息来支持反腐败工作。腐败分子为了规避纪检监察,多采取线下、人情往来的形式进行腐败活动,不涉及网络,不产生网络数据,网络世界很难对该种行为进行记录。同时,腐败分子社会关系一般呈群体化、人情依附化、隐蔽化和复杂化,腐败金额的巨额化、腐败的部门化和集团化以及“裸官”腐败增多等新特点,也增加了腐败线索发现的难度。即使掌握了类似行踪数据,也不能作为直接腐败线索使用,数据质量不高。同时,由于缺乏有效的数据开源机制,反腐败机构在追踪、分析和查处腐败行为时也面临着数据不足、证据不充分等困难。

(二)传统侦查模式有局限,数据碎片化程度高,异构腐败线索发现的困难

传统侦查模式的局限性以及数据的高度碎片化,这两者共同导致了异构腐败线索发现的困难。传统侦查模式通常依赖于人工调查、举报线索、现场勘查等手段,这些手段虽然在一定程度上能够有效发现腐败行为,但也存在明显的局限性。

例如,人工调查可能受到时间、人力和资源的限制,难以全面覆盖所有潜在的腐败行为;举报线索则可能受到举报人意愿、信息准确性等因素的影响,存在不确定性和不稳定性;现场勘查则往往在腐败行为发生后进行,难以预防腐败的发生。

纪检监察部门想了解公职人员在提供服务过程中是否合理行使了公权力,则需要各职能部门提供相关业务数据。随着信息技术的快速发展,与腐败行为相关的数据和信息往往分散在多个系统、平台或数据库中,这些数据之间缺乏统一的标准和格式,难以进行有效的整合和分析。纪检监察部门对腐败线索的感知情况取决于纪检监察对象所提供的业务数据质量,数据碎片化的情况不仅增加了数据处理的难度,而且降低了数据的质量和可靠性,从而影响了腐败线索的发现和分析。

线索获取渠道有限与数据分析能力不足并存局限了信息时代腐败风险识别的及时性,腐败线索发现滞后。虽然大数据技术的应用为腐败线索的发现提供了新的可能,但数据的筛选、比对和分析仍然需要专业的技术和方法。缺乏高效的数据分析工具和方法,使得侦查机关难以从海量信息中筛选出有价值的腐败线索。异构腐败线索通常指的是那些隐藏在复杂数据关系中的非传统的腐败行为线索,这些线索往往需要通过深入的数据分析和挖掘才能被发现。然而,在当前的情况下,由于数据整合和分析的难度较大,这些异构腐败线索往往难以被及时、准确地发现,从而给反腐败工作带来了极大的挑战。

(三)信息化手段应用不足,数据标准难以建立,腐败线索关联的困难

信息化平台建设滞后与信息共享机制缺失难以支撑腐败线索的自动发现和预警,腐败线索被海量信息淹没。信息化手段应用不足意味着在当前的反腐败实践中,对于现代信息技术如大数据、云计算、人工智能等的运用还不够充分。这些技术本可以帮助更高效地收集、处理和分析海量数据,从而更精准地识别腐败线索。然而,由于技术应用的不足,很多反腐败工作仍然依赖于传统的人工方法,这不仅效率低下,而且难以应对日益复杂多变的腐败行为。

虽然一些地区和部门已经开始了信息化反腐的探索,但整体上信息化平台的建设仍然滞后,无法满足高效、精准反腐的需求。腐败案件往往涉及多个部门和领域,需要不同部门之间的紧密协作和信息共享。然而,当前不同部门之间的信息共享机制尚未建立或完善,由于部门壁垒、信息不对称等,跨部门协作和信息共享往往面临诸多困难。这导致了腐败线索的发现和处理效率低下,难以形成有效的打击合力。碎片化的系统平台、孤岛化的业务数据、沉默化的信息资源使得纪检监察机关难以获取全面的腐败线索,更无法支撑智慧化纪检监察系统的运行。

信息化时代,数据正以惊人的速度产生,每秒都在创造新的纪录,数据标准难以建立是导致腐败线索关联困难的重要原因之一。在反腐败工作中,涉及的数据

往往来源不同,这些数据在格式、质量、定义等方面可能存在很大差异。如果没有统一的数据标准,就很难将这些数据有效地整合在一起,进而难以从中发现腐败线索之间的关联。数据标准的缺失不仅增加了数据处理的难度,而且降低了数据分析的准确性和可靠性。腐败线索关联的困难直接影响了反腐败工作成效。由于数据标准不统一和信息化手段应用不足,即使收集到了大量的数据,也难以准确地识别出腐败线索,更难以将这些线索关联起来形成完整的证据链。这导致很多腐败行为可能逃脱了法律的制裁,反腐败工作的成效因此大打折扣。

(四)网络反腐的局限与挑战,信息素养不够,腐败线索发现能力不足

网络反腐虽然具有诸多优势,但也面临着信息素养不够和腐败线索发现能力不足等挑战。数据质量高低、信息数据的真实性、网络环境、网民素质、纪检监察工作人员信息素养都将对腐败治理产生直接影响。

网络反腐作为一种新兴的反腐败手段,虽然具有信息传播速度快、覆盖面广、参与度高等优势,但也存在其固有的局限性。一方面,网络信息的真实性、准确性难以保证,虚假信息、谣言等可能干扰反腐败工作的正常进行;另一方面,网络反腐往往依赖于公众的举报和曝光,但公众对于腐败行为的认知、判断以及举报的意愿和能力都存在差异,这可能导致一些重要的腐败线索被遗漏或忽视。

信息素养不够是当前网络反腐面临的一个重要挑战。信息素养是指个体或组织在获取、评估、利用、创造和传播信息方面的能力。在网络反腐中,无论是反腐败机构的工作人员还是广大公众,都需要具备一定的信息素养来有效地筛选、分析和利用网络信息。然而,现实中很多人的信息素养并不足以应对复杂多变的网络信息环境,这可能导致他们在处理网络信息时出现偏差或误解,从而影响腐败线索的发现和查处。

网络上的信息虽然丰富,但其中真正与腐败行为相关的线索往往隐藏较深,需要专业的分析和挖掘才能发现。然而,当前很多反腐败机构在腐败线索的发现和分析方面还存在能力不足的问题,可能导致一些重要的腐败线索被错过或忽视,从而影响反腐败工作的整体效果。反腐败算法的运行需要从收集和清理大量数据开始,数据的质量和可用性直接影响算法的效果;对技术的过度依赖可能弱化腐败线索发现的主观能动性和创造性,导致纪检监察监督贻误时机。

三、人工智能技术在腐败线索工作中的应用过程与方法

(一)在线索发现过程中,智能化筛选数据

在腐败线索的发现与追踪过程中,人工智能技术主要通过关键信息筛选发挥

作用,具体步骤包括:数据收集与整合、建立数据分析模型、智能化筛选与识别、智能分析与报告生成、结果呈现与辅助决策。

首先,通过多源数据接入和数据清洗来实现数据收集与整合。人工智能技术会从电子政务系统、公共权力运行、公共资金使用、公共资源交易、行政执法、工程招投标、电子采购等网上运行系统中提取大量的数据,包括财务报表、交易记录、政府采购信息、官员财产申报等。然后通过技术的加持,在网络中嵌入特定的算法,自动清洗数据,去除重复、错误和无关的信息,保证数据质量,为后续的腐败线索分析提供基础数据支撑。

其次,通过特征提取和模式识别,建立数据分析模型,进行智能化筛选与识别。运用机器学习算法提取数据中的关键特征,如异常资金流动、不合理的交易频次、价格异常等。基于历史腐败案例,训练模型识别出可能的腐败模式,如利用职权影响招标结果、利益输送等。通过关联规则挖掘技术,找出数据之间的潜在联系,利用监督学习或无监督学习算法,对数据进行实时监控,发现偏离正常模式的行为,并结合概率统计和预测模型,评估个体或机构腐败行为的可能性,按照风险等级排序。

最后,通过智能分析和报告生成,实现动态监控与风险预警。应用深度神经网络对复杂的数据关系进行分析,揭示更深层次的腐败网络。将分析结果以图表、网络图等形式直观展示,便于监督人员理解复杂的关联关系。人工智能系统根据新的数据和案例不断学习,优化筛选模型,提高识别精度。系统自动生成分析报告,包括可疑行为、潜在腐败风险、建议采取的措施等;结合人工审查的结果,对系统进行反馈,不断调整和优化数据分析模型。

通过上述步骤,人工智能技术在腐败线索发现过程中的智能化筛选作用可以自动化处理大量数据,迅速筛选出可疑线索,节省人力物力。通过算法分析,减少人为误判和漏判,提高线索的质量。通过对腐败行为的模式识别,有助于提前预防腐败行为的发生;为监督部门提供科学的决策支持,精准发现腐败线索。

(二)在线索处理过程中,进行智能化分析

在腐败线索的处理过程中,腐败现象数据处理分析要求较高。智能大数据分析在腐败文字敏感词、腐败音视频敏感声等人工智能技术的处理上,扎实助推反腐败情报的数字化、信息化以及智能化发展水平,并提供了智能化保障。

第一,通过智能化分析提升腐败线索处理效率。智能化分析包含腐败文字敏感词和腐败音视频敏感声的各类信息,实现腐败风险识别、跟踪、分析与监测的一体化。迅速定位、检索和查找相关文档或聊天记录中的关键信息,挖掘出隐藏的腐败线索,对关联敏感词进行分析,可以发现腐败行为之间的内在联系。通过对音视

频内容的智能识别与解析,人工智能可以对腐败目标快速定位与追踪,发现其活动规律,为纪检监察机构提供线索发现支持。借助机器学习算法优化系统自动适应各种复杂的腐败场景,提高分析的准确性和效率,为纪检监察部门提供更加科学、全面的决策依据。

第二,算法与线索收集装备升级提升腐败线索处理效能。利用人工智能的相关算法,构建知识图谱、进行时间序列分析以及趋势演化预测,帮助纪检监察机构在海量数据中快速锁定可疑的腐败线索。人工智能技术助力腐败线索发现,能够实现自动化、智能化的线索处理流程,如智能反腐机器人、智能单兵数字装备能够自动收集、整理、分析与综合腐败线索,提高反腐工作的效率与准确性。这种智能化的装备应用,使得反腐机构能够在不暴露自身的情况下,实施精准打击,有效遏制腐败行为的发生。

第三,智能化模拟训练提升腐败线索处理能力。模拟训练为腐败线索的发现提供了明确的方向,能够帮助调查人员熟悉各类腐败场景,提升处理腐败线索实战应对能力。构建相关场景模型,将涉及腐败的各类对象在虚拟环境中抽象成智能体,以预想方案,对不同的反腐策略进行模拟测试,评估其效果,优化腐败处理线索的计划,从而提高在处理腐败线索的实战中识别、追踪和分析腐败线索的能力。

(三)对大数据进行监控与预警,动态监测腐败风险点位

建设大数据平台,对多源海量数据进行因果关系与相关关系预判,实现实时监控和有效预警。各地纪检监察机关建设起大数据平台,通过从海量信息中比对数据,发现数据模式,寻找问题线索。如利用区块链技术治理腐败,"区块链 + 国家审计"搭建区块链审计数据平台,进行信息资源采集,处理审计业务,生成审计工作底稿,之后以可视化形式呈现,实现腐败预警、实时监控、结果公告、审计整改、反腐协作及制度建设。[1] 在"区块链 + 政务"方面,涉及数字身份、电子存证、电子票据、产权登记、工商注册、数据共享、涉公监管、行政审批等诸多场景。[2] 这些平台能够将多源异构数据融合,形成关联,并通过模式识别等技术手段描述纪检监察业务,从而更全面、更高效地发现线索。

腐败总是有迹可循的,人工智能赋能权力监督在因果关系归责的基础上实现了数理逻辑的加持,向着相关关系预判的模式转变。借助人工智能技术,可以在虚拟场景中对人的行为轨迹进行建模,推测腐败行为的产生。例如,利用交叉引证大

〔1〕 参见蒋尧明、杨嘉逸、唐衍军:《"区块链 + 国家审计"助力大数据反腐研究》,载《北京工商大学学报(社会科学版)》2021 年第 1 期。

〔2〕 参见欧阳欢、李源:《省级区块链平台设计与研究》,载《中国信息化》2022 年第 8 期。

数据信息来评估数百万政府工作人员的工作和个人生活情况;绘制复杂的多层社会关系图,以推导出政府雇员的行为规律,特别在检测可疑财产转移、基础设施建设、土地征用和房屋拆迁方面;通过大数据挖掘公权力运行数据和公职人员日常信息之间的联系,构建隐性腐败指数;通过数字建模对各政府机关、人员和地方进行"数字体检",汇总数据产生政治生态画像,对政治生态进行分析,及时准确地发现腐败行为。

基于历史数据和当前趋势,预测未来可能出现的腐败风险点位,将腐败风险分为高、中、低三个等级,以便于监督部门根据风险等级采取相应措施。利用人工智能、大数据平台构建腐败预警体系,包括信息采集、信息分析、信息评估、信息报告。数据信息收集完成后与系统设定的预警指标进行自动比对,超出预警指标的事项将触发实时报警。预警指标体系中的安全阈值及指标权重主要参照案例库中的指标进行设置,同时根据专家评分对权重进行修正。例如,对资金、项目、物资、决策、关键人等进行"数据体检"时,如若超过阈值就会"亮起红灯"。预警指标本身会随着腐败特征的变化不断实时更新,确保实现对腐败行为的精准预警。腐败预警在腐败行为发生前就发出预警,促使公权力部门内部监督机构及反腐职能部门对腐败行为提前预警,从源头上防止腐败行为的发生。

(四)腐败线索发现全过程,实现可视化与预警提示

人工智能技术在腐败线索发现过程中,通过数字赋能实现对腐败线索发现全过程的可视化与预警提示,包括:数据分析的可视化、动态监测与预警提示的可视化、预警响应与反馈调整的可视化。

利用大数据分析技术和机器学习算法,对整合后的数据进行深度挖掘和分析。通过识别数据中的异常模式、关联关系等,筛选出与腐败行为相关的线索,将分析结果以可视化的形式展示出来,如热力图、关系网络图等。这些可视化图表能够直观地反映数据中的异常和趋势,帮助相关人员快速理解和把握腐败线索的关键信息。将地理信息与腐败数据结合,展示腐败事件的空间分布,利用网络图展示个体之间、机构之间的关系,揭示可能的腐败网络。

系统实时监控数据流,以动态方式发出预警提示并推送。实时更新数据,动态调整可视化内容和预警状态。除了静态的数据分析,人工智能技术还能够实现对腐败线索的动态监测。通过对数据的实时监控和分析,系统能够及时发现新的腐败线索和风险点位,并对其进行持续的跟踪和评估。当检测到潜在腐败线索时,系统自动发出预警提示,可以是声音警告、弹出窗口或移动端通知。将预警信息推送给相关监督人员,包括风险等级、可疑行为描述、建议采取的措施等。

通过阈值设定和颜色编码来进行视觉呈现并动态更新。前端可视化技术可以

包括 HTML5、CSS3、JavaScript 等前端技术,结合可视化库(如 D3. js、ECharts)实现数据的动态展示。基于数据分析的结果,人工智能技术能够自动触发预警提示,提醒相关人员关注并采取相应的行动。根据模型分析结果,设定预警阈值,当数据超出正常范围时触发预警,使用不同颜色表示不同的风险等级,如红色代表高风险,黄色代表中等风险,绿色代表低风险。

四、人工智能技术在腐败线索发现应用中的对策建议

人工智能技术在腐败线索发现应用中需要综合考虑人工智能与传统人工并进,提高腐败线索发现的精准度;提升算法性能与准确性,建立人工审核与干预机制;推动跨部门信息共享,强化数据安全与隐私保护。

(一)人工智能与传统人工并进,提高腐败线索发现的精准度

人工智能技术与传统人工操作都是腐败线索发现的方式,两者可以实现优势互补。在把人工智能技术应用到腐败线索收集、监测、处理、预警工作中时,要坚持技术与人工并举,不能唯技术论、唯数据论,也不能唯人工论,更不能完全依赖人工智能,警惕人工智能在腐败线索分析方面存在的缺陷,需要同时发挥技术与人工的优势,实现优劣互补,全面提高腐败线索的精准度。[1] 还需要拓宽数据来源,提升数据清洗与整合效能。从多个渠道收集数据,包括但不限于电子政务系统、公共资源交易记录、银行流水记录等,确保数据的全面性和准确性,对收集到的数据进行清洗和整合,去除重复、无效和错误的数据,提高数据的质量和分析的真实性。

在腐败线索的获取、评估、预警的全流程中,首先,利用人工智能技术对初始数据进行处理,优先发挥数字技术的高效优势,提高腐败线索发现的效率。其次,在获取数据后,进行整合与分析,对一手数据进行初步的处理,生成可视化评估报告。最后,通过人工的方式对该报告进行核查,验证其真实性、相关性、准确性,减少数据误差。人工核查后的报告若符合腐败线索发现的标准应提交至系统中,产生预警。当然,人工核查的过程也能促进人工智能技术的优化,使其更符合腐败线索发现的需要,在技术与人工的双重进路下,能提高腐败线索的精准度。

(二)提升算法性能与准确性,建立人工审核与干预机制

在腐败线索发现过程中,提升人工智能技术算法性能与准确性,并建立人工审核与干预机制,才能提高腐败线索的识别效率和准确性。其中,包括提升算法的可解释性与数据质量、加强人工审核与干预机制、强化算法伦理与责任界定。

---

〔1〕 参见李本先:《人工智能技术在反恐情报中的应用》,载《情报杂志》2022 年第 12 期。

持续优化算法，提高其在识别腐败行为模式、关联规则挖掘和异常检测等方面的准确性。利用历史腐败案例和数据分析结果，对算法模型进行训练和优化，使其能够更准确地识别潜在腐败线索。为了提升算法性能，需要解决AI在反腐应用中的可解释性问题，确保算法的透明度和公正性，以及确保算法训练使用的数据集高质量，减少数据偏见，提高算法的准确性和可靠性。实现信息采集的标准化，监督平台的标准化设计，以及指标体系的标准化设计，推动纪检监察工作高质量发展。可以引入自动化审核技术，对人工智能生成的内容进行快速、高效的审核，减少人为干预和主观判断的机会。建立安全漏洞披露机制，鼓励技术公司主动披露并修复安全漏洞，提高人工智能系统的安全性。

对算法识别出的潜在腐败线索进行人工审核，确保线索的真实性和准确性。建立相应的人工干预机制，完善算法责任界定规则，规范算法的研发行为，使算法研发者在算法设计过程中树立公平公正的价值观。应适时培育和引进专业的人工智能技术人才，依靠内部人员搭建数据平台，并根据外部技术环境变化进行实时调整和更新，最终提高反腐机构在腐败治理方面的灵活性。[1] 提倡综合管理方法，将人类道德伦理注入算法世界，以人类道德伦理规范与社会公平正义为价值框架，有效规制算法运行过程中的工具理性，弥补算法功利伦理缺陷，结合管人和管技术的优势，以实现有效的人工智能服务管理。

（三）推动跨部门信息共享，强化数据安全与隐私保护

跨部门协作，建立信息共享机制。在腐败线索发现中，人工智能技术可以对不同部门提供的数据进行综合分析，识别出潜在的腐败行为和关联关系。这种智能分析与整合能力有助于打破部门壁垒，实现信息的共享和整合，提升腐败线索的发现效率。借助人工智能技术，可以建立跨部门的信息共享平台，实现数据的实时传输和更新。推动纪检监察部门、公安部门、金融部门等之间的信息共享，加强跨部门协作，打破信息孤岛，提高腐败线索的发现效率。

鉴于技术的复杂性和应用的广泛性可能引发的法律及社会伦理挑战，应重点关注数据安全和隐私保护。在腐败线索的搜集过程中，可能会触及公民的隐私信息，要求采集信息人员不仅要有高度的职业素养，更要具备强烈的安全意识，严格遵守法律法规，妥善保护普通公民的隐私权，在任何情况下都不能以收集腐败线索为借口，侵犯普通公民的隐私权益。在数据传输和存储过程中，采用先进的加密技术，如端到端加密、同态加密等，通过基于角色的访问控制（RBAC）和多因素认证等

---

〔1〕 参见齐敏、任建明、牛朝辉：《大数据环境下反腐机构的动态能力：框架、阻碍与对策》，载《湖湘论坛》2023年第3期。

机制,严格限制对数据的访问权限,只有授权用户才能访问和处理数据;对敏感数据进行匿名化处理,移除或替换能够识别个人的敏感信息,如姓名、地址等。采用差分隐私技术,向数据中添加噪声,以减少个体信息的可识别性,同时保持数据的统计特性,确保数据在传输和存储过程中的安全性。

建立严格的访问控制机制,限制对数据的访问权限,防止数据泄露和滥用。在数据处理和分析过程中,严格遵守隐私保护法律法规,确保个人隐私不被侵犯。实施完整的安全审计机制,记录和监控 AI 系统的所有交互和操作,以便及时发现和纠正潜在的隐私问题。

五、结论

人工智能技术在腐败线索发现应用中展现出显著的优势和潜力。通过大数据分析、自然语言处理等技术手段,人工智能技术能够从海量数据中提取关键信息,实现跨部门信息共享,有利于提升腐败线索的发现效率和准确性。同时,人工智能技术还能够对腐败行为进行深度挖掘和智能分析,帮助决策者准确判断腐败行为的性质和严重程度,为制定有针对性的治理措施提供科学依据。在应用过程中,需要人工智能与传统人工相结合,形成互补,全面提升腐败线索发现的能力。

Abstract: Artificial intelligence is the core support for the discipline inspection and supervision work to achieve innovation and breakthrough at the technical level. In corruption detection, AI technology enhances the intelligent identification of corruption indicators and provides more comprehensive and accurate information support for smart disciplinary oversight systems. Analyze the data collection, analysis and modeling of corruption risk identification in the information age, realize the early warning of corruption risk, and explore the application of artificial intelligence in corruption clue discovery from the aspects of data mining, collection, processing, early warning, visualization, meeting the needs of big data to help corruption clue discovery in the information age. Artificial intelligence and traditional parallel development framework, authentic and effective data integration is the foundation, scientific algorithm and effective correlation is the core, artificial audit and intervention mechanism is guarantee, data security and privacy protection is the cornerstone, the application of artificial intelligence technology in corruption clues found research has important theoretical value and practical significance.

(责任编辑:魏　雨)

“双碳”目标下的节能监察机制完善研究*

谢　天**

内容提要　“节能降碳增效行动”是国务院明确提出的“碳达峰十大行动”之一，节能是控制碳排放最直接的方式，也将伴随“双碳”目标始终，而节能的关键在于提高能源效率。节能监察制度是保障节能与能源效率的关键制度，目前我国节能监察制度存在体制不畅、行政处罚授权不明、监察手段乏力等问题。在碳达峰碳中和目标背景下，节能监察制度的完善应当追求行政效率、执法效能，进一步完善监察体制、拓展监督范围、探索数字化监督方式、引入多元化监督主体、完善节能监察与纪检监察监督衔接机制。

关键词　“双碳”目标　节能监察　机制完善

《国务院关于印发2030年前碳达峰行动方案的通知》明确提出，“加强节能监察能力建设，健全省、市、县三级节能监察体系，建立跨部门联动机制，综合运用行政处罚、信用监管、绿色电价等手段，增强节能监察约束力”，为节能监察工作及其制度提出了新的要求。“节能降碳增效行动”是“碳达峰十大行动”之一，是我国实现“双碳”目标的重要保障。然而，节能工作不仅需要经济、科技、社会的推动，也亟待法律制度的回应。“双碳”目标的确立无疑给节能法律制度提出了新的挑战。节能监察制度是政府节能管理的重要制度之一，节能监察在节能管理工作中具有不可或缺的监督、约束作用。[1] 因此，有必要思考“双碳”目标下的节能法律制度需求，梳理节能监察制度现存问题，进而提出节能监察机制的完善思路，为“双碳”目标中的节能行动提供必要的监察制度保障。

---

* 本文系四川省高校人文社科重点研究基地西部生态文明研究中心2024年度课题“‘双碳’目标下的节能监察制度研究”（项目批准号：XBST2024－ZC005）阶段性成果。

** 谢天，成都理工大学文法学院（纪检监察学院）副研究员。

〔1〕 参见张璐、金宵羽：《“双碳”目标背景下节能监察制度研究》，载《中国环境管理》2022年第5期。

一、“双碳”目标与节能监察制度协同发展的法理基础

能源效率是一种系统效率,传统能源利用方式的整体利用水平不高,节能体制机制不完善造成了大量系统性能源浪费。既然节能追求高效,碳中和需要能源效率革命,那么节能法律制度也应当是高效的,必须以提升能源效率为目标进行制度构建。从我国现有节能制度体系来看,节能监察制度是提升能源效率制度构建中的关键一环,具有坚实的法理基础。

(一)提高能源使用效率是节能法律制度的价值之一

“双碳”目标背景下,效率是节能法律制度价值之一,亟待构建保障能源效率的法律制度。对我国现阶段来说,切实有效的节能监察制度能为市场提供正确的轨道,打通节能效率提升的“快车道”。节能法律制度的设计和实施,核心目标之一就是提高能源使用效率,具体表现如下:第一,节能法律制度促进能源资源的合理配置。节能法律制度通过规定节能标准、能效标识等措施,引导市场主体在生产和使用过程中更加合理地配置能源资源,从而提高能源使用效率。节能法律制度发挥宏观引领作用,确定明确的价值指向和节能工作的发展方向,为能源资源的有效配置奠定制度基础。第二,节能法律制度有助于推动技术创新和产业升级。节能法律制度不是一个单纯的制裁性或惩罚性制度,其在对市场主体作出规制规定的同时,往往包含对节能技术和产品的鼓励和支持政策,如专利权的保护、涉税政策的优惠。这些规定,有助于激发企业创新活力,为企业提供正向的鼓励和引导,最终实现推动产业升级,进而提高整体能源使用效率。第三,节能法律制度有助于降低能源消耗和环境污染。节能法律制度既具有正向引导作用,同样也可以发挥负面评价功能,通过法律规定,明确哪些是政府不鼓励产业,提出需要开展“供给侧”改革去产能的政策及法律要求。通过在制度层面上设计上述内容,可以发挥法律的评价指引功能,引导社会主体参与高质量产业的规划和建设,减少不必要的能源消耗,从而降低环境污染,提升能源利用效率。

(二)节能监察是保障节能效率的关键制度

节能监察,是指有关行政部门依法对用能单位执行节能法律、法规、规章和节能标准的情况进行监督检查,并对违法行为依法予以处理的活动。[1] 节能监察制度是节能制度体系中连接政府与市场之间的关键制度,具有以监察促整改,进而促进节能工作提质增效的重要作用。节能监察本质上属于一项技术性非常强的行政

〔1〕 参见逯达:《“双碳”背景下工业节能监察制度的省思与完善路径》,载《环境保护》2023年第19期。

执法活动，旨在监督、检查并规范各单位的用能行为，引导用能单位合理使用能源，提高能效。作为一项检查机制，节能监察对保障节能效率、及时纠正违法乱象具有重要作用。第一，节能监察制度可以监督与规范用能行为。如上所述，节能监察本身属于一项行政执法活动，行政机关通过现场检查、数据采集与分析等方式，全面监察与测试设备的运行情况、技术性能、能源转换效率等，确保用能单位符合国家的节能规定和标准。这种检查工作是通过办案的方式发挥监督作用，倒逼提升节能效率。第二，节能监察制度具有惩罚和处分功能。节能监察机构对于违反相关节能要求的市场主体，可以依法进行行政处罚，从而规范市场秩序，促进公平竞争，将节能相关价值理念制度要求进行落实。第三，节能监察制度可以推广先进节能技术与理念。节能监察机构在监察过程中，一方面可以就现有问题提出整改措施；另一方面可以积极传播先进的节能技术和理念，帮助用能单位了解并掌握最新的节能技术和方法。通过推广节能技术和理念，节能监察有助于提升整个行业的能效水平，推动能源的高效利用。第四，节能监察制度可以促进节能法律法规的有效落实。通过节能监察，可以确保用能单位严格遵守节能法律法规，实现节能降耗的目标，这是节能法律法规得以贯彻落实的重要保障。同时，节能监察机构还可以根据监察结果，提出改进建议，推动节能法律法规的不断完善和优化。

二、节能监察制度运行存在的问题

在明确“双碳”目标背景下节能监察制度的法理基础后，还需对节能监察制度的运行现状进行实证分析。通过对理论研究与实践探索的梳理，笔者发现当前我国节能监察制度主要存在体制不畅、行政处罚授权不明、技术性保障不足等三方面的问题。

（一）节能监察管理体制不畅

节能监察管理体制作为推动能源高效利用和环境保护的重要机制，其首要问题在于体制架构的复杂性和权责划分的不清晰，这不仅影响了节能监察工作的效率和质量，还制约了节能政策的制定与执行。在多级政府管理模式下，节能监察工作往往涉及多个部门，如能源管理部门、环保部门、工业和信息化部门等，这些部门对于特定领域均具有行政执法权，部门之间可能存在职能的重叠或管理的空白，导致工作推诿、效率低下。第一，节能监察职能重叠可能导致多个部门对同一事项进行重复监管，不仅浪费了行政资源，还可能给被监管对象带来不必要的负担。[1] 比

〔1〕 参见陆天慧、许奎：《碳达峰碳中和目标下开展双碳政策执行审计的思考》，载《经济责任审计》2024年第1期。

如,有一家大型工业企业,它既是能源消耗大户,也是排放污染物的重点单位。根据部门职责划分,上述企业可能会面临来自多个部门的节能监察:能源管理局会定期检查企业的能源计量设备、能源使用记录和节能措施的实施情况;生态环境局会对企业的排放物进行监测,并要求企业提供节能减排的相关证明和报告;工业和信息化局也可能对企业的生产工艺、设备更新和能源管理情况进行监察,以确保其符合最新的节能标准。企业频繁接受不同部门的检查,需要投入更多资源来准备相关资料、配合检查工作,这对其正常运营造成了一定干扰。同时,重复监管可能导致监管标准不一、信息沟通不畅等问题,从而影响整体监管效果。如果不同部门对企业的同一行为提出不同的监管要求或处罚标准,企业可能会陷入法律纠纷和风险之中。第二,职能空白则可能导致某些节能领域出现监管盲区,使得一些违反节能法律法规的行为得不到及时有效的查处。比如,随着新能源汽车产业的快速发展,充电设施建设如雨后春笋般涌现。然而,由于充电设施涉及电力供应、设备安全、能源效率等多个方面,而现有的节能监察体系并未将其纳入重点监管范围,这一领域出现了监管盲区。具体而言,一些充电设施运营商为了追求利润最大化,可能会采购能效较低的充电设备,以增加设备数量来扩大市场份额,而忽视了设备的能效水平。企业只关心建设而轻视维护,缺乏有效的能源管理系统,导致充电设施在空闲时段仍然保持高能耗状态,造成能源不必要的浪费。

此外,节能监察管理体制中缺乏统一的领导和协调机制也是一个不容忽视的问题。由于各部门之间缺乏有效的沟通和协作,节能政策的制定与执行难形成合力。这种分散化的管理模式不仅降低了政策的执行效率,还可能导致政策之间的冲突和矛盾,从而影响节能工作的整体效果。在没有统一领导和协调的情况下,地方节能主管部门之间很容易出现混乱和推诿扯皮的情况。这不仅增加了行政运行成本,降低了行政效率,还可能导致节能政策的落实和执行出现偏差和漏洞。[1]

(二)节能监察行政处罚权授权不明

节能监察作为保障能源高效利用和环境保护的重要机制,其执行力度和效果直接关系到国家节能政策的落实和能源转型的推进。然而,当前节能监察机构在行政处罚权方面存在的问题,尤其是授权不明的情况,已成为制约其发展的重大障碍。尽管在地方层面,已有部分法规对节能监察机构进行了执法权的授权,使这些机构在执行任务时拥有了一定的法律基础,但这种授权在全国范围内并不普遍。大部分地区的节能监察机构仍然是基于委托性质运作,缺乏明确的法律授权和处罚权。这种法律地位的不确定性,使得节能监察机构在执行任务时往往面临法律

〔1〕 参见赵武:《江西省工业节能监察体系建设现状与对策》,载《能源研究与管理》2020年第2期。

上的困境,难以有效发挥监管作用。此外,我国不同地区节能地方性法规对节能监察机构的授权程度存在显著差异。这种差异不仅体现在授权范围上,还体现在授权的形式和力度上。有的地区对节能监察机构进行了完全授权,使其能够以自己的名义独立开展监督检查并实施行政处罚,这种高度的自主性和独立性极大地增强了节能监察工作的执行力度和效果。然而,有的地区则只进行了不完全授权,甚至有的地区节能监察机构连以自己的名义开展监督检查的权力都没有。以《安徽省节能监察办法》为例,该办法规定:“省及有条件的市、县设立节能监察机构。节能监察机构受有关行政主管部门的委托,具体负责节能监察工作”。这意味着安徽省的节能监察机构是受到有关行政主管部门的委托来开展节能监察工作的,它们并不能以自己的名义实施节能监察,也不能独立承担执法行为的法律后果。这种权力受限的情况对节能监察工作产生了不利影响。首先,它削弱了节能监察机构的权威性和执行力,使得其在面对违法行为时难以采取有效的制裁措施。其次,它限制了节能监察机构在推动节能减排、促进绿色发展方面的作用,不利于实现国家的能源战略和环保目标。最后,它还可能导致节能监察工作出现漏洞和盲区,使得一些违法行为得不到及时查处和纠正。

（三）节能监察技术性保障不足

节能监察技术性保障不足是当前节能工作中亟待解决的重要问题。节能监察是一项专业技术工作,需要相关执法人员掌握先进的监察技术和方法,以确保监察工作的准确性和有效性。然而,目前节能监察在专业性、技术性方面存在诸多挑战,具体表现在以下几个方面:首先,监察人员的专业性素质尚待提高。节能监察工作涉及多个领域,如能源管理、环境监测、工程技术等,要求监察人员具备跨学科的知识背景和实践经验。然而,目前许多监察人员在这些领域的专业知识储备不足,难以应对复杂多变的监察任务。此外,部分监察人员缺乏必要的执法培训和技能提升,导致在监察过程中存在操作不规范、判断不准确等问题。其次,监察手段和方式有限,监督时效性不足。传统的节能监察手段主要依赖于人工检查和现场监测,这种方式不仅效率低下,而且难以全面覆盖所有用能单位。同时,由于监察周期较长,往往难以及时发现和处理节能违法行为,监督时效性不足。此外,部分监察机构缺乏先进的监察设备和技术手段,如在线监测、大数据分析等,使得监察工作难以达到预期的效果。最后,信息化监督机制和方法缺位。随着信息技术的快速发展,信息化监督已经成为提高监察效率、保障监督时效性的重要手段。然而,目前许多节能监察机构在信息化建设方面存在滞后,缺乏统一的信息化平台和数据库,导致监察数据难以共享和整合。同时,部分监察机构对信息化技术的应用不够深入,如缺乏智能分析、预警等功能,使得信息化监督的作用未能充分发挥。[1]

三、"双碳"目标下的节能监察机制完善建议

节能法律制度设计需以提升能源效率为出发点,为节能提供讲效率的制度环境。在"双碳"目标背景下,节能监察制度的完善应当追求行政效率、执法效率,[2]进一步完善监察体制、拓展监督范围、探索数字化监督方式、引入多元化监督主体、完善节能监察与纪检监察监督衔接机制。

(一)构建垂直管理节能监察体制

为了更有效地推动节能工作,确保能源的高效利用和可持续发展,构建垂直管理的节能监察体制显得尤为重要。这一体制的核心在于建立独立的节能监察主体,并明确"管监分离"的原则,旨在通过整合分散的管理职能,实现中央与地方之间的垂直管理,从而形成一个统一、高效、权威的节能监察体系。第一,需要明确节能监察主体的独立性。这一主体应独立于其他政府部门和利益集团,以确保其监察工作的公正性和客观性。同时,节能监察主体应具备足够的权威性和执行力,能够依法对违反节能法律法规的行为进行查处和纠正。第二,在构建垂直管理节能监察体制的过程中,必须坚持"管监分离"的原则。这意味着节能监察主体应专注于监察工作,而不参与具体的能源管理事务。这样可以避免监察主体与被监察对象之间的利益冲突,确保监察工作的公正性和有效性。第三,整合分散的管理职能。当前,节能工作涉及多个行业和领域,如工业、交通、建筑等。这些行业和领域的节能工作往往由不同的政府部门或机构负责,导致管理职能分散、工作效率低下。因此,在构建垂直管理节能监察体制时,需要将这些分散的管理职能进行整合,将不同行业和领域的节能工作纳入统一的监察体系,实现资源的优化配置和高效利用。第四,实现中央地方垂直管理。为了实现节能监察工作的统一性和权威性,需要建立中央与地方之间的垂直管理机制。这意味着节能监察主体应在中央政府的领导下,对地方政府的节能工作进行监督和指导。同时,地方政府也应积极配合中央政府的节能监察工作,确保各项节能政策和法规得到有效执行。

(二)拓展节能监察的内容和范围

节能监察工作,作为推动能源高效利用和环境保护的重要手段,其内容和范围必须随着时代的发展和政策的调整而不断完善和拓展。特别是在当前全球气候变

---

〔1〕 参见申迎迎:《节能监察执法难点及相关思考》,载《能源与节能》2016 年第 6 期。

〔2〕 参见张璐、金宵羽:《"双碳"目标背景下节能监察制度研究》,载《中国环境管理》2022 年第 5 期。

化和能源转型的大背景下，节能监察工作更要紧密围绕“双碳”目标，进行有针对性调整和优化。第一，节能监察的具体内容要服务于“双碳”目标的实现。这意味着监察工作不能仅仅停留在对用能企业是否违反法律、法规、标准进行监察的传统层面上，更要深入企业能源使用的全过程，对其能源消费结构、能源利用效率、碳排放情况等进行全面、细致的监察。通过对比分析企业的实际能耗和碳排放数据与“双碳”目标分解下来的量化指标，评估企业的节能减碳成效，并为其提出改进意见和建议。第二，节能监察的范围也要进行拓展。除了继续关注用能企业的节能减碳行为，还要将其纳入能源消费战略规划和节能目标责任制的框架中进行监察。这意味着监察工作要与企业的能源消费战略规划相结合，检查其是否符合国家的能源政策和节能目标；同时，还要与企业的节能目标责任制相衔接，确保其制定的节能目标和措施得到有效执行，并对节能目标的完成情况进行监督和考核。第三，随着新能源技术发展和应用，节能监察工作还要加强对新能源使用和管理的监察。新能源作为未来能源发展的重要方向，其使用和管理情况直接关系到“双碳”目标的实现。因此，监察工作要关注新能源项目的建设、运营和维护情况，确保其安全、高效、稳定地运行；同时，还要加强对新能源政策的宣传和推广，提高社会对新能源的认知度和接受度。

（三）构建数字化节能监察体系

在规范原有监察程序的基础上，应当依托数字化技术，推动节能监察工作信息化，建立用能监测网络，对应解决监察方式局限。监测网络除了硬件上的保障，还需要与之配套的人才队伍，以提升实践中监察的有效性和权威性。[1] 在节能监察工作日益复杂化和精细化的背景下，传统的监察方式已难以满足当前的需求。为了在规范原有监察程序的基础上进一步提升监察效能，应当积极依托数字化技术，推动节能监察工作的信息化进程，构建一套全面、高效、智能的数字化节能监察体系。第一，数字化技术的应用是构建数字化节能监察体系的核心。通过引入先进的信息技术手段，可以实现对用能单位的实时监测和数据分析，从而打破传统监察方式的局限性。具体来说，可以建立用能监测网络，该网络应覆盖各类用能单位，包括工业、交通、建筑等各个领域，实现全天候、全方位的能耗数据收集和分析。这样，就能够及时发现能耗异常和节能潜力，为后续的监察工作提供有力支持。第二，硬件保障是数字化节能监察体系的基础。为了确保监测网络的稳定运行和数据的准确性，需要投入足够的资源，建设和完善硬件设施。这包括安装高精度的能

---

〔1〕 参见来丽芳、王炼刚：《土地监察移动数据库技术及其应用》，载《浙江大学学报（理学版）》2013 年第 3 期。

耗监测设备、构建稳定的数据传输通道以及建立安全可靠的数据存储和处理中心。只有硬件设施保障到位,才能确保监测数据的真实性和有效性,为监察工作提供可靠的依据。第三,与之配套的人才队伍同样至关重要。数字化节能监察体系的建设和运营需要一支具备专业技能和丰富经验的人才队伍来支撑。这支队伍应具备数据分析、信息技术、能源管理等多方面的知识和技能,能够熟练操作监测设备,准确解读和分析数据,为监察工作提供科学、合理的建议。因此,需要加强对相关人才的培养和引进,不断提升监察人员的专业素养和综合能力。第四,通过构建数字化节能监察体系,可以实现监察工作的智能化和自动化。借助大数据、人工智能等先进技术,可以对监测数据进行深度挖掘和分析,发现潜在的节能问题和改进空间。[1] 同时,还可以利用这些技术来优化监察流程,提高监察效率,降低监察成本。这样,就能够全面提升节能监察工作的有效性和权威性,为推动能源转型和可持续发展作出更大的贡献。

(四)引入外部多元节能监察机制

在构建和完善节能监察体系的过程中,仅仅依靠政府部门的单一监管力量是远远不够的。为了更有效地推动节能工作,实现能源的高效利用和可持续发展,节能法律制度应当为社会自我管制和公众参与提供充分的条件和空间。通过引入外部多元的节能监察机制,可以进一步降低节能监察制度的实施成本,加强其科学性,并促进该制度的广泛推行。第一,社会自我管制是引入外部多元节能监察机制的重要组成部分。这包括鼓励企业、行业协会等社会组织和机构主动承担起节能责任,建立自我监督、自我约束的机制。通过制定行业节能标准、开展节能评估、实施节能改造等措施,企业可以不断提升自身的能源利用效率,减少能源消耗和碳排放。同时,行业协会等社会组织也可以发挥桥梁和纽带作用,加强行业内企业的交流与合作,共同推动节能技术的研发和应用。第二,公众参与是引入外部多元节能监察机制的另一重要途径。公众作为节能工作的直接受益者和参与者,其监督作用不容忽视。通过加强节能宣传和教育,提高公众的节能意识和参与度,可以激发社会各界对节能工作的关注和热情。同时,还可以建立公众举报和投诉机制,鼓励公众对违反节能法律法规和标准的行为进行监督和举报,从而形成全社会共同参与的节能监察格局。第三,在引入外部多元节能监察机制的过程中,非正式制度与正式制度之间的相互作用和促进也至关重要。非正式制度如社会规范、文化传统等,可以为节能监察工作提供重要的社会支持和价值导向。而正式制度如法律法规、政策文件等,则可以为节能监察工作提供明确的法律保障和制度框架。两者相

---

[1] 参见刘晓月:《基于低碳理念的电子商务可持续发展研究》,载《对外经贸》2024 年第 11 期。

辅相成，共同推动节能监察工作的深入发展。第四，引入外部多元节能监察机制还可以降低节能监察制度的实施成本。通过引入市场竞争机制，引入第三方机构参与节能评估、监测和审核等工作，可以提高节能监察工作的专业性和客观性，降低政府部门的监管成本。同时，还可以利用大数据、云计算等现代信息技术手段，提高节能监察工作的智能化和自动化水平，进一步提升监察效率和质量。

(五)完善节能监察与纪检监察监督衔接机制

完善节能监察与纪检监察监督衔接机制对提升能源利用效率，实现“双碳”目标具有重要意义。[1] 第一，节能监察是依法行政的重要组成部分，而纪检监察监督则是保障依法行政的有力手段。两者相互衔接，可以确保节能法律法规得到切实执行。第二，通过完善衔接机制，可以实现节能监察与纪检监察监督的信息共享、资源互补和协同作战，从而提高监察效能。第三，节能监察领域中的违法违纪行为往往与党风廉政建设密切相关。完善衔接机制有助于及时发现和查处节能领域的腐败问题，推动党风廉政建设深入开展。在完善节能监察与纪检监察监督衔接机制的具体措施上，可以重点考虑信息共享、协同配合等方面。一是建立信息共享机制。加强节能监察与纪检监察监督部门之间的信息共享，包括案件线索、监察结果、处理情况等。上述信息共享机制是发挥纪委监委事前、事中监督的重要抓手和支撑。构建上述节能监察领域的行政执法数字化信息，相当于打通实时性监督的路径和通道，可以实现抓小抓早，为纪委监督履行监督职责提供信息化支撑和基础。二是强化协同配合。首先明确节能监察部门在节能法律法规执行、违法行为查处等方面的职责，明确纪检监察监督部门在公职人员廉洁从政、违纪违法查处等方面的职责。[2] 行政执法部门需要积极履职，开展行政执法；纪委监委重点对权力的行使情况进行监督，不可越俎代庖，大包大揽。

此外，可以通过签订双向协作机制文件的方式，明确节能监察与纪检监察监督的衔接机制和工作流程，为两者之间的协同配合提供制度支持。

四、结语

本文通过梳理“双碳”目标与节能监察实践和探索，从学理上提炼“双碳”目标与节能监察制度协同发展的法理基础；结合“双碳”目标的特殊需要，调研并分析当前节能监察存在问题及成因，并提出针对性建议，为完善节能监察制度提供理论支撑。本文侧重节能监察机制的构建和完善，在此基础上也衍生出后续一系列技术

---

〔1〕 参见朱良：《纪检监察机关开展企业合规的空间、隐忧与进路》，载《地方立法研究》2024 年第 3 期。
〔2〕 参见王琦：《纪检监察监督与司法监督贯通衔接机制研究》，载《河北法学》2023 年第 9 期。

性问题,如监督内容和事项的设置、多元监督主体的构成、数字监督底层逻辑和模型的构建、节能监察和纪检监察监督协同发展的具体路径等,这些问题也有待继续研究和解决。

Abstract: The "Energy Conservation, Carbon Reduction, and Efficiency Enhancement Action" is one of the "Ten Actions for Carbon Peaking" explicitly proposed by the State Council. Energy conservation is the most direct way to control carbon emissions and will always accompany carbon neutrality. The key to energy conservation is to improve energy efficiency. The energy - saving supervision system is a key system to ensure energy conservation and efficiency. Currently, there are problems with China's energy - saving supervision system, such as an unsmooth system, unclear administrative penalty authorization, and weak supervision methods. In the context of achieving carbon peak and carbon neutrality goals, the improvement of the energy - saving supervision system should pursue administrative efficiency and law enforcement efficiency, further improve the supervision system, expand the scope of supervision, explore digital supervision methods, introduce diversified supervision subjects, and improve the connection mechanism between energy - saving supervision and disciplinary supervision.

(责任编辑:魏　雨)

论检察提前介入监察机制：理论依据、制度困境及优化路径*

刘　鑫**

内容提要　“合作求真说”在吸收学界关于检察提前介入监察机制理论探索的基础上，提出了检察提前介入监察机制是检察机关与监察机关既互相配合，又互相制约，形成查明重大、疑难、复杂的职务犯罪案件真相的合力，从而推动职务犯罪案件办理工作规范化、法治化、正规化的观点。目前，检察提前介入监察机制的制度安排还存在介入时间不够充分、反馈回应机制的缺失以及介入方式不够直接等问题，导致此一机制无法实现“合作求真说”设想的目的和功能。因此，可以通过设立介入期限的动态时间框架、构建反馈意见的回应机制以及推动介入方式直接化等措施对检察提前介入监察机制进行完善。

关键词　提前介入　“合作求真说”　检监关系

一、问题的提出

2018年出台的《国家监察委员会与最高人民检察院办理职务犯罪案件工作衔接办法》（以下简称《衔接办法》）以专章的形式规定了监察机关在办理重大、疑难、复杂的职务犯罪案件时可以书面商请检察机关介入的工作机制，标志着检察提前介入监察机制的正式确立。[1] 检察提前介入监察机制充分发挥了检察机关的优势，“对监察机关规范取证工作、完善证据体系、准确适用法律等都具有积极

* 本文系2024年度四川省纪检监察学会高校分会社科项目“廉洁文化视域下进一步推进‘行贿受贿一起查’路径研究”（项目批准号：SCJ240413）和2024年度中国政法大学“学习习近平新时代中国特色社会主义思想”研究生创新实践专项项目“‘三不腐’战略一体推进理念构建亲清政商关系研究——基于Minecraft腐败模拟实验”（项目批准号：X2024CX036）的阶段性成果。

** 刘鑫，中国政法大学纪检监察学院硕士研究生。

〔1〕 参见《国家监察委员会与最高人民检察院办理职务犯罪案件工作衔接办法》第12条、第13条。

意义”[1]。但是,由于监察机关被定性为“实现党和国家自我监督的政治机关”,[2]其政治属性与检察机关的司法属性具有天然的差异性。因此,司法机关提前介入政治机关的调查工作的理论依据问题引发了学界的探讨。同时,也是因为该机制缺乏更具有解释力的理论进行指导,使得此一机制的制度安排难以完全满足实践的需求。鉴于此,实有必要对目前学界的相关理论进行重新梳理,在厘清各理论的优势和值得商讨之处的基础上,为检察提前介入监察机制提供更为完备的理论基础,并进一步探讨该机制的优化路径。

二、提前介入机制理论依据的学理之争

关于检察提前介入监察机制理论依据的学理之争大致可以分为“法律监督说”“公诉准备说”“监察独立说”三种观点。上述三种观点均就检察提前介入监察机制的目的、功能及其呈现的检监关系进行学理性的论证。但是,由于立场、逻辑出发点、视角的不同,三种观点关于此一机制的目的、功能及其呈现的检监关系并未达成共识。此外,这些观点由于各自视角的局限性,使其构建的理论无法完整描述检察提前介入监察机制的全貌。

(一)以检察机关宪法定位为视角的“法律监督说”

“法律监督说”主张检察提前介入监察机制的目的在于检察机关行使宪法赋予的法律监督权,对监察调查行为进行监督,认为“对法律监督权的理解不应仅局限于组织法上的‘法律监督机关’规定,不能仅将其理解为对侦查权和审判权的监督制约,而应全面覆盖包括职务犯罪调查权行使在内的整个法律实施过程”。[3] 基于此,进一步指出了此一机制呈现的检监关系为“互相制约”,其功能在于加强监察调查的合法性与规范性,有效预防监督的失衡以及潜在的侵权风险。

通过对“法律监督说”的深入分析可知,此一观点的逻辑起点在于检察机关是我国“法律监督机关”的宪法定位。然而,将法律监督的概念生硬地应用于监察调查领域,并据此提出检察机关提前介入监察机制的主要目的在于对监察调查行为进行监督的观点值得商榷。《人民检察院组织法》明确规定了检察机关的法律监督

[1] 王卓、侯颗:《国家监委已商请最高检提前介入 30 多起职务犯罪案件》,载《中国纪检监察报》2019 年 12 月 31 日,第 1 版。

[2] 钟纪言:《赋予监察委员会宪法地位　健全党和国家监督体系》,载《人民日报》2018 年 3 月 3 日,第 3 版。

[3] 周新:《论检察机关提前介入职务犯罪案件调查活动》,载《法学》2021 年第 9 期。

是指“对诉讼活动实行法律监督”。[1] 由于监察调查行为不是侦查行为,[2]且所属的阶段亦非刑事诉讼阶段,因此检察机关无权对监察机关的调查活动进行监督。

也基于此,“法律监督说”主张提前介入机制可以加强监察调查的合法性与规范性并非由检察机关发挥监督职能而带来的。尽管检察提前介入监察的工作内容除对监察机关的调查活动进行引导,提供法律和技术上的支持,帮助监察机关更准确地界定职务犯罪的性质和责任,以及更为规范地收集固定职务犯罪有关的证据之外,还要在证据不足时退回补充调查或对非法证据进行排除。上述制度安排表明提前介入机制虽确有“加强监察调查的合法性与规范性”的功效,但是此一功效并非由检察机关发挥监督职能而带来的。因此,“法律监督说”关于提前介入机制功能的描述亦具片面性。

此外,将提前介入机制呈现的检监关系仅解释为“互相制约”亦存在值得商榷之处。监察体制改革后,监察机关整合原有的反腐败资源,形成了一套集中统一、权威高效的职务犯罪案件的办理和处置机制。此一举措既是实现监察体制改革目标的重要举措,也是应对复杂多变的职务犯罪案件的现实需要。若在提前介入机制中检察机关只对监察办案进行制约,势必会影响监察机关主导职务犯罪调查的能力,削弱监察机关在职务犯罪案件办理中的独立性。这样一来既不符合监察体制改革的改革逻辑,也会降低腐败案件办理的效率,与当前严峻的反腐败斗争的形势背道而驰。

综上,尽管“法律监督说”认识到了提前介入机制的功能在于“加强监察调查的合法性与规范性”,但是此一功能并非由检察机关的监督而引起,并且监督所蕴含的单纯的“互相制约”的检监关系也不符合监察体制改革的改革逻辑和反腐败斗争的现实情形,因此不宜将“法律监督说”视为检察提前介入监察机制的理论依据。

(二)以检察机关基本职能为立场的“公诉准备说”

“公诉准备说”认为,检察机关提前介入监察的工作既要包括“从审查起诉的角度对案件质量进行严格把控,并提出改进建议”,也要包括“及早识别并纠正存在的问题,明确后续审查起诉的重点,从而有助于减轻审查起诉阶段的工作压力,并提高审查起诉的针对性和质量”。[3] 据此可知,在“公诉准备说”的理论框架之下,检

---

〔1〕《人民检察院组织法》第20条规定:“人民检察院行使下列职权:……(五)对诉讼活动实行法律监督。”

〔2〕参见马誉宁:《如何理解监察机关的调查权区别于公安机关、检察机关等的侦查权——12种措施与监察职责相匹配》,载《中国纪检监察》2018年第10期。

〔3〕阳平:《检察提前介入监察:正当性、限度与制度建构》,载《南京大学学报(哲学·人文科学·社会科学)》2022年第5期。

察机关提前介入监察机制所呈现的检监关系既包括“互相配合”也包括“互相制约”,目的是为后续的公诉行为提前做准备,其功能在于提升职务犯罪案件办理效率的同时实现其实体正义与程序正义的统一。此一观点从检察机关的基本职能出发,揭示了这一机制在职务犯罪案件办理中对提升效率和实现实体与程序正义的重要作用,具有一定的合理性。

从办案效率的角度来看,检察机关在提前介入的过程中会引导监察机关收集的证据,使之达到“确实充分,排除合理怀疑”的程度,并及时提供必要的法律建议及补充意见。这样一来检察机关可以在监察调查阶段便与监察机关就案件的事实认定、法律适用以及证据的收集等关键问题达成一致意见,从而有效地避免了由于证据不足或案件定性分歧,案件在审查起诉环节被返还的情况,极大减少了两机关之间的工作矛盾和程序冲突,提高了职务犯罪案件办理的整体效率。

从实体正义的角度来看,检察机关通过提前介入,可以就案件的证据收集和事实认定提出专业意见和建议,确保监察机关能够全面且客观地把握案件的实质内容,减少出现遗漏犯罪事实或者遗漏犯罪嫌疑人等缺少犯罪事实的情况,避免监察机关对非犯罪行为的错误犯罪化处理。同时,检察机关为监察机关提出法律适用的建议,也能提升监察机关对职务犯罪案件定性的准确率,提升监察机关办案专业性和权威性,使职务犯罪案件的办理能够经得起法律的检验。此外,根据如上检察提前介入监察机制的工作内容出发,不难看出检察提前介入监察机制所呈现的检监关系蕴含互相配合的一面。

从程序正义的角度看,检察机关在提前介入的过程中还会对监察机关取证行为的合法性进行严格的审查,体现互相制约的一面。如果检察机关在提前介入的过程中发现监察机关的取证行为存在“使用威胁、引诱、欺骗以及侮辱、打骂、虐待或变相体罚被调查人和涉案人员”〔1〕等情况,会依法对此类证据进行排除,从而保证在整个职务犯罪案件办理的程序中被调查人的权利不受侵犯,提高了整个办案程序的法治化水平。

综上,“公诉准备说”认为检察提前介入监察机制体现了“互相配合,互相制约”的检监关系,功能既在于提升职务犯罪案件的办理效率,又在于实现其实体正义与程序正义的统一等观点均具有合理性。然而,仅将提前介入机制的目的认为是为公诉做准备使得“公诉准备说”具有片面性。诚然,从形式上看,职务犯罪案件的调查紧接公诉,检察机关提前介入监察调查在一定程度上也确实有确保案件能够顺利被审查起诉至法院并达到有罪判决的目的。但从实质上来看,检察机关提前介

〔1〕《监察法》第 43 条第 2 款规定:“……严禁以暴力、威胁、引诱、欺骗及其他非法方式收集证据,严禁侮辱、打骂、虐待、体罚或者变相体罚被调查人和涉案人员。”

入监察调查的工作内容更加强调帮助监察机关在事实认定、案件定性、法律适用和证据收集的引导。事实上，在提前介入机制的实践中，检察机关减少职务犯罪事实的作用往往大于增加职务犯罪事实的作用，[1]这与“公诉准备说”提出的提前介入机制的目的是为公诉行为做准备相矛盾。总的来说，“公诉准备说”较为准确地描述了提前介入机制所呈现的“互相配合、互相制约”的检监关系，也较为恰当地解释了提前介入机制的功能。但无法涵盖检察提前介入监察调查的全部目的，不宜完全将其视为检察提前介入检察机制的理论基础。

（三）以纪检监察机关所处位置为出发点的“依法独立行使监察权说”

“依法独立行使监察权说”从监察机关所处位置和监察调查独立程序的角度出发，主张检察机关提前介入的主要目的是与监察机关相互配合并协助其工作，从而提高职务犯罪案件办理效率，并在实现实体正义与程序正义统一的同时打破“两法衔接”中的程序障碍。[2] 此一观点不仅认识到了此一机制的实体功能在于提升职务犯罪案件办理的质量和效率，还认识到了检察提前介入监察机制具有“破除‘两法衔接’中存在的程序性障碍”的程序功能。在这一理论的指引下，检察提前介入监察机制不仅具有提升办案效率，实现职务犯罪案件实体正义与程序正义的统一的作用，还有利于推动监察程序与刑事诉讼程序的衔接。这不仅进一步丰富了学界对此一机制功能的认识，而且符合国家监察体制改革进一步深化的过程中推动法法衔接的改革要求，具有合理性。

然而，将提前介入机制所体现的检监关系归纳为“互相配合”，无法全面反映这一机制的全貌。如上文所述，在检察提前介入监察机制中检察机关不仅需要对监察机关进行引导和协助，当存在非法取证的情况或者证据不足时，检察机关也会作出非法证据排除或退回补充调查的决定。这表明此一机制呈现的检监关系既有“互相配合”也有“互相制约”。因此，简单地将此一机制所体现的检监关系归纳为“互相配合”存在一定的片面性。

同时，将提前介入的目的仅仅局限在检察机关配合监察机关办案的观点也值得商榷。职务犯罪案件办理涉及多个部门，既需要依法各负其责，又需要强化案件质量共同体意识，加强衔接配合。[3] 因此，仅将检察机关提前介入视为对监察机关的单方面配合，未能充分认识到职务犯罪案件的办理需要统筹考量调查、起诉、审

〔1〕 参见左卫民、刘帅：《监察案件提前介入：基于356份调查问卷的实证研究》，载《法学评论》2021年第5期。

〔2〕 参见董坤：《检察提前介入监察：历史流变中的法理探寻与机制构建》，载《政治与法律》2021年第9期。

〔3〕 参见杨大赟：《法法衔接提升办案质效》，载《中国纪检监察》2023年第24期。

判等各环节,因此也具有一定的片面性。

综上,“依法独立行使监察权说”虽然进一步指出了检察提前介入监察机制有利于“破除‘两法衔接’中存在的程序性障碍”的功能,但将检监关系简化为“互相配合”,以及将提前介入的目的局限在检察机关单方面配合监察办案,无法完全描绘检察提前介入监察机制的全貌,因此也不能将其视为检察提前介入监察机制的理论依据。

三、“合作求真说”的提出

通过对上述观点的综合分析可知,上述三种观点对检察提前介入监察目的认识均具有片面性,但就其功能和呈现的检监关系的认识又具有合理性。鉴于此,本文在目前的三种观点基础之上提出“合作求真说”,其意为检察提前介入监察机制中,检察机关与监察机关既互相配合,又互相制约,目的在于形成查明重大、疑难、复杂的职务犯罪案件真相[1]的合力。在“合作求真说”的理论框架下,此一机制功能在于推动职务犯罪案件办理工作的规范化、法治化、正规化。

(一)提前介入的目的:形成查明重大、疑难、复杂的职务犯罪案件真相的合力

职务犯罪案件的办理不是孤立的,而是应当综合考量调查、起诉、审判等各环节。而“公诉准备说”与“依法独立行使监察权说”均在一定程度上过于突出职务犯罪案件办理过程中某一环节的重要性,忽略了职务犯罪案件办理的整体性与连贯性,从而使得观点片面,使之难以指导检察提前介入监察的实践。

从职务犯罪案件办理的全过程来看,不管是监察调查阶段还是起诉、审判阶段,准确和真实均是贯彻职务犯罪案件办理的两大核心要求。我国《刑事诉讼法》第 2 条也明确规定我国刑事诉讼法的任务包括“保证准确、及时地查明犯罪事实,正确应用法律,惩罚犯罪分子”,这表明职务犯罪案件进入起诉与审判环节时均需要定性准确且事实真实。尽管监察体制改革之后,监察调查并非刑事诉讼程序,但是《监察法》第 5 条也明确规定了国家监察工作应当“以事实为根据,以法律为准绳”的原则。从这一点出发,无论是“公诉准备说”主张的其目的在于为公诉工作做

---

〔1〕 需要注意的是,由于查明事实真相在诉讼法学界乃至整个法学界都存在定义上的混乱和认识上的歧义,对此处的查明案件真相需要作出特别说明。而“追求真相的主要目的是实现实体公正,最大限度防范冤假错案的发生”,在此一理念的指导下,“合作求真说”结合提前介入机制中的具体的工作内容,所提出的查明案件真相是指办案人员在公正程序的框架下能够查明的,不以办案人员主观意志为转移的客观事实,并在查明该事实后对其准确定性的行为。参见陈光中、李章仙:《论庭审模式与查明案件事实真相》,载《法学杂志》2017 年第 6 期。

准备,还是“依法独立行使监察权说”说认为的配合监察机关办案,所有工作的核心都要求查明职务犯罪案件的真相并对其精准定性,从而实现对职务犯罪案件打击的有效性和准确性。鉴于此,检察提前介入监察机制的目的应当解释为,检察机关通过提前介入机制进入职务犯罪案件办理的前端,与监察机关一同形成准确、真实地办理职务犯罪案件的合力。此一解释既能够让检察院提前介入监察机制在调查阶段使监察机关对职务犯罪案件的事实认定真实与案件定性准确,也能使此一机制确保职务犯罪案件进入刑事诉讼程序后的事实认定与案件定性符合法律要求,从而为“诉得出、判得了”奠定基础。

(二)提前介入呈现的检监关系:“互相配合”与“互相制约”并存

既然“合作求真说”认为检察提前介入监察机制的目的在于形成查明重大、疑难、复杂的职务犯罪案件真相的合力,那么不管是一味地强调互相配合,还是一味地强调互相制约,都不利于使提前介入机制准确且真实地查办职务犯罪案件。如果单纯强调互相配合,则可能影响监察机关和检察机关在案件办理过程中的独立地位,让提前介入机制变为“联合办案”机制,从而使得审查起诉程序丧失其应然功能,阻碍案件真相的查明;反之,如果过度强调互相制约可能导致两机关在案件办理过程中出现矛盾和对立,影响办案效率。若监察机关和检察机关之间缺乏必要的协调和沟通,可能导致信息不对称和资源浪费,延误案件的查办进程,最终不利于职务犯罪案件事实真相的查明与案件的准确定性。因此,在“合作求真说”的理论框架下,检察提前介入监察机制所呈现的检监关系既包括“互相配合”,也包括“互相制约”。

一方面,检察机关介入监察能够体现出“互相制约”的一面。在规范上,检察机关介入监察的工作重点在于“引导”,其主要内容表现为“对事实认定、证据收集、案件定性、法律适用等提出意见和建议,完善案件证据体系,确保法律准确适用”。在实务中,检察机关通过提前介入,不仅对监察机关的调查活动进行引导,还提供了法律和技术上的支持,帮助监察机关更准确地界定职务犯罪的性质和责任,从而在源头上提高职务犯罪案件的办理质量和法律适用的准确性,体现了“在正确履行各自职责的基础上互相支持”,是检监关系“互相配合”一面的体现。

另一方面,检察机关介入监察机制的内容亦体现出“互相制约”的一面。检察机关介入监察不仅要求检察机关履行审查案件证据是否存在以非法方法收集的情形或者瑕疵的职责,还要求检察机关对监察机关提出的错误的案件定性和法律适用进行纠正。从实践效果来看,检察提前介入在事实认定方面的意见“减少犯罪事实大于增加犯罪事实”。通过上述措施,检察机关能够防止和及时纠正监察机关在职务犯罪案件办理过程中的错误,确保案件处理的法律和程序正确性。此一制度设计下，检察机关对监察机关在案件办理过程中进行了必要的制约，体现的是“互相制约”的检监关系。

由此观之，以“合作求真说”的理念为指导，检察机关提前介入监察机制中的检监关系充分体现了“互相配合”与“互相制约”的辩证统一。通过提前介入机制，检察机关在依法履行自身职责的基础上，为监察机关的调查活动提供事实认定、证据收集、案件定性和法律适用等方面的专业支持和引导。这种配合不仅有助于优化职务犯罪案件的证据体系，还能够确保法律适用的准确性，提升案件办理的整体质量。同时，检察机关在提前介入过程中，通过对监察机关调查活动的必要审查，对瑕疵证据、非法取证以及案件定性与法律适用的错误进行及时纠正。这一“互相制约”的功能有效保障了案件办理的法律和程序正当性，防止职务犯罪案件办理的公正受到损害。

（三）提前介入机制功能：推进职务犯罪案件办理的规范化、法治化、正规化

目前，持不同观点的学者均从不同的角度提出了检察提前介入监察机制的功能，包括提升职务犯罪案件办理的效率，实现其实体正义与程序正义的统一，破除“两法衔接”中存在的程序性障碍，加强监察调查的合法性与规范性，等等。其实，无论是办案效率，还是实体正义与程序正义的统一，破除“两法衔接”中存在的程序性障碍，其深层功能均指向推进职务犯罪案件办理工作的规范化、法治化与正规化。

习近平总书记在二十届中央纪委二次全会上强调，“要增强法治意识、程序意识、证据意识，不断提高纪检监察工作规范化、法治化、正规化水平”。[1] 这意味着职务犯罪案件的办理也需要在规范化、法治化、正规化的轨道上开展。事实上，推进职务犯罪案件办理的规范化、法治化、正规化，与检察提前介入监察机制所追求的为查明重大、疑难、复杂的职务犯罪案件真相形成合力的目的具有内在逻辑一致性。

在职务犯罪案件办理过程中，通过规范化、法治化、正规化的操作流程，可以最大限度地减少人为因素对案件办理的影响，确保案件处理的公正性和客观性。换言之，职务犯罪案件的办理只有遵循明确的规范和程序，才能避免证据的失真、遗漏、滥用以及不当扩大或缩小打击范围和力度的危害，从而确保事实真相的查明及案件性质的界定都符合法治要求。而检察机关凭借其专业的法律知识和丰富的办

---

〔1〕《习近平在二十届中央纪委二次全会上发表重要讲话强调：一刻不停推进全面从严治党　保障党的二十大决策部署贯彻落实》，载《人民日报》2023 年 1 月 10 日，第 1 版。

案经验提前介入,不仅对监察机关的调查活动进行引导和把关,从而确保调查活动的合法性和规范性,还可以与监察机关形成合力,共同就职务犯罪案件的事实真相与案件性质界定等问题进行合作,使职务犯罪案件的办理在规范化、法治化、正规化的轨道上查明案件的事实真相并对其进行准确定性,进而使职务犯罪案件的办理在集中统一、权威高效的同时经得起历史、法律与人民的检验。

检察提前介入监察机制的制度安排,亦蕴含着推进职务犯罪案件办理规范化、法治化、正规化的功效:一方面,检察提前介入监察的工作内容涵盖了对事实认定、证据收集、案件定性以及法律适用等诸多方面提出专业意见和建议;另一方面,在这一机制中,检察机关还要负责审查案件证据是否存在非法收集或瑕疵,以及对监察机关提出的案件定性和法律适用进行严格把关和必要纠正。这一制度安排不仅完善了案件的证据体系,更确保了案件处理的法律和程序正确性,彰显了检察提前介入监察机制在推进职务犯罪案件办理规范化、法治化、正规化方面的功效。

综上所述,"合作求真说"的理论将检察提前介入监察机制的功能解读为推进职务犯罪案件办理工作的规范化、法治化和正规化。这一观点不仅深刻揭示了检察提前介入监察机制在职务犯罪案件办理中的核心价值,而且为进一步规范和优化该机制提供了重要的理论依据。

四、检察提前介入监察机制的制度问题

目前,由于检察提前介入监察机制的实践探索的时间尚短,加之学界之前的理论研究尚未完全认清此一机制的目的、功效及其呈现的检监关系,以致其部分制度安排无法真正地使检察机关与监察机关在面对重大、疑难、复杂的职务犯罪案件时形成准确、真实的办案合力,提高职务犯罪案件查办工作的规范化、法治化、正规化水平。

(一)介入时间不够充分影响合作深度

根据《衔接办法》的规定,检察机关拥有 15 日的时间来完成对案件材料的审核工作,并需就证据标准、事实认定、案件性质确定以及法律适用等方面提出书面的意见。然而,2021 年《关于加强和完善监察执法与刑事司法衔接机制的意见(试行)》将提前介入的工作时间压缩至 10 日内,以提高提前介入工作的效率。[1] 尽管此举在提高职务犯罪案件办理的工作效率确实取得了一定的功效,但也导致这

---

〔1〕《关于加强和完善监察执法与刑事司法衔接机制的意见(试行)》第 27 条规定:"人民检察院一般应当在提前介入后十日内审核案件材料,并对证据收集、事实认定、案件定性、法律适用等提出书面意见。"

一机制中检察机关难以完全把握案情,进而降低了检察机关与监察机关的合作深度,难以真正达到查明重大、疑难复杂职务犯罪案件事实真相并对其准确定性的目的。

首先,与传统直接、单一、简单的腐败行为相比,现阶段的职务犯罪案件的手段呈现更多的伪装性、隐蔽性,包括广泛且隐蔽的财务交易、公职人员的新型行贿受贿行为的定性及其涉及的法律责任等。这导致此类案件往往伴随大量的案卷材料,需要充分的时间来确保所有相关事实得到充分考量和正确理解。当检察机关被要求在极为有限的时间内完成上述工作时,检察机关工作人员难以深入理解和全面把握案情。这不仅可能影响到证据的合法性和充分性评估,也可能导致事实认定的不准确和法律适用的错误。因此,时间限制的压缩在实际操作中可能对检察机关工作人员在深入理解和处理复杂案件方面造成困难,进而难以提出高质量的提前介入意见,使得重大、疑难复杂职务犯罪案件事实真相难以查明以及其案件性质难以界定。

其次,也有学者通过实证研究表明,此一规定的介入时间不足以支撑检察机关充分理解案情。例如,某省接受调研的356人中,有143人(占比40.4%)认为提前介入工作的主要困难在于提前介入时间短。[1] 事实上,为了确保有充足的时间将检察提前介入监察的书面意见转化为审理意见,监察机关审理部门往往商请检察机关尽快提交提前介入意见。实践中,甚至出现了留给检察机关实际开展提前介入的时间不足3日的情况。这加剧了检察机关难以完全把握案情的困境,使此一机制的实践难以满足查明重大、疑难复杂职务犯罪案件事实真相并对其准确定性的目的。

由此可见,为确保重大、疑难、复杂职务犯罪案件的办理能够更加准确和真实,仅仅以效率为导向压缩检察机关提前介入的时间并非最优选择。相较于机械式地统一缩短介入时间,检察提前监察的机制设计应当根据案件的具体复杂程度灵活调整时间限制,或者为特定类型的复杂案件预设更长的审核和意见提出时间,从而为检察机关和监察机关提供足够的时间来共同形成更为深入和精确的办案合力。

(二)反馈回应机制缺失降低合作质量

目前,有关检察提前介入监察机制反馈意见的规定仅有《衔接办法》规定的检察机关提前介入的反馈意见不得替代调查人员决定是否移送起诉,也不得审查起诉的意见。但是,关于监察机关是否对检察机关的反馈意见具有回应义务并未作

---

〔1〕 参见左卫民、刘帅:《监察案件提前介入:基于356份调查问卷的实证研究》,载《法学评论》2021年第5期。

出详细的规定。此一制度安排的缺位很容易降低检察机关与监察机关的合作质量,影响提前介入机制功能的正常发挥。检察提前介入监察机制是为查明重大、疑难复杂职务犯罪案件事实真相并对其准确定性而形成的合力,其体现的检监关系是既有互相配合,又有互相制约的平等关系。如果缺乏对检察机关提前介入反馈意见的回应机制,不仅容易造成提前介入机制程序空转的窘境,还容易打破二者在关系上的平衡,降低检察机关提前介入的积极性,从而降低合作质量,无法发挥此机制的应有功效。

一方面,反馈意见的回应机制容易打破检察机关与监察机关在提前介入机制中的平衡关系,削弱检察机关的积极性。检察机关与监察机关在提前介入的过程中,本应是互相配合、互相制约的平等关系。然而,如果缺乏提前介入的意见回馈机制,则会让投入大量资源进行调查和分析得出的反馈意见缺乏对监察机关的约束力,进而导致反馈意见被忽视的情况。在此情景下,检察机关可能会感到自身角色被边缘化,这将严重打击检察人员的工作积极性和责任感,影响其与监察机关的协作意愿。这不仅不利于充分发挥检察机关的专业优势,也会导致资源浪费和合作质量的低下。

另一方面,检察机关提前介入的目的在于通过与监察机关的合作,形成合力,共同查明案件真相并对其准确定性。但若反馈意见没有相应的回应机制,即便检察机关提出了有价值的意见和建议,不能在实际操作中得到落实和反馈,也会让这一机制形同虚设,失去了其实质意义。如此一来,不仅浪费了司法资源,也削弱了提前介入机制的实际效果,使其难以发挥预期功能,导致职务犯罪案件办理的精准性和效率降低,形成一种“程序空转”的现象。

综上,为了切实提升检察机关与监察机关在处理重大、疑难、复杂职务犯罪案件中的合作质量,亟须建立一套明确而有效的反馈意见回应机制。此机制不仅应确保检察机关提出的意见和建议能够在监察机关的决策与行动中得到充分考量,而且应促进监察机关对检察意见的及时回应和适当解释,从而实现双方意见的高效协调与良性互动。这种制度安排有助于充分发挥检察机关的专业优势,加强与监察机关的合作,进一步夯实提前介入机制的基础功能。同时,回应机制的确立能够有效避免反馈意见被忽视的现象,减少程序空转的风险,强化检察机关的角色认同感和工作积极性,进而推动检监关系在平等、制约与合作的框架下向更高水平发展。

(三)介入方式不够直接降低合作水平

在现行有关检察提前介入监察机制的规范性文件中,检察机关提前介入的方式主要包括听取案情和证据的介绍、书面审查证据材料、查阅案件监察文书以及商请调看相关同步录音录像等四个方面。从上述规定中不难看出,在检察提前介入监察机制中检察机关主要以间接性、书面性的方式为主。此一规定虽然有利于职务犯罪案件的保密工作,但其客观上存在的局限性却难以保证检察机关在提前介入过程中对案情的全面了解,有悖于提前介入机制查明重大、疑难复杂职务犯罪案件事实真相并对其准确定性的目的。

首先,在提前介入的过程中检察机关无法直接与提供、收集或制作证据的人员进行接触。这种间接审查的方式使得检察机关难以核实证据材料的真实性和完整性。证据材料的书面性和间接性限制了检察机关对案件事实的全面了解,使得检察人员无法通过直接询问或交叉质询的方式对证据进行深入分析和验证。这种局限性削弱了检察机关在提前介入过程中对案件实质性事实的掌握能力。

其次,缺乏与证据材料提供者直接接触的机会,使得检察机关无法全面了解证据收集过程中的具体情况和背景信息,从而可能忽略一些关键信息或细节。这种情况下,检察机关对案件的整体把握和判断可能会受到影响,难以对重大、疑难、复杂的职务犯罪案件作出准确的定性和处理,因而在实质上违背了提前介入机制中的追求案件真相的目的和初衷。

最后,这种间接性、书面性的工作方式容易导致检察机关与监察机关之间的信息不对称,进而影响两者的协作效率。检察机关无法通过直接交流获取案件的详细信息,只能依赖于监察机关提供的书面材料。这不仅限制了检察机关的主动性和灵活性,也可能导致其在案件审查过程中产生误判或遗漏,从而降低整体案件处理的质量和效率。

综上,检察提前介入监察机制中,检察机关以间接性、书面性的工作方式进行审查,虽然在保密工作方面具有一定优势,但客观上却难以保证其对案件事实的全面了解和准确定性。这种方式有悖于提前介入机制的初衷,无法充分发挥其应有的作用,亟须在实践中进行改进和优化,以确保职务犯罪案件的处理质量和效率。

五、检察提前介入监察机制的优化路径

检察提前介入监察机制中部分不合理的制度安排,使得此机制中检察机关与监察机关的合作不够充分,不能发挥其推动职务犯罪案件调查工作规范化、法治化、正规化的功效。在系统梳理检察提前介入监察机制构建所面临困境的基础上,应当通过设立提前介入期限的动态时间框架,构建监察机关对反馈意见的回应机制以及推动检察机关参与案件方式直接化等方式对其进行完善。

(一)设立提前介入期限的动态时间框架

由于 10 日的提前介入时间无法实现检察提前介入监察机制、查明案件事实真

相并对案件准确定性的目的,因此有必要对该时间作出调整。考虑到职务犯罪案件通常涉及广泛的财务交易和复杂的法律问题,建议根据案件的具体复杂程度和紧迫性灵活设定介入时间。具体而言,可以参考监察程序或刑事诉讼程序的期限规定,设立一个动态时间框架,以便更好地应对不同类型案件的需求。

我国监察程序或刑事诉讼程序中有关期限的规定大多数存在可以动态调整的空间。例如,我国《监察法实施条例》规定审理工作应当在受理之日起1个月内完成,重大复杂案件经批准可以适当延长;[1]《刑事诉讼法》中规定,对于监察机关、公安机关移送起诉的案件,人民检察院应当在一个月内作出决定,重大、复杂的案件,可以延长15日[2]。此一制度安排旨在应对职务犯罪案件的多样性和复杂性,确保每个案件都能得到充分、公正的处理。

同样,在检察提前介入机制中,也可以借鉴这种灵活的时间安排,以适应不同案件的实际需求。对于简单案件,可以继续适用快速处理机制,保证案件迅速得到处理。而对于复杂案件,则需要在现有基础上适当延长介入时间,确保检察机关有足够的时间进行全面深入的调查和分析。具体而言,对于证据较为充分、无复杂财务交易的职务犯罪案件,检察机关应在接到提前介入商请之日起10个工作日内完成提前介入的所有工作,包括对证据材料的初步审查、法律意见的形成以及与监察机关的沟通协调,确保案件能够快速处理;对于涉及多层次法律关系、广泛财务操作或其他复杂因素的职务犯罪案件,检察机关可以申请延长介入时间,同时,将延长时间的申请报经上级机关批准,并详细说明延长的必要性和预期完成时间,延长期限最多不超过15日。

通过优化提前介入的时间框架,设立动态的提前介入时间期限,能够更好地应对职务犯罪案件的复杂性和多样性,提高案件处理的专业性和准确性,确保法律的公正适用和案件事实的全面查明。这一举措不仅有助于提升检察机关的工作效率和专业水平,而且能够提高检察机关与监察机关的合作质量,形成更为密切的查办重大、疑难、复杂的职务犯罪案件的合力,推动职务犯罪案件查办工作的规范化、法治化、正规化。

(二)构建监察机关对反馈意见的回应机制

为了确保检察提前介入机制的有效运作,有必要构建监察机关对反馈意见的回应机制。当前,监察机关在结合案件调查情况和本机关办案考量的基础上,将意

---

〔1〕《监察法实施条例》第194条规定:"审理工作应当在受理之日起一个月以内完成,重大复杂案件经批准可以适当延长。"

〔2〕《刑事诉讼法》第172条第1款规定:"人民检察院对于监察机关、公安机关移送起诉的案件,应当在一个月以内作出决定,重大、复杂的案件,可以延长十五日……"

见和建议的采纳情况及时书面反馈给检察机关,已是一种规范的做法。[1] 但为了进一步提升这一机制的作用,需要对该机制进行优化和扩展。

具体而言,监察机关应当在接收到检察机关的反馈意见后,及时组织案件相关人员对意见进行认真研究和讨论。对于采纳的意见,应在书面反馈中详细说明采纳的理由及具体的操作方案,确保检察机关的专业意见能够在实际办案中得到充分体现。对于不予采纳的意见,则应详细说明不采纳的理由,特别是应结合具体案件的实际情况,阐明不采纳的合法性和合理性,避免简单地以“无法采纳”作为回应。同时,对于需要补充证据的案件,监察机关在补证工作完成后,应将补证情况及其结果及时反馈给检察机关,使检察机关能够全面了解案件的最新进展,并对后续工作提出进一步的意见和建议。通过建立和完善这一回应机制,可以显著提高检察机关与监察机关的合作效果,形成更为密切的查办重大、疑难、复杂职务犯罪案件的合力。

首先,通过详细的书面反馈,确保检察意见和建议得到监察机关的充分重视和认真考虑,使介入机制真正发挥作用。这不仅有助于提升检察机关的工作积极性和责任感,也能增强其在案件处理过程中的参与感和成就感,从而进一步加强双方的合作意愿和效果。

其次,通过详细说明不予采纳的理由,可以促进检察机关与监察机关之间的沟通和理解,减少因意见分歧而产生的摩擦和误解。这种透明的沟通机制,有助于形成良好的合作氛围,提高双方在案件处理中的协调效率,确保案件处理的每一个环节都能得到有效的沟通和配合。

最后,通过补证情况的及时反馈,可以确保检察机关对案件的全面了解,提升其对案件事实的认知和法律适用的准确性。这不仅有助于提高案件处理的质量和效率,也能增强检察机关对案件处理的信心和专业性,推动职务犯罪案件查办工作的规范化、法治化、正规化。

(三)推动检察机关参与案件方式直接化

鉴于目前在检察提前介入监察机制中,有关检察机关参与方式的间接性容易降低检察机关与监察机关的合作水平,不利于形成查明案件真相的合力,有必要调整检察机关的参与方式,使之更为直接地参与到职务犯罪案件中。对此,有关检察机关介入侦查的工作方式的规定或能为其提供参考意义。例如,在检察提前介入侦查案件中,检察机关可以通过观看讯问与询问过程的同步录音录像,旁听讯问、

---

〔1〕 参见刘雪丹:《职务犯罪调查中检察机关提前介入机制研究》,载《江西社会科学》2024 年第 4 期。

询问环节或参与现场勘验等方式提前介入侦查活动。[1]

检察提前介入监察机制中同样可以借鉴上述直接性的参与方式。例如,检察人员可以旁听监察机关对犯罪嫌疑人、证人的讯问和参与现场勘验等侦查活动,直接了解案件调查的具体情况,提供现场法律指导,确保侦查过程符合法律规定。此外,检察人员还可以参与监察机关的案件讨论会议,提出专业的法律意见和建议,协助监察机关准确把握案件的法律适用和证据标准,确保案件处理的合法性和规范性。

推动检察机关参与案件方式的直接化,不仅有助于提升检察机关的工作效率和专业水平,还能够推动职务犯罪案件查办工作的规范化、法治化、正规化,确保案件的公正处理和法律的准确适用,为反腐工作的深入开展提供坚实的制度保障。

当然,检察机关若直接参与审查,可能效率相较于书面审查会有所下降,亦有“代替办案”之嫌。为了最大限度地避免直接审查带来的负面影响,应将此一方式作为书面审查的补充。例如,检察机关在提前介入的过程中,其基本工作方式还是书面审查,只有对相关材料的真实性和合法性存在疑问,或者仅根据书面材料无法完整认识案情,经有关领导的批准后,才能进行直接审查。

六、结语

在国家监察体制改革和以审判为中心的诉讼制度改革背景下,检察提前介入监察机制通过合作形成查明重大、疑难、复杂的职务犯罪案件真相的合力,对构建集中统一、权威高效的监察体制发挥着显著作用的同时,也规范着监察机关对职务犯罪案件的调查行为,是实现职务犯罪案件办理规范化、法治化、正规化的重要机制。随着改革的深入推进,此机制将进一步完善和规范,为反腐败斗争提供更为有力的制度保障,同时也将推动国家治理体系和治理能力现代化,实现法治建设和社会治理的新突破。

Abstract: Based on the theoretical exploration of preliminary prosecutorial involvement in disciplinary supervision mechanisms in academic circles, the “Cooperative Truth - Seeking” theory proposes that the mechanism of preliminary prosecutorial involvement involves both cooperation and mutual checks between prosecutorial and supervisory bodies. This collaboration aims to uncover the truth of

[1] 《人民检察院侦查监督、公诉部门介入职务犯罪案件侦查工作的规定》第8条规定:“侦查监督、公诉部门介入侦查可以采取以下工作方式:(一)听取侦查部门关于案件事实和证据情况的介绍,参加侦查部门的案件讨论;(二)查阅法律文书和证据材料;(三)调看讯问犯罪嫌疑人、询问证人同步录音录像;(四)旁听讯问、询问或者介入现场勘验等侦查活动;(五)其他必要的工作方式。”

major, difficult, and complex cases of duty – related crimes, thereby promoting the standardization, legalization, and regularization of handling duty – related crime cases. Currently, the institutional arrangements for preliminary prosecutorial involvement in disciplinary supervision mechanisms face problems such as insufficient intervention timing, the lack of a feedback response mechanism, and indirect intervention methods. These issues prevent the mechanism from achieving the goals and functions envisioned by the "Cooperative Truth – Seeking" theory. To address these challenges, measures such as establishing a dynamic time frame for intervention deadlines, constructing a feedback response mechanism, and promoting more direct intervention methods can be implemented to improve the preliminary prosecutorial participation in disciplinary supervision mechanisms.

(责任编辑:魏　雨)

其他法律问题研究

经济民主视阈下行政性垄断规制改革

刘腾岳*

内容提要 我国在经济转轨过程中部分存在的行政性垄断影响了统一大市场的形成。传统行政性垄断的规制路径依赖于事前的公平竞争审查制度与事后的法律责任制度,但事前自我审查为主的模式实践效果欠佳,事后“责令改正”、行政处分与建议权组合的规制框架形式逐渐呈疲软态势。对政策制定机关实施抽象行政行为进行“经济分析”,从“经济民主”的角度推进规制路径的渐进式改革,须着力于事前审查模式的重构与事后行政公益诉讼的建立。事前构建一元化审查主体模式,将第三方评估机制纳入强制性必经环节,推动审查模式的渐进式改革;事后探索建立反垄断行政公益诉讼制度,用民主的方式界定和表达公共利益,最终事前事后形成合力实现“全链条规制”。

关键词 行政性垄断 公平竞争审查 反垄断行政公益诉讼 经济民主 全链条规制

一、引言

党的二十大报告提出“在法治轨道上全面建设社会主义现代化国家”。面向新时代新征程,我们应将中国式现代化的本质要求贯穿中国式现代化的各领域各方面各环节。中国式现代化是全面现代化,中国式法治现代化新道路是中国式现代化新道路在法治领域的具体体现,[1]法治现代化是中国式现代化的重要组成部分,也是推进中国式现代化的重要保障。法治现代化与国家治理体系和治理能力现代化有着内在的联系和外在的契合,[2]具化到现代市场体系建设,表现为一对核心的

---

* 刘腾岳,中央财经大学法学院博士研究生。

〔1〕 参见张文显:《论中国式法治现代化新道路》,载《中国法学》2022年第1期。

〔2〕 参见张文显:《法治与国家治理现代化》,载《中国法学》2014年第4期。

范畴——政府规制与市场自治[1]。新时代我国市场化法治化改革立足于市场决定论和更好政府论的新论断新战略,着力于处理好政府与市场的关系,规范政府对经济活动的干预行为,确保政府干预具有最充分的正当性。

行政性垄断在一定程度上阻碍了我国统一大市场的形成。现有的行政性垄断行为规制主要是在我国《反垄断法》的框架下开展,事前建立公平竞争审查制度从源头上规范政府有关行为,事后依赖《反垄断法》第 61 条设置的法律责任制度确保违反公平竞争的政策得以及时制止,同时也是对公平竞争审查制度的弥补和救济。但是事前规制以自我审查为主,这种自我纠偏路径对于"源头治理"实践而言存在一定的逻辑悖论和运行困境,实施过程中可能会流于形式而造成制度异化。事后以行政内部控制为主导的"上级机关责令改正 + 反垄断执法机构提出建议"模式在实践中具有难以落实的风险,无法完全发挥立法者所期待的制度效果,难以保证《反垄断法》在规制行政性垄断过程中的权威性地位。作为中国式现代化的法治篇的中国式法治现代化新道路是国家治理的深刻革命和历史变迁,[2]因此应在政府规制变革的议题下探索对行政性垄断行为规制的渐进式改革,以经济民主引领市场社会主义的发展方向,[3]转变政府职能。鉴于此,事前应持续改进和优化公平竞争审查制度,推进第三方评估普遍化、民主参与广泛性,构建一元化审查主体模式并将第三方评估的"补位审查"性质转变为"必经程序"。事后应建立反垄断行政公益诉讼制度,与公平竞争审查制度有效衔接,发挥司法救济的独特优势。建立完善对行政性垄断行为的事前事后"全链条规制"体系。

二、问题检视:事前事后的规制困局

现有的行政性垄断行为规制体系以事前的公平竞争审查制度与事后的法律责任制度为主要内容,一定时期内对我国行政性垄断行为的规制发挥了积极作用。但是实践中,事前自我审查模式存在一定的逻辑悖论与运行困境,事后的法律责任制度可能存在理论与实践脱节的风险。

(一)事前:公平竞争审查制度审查模式的运行困境

1. 逻辑悖论:"自我审查"的法理困境

公平竞争审查的质量和社会公众的信任是这项制度的生命力所在,而审查模式在把控审查质量、凝聚社会共识方面发挥关键作用。我国现阶段在审查模式上

---

[1] 参见孙晋:《公平竞争原则与政府规制变革》,载《中国法学》2021 年第 3 期。

[2] 参见张文显:《论中国式法治现代化新道路》,载《中国法学》2022 年第 1 期。

[3] 参见刘明明、尹秋舒:《经济民主:新世纪以来市场社会主义的最新发展动向》,载《当代经济研究》2019 年第 3 期。

采取了“自我审查为主、有关机关备案指导、鼓励社会监督”的多元复合模式,[1]其中自我审查存在一定的逻辑悖论:如果某政策制定机关[2]认为实施反竞争行为符合其最大化利益,此时自我审查自然意义不大;反之,如果认为维护竞争秩序对其更有利,它自然会主动寻求合规,强制其开展自我审查则无必要。如果这是一家竞争立场中立的机构,但欠缺竞争评估所需的专业能力,那么它的自我审查必将实效性堪忧。[3] 多重悖论困境下,自我审查逐渐减弱实际的实施效果。

2. 运行悖论:“第三方评估”的引入困境

公平竞争审查制度引入第三方评估机制试图弥补自我审查为核心的审查模式的先天缺陷,但是目前绝大多数以公平竞争审查为内容的地方性规章对“第三方评估”的界定不是强制性引入,而是鼓励自愿性引入。[4] 自愿引入第三方评估机制的实现完全是立足于政策制定机关贯彻落实“刀刃向内”改革攻坚的高觉悟设想,将是否自我审查的决定权放归于政策制定机关自身。实践中,部分政策制定机关可能难以摆脱“畏难情绪”,不敢直面问题、忌惮暴露自身不足,从功利角度出发对第三方评估产生抗拒心理。基于此,作为补位机制的第三方评估逐步被边缘化和形式化,其内涵的社会参与价值无法得到有效保障,第三方评估特有的独立性、专业性、客观性、公正性的审查优势亦将难以完全发挥。

3. 现实悖论:“公平竞争审查”的实践困境

博登海默认为,“如果执行管理机构在履行其职责时遵循正常程序,如果它们的活动为那些对无限裁量权的行使设定了某些限制的规则所调整,又如果存在某些措施防止这些机构滥用权力,那么就是一个有效的行政法制度”。[5] 可以见得,在行政性垄断行为规制语境下,程序正义、对政策制定机关的政策制定行为的限制以及防止政策制定机关权力滥用应为公平竞争审查制度实施过程中的聚焦点。然而,实践中政策制定机关多呈现“因能力不足而不能审查”“因激励欠缺而不愿审查”“审查不完”“审查不出”“推进缓慢”等各类复杂局面,最终制度异化为“形式上的审查”。首先,实践中最为突出的问题之一便是推进自我审查的能力不足,各地方相关一线人员对公平竞争审查制度的理解有偏差导致难以贯彻落实制度要求。其次,部分政策制定机关多利用抽象行政行为在形式和程序上的合法性掩盖正当

---

〔1〕 参见孙晋、孙凯茜:《我国公平竞争审查主体制度探析》,载《湖北警官学院学报》2016年第4期。

〔2〕 《公平竞争审查制度实施细则》中采用“政策制定机关”这一表述来表示“行政机关以及法律、法规授权的具有管理公共事务职能的组织”,本文与《公平竞争审查制度实施细则》保持一致,使用相同表述。

〔3〕 参见李俊峰:《公平竞争自我审查的困局及其破解》,载《华东政法大学学报》2017年第1期。

〔4〕 参见孙晋、阿力木江·阿布都克尤木:《公平竞争审查引入第三方评估的重要性及其实现》,载《江海学刊》2020年第2期。

〔5〕 [美]博登海默:《法理学——法哲学及其方法》,邓正来等译,华夏出版社1987年版,第353页。

性缺失的事实,从而取得正面反馈,自我纠偏的实效性亦大打折扣。再次,部分政策制定机关人员受到传统观念影响,从而选择走经验主义的近路。最后,缺少有效的激励,无法落实相应的处罚,仅依赖政策制定机关的自我约束和自我矫正,使公平竞争审查制度难以贯彻。[1]

自我审查模式核心化与第三方评估自愿选择化均是依赖于“行为主体自我意识觉醒”的自我纠偏路径,这种行政系统内自我纠偏路径具有一定的封闭性和自足性,在对政府经济权力运行规制问题上显得力不从心。[2] 自我纠偏的路径依赖易陷入“自我审查悖论”:由政策制定机关自身来最终决定它所制定的某一项政策措施[3]是否违反公平竞争审查制度的审查标准,其本身是自相矛盾的。[4] 换言之,既然一项政策措施是由该政策制定机关制定的,它又怎么会认为自己制定的政策措施违法? 即使客观中立地认为自己制定的政策措施违法,是否自愿暴露自身问题并及时纠正也是未知数。由于审查者与政策制定者两方角色的合一性,使得自我纠偏路径缺乏可期待性。此外,根据责任政府[5]理论,《反垄断法》明确政策制定机关不得实施反竞争行为的义务,则其无论是在政策制定阶段还是在自我审查阶段,均有义务确保其行政行为的合法性。“自我审查悖论”下,政策制定机关履行职责与义务的状况由其自身进行审查评估,难以为责任主体或者义务主体(即政策制定机关)的履行职责行为提供充分的正当性。

(二)事后:法律责任制度的规制不足

行政性垄断的事后规制主要体现在《反垄断法》第 61 条,其主要责任形式是“由上级机关责令改正”,并且规定“反垄断执法机构可以向有关上级机关提出依法处理的建议”,然而实践中其规制效果并不理想。“行政性垄断将在一段时间内继续存在,与国有经济的主体地位相辅相成。”[6] 而事后规制行政性垄断的法律责任制度在立法设计时奉行“慎重、保守与务实”的原则,较为保守的追责制度与政策制定机关所拥有的较大的经济管理权力形成对比,影响了反垄断法对行政性垄断的规制实效和威慑力。

---

[1] 参考黄洁:《我国公平竞争审查模式的再思考》,载《新疆社科论坛》2018 年第 2 期。

[2] 参见徐士英:《竞争政策视野下行政性垄断行为规制路径新探》,载《华东政法大学学报》2015 年第 4 期。

[3] 《公平竞争审查制度实施细则》中采用“政策措施”的表述来表示“涉及市场主体经济活动的规章、规范性文件、其他政策性文件”,本文与《公平竞争审查制度实施细则》保持一致,使用相同表述。

[4] 参见门中敬:《我国合宪性审查的法理困境及其排除》,载《政法论坛》2021 年第 4 期。

[5] 责任政府是现代民主政治的一种基本理念,也是一种对政府公共行政进行民主控制的制度安排,其要求向公民负责、围绕社会需求履行公共服务责任并对其行为承担责任。

[6] 陈林:《公平竞争审查、反垄断法与行政性垄断》,载《学术研究》2019 年第 1 期。

1.“责令改正”——实践效果欠佳

《反垄断法》第 61 条规定“上级机关”以“责令改正”方式纠正相关政策制定机关的反竞争行为，首先，“上级机关”并非反垄断执法主体，由其进行追责的理论基础缺乏正当性。实践中“上级机关”的反垄断相关的专业素养可能并不强，由其作为行政性垄断行为的法律责任的实施主体将可能弱化责任追究模式的实效。实践中“责令改正”的实际效用已然脱离我国行政组织的现实，在一定的社会背景下传统的行政一体〔1〕原则被逐渐限缩在“组织一体”的狭窄范围内，其包括等级森严的科层制组织体系和上行下效的命令式控制。〔2〕在“组织一体”的现实状态下，行政机关内部利益一体化的演变趋势越发明显，在利益驱动下“上级机关”并不一定能完全做到“铁面无私”、秉公处理。〔3〕这种以行政内部控制为主导的模式侧重于行政矫正的功效，不仅缺乏外在的监督审核机制和便捷透明的纠错程序，〔4〕而且其制裁意义和威慑力均与现实不匹配。从实施反竞争行为的政策制定机关的角度审视，“上级机关”的“责令”本质上强制效果不足，面对“上级机关”的告诫、警戒能否彻底自我纠偏、主动“改正”错误亦值得怀疑。对行政性垄断行为的法律责任追究仅停留在“由上级机关责令改正”上，一方面对《反垄断法》实施的实际指导性不足，另一方面可能存在丧失其他市场主体信任的风险。

2.“行政处分”——语义较为模糊

根据《反垄断法》第 61 条的规定“对直接负责的主管人员和其他直接责任人员依法给予处分”，该条款的表述含义较为模糊，有待进一步明确。第 61 条第 1 款中，“对直接负责的主管人员和其他直接责任人员依法给予处分”前用分号与“由上级机关责令改正”衔接，并未明确指明实施行政处分的主体，导致语义模糊，无法明确实施主体是“上级机关”还是“行政机关和法律、法规授权的具有管理公共事务职能的组织”。两个实施主体之间因行政管理体制、法治意识、管理水平、专业素养等而形成的差异将会对“行政处分”的制裁实效产生不同的影响。

3.“建议权”——呈现疲软态势

当前，我国反垄断执法机构对于行政垄断行为只有执法建议权而没有行政处罚权，〔5〕即只能建议上级机关责令改正，而不能直接对行政机关作出制裁。实践中，反垄断执法机构只有“依法处理的建议”权，而无直接的执法权，对行政性垄断

---

〔1〕 即行政整体上作为一体，接受行政系统内部最高行政首长的指挥和监督。

〔2〕 参见张运昊：《行政一体原则的功能主义重塑及其限度》，载《财经法学》2020 年第 1 期。

〔3〕 参见孙晋：《竞争法原论》，法律出版社 2020 年版，第 247 页。

〔4〕 参见丁国峰：《反垄断法律责任制度研究》，法律出版社 2012 年版，第 358 页。

〔5〕 参见孟雁北：《我国反垄断法规制行政垄断行为的成效及面临的挑战》，载《中国物价》2013 年第 10 期。

主体的上级机关的行政职权缺乏有效的约束与监督机制,责令改正因此而可能异化。[1] 即使条文规定实施反竞争行为的垄断主体有向上级机关和反垄断执法机构报告改正情况的义务[2],但是由于建议权本身的约束力度较差,该追责制度的推进实质上大多依赖于“上级机关”的意志,从而再次陷入行政机关内部利益一体化的困境,依旧难以摆脱行政内部控制模式的先天性缺陷。“责令改正”与建议权的组合使得垄断主体的违法成本低,因此在实践中该法律责任制度可能“已不能有效解决政府通过行政权力对市场机制的侵蚀”。[3]

三、本质溯源:规制困局的成因分析

(一)体制机制维度:科层制的塑造

科层制作为一种管理方式,在有效提升效率的同时也着重强调“行为规范化”与对成员的有效激励。科层制建立在有限理性的基础上,导致基于理性建立的正式规则与基于对个人的信任忠诚而建立起来的非正式规则间产生冲突。在行政性垄断行为规制语境下,科层制主要表现为两个方面,即财政税收体制与行政管理的政府工作机制。

“分灶吃饭”的财政体制下能够有效调动地方积极性,但同时也带来了一定的负面效应。即给予地方政府更多的独立经济利益,为经济管理部门和地方政府滥用行政权力提供了动力。在经济利益驱动下,部分地方政策制定机关越发关注地区局部利益,地方政策制定机关积极性被激发后,易采取经济或行政手段来干预当地市场。[4] 分税制改革进一步强化地方政府的自我利益机制,而独立的经济利益机制加剧了地方政府税收竞争的主观意愿,[5] 各地方政策制定机关出于自身经济利益考量竞相实施产品市场保护等反竞争行为。由此形成的“地方利益”“部门利益”驱使地方政府滥用行政权力实现并扩张自身的经济利益目标,激发了地方保护主义,造成市场分割。

我国当前的行政管理的工作机制是行政首长负责制,各级政府的行政首长具

[1] 参见魏琼:《追究行政性垄断法律责任的对策——从“责令改正”谈起》,载《政治与法律》2009 年第 11 期。

[2] 根据《反垄断法》第 61 条第 1 款的规定,行政机关和法律、法规授权的具有管理公共事务职能的组织应当将有关改正情况书面报告上级机关和反垄断执法机构。

[3] 徐士英:《竞争政策视野下行政性垄断行为规制路径新探》,载《华东政法大学学报》2015 年第 4 期。

[4] 参见吕冰洋、贺颖:《中国特色财政激励体制:基于统一市场的视角》,载《中国社会科学》2022 年第 4 期。

[5] 参见周克清:《政府间税收竞争研究——基于中国实践的理论与经验分析》,中国财政经济出版社 2005 年版,第 37 页。

有较大的行政裁量权，因此不仅自我审查的实效取决于行政首长的意志，甚至第三方评估能不能引入自我审查实践是以政策制定机关的行政首长的同意为条件的。[1] 现行的审查模式以自我审查为核心，而作为辅助性的第三方评估又面临行政决策者意志的挑战，部分决策者基于自身利益考量抗拒引入第三方评估机制，自我纠偏路径在当前科层制的语境下显得力不从心。

（二）制度规定维度：司法救济待完善

救济手段的存在对于保障权利而言具有重要意义，正如法谚“无救济则无权利”强调的：如果欠缺一种制度保障受到侵犯的权利能通过司法途径获得救济，那么这项权利即不存在。法律救济渠道的顺畅与否不仅直接影响行政性垄断个案的处理结果，在缺乏有效的法律实施机制的情况下，禁止行政性垄断的实体性制度规定甚至将成为一纸空文。“行政内部控制”模式过度信任垄断行为实施主体的自我监督、自我纠偏，过度依赖行政手段，具有难以克服的先天性弊端。“以权力制约权力”则为规制行政性垄断开辟了新路径，司法权具有最终救济性，是有效制约行政权力、维护市场竞争秩序、保障行政相对人合法权益的重要手段。司法手段的缺位使得行政性垄断规制始终难以摆脱行政内部控制的困境。

行政性垄断个案救济的法律实施大体可以从行政执法与司法救济两大路径来推进，当前以反垄断执法机构作为实施主体的行政执法路径仍归属于行政系统内部救济，而司法救济则从外部实施个案处理，发挥救济功能。“司法救济”本质属于私力救济，具有中立性和终局性的特点，承担对行政行为审查纠错和对相关市场主体救济保护两大职责。[2] 司法以事实为依据，以法律为准绳，能够中立客观地处理利益纷争，对市场诉求进行终局救济，因此司法规制在控制行政性垄断行为上比行政内部控制更具有成本优势。[3] 此外，司法机关及司法技术人员具有较扎实的理论功底、专业技术基础和相关经验，能够有效填补自我纠偏的漏洞。

（三）政策制定机关维度：多重主观的博弈

从部分政策制定机关的角度出发，其可能基于“故意”与“非故意”这两类主观心理实施反竞争行为，制定具有排除、限制市场竞争效果的政策措施。“故意”又可分类为“故意为偏狭公益”和“故意为非公益”，多重主观心理博弈下，部分政策制定机关的自我纠偏路径逐渐难以落实。

---

〔1〕 参见孙晋、阿力木江·阿布都克尤木：《公平竞争审查引入第三方评估的重要性及其实现》，载《江海学刊》2020年第2期。

〔2〕 参见顾全：《行政性垄断司法审查与救济问题研究》，法律出版社2017年版，第37页。

〔3〕 参见孙晋：《竞争法原论》，法律出版社2020年版，第247页。

1. 非故意

政策制定机关并不存在实施反竞争行为的故意,但是因为政策制定机关及其工作人员专业性不强、知识技能欠缺或者未积极履行职责而过失性地违反了反垄断法的要求。在此情境下,政策制定机关并不存在"恶意",但是其公平竞争理念较为滞后,现实中"市场优先、竞争先行、保持中立"的市场公平竞争秩序理念难以被地方政策制定机关切实吸纳。[1] 根据责任政府理论,遵守反垄断法要求、规范行政行为、维护市场竞争秩序是政策制定机关的责任,并不因其不存在主观恶意而免责。此外,公平竞争审查定位于专业评估和实质审查,其并非法律清理、形式审查,必然对审查主体提出较高的技术要求和观念要求,[2] 自我审查模式因此缺失必要的技能基础和观念基础。

2. 故意

(1) 部分可能为偏狭公益。部分政策制定机关故意制定具有排除、限制竞争效果的政策措施,具有实施反竞争行为的恶意,其主观动机是为了"偏狭公益"。我国的政治结构决定了政府间纵向竞争鲜有发生,各级地方政府[3] 多跟那些与其处于相近政治权力阶层的同级地方政府开展横向竞争。地方政府是辖区公众利益的代言人,横向竞争兼具政绩性和公共性,因此地方政府需要为辖区争取更多的发展资源以实现最大化辖区利益的目标。[4] 部分地方政策制定机关在部门利益、地区利益的双重竞争压力下,致力于改善本地区、本行业等局部群体的财政收入、劳动就业率、人均收入水平、招商引资等情况,怀揣着"父爱主义"心态实施带有地方保护主义倾向的反竞争行为。[5] 作为垄断行为实施主体的政策制定机关由于公平竞争观念滞后,很可能认为此类为"偏狭公益"实施的反竞争行为具有正当性,自我纠偏路径的效能空间再次被挤兑。

(2) 部分可能为非公益。为非公益而实施反竞争行为大多以权力寻租、规制俘获等为基础。行政机关权力相对集中、自由裁量权较大,存在寻租风险。当规制俘获发生时,个别企业或者团体的利益将比公共利益具有更高的优先级。在为"非公益"而制定具有排除限制竞争效果的政策措施的现象发生时,依赖于政策制定机关自我纠偏的行政内部控制将难以发挥实际效果。

---

[1] 参见孙晋、阿力木江·阿布都克尤木:《公平竞争审查引入第三方评估的重要性及其实现》,载《江海学刊》2020 年第 2 期。

[2] 参见孙晋主编:《公平竞争审查制度——基本原理与中国实践》,经济科学出版社 2020 年版,第 152 页。

[3] 本文在分析政策制定机关的主观动机时,选取"地方政府"这一大概念进行统一化分析,"政策制定机关"被包含于"地方政府"范围内。

[4] 参见程臻宇:《中国地方政府竞争研究》,山东大学出版社 2011 年版,第 55 页。

[5] 参见李俊峰:《公平竞争自我审查的困局及其破解》,载《华东政法大学学报》2017 年第 1 期。

四、理据探索:经济民主式改革的内涵、价值及可行性

(一)经济民主式改革的内涵

党的十八届三中全会审议通过的《中共中央关于全面深化改革若干重大问题的决定》明确提出“使市场在资源配置中起决定性作用和更好发挥政府作用”的重要论断。党的二十大报告提出“构建高水平社会主义市场经济体制”。构建高水平社会主义市场经济体制为中国式现代化夯实制度基础。市场经济是法治经济,而经济民主〔1〕是法治经济之本义所在,也是经济体制改革的必然要求。〔2〕经济民主被定义为社会成员拥有选择其经济目标及实现这些目标所需经济手段的自由和权利。这种权利的实现标志着个体在经济决策过程中的参与度和自主性,因此经济民主的核心内涵为自治平等,由此衍生出了多元共治理念和公平竞争的理念。经济民主要求各项经济制度安排依据社会公众的利益而建立和调整,〔3〕而政府作为经济管理权的拥有者应维护社会正义、维护公平竞争的市场秩序,坚持政府和市场关系的准确定位。

整合了竞争法律和政策的竞争法治是“市场决定资源配置”的“标配”。〔4〕竞争法治的价值追求除了传统的自由和竞争理念,还应包括经济民主和社会正义等深层次的价值追求,在此指引下走向将限制强势与扶助弱势相结合的机制。〔5〕我国地方政府具有较大的经济管理权力,行政管理过程中部分政策制定机关可能权力滥用,最终导致公平竞争的丧失。鉴于此,经济民主要求以民主原则配置经济权力,其关键是转变政府职能,简政放权,实现经济管理民主化。经济民主推动竞争法治,一方面对强势主体进行限制和监督,另一方面维护弱势经济主体的基本利益,并且关注公民社会合作治理方式,〔6〕积极引入多元主体的参与机制。换言之,在经济民主理念的指引下,竞争法制度正是致力于构建一种规范权力、广泛参与、合作共赢、结构均衡的市场经济框架。〔7〕

---

〔1〕 经济民主是指经济领域的民主,包括宏观经济管理中的经济民主与微观经营中的经济民主,本文主要指宏观经济管理中的经济民主。在宏观上,“经济民主”论旨在将现代民主国家的理论原则——“人民主权”——贯彻到经济领域,使各项经济制度安排依据大多数人民的利益而建立和调整。使公平正义在市场经济也有更好的体现。

〔2〕 参见王保树:《市场经济与经济民主》,载《中国法学》1994 年第 2 期。

〔3〕 参见崔之元:《经济民主的两层含义》,载《读书》1997 年第 4 期。

〔4〕 参见孙晋:《习近平法治思想中关于公平竞争的重要论述研究》,载《法学杂志》2022 年第 5 期。

〔5〕 参见李晓辉:《经济民主与社会正义——竞争法的深层底蕴》,载《当代法学》2006 年第 3 期。

〔6〕 参见曹芳:《经济民主思想研究》,知识产权出版社有限责任公司 2016 年版,第 206 页。

〔7〕 参见李晓辉:《经济民主与社会正义——竞争法的深层底蕴》,载《当代法学》2006 年第 3 期。

(二)经济民主式改革的价值

1. 对规范政府干预行为的促进功能

经济民主语境下的政府作为拥有巨大经济管理权力的主体应着力于关注公众利益和社会公意,维护社会正义。“市场失灵”现实存在,有为政府为弥补市场失灵而实施宏观干预,用“看得见的手”弥补“看不见的手”,此时政府干预行为具有了理论必要性。此外,政府的必要性还在于它是竞争规则的创制者,是公平竞争市场秩序的守护者。但是市场失灵的迷思在于——谁来监管“监管者”? 有为政府必须有所限制,经济民主的实现有赖于对政府干预的合理性和正当性进行科学界定,而合理性分析、正当性分析须以公平竞争为衡量标准。至此,作为从源头上事先预防滥用行政权力排除限制竞争的公平竞争审查制度亟须得到改进和优化,首先便是对行政内部控制原则的革新,扭转对“自我纠偏”的路径依赖,推动第三方评估普遍化。以市场公平和社会公平为导向,推进公共服务型政府的构建。

2. 对维护公共利益的保障功能

经济民主的核心是保护人民的经济民主权利,保障市场经济主体尤其是弱势经济主体的经济利益权,经济民主致力于用民主的方式界定和表达公共利益。经济民主视域下的竞争法治不能沦为谋取私利的工具,应积极回应支撑市场的经营者和消费者群体的诉求,在强势的行政权力影响下维护弱势经济主体的合法利益。抽象行政性行为对市场主体具有普遍影响,而行政性垄断行为的受害企业群体接受行政机关的管理和约束,在信息获取、法律定位等方面处于绝对劣势地位,此时“以权力制约权力”理念具有现实价值。如果只有依赖政策制定机关的自觉性的自我纠偏,法律制度就永远是自上而下的单向性运作[1],难以实现经济民主和竞争法治。司法救济(行政诉讼)可以发挥客观的监督功能和主观的权利救济功能,[2]有效维护弱势经济主体的基本利益。此外,经济民主致力于用民主的方式界定和表达公共利益,由此检察机关应担负起“公共利益代表”的神圣职责推进公益诉讼救济路径,构建多维的公益诉讼保护路径维护公共利益。

3. 对提升民主参与广泛性的推进功能

经济民主理念推动竞争法治关注多元主体的参与机制,提升民主参与的广泛性。社会公众的权利意识和道德责任意识直接决定了经济民主在现实中的实现程度,因此经济民主改革应从宏观与微观两个层面着手。宏观上使得各项经济制度

[1] 参见孙晋:《竞争法原论》,法律出版社 2020 年版,第 247 页。

[2] 参见马立群:《行政诉讼标的理论溯源及其本土化路径》,载《比较法研究》2022 年第 6 期。

安排依据公共利益而建立和调整,〔1〕反对地方保护主义和部门保护主义;微观上强化社会公众参与和公众监督,防止少数人或利益集团实施反竞争行为或从中受益。鉴于此,探索建立反垄断行政公益诉讼制度即对公共利益的最优维护,第三方评估机制普遍化即强化公众参与和监督的有效途径。

(三)经济民主式改革的可行性

1. 制度拐点已至:存量清理已基本完成

我国公平竞争审查制度的重点在于清理存量、严审增量、完善制度,〔2〕国家市场监督管理总局的数据显示,“十三五”时期,公平竞争审查工作实现国家、省、市、县四级政府全覆盖,全国清理各类政策措施文件 189 万件,修订废止文件近 3 万件,〔3〕公平竞争审查制度建设提速加力。截至目前,根据数据推断存量清理已基本完成,公平竞争审查制度的拐点已至。自 2016 年公平竞争审查制度实施以来,第一阶段的执法目标之一即存量文件的基本覆盖已经实现,这也意味公平竞争审查将进入精细化执法的阶段,下一阶段工作重点将是为公平竞争审查设定完善的法律规则。〔4〕我国部分地方的政策制定机关公平竞争理念不足,因此在公平竞争审查制度建设初期积累了较多的政策措施,存量文件过多,此时自我审查模式确实是最方便、快捷的方式,无须增加过多的成本投入,能充分发挥信息优势快速清理存量。〔5〕但是随着存量清理逐步完成的形势变化,审查模式的革新理应因势利导,推动第三方评估机制的普遍化,并通过渐进式改革向最终的一元化审查模式演变。

2. 构建行政公益诉讼:行政性垄断易损害“公共利益”

党的二十大报告明确“完善公益诉讼制度”。扎实推进公益诉讼制度是中国式现代化在法治领域的重要体现。公益诉讼是公民参与国家管理的重要途径,符合经济民主语境下关注多元主体参与机制和维护公共利益的理念,突出体现了公民的社会力量。在行政性垄断规制领域建立完善行政公益诉讼制度不仅是对受害企业及相关消费者的利益的维护,更是对公平竞争审查制度的救济。反垄断行政公益诉讼使检察院在一定程度上参与行政性垄断规制,在我国大力推进公益诉讼和

〔1〕参见曹芳:《经济民主思想研究》,知识产权出版社有限责任公司 2016 年版,第 128 页。

〔2〕参见《我国公平竞争审查制度将重点清理存量、严审增量、完善制度》,载央视网,https://news.cctv.com/2019/04/09/ARTIiIIuoo46TUEGTqSlGujW190409.shtml。

〔3〕参见《勇毅笃行开新局 蹄疾步稳谋新篇——“十三五”时期反垄断工作综述》,载国家市场监督管理总局官网,https://www.samr.gov.cn/cms_files/filemanager/samr/www/samrnew/xw/sj/202103/t20210318_327034.html。

〔4〕参见侯利阳:《公平竞争审查的认知偏差与制度完善》,载《法学家》2021 年第 6 期。

〔5〕参见孙晋主编:《公平竞争审查制度——基本原理与中国实践》,经济科学出版社 2020 年版,第 151 页。

行政性垄断规制变革的时代背景下,检察院有资源和能力处理相关事务,不会替代传统的反垄断执法机构,反而会优势互补、相得益彰。行政性垄断的规制既需要自上而下的改革勇气,亦需要横向权力制约及自下而上的社会监督,如此才能凝聚规范政府干预行为的合力。[1] 反垄断行政公益诉讼在促进社会公正、敦促公共机构处理公共利益方面可以发挥重要作用。[2] 2018年以来,行政公益诉讼检察建议98.9%在诉前即得到有效整改;提起诉讼的,99.7%得到人民法院支持。[3]

公益诉讼的基础价值在于维护社会公共利益,反垄断行政公益诉讼也不例外。行政性垄断行为较为明显地侵犯了市场主体之间公平竞争的权利,破坏了自由竞争的市场秩序。《反不正当竞争法》《反垄断法》等法律通过禁止不正当竞争和垄断违法行为,实际确立和保护"公平竞争权",[4]此"公平竞争权"具有公共属性,本质上是各经济主体在市场上为实现自身利益最大化而相互争胜、公平角逐的过程。其中,相关行政部门肩负维护公平竞争的职责,应秉持公平竞争的理念促进公平竞争,因此行政性垄断主体滥用行政权力排除、限制竞争的行为既是行政违法行为,也是侵权行为。[5] 政策制定机关拥有庞大的经济管理权力,其制定发布政策措施本质上属于抽象行政行为,而此抽象行政行为适用对象具有普遍性且可以反复适用,其影响范围广、覆盖群体多、关涉利益复杂,对我国市场上的各类经济主体都有管理和监管效用,因此"公平竞争权"的公共属性更为凸显。此外,公平、自由竞争的市场秩序本身就具有明显的公共性、社会性属性。从根本上看,市场经济是一种自由竞争经济,竞争是市场经济的核心,公平是市场经济的灵魂。[6] 市场经济通过供需、价格等市场机制配置社会资源和引导社会经济运行,而政策制定机关的反竞争行为扭曲了公平竞争的市场秩序,严重妨碍社会资源的优化配置,增加了社会成本,相关利益受损经营者及间接受损的消费者群体数量众多,因此行政性垄断下权益受损具有公共危害性。

3. 建立全链条规制:事前事后规制的衔接呼应

公平竞争审查制度是从源头规范政府干预行为、厘清市场与政府边界的创新性顶层设计,具有事前预防、事中及时规制性质。反垄断行政公益诉讼制度立足于事后规制,既是对相关利益受损经营者的救济,亦是对公平竞争审查制度的救济,

---

〔1〕 参见项焱:《公益诉讼的理念与实践》,武汉大学出版社2010年版,第17页。

〔2〕 参见汤欣:《公共利益与私人诉讼》,北京大学出版社2009年版,第255页。

〔3〕 参见《最高检党组会研究讨论贯彻落实党的二十大"完善公益诉讼制度"要求》,载最高人民检察院官网,https://www.spp.gov.cn/tt/202211/t20221102_591571.shtml。

〔4〕 参见顾全:《行政性垄断行为的可诉性与诉讼安排》,载《法律适用》2012年第9期。

〔5〕 参见魏琼:《追究行政性垄断法律责任的对策——从"责令改正"谈起》,载《政治与法律》2009年第11期。

〔6〕 参见孙晋:《竞争法原论》,法律出版社2020年版,第3页。

对公平竞争市场秩序的有效维护。在中国式法治现代化语境下推动行政性垄断规制的经济民主式改革须增强事前、事中、事后全链条规制的体系性和连续性,发掘事前、事中、事后规制环节的连接点,实现不同规制环节的有效衔接,形成规制闭环,促进政府干预行为的规范实施。

五、路径新探:事前事后全链条规制

(一)事前:审查模式的渐进式改革

1. 推进第三方评估普遍化

经济民主和社会正义是构建竞争法制度的基石,经济民主理念促使竞争法关注多元主体的参与机制,[1]实现公众参与和公众监督。当下第三方评估引入公平竞争审查制度并未从严格的立法意义上将其纳入制度规则,[2]其"鼓励性引入"的方式本质上依然是自我纠偏路径的衍化。依赖于政策制定机关及其决策者的自我意识觉醒和自律规范,与实践中较多政策制定机关的抗拒心理的现实相违背。在经济民主理念指引下推动公平竞争制度的优化和完善应着力于审查模式的渐进式改革,将第三方评估机制法治化、规范化,并将其作为强制性的"必经程序"。推进第三方评估机制的普遍化须改变当下以自我审查为核心的模式框架,将第三方评估机制提升至与自我审查同等重要的地位,作为自我审查后必经的"第二道防线",有效发挥第三方评估机构专业性、中立性的优势。

2. 探索建立一元化主体模式

美国并列设置了两个执行反托拉斯法的联邦行政机构已经快 100 年了,但其并不认为这是一个好经验,[3]且长久推行多元化执法并非万全之策。因此,在笔者看来,一元化审查主体模式才是我国公平竞争审查主体制度的最终选择。[4] 在一元化审查主体模式下,需要增强市场监督管理部门在公平竞争审查第三方评估中的核心作用。此外,为与普遍化的第三方评估机制结合,可以考虑由政府购买第三方评估机构的审查服务以应对增量措施过多的现实,同时确立市场监督管理部门对第三方评估机构的遴选和监督职责,保障第三方评估机构的中立地位和专业水平。

3. 完善保障措施

当前审查主体法律责任确定不明,第三方评估机制未得到充分利用。在推进

---

〔1〕 参见李晓辉:《经济民主与社会正义——竞争法的深层底蕴》,载《当代法学》2006 年第 3 期。

〔2〕 参见孙晋、阿力木江·阿布都克尤木:《公平竞争审查引入第三方评估的重要性及其实现》,载《江海学刊》2020 年第 2 期。

〔3〕 参见王晓晔:《关于我国反垄断执法机构的几个问题》,载《东岳论丛》2007 年第 1 期。

〔4〕 参见孙晋、孙凯茜:《我国公平竞争审查主体制度探析》,载《湖北警官学院学报》2016 年第 4 期。

第三方评估普遍化的过程中，须明确第三方机构的遴选标准、委托程序、财政预算以及审查结果效力等问题。此外，政策制定机关与第三方评估机构应是“委托与被委托”的关系，而非“管理与被管理”的关系，只有如此方能保障第三方评估机构的中立性。

（二）事后：建立反垄断行政公益诉讼制度

1. 充分发挥公益诉讼检察制度效能

行政性垄断具有“行政”“经济”双重属性，突破了私益的框架，寻求公益诉讼的制度是大势所趋。[1] 对于那些被边缘化的群体而言，公益诉讼有时是进入政治生活的唯一或者最不昂贵的入口，为他们参与社会治理、提出新的改革目标提供了合法的途径。[2] 公益诉讼检察制度是中国式现代化在法治领域的重要体现，顺应新时代检察机关法律监督工作的实施。检察机关是公共利益的代表者和维护者，具有丰富的民事公益诉讼的实践经验，而且能够有效弥补利益受损的经营者在政策制定机关面前的绝对劣势，体现“权力制约权力”的特殊优势。因此，应充分发挥公益诉讼检察制度的效应，构建以检察机关作为原告的反垄断行政公益诉讼制度。

2. 系统改造诉讼程序和审理规则

探索开展反垄断行政公益诉讼，对于行政机关和法律、法规授权的具有管理公共事务职能的组织滥用行政权力实施排除、限制竞争行为的，通过磋商、检察建议等方式督促行政机关依法履职。[3] 政策制定机关以制定政策措施的方式干预市场较普遍，且以这种方式实施反竞争行为也较为便利，其具有危害对象的“多样性”、违法责任的“复杂性”。探索建立反垄断行政公益诉讼应首先将检察机关提起公益诉讼的案件范围扩展至垄断行为。其次拓展案件范围，实现司法对关乎民生的新型领域公益保护的合理介入[4]，进一步发挥行政公益诉讼的公共利益保护功效。最后应明确证明反竞争行为时的举证责任分配以及举证内容，对政策制定机关反竞争行为的认定标准进行统一。

六、结语

中国式法治现代化是中国式现代化的延伸命题，用以阐释中国制度创新和机

---

[1] 参见顾全：《行政性垄断司法审查与救济问题研究》，法律出版社 2017 年版，第 111 页。

[2] 参见佟丽华、白羽：《和谐社会与公益法——中美公益法比较研究》，法律出版社 2005 年版，第 196 页。

[3] 参见冯恋阁：《专访最高检第八检察厅厅长徐向春：破除网络招聘歧视，保障妇女平等就业权》，载最高人民检察院网，https://www.spp.gov.cn/spp/zdgz/202403/t20240311_649258.shtml。

[4] 参见王春业：《论行政公益诉讼对公益保护的创新与制度再完善》，载《浙江社会科学》2022 年第 10 期。

制变革。沿着法治轨道推进国家治理现代化,是实现中国式现代化的重要路径。在竞争法治语境下,实现中国式法治现代化的目标须在坚持公平竞争原则的前提下推动政府规制变革。行政性垄断兼具"行政"和"经济"双重属性,损害了经营者和消费者的利益。然而,传统的行政性垄断规制过度信任政策制定机关的自律意识,过度依赖自我纠偏的行政内部控制路径,导致规制失序。经济民主是竞争法治的基石,其强调关注多元主体的参与机制、限制强势和维护公共利益,扩大民主参与的广泛性。基于此,行政性垄断规制推进经济民主式改革具有现实必要性和实践可行性。事前探索建立一元化审查主体模式,并将第三方评估机制普遍化,作为强制性的必经程序;事后引入反垄断行政公益诉讼,强化"权力制约权力"的规制路径。事前事后形成"全链条规制"和制度闭环,最终实现"经济管理民主化"。

Abstract: In the process of economic transition, the existence of administrative monopolies in some areas has affected the formation of a unified large market in China. The traditional regulatory path of administrative monopolies relies on ex – ante competitive impact assessment system and ex – post legal liability systems. However, the practice of a self – review – based model has been less effective, and the regulatory framework of "ordering correction," administrative sanctions, and advisory powers has gradually shown signs of weakness. Implementing "economic analysis" on the abstract administrative actions of policy – making bodies and promoting the gradual reform of regulatory paths from the perspective of "economic democracy" requires efforts to reconstruct the ex – ante review model and establish ex – post administrative public interest litigation. Ex – ante, a unified review body model should be constructed, and third – party evaluation mechanisms should be included as a mandatory step to promote the gradual reform of the review model. Ex – post, the exploration and establishment of an anti – monopoly administrative public interest litigation system should be pursued, using democratic methods to define and express public interests, ultimately forming a joint effort before and after to achieve "full – chain regulation".

(责任编辑:李　杨)

超龄劳动者工伤纠纷的实践困境及破解之道*

帅仁策**　王秋阳***

内容提要　近年来我国超龄劳动者工伤纠纷数量有所增加，相关法规存在内部冲突，司法实践中出现超龄劳动者"是否具有劳动关系主体资格""劳动合同终止标准不一致"等法律适用困境；劳动关系的认定应以从属性为标准，超过法定退休年龄与享受基本养老保险待遇均不影响劳动关系成立。现阶段应结合法律规范构建超龄劳动者工伤认定适用流程，分别判断劳动者"是否超过法定退休年龄""是否有资格享受基本养老保险待遇""是否已享受基本养老保险待遇"，进而适用工伤认定规则。未来宜推进劳动关系与工伤认定渐进式解绑，同时设置具有针对性的超龄劳动者工伤保险缴纳方案，以维护超龄劳动者的工伤救济权益，推动我国积极应对人口老龄化国家战略的顺利实施。

关键词　超龄劳动者　工伤纠纷　劳动关系　工伤保险

一、问题的提出

随着我国人口老龄化现象的日趋加重与经济增长方式的日益转变，劳动者超过法定退休年龄后继续从事劳动已经成为普遍的社会经济现象。超龄劳动者往往拥有丰富的工作经验与专业的工作技能，能够在一定程度上缓解就业市场的供需关系矛盾，提升企业经济效益，促进社会发展。但由于用工形式的特殊性，超龄劳动者与普通劳动者在权益保障方面存在一系列的特征差异，其中超龄劳动者在工伤救济问题上的差异具备一定的典型性。具体而言，超龄劳动者工伤纠纷的实践困境主要体现在如下两方面：

---

* 本文系2024年度河南省法学会民法学研究会研究课题"超龄劳动者用工关系认定研究"［批准号：HNCLS（2024）86］的阶段性成果。

** 帅仁策，四川大学法学院民商法学专业博士研究生。

*** 王秋阳，湖州学院党委学生工作部讲师。

从立法实践上看,《工伤保险条例》明确规定劳动关系是工伤认定的必要条件之一,[1]而超龄劳动者与用人单位之间能否形成劳动关系法律并未明确规定。关于超龄劳动者的劳动关系,法律上至少存在"达到法定退休年龄"[2]和"享受基本养老保险待遇"[3]两种劳动合同终止标准。法律规范的模糊导致各地出台的地方性法规和地方政府规章对于该问题存在不同立场。例如,有地方性法规直接从主体上排除超龄劳动者适用工伤认定的可能性,明确规定对于用人单位聘用的离退休人员的工伤认定申请不予受理。[4] 有地方司法文件以是否缴纳工伤保险费为标准,对因工受伤的超龄劳动者作分类处理。[5] 由此可见,在国家法律不明确的情况下,地方出台的各类规范性文件之间也存在诸多争议,让本就错综复杂的超龄劳动者工伤问题变得更加混乱。从司法实践上看,立法上的不明确甚至互相抵牾进而引发司法实务立场的混乱,超龄劳动者工伤纠纷案件中的"同案不同判"现象频发。例如,有法院认为超龄劳动者不属于劳动关系主体,无法与单位之间成立劳动关系,因而不符合《工伤保险条例》的适用要件。[6] 有法院持相反立场,认为超过退休年龄不影响劳动者成为劳动关系主体和工伤认定。[7]

上述立法与司法立场的混乱显然不利于超龄劳动者工伤纠纷的顺利解决,而超龄劳动者工伤难以得到救济的局面,必然会影响我国"银发经济"[8]的发展,影响"渐进式延迟法定退休年龄"[9]的顺利实施,进而阻碍我国积极应对人口老龄化国家战略[10]的顺利实施。那么,超龄劳动者因工受伤后能否适用工伤保险救济?本文从法律规定的两种超龄劳动者劳动合同终止标准在司法实践中的应用情况出发,分别讨论两种劳动合同终止标准在现行法律框架下的应然解释,并尝试根据第二章与第三章的讨论结论构建劳动关系与工伤认定"绑定"现状下超龄劳动者工伤认定的适用流程。在理顺现行法律规范适用流程的基础上,本文对《最高人民法院

---

[1] 参见《工伤保险条例》第18条第1款第2项。
[2] 参见《劳动合同法实施条例》第21条。
[3] 参见《劳动合同法》第44条第2项。
[4] 参见《河南省工伤保险条例》第17条。
[5] 参见《四川省高级人民法院关于审理工伤认定行政案件若干问题的意见》第15条。
[6] 参见黑龙江省哈尔滨市中级人民法院民事判决书,(2021)黑01民终2672号。
[7] 参见四川省宜宾市中级人民法院行政判决书,(2006)宜行终字第19号。
[8] 参见《中共中央关于进一步全面深化改革　推进中国式现代化的决定》,载《人民日报》2024年7月22日,第1版。
[9] 参见2024年9月13日第十四届全国人民代表大会常务委员会第十一次会议通过的《全国人民代表大会常务委员会关于实施渐进式延迟法定退休年龄的决定》。
[10] 参见习近平:《高举中国特色社会主义伟大旗帜　为全面建设社会主义现代化国家而团结奋斗——在中国共产党第二十次全国代表大会上的报告》,载《人民日报》2022年10月26日,第1版。

关于审理劳动争议化案件适用法律问题的解释(二)(征求意见稿)》(以下简称《劳动争议案件解释(二)征求意见稿》)相关条文提出完善意见,并提出了未来推进劳动关系与工伤认定渐进式解绑的立法构想。本文深入分析讨论了超龄劳动者工伤纠纷的立法与司法中的相关问题,并给出了相应的完善方案,以期能对我国积极应对人口老龄化国家战略的顺利实施有所裨益。

二、超过退休年龄对劳动关系的影响

(一)退休年龄是否影响劳动关系的司法争议

如前文所述,现行法律框架下,劳动关系是工伤认定的必要条件,而立法上的不明确导致司法实务中对于超龄劳动者能否与单位建立劳动关系存在较大争议,进而导致超龄劳动者无法进行工伤认定,引发工伤纠纷。对于超龄劳动者能否与单位建立劳动关系,司法实务中至少存在以下两种立场:

"影响说"认为,达到法定退休年龄影响劳动关系的认定,超龄劳动者不属于《劳动法》规定的劳动关系主体范围。有的法院指出,无论是否享受养老保险待遇,[1]超龄劳动者均不再符合建立劳动关系的主体资格。[2] 有的法院指出,只要劳动者超过了法定退休年龄,都应认定为劳务关系。因此,超龄劳动者绝对不适用工伤保险。但是,不适用工伤保险并不意味着权益无法得到保护,超龄劳动者可以通过劳务关系相关法律得到保护,这种调整方式能够在超过法定退休年龄的权益保护与用人单位的正常用工成本之间形成一种平衡。[3]

"不影响说"认为,达到法定退休年龄不影响劳动关系的认定,超龄劳动者仍属于我国劳动法律体系的调整范围,具体理由如下:一方面,超龄劳动者并未被我国劳动法律体系所排除在外。其一,我国《劳动法》仅对于从事劳动的最低年龄作了限制,[4]并未规定劳动者的年龄上限,因此超龄劳动者仍属于劳动法律体系的调整范围。[5] 其二,《工伤保险条例》并未将超龄劳动者排除出工伤认定的主体范围,[6]与单位形成事实劳动关系的超龄劳动者当然可以享受工伤保险待遇。[7] 另一方面,划定退休年龄并不禁止超过退休年龄的劳动者继续从事劳动。[8] 只要超

[1] 参见宁夏回族自治区中卫市中级人民法院民事判决书,(2021)宁 05 民终 456 号。
[2] 参见河北省沧州市中级人民法院民事判决书,(2021)冀 09 民终 2204 号。
[3] 参见广东省高级人民法院民事判决书,(2018)粤民再 100 号。
[4] 参见《劳动法》第 15 条。
[5] 参见江苏省盐城市中级人民法院行政判决书,(2015)盐行终字第 00079 号。
[6] 参见《工伤保险条例》第 2 条。
[7] 参见四川省宜宾市中级人民法院行政判决书,(2006)宜行终字第 19 号。
[8] 参见南昌铁路运输中级法院行政判决书,(2021)赣 71 行终 152 号。

龄劳动者具有劳动能力,能够提供正常的劳动力,就完全符合劳动者的构成要件,应当被认定为劳动法上的"劳动者",[1]受到劳动法律体系的保护。

(二)超过法定退休年龄不影响劳动关系成立

本文认为,超过法定退休年龄后继续工作的劳动者仍属于我国劳动法律体系的调整范围,超过法定退休年龄不影响劳动关系的成立。

首先,我国《劳动法》和《劳动合同法》并未禁止超龄劳动者就业。[2] 劳动法中只规定了16周岁的最低用工年龄限制,并无关于劳动者用工年龄上限的强制性规定,[3]达到法定退休年龄强制终止劳动关系有违劳动权保护理念和劳动自由的规则,同时也与《老年人权益保障法》等规范相冲突,[4]属于国家对劳动者退休生命历程的过度干预。该理由也在一些案例中得以体现,例如,有法院认为,法定退休年龄对于超龄劳动者而言是一项权利,并非剥夺其劳动的工具,在当前社会仍有大量超龄劳动者的情况,如若仅因超过退休年龄这一原因而不对其在工伤问题上进行应有的保护,亦与劳动法的立法精神相悖。[5] 因此,从基本法律层面看,我国劳动法未禁止超龄劳动者劳动,也未将超龄劳动者排除于法律调整范围之外。

其次,"达到法定退休年龄合同终止"违反了上位法规定,应属无效。[6]《劳动合同法实施条例》第21条实质上扩大了劳动合同终止条件的范围。[7] 如此一来,实务中大量引用《劳动合同法实施条例》第21条,实际上造成了《劳动合同法》第44条被架空的局面,引发诸多争议。[8] 针对该问题,人力资源和社会保障部指出两者并非抵触关系,《劳动合同法实施条例》第21条规定的依据来自《劳动合同法》第44条第6项"法律、行政法规规定的其他情形"的授权,[9]司法实务中也有法院采取

---

[1] 参见涂永前、蒙瑞、温军旗:《超龄劳动者用工法律关系的认定——基于刘某诉某餐饮分公司劳动争议案的研究》,载《中国人力资源开发》2018年第7期。

[2] 参见叶欢:《劳动基准保护的劳动者研究》,载《财经科学》2019年第12期。

[3] 参见辽宁省铁岭市中级人民法院民事判决书,(2021)辽12民再15号。

[4] 参见《老年人权益保障法》第70条第1款。

[5] 参见江西省抚州市中级人民法院行政判决书,(2020)赣10行终92号。

[6] 《劳动合同法实施条例》第21条规定"达到法定退休年龄的,劳动合同终止",而《劳动合同法》第44条第2项仅规定了"享受基本养老保险待遇"为劳动合同的终止标准,《劳动合同法实施条例》第21条在《劳动合同法》第44条第2项的基础上增加了"达到法定退休年龄"作为劳动合同终止的情形,实际上违反了上位法的规定。

[7] "达到法定退休年龄"应理解为"依法享受基本养老保险待遇"的必要不充分条件。参见李娜:《退休再就业人员工伤损害赔偿的困境与出路》,载《中国人力资源开发》2020年第3期。

[8] 参见沈建峰:《论退休年龄的功能转型与劳动关系存续》,载《中国劳动》2017年第7期。

[9] 参见《人力资源社会保障部对十三届全国人大二次会议第6979号建议的答复》(人社建字〔2019〕37号)。

类似观点。[1] 但问题在于,即使第 21 条依照第 44 条第 6 项扩大劳动合同终止范围,也应当与前 5 项保持并列关系,而非必要不充分关系。[2]

再次,“达到法定退休年龄”并不意味着劳动者丧失劳动能力和劳动权。法定退休年龄是对劳动者年老时劳动状态和劳动能力的拟制,[3] 即拟制劳动者达到法定退休年龄就丧失了劳动能力而难以适应工作需要,因而需要退出劳动力市场。[4] 但是否丧失劳动能力属于事实判断问题,达到法定退休年龄的劳动者并不必然丧失劳动能力。实际上,大部分超龄劳动者提供的劳动力与适龄劳动者的劳动力并没有太大的差别。《宪法》规定,劳动是一切有劳动能力的公民的光荣职责。[5] 超龄劳动者享有退休后继续参与劳动、与单位建立劳动关系的权利。简言之,法定退休年龄只是国家法律在社会公共利益、国家政策等考虑下拟制定的法定标准,是办理退休手续的前提条件之一,而与劳动能力并没有直接的关系,因此仅用年龄来否认劳动者的劳动能力难以令人信服。[6]

最后,将超龄劳动者排除出劳动关系认定范围不利于该群体的权益保障。一方面,从劳动关系的实质判断和劳动基准上看,超龄劳动者接受用工单位的招聘,接受用工单位的管理,在从属性角度也呈现劳动关系的特征,与其他适龄劳动者没有实质区别,应当得到劳动法律体系的平等保护。[7] 如果采用“一刀切”的方式将超龄劳动者排除出劳动关系认定范围,可能会导致用人单位利用自己的管理地位在最长工时、最低工资、加班费用、福利待遇等劳动基准方面对超龄劳动者的权利进行不合理的限制,不利于积极应对人口老龄化国家战略下超龄劳动力市场的发展。[8] 另一方面,从权益救济方式上来说,将超龄劳动者排除出劳动关系认定范围,超龄劳动者的权益只能通过民事法律规范进行保护,在我国民事法律规范缺少“单位劳务关系”规定的情况下,超龄劳动者通过民事途径进行权益救济困难重重。此外,通过民事途径救济权益可能加重本身就处于弱势地位的超龄劳动者的举证责任,这无疑加大了其维护自己合法权益的难度。[9] 相比之下,由于工伤保险实行

---

[1] 参见四川省达州市中级人民法院民事判决书,(2021)川 17 民终 351 号。

[2] 参见董文军:《法定退休年龄与劳动合同关系之反思》,载《法学家》2019 年第 1 期。

[3] 参见田思路、吴杨:《弹性退休制度与劳动合同规范的耦合机制构建》,载《理论与改革》2024 年第 2 期。

[4] 参见南昌铁路运输中级法院行政判决书,(2021)赣 71 行终 152 号。

[5] 参见《宪法》第 42 条第 3 款第 1 句。

[6] 参见杨华:《司法实务中退休权诉求之考察——来自诉讼档案的研究》,载《北方法学》2018 年第 5 期。

[7] 参见冯彦君、李娜:《退休再就业:劳动关系抑或劳务关系——兼评“社会保险标准说”》,载《社会科学战线》2012 年第 7 期。

[8] 参见丁广宇:《超龄劳动者就业法律关系的性质认定》,载《中州学刊》2008 年第 3 期。

[9] 参见王霞、刘珊:《我国劳动关系认定规则的反思与完善——从退休返聘人员工伤损害赔偿困境说起》,载《湘潭大学学报(哲学社会科学版)》2016 年第 3 期。

无过错责任原则,并且以工伤保险基金作为赔偿,不存在无法及时救济或无法填平损失等一系列问题,因此能够迅速补偿工伤事故受害劳动者。[1]

综上所述,超过法定退休年龄不影响劳动关系的成立,只要劳动者从事从属性劳动,就应当受到我国劳动法律体系保护。[2] 有学者甚至提出,未来《劳动法》应当明确规定劳动者“没有年龄上限”,[3]以符合目前我国“稳妥有序推进渐进式延迟法定退休年龄改革”的政策倾向。[4]

三、基本养老保险待遇对工伤认定的影响

(一)基本养老保险待遇是否影响工伤认定的实践现状

关于超龄劳动者的劳动合同终止,还存在“享受基本养老保险待遇”标准[5]。

一方面,关于“享受基本养老保险待遇”标准的适用,司法实践初步形成了认定思路。即享受基本养老保险待遇的超龄劳动者不属于劳动法所调整的范围,[6]此时发生劳动争议应当按照劳务关系处理,不适用工伤保险。[7] 另一方面,对于“养老保险待遇”的范围,本文认为,城镇居民社会养老保险[8]、新型农村社会养老保险[9]、地方政府政策性补贴[10]等,数额较小且具有社会福利性质,本质上仅是一种补贴,并非劳动法意义上的基本养老保险待遇。[11] 因此,“享受基本养老保险待遇”应限缩理解为已经依法享受“职工基本养老保险”[12]。

---

〔1〕 参见张素伦:《退休受聘人员工伤问题的反思》,载《理论月刊》2010 年第 3 期。

〔2〕 参见林嘉:《退休年龄的法理分析及制度安排》,载《中国法学》2015 年第 6 期。

〔3〕 参见涂永前、蒙瑞、温军旗:《超龄劳动者用工法律关系的认定——基于刘某诉某餐饮分公司劳动争议案的研究》,载《中国人力资源开发》2018 年第 7 期。

〔4〕 参见《中共中央关于进一步全面深化改革 推进中国式现代化的决定》,载《人民日报》2024 年 7 月 22 日,第 1 版。

〔5〕 该标准的主要依据是《劳动合同法》第 44 条第 2 项和《劳动争议案件解释(一)》(法释〔2020〕26 号)第 32 条第 1 款的规定。

〔6〕 参见广东省佛山市中级人民法院行政判决书,(2021)粤 06 行终 344 号。

〔7〕 参见四川省乐山市中级人民法院行政判决书,(2019)川 11 行终 202 号。与之相反,在超龄劳动者未享受养老保险待遇的情况下,对其伤亡进行工伤认定,符合《工伤保险条例》的立法宗旨。参见江苏省无锡市中级人民法院行政判决书,(2021)苏 02 行终 47 号。

〔8〕 参见广东省高级人民法院行政判决书,(2019)粤行再 3 号。

〔9〕 参见辽宁省铁岭市中级人民法院民事判决书,(2021)辽 12 民再 15 号。

〔10〕 参见江西省抚州市中级人民法院行政判决书,(2020)赣 10 行终 92 号。

〔11〕 参见湖南省长沙市中级人民法院民事判决书,(2021)湘 01 民终 3345 号。

〔12〕 简言之,即使超龄劳动者领取了城乡居民养老保险或新型农村社会养老保险,仍能适用工伤保险。参见江苏省盐城市中级人民法院行政判决书,(2021)苏 09 行终 97 号。与之相反,有法院认为,超龄务工农民领取的新型农村社会养老保险属于“基本养老保险待遇”,理由是“农村社会养老保险制度”的法律依据为《社会保险法》第 20 条,而该规定从属于该法第 2 章“基本养老保险”。参见辽宁省东港市人民法院民事判决书,(2020)辽 0681 民再 24 号。

(二)无资格享受基本养老保险待遇劳动者的工伤认定

“无资格享受基本养老保险待遇劳动者”主要指超龄务工农民。最高院“两答复”[1]规定,对于务工农民群体而言,其并未自主缴纳或者由单位代为缴纳养老保险,不存在领取养老金的可能性,故务工农民不适用退休制度。超龄务工农民因工受伤的,应当适用《工伤保险条例》。基于务工农民群体劳动权益难以得到充分保护的现象,上述立场一定程度上维护了超龄务工农民这一弱势群体的劳动权益,无疑是值得肯定的。但在司法实践中,对于超龄务工农民工伤救济纠纷,仍需厘清以下几个方面:

第一,劳动关系认定是适用最高院“两答复”对超龄务工农民进行工伤认定的基本前提。实务中,有法院在未对超龄务工农民进行劳动关系认定的情况下也对最高院“两答复”进行了适用。[2] 该裁判立场的问题在于,劳动关系是依据最高院“两答复”进行工伤认定的前提,如若双方成立劳务关系,则不能进行工伤认定。最高院“两答复”中的两个请示案例在讨论劳动者是否适用《工伤保险条例》之前均已认定劳动关系,即最高人民法院是在默认超龄务工农民与用人单位之间存在劳动关系的前提下,给出可以进行工伤认定的肯定答复。实务中,司法机关也大都会在认定务工农民与用人单位之间成立劳动关系的前提下再适用最高院“两答复”,[3]故最高院“两答复”的适用前提是超龄务工农民与用人单位之间确实建立了劳动关系。

第二,最高院“两答复”的主体范围问题。一方面,对于“进城务工农民”,最高院“两答复”中仅提到“进城务工农民”,是因为两份答复是基于下级法院的请示,根据具体个案作出的,但该答复的精神对于其他符合条件的主体亦是适用的。[4] 另一方面,“进城务工农民”中的“城”,应不仅仅限于“城市”,工作地在乡镇经济开发区的劳动者也应视为农民进城务工。[5] 对于“进城务工农民”的具体范围,应扩大解释为“无资格享受基本养老保险待遇的劳动者”。[6]

---

〔1〕 参见《最高人民法院行政审判庭关于超过法定退休年龄的进城务工农民因工伤亡的,应否适用〈工伤保险条例〉请示的答复》(〔2010〕行他字第 10 号)和《最高人民法院关于超过法定退休年龄的进城务工农民在工作时间内因公伤亡的,能否认定工伤的复函答复》(〔2012〕行他字第 13 号),正文简称为最高院“两答复”。

〔2〕 参见安徽省马鞍山市中级人民法院行政判决书,(2021)皖 05 行终 71 号。

〔3〕 参见山东省淄博市中级人民法院行政判决书,(2021)鲁 03 行终 169 号;江苏省南通市中级人民法院行政判决书,(2021)苏 06 行终 213 号;河北省保定市中级人民法院行政判决书,(2021)冀 06 行终 20 号;南昌铁路运输中级法院行政判决书,(2021)赣 71 行终 152 号。

〔4〕 参见江苏省南通市中级人民法院行政判决书,(2021)苏 06 行终 213 号。

〔5〕 参见河北省保定市中级人民法院行政判决书,(2021)冀 06 行终 20 号。

〔6〕 对于“基本养老保险待遇”的范围,考虑到城镇居民社会养老保险、新型农村社会养老保险具有社会福利性质,两者在养老功能方面与职工基本养老保险差距较大,应将“基本养老保险待遇”的范围限缩解释为职工基本养老保险。

第三,对超龄务工农民进行工伤认定后,不能倒推超龄务工农民与用人单位之间存在劳动关系。有法院认为,超龄务工农民适用最高院“两答复”进行工伤认定后,应当理解为超龄务工农民与用人单位之间成立劳动关系。[1] 该判决的底层逻辑为超龄务工农民进行了工伤认定,而工伤认定以劳动关系为前提,从而反推超龄务工农民与单位建立了劳动关系。[2] 上述裁判立场存在逻辑问题。一方面,最高院“两答复”仅规定了超龄务工农民可以进入工伤认定程序,最终是否认定工伤仍需社会保险行政部门作出工伤认定决定,而并非规定超过法定退休年龄的务工农民一旦受伤即认定为工伤。另一方面,劳动关系的存在为事实认定层面的问题,不能以法律规定倒推认定劳动关系。在此问题上,陕西省高级人民法院指出,最高院“两答复”是对超过法定退休年龄进城务工农民工权益的特殊保护,不能就此推定超龄农民工与用人单位之间建立了劳动关系。[3]

(三)有资格享受基本养老保险待遇劳动者的工伤认定

对于“有资格享受基本养老保险待遇劳动者”,应当在裁判立场上作如下区分:未享受基本养老保险待遇,劳动合同未终止,[4]可以进行工伤认定;已享受基本养老保险待遇,劳动合同终止,但劳动关系并非绝对不成立。

一方面,劳动关系是否终止应遵循事实层面的判断,应当按照劳动法律体系规定的从属性标准进行判断。“劳动合同终止”并不意味着劳动关系终止,[5]更不意味着劳动者丧失劳动资格。[6] 如果将劳动关系强制终止解释为享受基本养老保险待遇的“后果”,将会进一步强化我国退休制度的强制性,不利于适应我国老龄化社会的发展现状。另一方面,劳动合同效力与劳动关系成立的“独立判断”在其他规范上亦有体现。[7] 《工伤保险条例》第35条规定的“退出工作岗位”即表明劳动者劳动能力丧失致使劳动合同根本目的无法实现,劳动合同已达法定终止条件,但劳动关系可以保留。[8]

对于此类劳动者,是否应适用《最高人民法院关于审理劳动争议案件适用法律

---

〔1〕 参见辽宁省铁岭市中级人民法院民事判决书,(2021)辽12民再15号。

〔2〕 参见河北省孟村回族自治县人民法院民事判决书,(2012)孟民初字第507号。

〔3〕 参见陕西省高级人民法院民事裁定书,(2016)陕民申1194号。

〔4〕 未享受基本养老保险待遇的超龄劳动者,不适用《劳动合同法》第44条。参见陕西省宝鸡市渭滨区人民法院民事判决书,(2015)渭滨民初字第00967号。

〔5〕 参见杨华:《司法实务中退休权诉求之考察——来自诉讼档案的研究》,载《北方法学》2018年第5期。

〔6〕 参见湖北省武汉市中级人民法院民事判决书,(2021)鄂01民终3353号。

〔7〕 例如,《劳动合同法》第10条第3款的规定,劳动关系的建立起点是实际用工之日,而非劳动合同订立之日,即劳动合同的订立不代表劳动关系的建立。

〔8〕 参见张素伦:《退休受聘人员工伤问题的反思》,载《理论月刊》2010年第3期。

问题的解释(一)》(以下简称《劳动争议案件解释(一)》)第 32 条第 1 款的规定将其用工关系认定为劳务关系？本文认为,其他类型的纠纷本文不作讨论,但至少在工伤纠纷上不能适用该条款将已享受基本养老保险待遇劳动者的用工关系直接认定为劳务关系。且这种以是否享受养老保险待遇来判断用工关系性质的标准过于机械化,不符合我国目前老龄化背景下对于老年劳动者进行保护的政策指向,〔1〕未来应作出修改。具体理由如下:

第一,分析《劳动争议案件解释(一)》第 32 条第 1 款的立法背景和立法表述。一方面,该条是基于我国有关退休再就业的立法混乱、超龄劳动者工伤纠纷问题频发背景下的权宜之计,是在保持我国现行工伤保险制度与退休制度稳定性前提下填补立法空白的无奈之举,〔2〕且立法层次较低,直接对超龄劳动者用工关系作劳务关系“一刀切”的认定实际上违反了上位法规定。另一方面,该条的表述为人民法院“应当按劳务关系处理”,严格来说,这并非对于超龄劳动者用工性质的直接定性。

第二,分析《劳动争议案件解释(一)》第 32 条第 1 款的立法目的。该条的立法目的在于,已享受基本养老保险待遇的超龄劳动生存权已经得到了社会保障法律体系的保障,因此可以降低劳动法对其的保护力度。而大量未享受基本养老保险待遇的超龄劳动者的生存保障依然依赖于劳动收入,故《劳动争议案件解释(一)》未规定此类劳动者按照劳务关系处理,仍然保留其受到劳动法律法规保护的可能。但是该规范可能引起反面效果,致使立法目的无法实现。具体而言,该规范可能导致用人单位更加倾向于招用已享受基本养老保险待遇的劳动者,因为这能在很大程度上降低其用工风险,减少其本应承担的用工责任,导致未享受退休待遇的劳动者显然更难再就业的困境。〔3〕

四、超龄劳动者工伤救济规范的完善路径

本文认为,超龄劳动者工伤救济规范的完善路径可以分“两步走”:第一步,考虑到法律的稳定性和配套制度的可行性,现阶段应结合司法实践经验,在现有法律框架下构建超龄劳动者工伤认定适用流程,以从属性为标准对超龄用工关系进行

〔1〕 参见袁文全、张亚炜:《退休后再就业劳动权益保护的法治困境及制度回应——以积极老龄化为视域》,载《北京大学学报(哲学社会科学版)》2020 年第 5 期。

〔2〕 参见冯彦君、李娜:《退休再就业:劳动关系抑或劳务关系——兼评“社会保险标准说”》,载《社会科学战线》2012 年第 7 期。该文讨论的是《最高人民法院关于审理劳动争议案件适用法律若干问题的解释(三)》(法释〔2010〕12 号)第 7 条,《劳动争议案件司法解释(一)》第 32 条延续了该条的规定。

〔3〕 参见河南省高级人民法院民事裁定书,(2020)豫民申 8480 号。

实质判断,将与用人单位建立劳动关系的超龄劳动者纳入工伤认定的范围内。第二步,从实施积极应对人口老龄化国家战略的角度出发,未来宜推进劳动关系与工伤认定渐进式解绑,同时设置具有针对性的超龄劳动者工伤保险缴纳方案,回归工伤保险制度为职业伤害提供保障与分担经营风险的根本宗旨。

(一)构建超龄劳动者工伤认定的适用流程

超龄劳动者之所以会出现大量的工伤纠纷,主要是因为相关法律规范的错综复杂与内在冲突。例如,立法上存在不同的劳动合同终止标准导致司法机关在超龄用工关系认定上的巨大差异。这一局面显然不利于超龄劳动者合法权益的保护,也削弱了法律规范的确定性和可预测性。[1] 本文第二部分和第三部分从两个劳动合同终止标准出发,考察两个判断要件在司法实务中的应用情况,尝试寻找立法与司法上的最大共识。基于前文的分析,本部分在现有法律框架下尝试构建超龄劳动者工伤认定的适用流程,具体如图 1 所示:

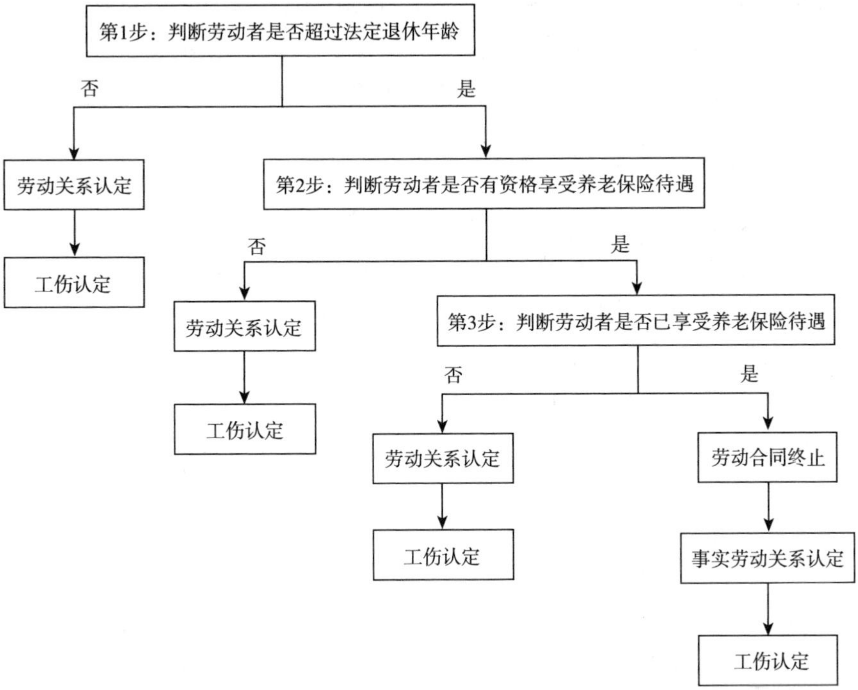

图 1 超龄劳动者工伤认定适用流程

〔1〕 参见沈建峰:《论退休年龄的功能转型与劳动关系存续》,载《中国劳动》2017 年第 7 期。

第一步,判断劳动者是否超过法定退休年龄。[1] 如前所述,法定退休年龄不影响劳动关系的认定,更不影响工伤认定的进行,能否进行工伤认定还需要进入第二步,判断该超龄劳动者是否符合其他标准。第二步,判断劳动者是否有资格享受基本养老保险待遇。[2] 无资格则依据最高院"两答复"进行劳动关系认定和工伤认定,有资格则进入下一步判断。第三步,判断劳动者是否已享受基本养老保险待遇。[3] 劳动者未享受则劳动合同不终止,可以进行工伤认定。劳动者已享受则劳动合同终止,但不代表劳动关系必然不成立,此时仍然可以对其是否与用人单位形成事实劳动关系进行判断。劳动合同未终止,在劳动关系的认定上劳动者举证较为简单;劳动合同已终止,劳动合同不能作为劳动关系的证明材料,但如果确有其他证据能够证明该劳动者与用人单位形成劳动关系,则可以认定事实劳动关系,并进而进行工伤认定。[4]

在认定标准上,应坚持以从属性为标准对超龄劳动者的用工关系进行实质判断,具体而言,只要具备相应的经济从属性和人格从属性,超龄劳动者与用人单位之间即可被认定为劳动关系。劳动关系的判断应符合平等性和财产性、隶属性和人身性的双重特点,不能附加是否享受养老保险待遇、是否缴纳工伤保险等其他标准,[5] 其是否属于劳动关系并不会因为其他要件的增减而变化。

(二)推进劳动关系与工伤认定渐进式解绑

正如前文所述,超龄劳动者工伤纠纷的司法实务中,受限于进行工伤认定必须以双方成立劳动关系为前提,导致许多本应认定工伤的案件因劳动者与用人单位之间未成立劳动关系而无法认定。对此,有学者指出,应当将工伤认定与劳动关系认定保持适当距离,按照各自对应的标准进行具体认定,从而彻底解决工伤纠纷问题。[6] 实务界同样有法院采用这一立场,有法院明确支持劳动关系与工伤认定的解绑,认为是否形成劳动关系并不影响劳动者依法享受相关工伤保险待遇;[7] 也有

---

〔1〕 主要依据为《国务院关于工人退休、退职的暂行办法》和《国务院关于渐进式延迟法定退休年龄的办法》。

〔2〕 主要依据为本文第三部分关于"基本养老保险待遇"的限缩解释,即此处"基本养老保险待遇"仅指职工基本养老保险。

〔3〕 主要依据为《劳动合同法》第 44 条第 2 项。

〔4〕 从这一角度看,劳动者是否享受基本养老保险待遇主要影响劳动关系的举证难度。

〔5〕 参见姚岚秋:《论超龄劳动关系——超龄劳动者再就业法律关系辨析》,载《中国劳动关系学院学报》2009 年第 4 期。

〔6〕 参见李雄、田力:《我国劳动关系认定的四个基本问题》,载《河南财经政法大学学报》2015 年第 3 期。

〔7〕 参见山东省聊城市中级人民法院民事判决书,(2021)鲁 15 民终 552 号。

法院以默认态度间接支持了此观点,即直接认定为工伤而并未纠结劳动关系的判断。[1] 本文认为,超龄劳动者的工伤认定与劳动关系判断在法理和立法实践上均是可分离的,具体理由如下:

一方面,劳动关系与工伤认定在法理上是可分的。劳动关系认定重在明确劳动者应履行义务和应享有权利,而作为社会保险组成部分的工伤保险认定,是将劳动者所遭遇的工伤损害通过社会平摊的方式保障劳动者得到充分的经济补偿,重在解决谁用工谁承担的社会保险责任问题。两者分属于两个不同的领域,具有独立性,且没有先后与因果上的逻辑关系,法律上不必强行规定劳动关系为工伤认定的前提。[2] 另一方面,将劳动关系与工伤认定解绑在部分规范性文件中也有体现。例如,最高人民法院曾在两部规范性文件中否定了违法转包的劳动者、挂靠车辆司机与用工单位之间成立劳动关系。[3] 但在2014年却转变立场,规定上述劳动者因工伤亡的,违法转包单位应当承担工伤保险责任。[4] 该规定显然突破了现行工伤保险法律法规中关于劳动关系为工伤认定前提的规定。[5]

本文认为,应采用劳动关系认定与工伤认定"渐进式"解绑方案。具体而言,鉴于我国劳动法律法规对于退休制度和工伤认定规定较为笼统,相关规范的具体实施多依靠地方性法规和地方政府规章。因此,劳动关系认定与工伤认定的解绑也应从地方立法出发,逐步推动劳动关系认定与工伤认定的解绑。目前,部分地区已经逐步开始劳动关系认定与工伤认定解绑的立法实践。例如,广东、天津等省份在对"特定人员参加工伤保险"的规定中表明用人单位给超龄从业人员购买工伤保险,不能作为双方存在劳动关系的依据。[6] 这类规定突破了劳动关系与工伤认定的捆绑,使得工伤保险制度重新回到分担经营风险、为职业伤害提供保障的根本目的。

---

[1] 参见河北省沧州市中级人民法院行政判决书,(2021)冀09行终88号;四川省成都市中级人民法院行政判决书,(2021)川01行终704号。

[2] 参见李雄、田力:《我国劳动关系认定的四个基本问题》,载《河南财经政法大学学报》2015年第3期。

[3] 参见最高人民法院2011年《全国民事审判工作会议纪要》(法办〔2011〕442号)第59条,《最高人民法院关于车辆实际所有人聘用的司机与挂靠单位之间是否形成事实劳动关系的答复》(〔2013〕民一他字第16号)。

[4] 参见《最高人民法院关于审理工伤保险行政案件若干问题的规定》(法释〔2014〕9号)第3条第1款第4项与第5项。

[5] 《人力资源社会保障部关于执行〈工伤保险条例〉若干问题的意见(二)》(人社部发〔2016〕29号)第2条第2项规定,已按项目参保缴纳工伤保险费的超龄劳动者适用工伤保险,也是对劳动关系与工伤认定捆绑的突破。

[6] 参见《广东省人力资源和社会保障厅、广东省财政厅、国家税务总局广东省税务局关于单位从业的超过法定退休年龄劳动者等特定人员参加工伤保险的办法(试行)》(粤人社规〔2020〕55号)第13条,《天津市实习生和超龄从业人员参加工伤保险办法(试行)》第18条。

推进劳动关系认定与工伤认定的渐进式解绑,还应当注意同时构建超龄劳动者缴纳工伤保险的方案。地方立法实践中存在这一问题,例如,《吉林省实施〈工伤保险条例〉办法》规定超龄劳动者由单位参照《工伤保险条例》进行待遇支付;[1]上海市相关规定同样持超龄劳动者可以适用工伤保险的立场,规定由聘用单位支付工伤保险待遇。[2] 该立场虽然实现了劳动关系认定与工伤认定的解绑,但如果在无法缴纳工伤保险的情况下,由单位参照《工伤保险条例》承担工伤保险责任,无疑会增加单位的用工成本,"是一种饮鸩止渴的短视做法"[3]。对于超龄劳动者缴纳工伤保险的具体方案,地方也在积极尝试。值得肯定的是,浙江省在此问题上走在了改革的前沿,通过设置"经省社会保险行政部门批准"这一前提要件,明确规定市、县可以试行超龄劳动者在继续就业期间参加工伤保险的制度。[4]

(三)对《劳动争议案件解释(二)征求意见稿》的完善建议

2023年12月12日,最高人民法院公布《劳动争议案件解释(二)征求意见稿》,面向社会公开征集意见。与本文主题相关的是该规定的第6条[5]和第21条第2项和第3项[6]。

《劳动争议案件解释(二)征求意见稿》第6条未否定超龄劳动者的劳动权益,同时又采用了"参照适用"劳动法律法规处理的立法表述,相当于排除了超龄劳动者的劳动关系认定。殊途同归,明确超龄劳动者纠纷能够"参照适用"劳动法律,与肯定超龄劳动者能够进行劳动关系认定没有本质区别,因为超龄劳动者进行劳动关系认定的目的也是在上述问题上寻求劳动法律体系的保护,因此该规定无须修改内容。但在规范的具体实施上,与上述吉林省与上海市的规定相似,该规定的具体实施需要注意"配套规范"是否健全。例如,如果超龄劳动者没有购买工伤保险的资格,那么劳动者依照第6条请求单位"参照适用"工伤保险待遇,实际上是将工伤赔偿风险转移给用人单位承担,相当于变相加大用人单位的用人成本。这样一

---

[1] 参见《吉林省实施〈工伤保险条例〉办法》第52条。

[2] 参见《上海市劳动和社会保障局、上海市医疗保险局关于实施〈上海市工伤保险实施办法〉若干问题的通知》(沪劳保福发〔2004〕38号)第28条。

[3] 林岩峰:《商榷:也谈超过法定退休年龄能否认定工伤》,载《中国劳动》2012年第1期。

[4] 参见《浙江省工伤保险条例》第39条。

[5] 《劳动争议案件解释(二)征求意见稿》第6条规定:"达到法定退休年龄但是尚未享受基本养老保险待遇的劳动者为用人单位提供劳动,劳动者请求参照适用劳动法律法规处理劳动报酬、工作时间、休息休假、劳动保护、职业危害防护以及工伤保险待遇等争议的,人民法院应予支持。"

[6] 《劳动争议案件解释(二)征求意见稿》第21条第2项和第3项规定:"用人单位违法解除或者终止劳动合同后,有下列情形之一的,可以认定为劳动合同法第四十八条规定的'劳动合同已经不能继续履行':……(二)劳动者达到法定退休年龄的;(三)劳动者开始依法享受基本养老保险待遇的……"

来，即使在短期内可以消弭超龄劳动者的工伤纠纷，但却是以减损用人单位的生产经营积极性为代价的。[1] 因此，应当尽快完善该规定的“配套规范”，逐步建立健全具有针对性的超龄劳动者工伤救济规范体系。

对于《劳动争议案件解释(二)征求意见稿》第 21 条第 2 项和第 3 项的规定，为了避免对超龄劳动者保护力度的减损，同时赋予超龄劳动者劳动合同是否继续履行的选择权，本文建议保留第 21 条第 2 项，删除第 3 项。应当说明，删除第 21 条第 2 项在法律体系上也符合《劳动合同法》第 44 条的规定。[2]

五、结语

本文结合超龄劳动者工伤纠纷的司法实践与相关规范，逐步分析了“达到法定退休年龄”和“基本养老保险待遇”两个劳动合同终止要件对超龄劳动者工伤救济权益的影响。并在此基础上提出了超龄劳动者工伤救济规范的“两步走”完善路径，即现阶段采用超龄劳动者工伤认定的适用流程，未来宜建立更有针对性的超龄劳动者工伤保险缴纳与工伤认定方案。诚然，本文虽然为超龄劳动者工伤纠纷的解决提供了新思路，但文章主要基于理论推演与实务案例分析，其恰当性如何有待实践的检验。超龄劳动者的劳动权益保障事关我国积极应对人口老龄化国家战略的顺利实施，事关渐进式延迟法定退休年龄改革的稳妥有序推进。限于篇幅，本文仅以超龄劳动者的工伤纠纷作为讨论的主题，应当注意，在超龄劳动者劳动权益保障方面还有很多问题亟待研究者们研究和解决。

Abstract: In recent years, the number of occupational injuries disputes among overage workers in China has been increasing, and there are internal conflicts in the relevant laws and regulations, which have led to practical dilemmas in judicial practice, such as “whether overage workers have the qualification of the main body of the labor relations” and “inconsistency in the criteria for termination of the labor contract”. The determination of labor relations should be based on the criterion of subordination, and neither exceeding the legal retirement age nor enjoying the basic pension insurance benefits will affect the establishment of labor relations. At this stage, the legal norms should be combined to build a process for the determination of work – related injuries of

---

[1] 参见李娜：《退休再就业人员工伤损害赔偿的困境与出路》，载《中国人力资源开发》2020 年第 3 期。

[2] 因为《劳动合同法》第 48 条的适用前提是用人单位违法解除或终止劳动合同，此时如果劳动合同可以继续履行，劳动者享有要求继续履行和不继续履行的选择权。而如果劳动合同被认定为“已经不能继续履行”，劳动者只能选择向用人单位索要赔偿金，而无法选择继续履行合同。

overage workers, and to determine whether the workers are over the statutory retirement age, whether they are eligible for basic pension insurance benefits, and whether they have already enjoyed the basic pension insurance benefits. "Whether a worker is eligible for basic pension insurance benefits" and "whether he/she has received basic pension insurance benefits" are determined respectively, and the rules for work injury determination are then applied. In the future, it is appropriate to promote the progressive decoupling of labor relations and work injury recognition, and at the same time, set up a targeted payment plan for labor injury insurance for overage workers, in order to safeguard the rights and interests of overage workers and promote the smooth implementation of China's national strategy of actively coping with the aging of the population.

(责任编辑:吴　涛)

论《学位法》中学术复核制度的有效实施

白健鼎*　伏创宇**

内容提要　学位授予单位现有的学位争议申诉办法在实体与程序上存在双重缺陷，无法有效解决学术评价争议，而司法机关对学位授予单位的学术评价行为进行审查又具有审查强度低的固有局限。《学位法》新增的学术复核制度以争议解决主渠道为定位，应当发挥有效保障学位申请人权益、突出专业优势、提升学位争议解决效率的重要功能。为推进该制度的有效实施，学位授予单位要在法律的框架内明确复核范围、复核机构和复核程序，还要基于立法目的与立法精神，从事前、事中和事后三个层面进行复核办法的立、改、废工作。法院要细化审查标准，对学位授予单位学术评价行为的实质问题和程序问题进行不同强度的审查。

关键词　《学位法》　学术复核　有效实施　复核办法　司法审查

一、引言

2024 年 4 月 26 日，第十四届全国人民代表大会常务委员会第九次会议表决通过《学位法》，对学位授予的资格、条件、程序、撤销和纠纷解决机制等重要问题作出了明确指引，较为完善地搭建起我国学位制度的基本框架[1]。其中，该法第 40 条规定的学术复核制度不仅加强了对学位申请人权益的保障，将调整的范围扩大到“专家评阅、答辩、成果认定”等学术评价活动产生的争议中，而且强化了学位授予单位的“学术自主权”，明确其可自行制定学术复核办法并就学术评价结论进行复核。不过值得进一步探讨的问题是，如何让新规定的学术复核制度在现实中有效运转，以解决学位授予单位和司法机关面对多年的学术纠纷解决困境。

* 白健鼎，中国社会科学院大学法学院硕士研究生。

** 伏创宇，中国社会科学院大学法学院教授。

〔1〕 参见湛中乐：《我国〈学位法〉的主要内容及其理论解读》，载《中南大学学报（社会科学版）》2024 年第 4 期。

目前，学界相关的研究主要展现出两个面向。第一类研究以制度建构为核心，论证增强复核制度有效性的方法。有学者认为应从复核办法制定的视角出发，由国家明确办法的制定方向、制定原则和制定程序，防止学位授予单位制定侵犯学位申请人权益的复核办法。〔1〕也有学者聚焦于复核机构的建设问题，认为学术复核组织应效仿法院构建，应对学术评价结论开展“合规性论证”并增强学术复核说理。〔2〕第二类研究基于规范内涵，展开对学术复核决定效力的讨论。有学者对《学位法》第 40 条中“复核决定为最终决定”的表述产生疑问。她认为，如果学术复核决定仅在学位授予单位内部产生效力，那么在校外救济过程中产生的关于学术问题的争议，就需要由外部机关进行裁判，这会影响学位授予单位的自主权。但复核决定如果能产生普遍效力，校外救济机关在遇到学术问题时须先交回学位授予单位进行处理，这有违外部机关应中立判断的原则。〔3〕对此问题，有观点认为，校外救济机关只能审查学术评价权行使的合法性，不能审查学术评价结论。〔4〕也有观点认为，该规定明确了学术评价争议不再适用司法救济机制。〔5〕还有观点认为，“最终决定”不代表救济程序的终结，学位申请人在学术复核决定作出后仍可寻求外部救济。〔6〕

上述研究确已触及如何使学术复核制度有效运转的问题，但还不够系统。是故，本文首先通过梳理学位授予单位的相关规定与司法判例，说明现有复核制度不能有效实施的现实原因，然后解释立法者用来回应问题的学术复核制度的定位与功能，最后立足于内外两个视角提出进一步增强学术复核制度有效性的建议。期望本文的讨论能减少学术复核制度适用上的分歧，助力《学位法》的规范实施。

二、学术复核制度有效实施的双重困境

学术复核制度虽为《学位法》新设，但并不意味着《学位条例》施行以来没有关于学术评价问题的争议。学位授予单位一般通过学位授予异议制度与学位撤销制度化解争议。在长期的实践中，学位授予单位和司法机关对如何解决学位授予中

---

〔1〕参见董储超：《认真对待学术复核：〈学位法〉第四十条的理论阐释与实践进路》，载《大学与学科》2024 年第 2 期。

〔2〕参见陈肇新：《论学位授予争议的学术复核制度》，载《教育发展研究》2024 年 Z1 期。

〔3〕参见王敬波：《从学位条例到学位法：实质性解决学位争议的进阶之路》，载《中国高等教育》2024 年第 10 期。

〔4〕参见江国华：《论〈学位法〉的性质、调整范围及其基本任务》，载《行政法学研究》2024 年第 5 期。

〔5〕参见姚荣：《从〈学位条例〉到〈学位法〉：中国特色学位法律制度的生成逻辑透视》，载《教育发展研究》2024 年第 19 期。

〔6〕参见刘旭东：《〈学位法〉正当程序制度的价值意蕴、问题识别与规范进路》，载《中国高教研究》2024 年第 9 期。

的学术纠纷这一问题形成了各自的思考，具体表现在大量的规定和裁判中。通过整理相关材料可知，既有复核制度在运行中面临着双重困境。

（一）学术评价的内部复核困境

为规范解决学位授予中的学术评价争议问题，学位授予单位制定了多种类型的规定，期望尽可能将矛盾内部化解，降低自身应诉的概率。首先，学位授予单位一般以学位评定组织为核心建构申诉制度，有需要时再引入其他类型的组织。例如，中国人民大学规定由学位评定分委员会协助校委员会工作，履行研究和处理学位授予过程中相关争议问题的职责。[1] 北京航空航天大学将权限上提一级，规定校学位委员会全权处理争议问题。[2] 清华大学进一步区分不受理学位申请、作出暂不授予决定和建议不授予学位决定三种情形，建构出“学位评定分委员会—学位评定委员会—学生申诉处理委员会”的三阶段申诉模式。[3] 学生如不满足学位授予的学术标准要求，分委员会不会受理其学位申请，此时学生可就相关问题提出书面申辩。该异议由分委员会进行调查，必要时交由校委员会裁定。[4] 有法谚云：“任何人不能做自己案件的法官。”在目前的规定下，学位评定组织既是争议的一方当事人，又是争议的最终裁决者，不符合正当程序原则。

其次，现有规定通常会在学术评价的过程中赋予学生提起异议的权利，目的在于给学生提供多元的救济渠道，避免争议短时间集中涌入最后的学位争议申诉程序。因为学生未通过论文匿名评阅环节而无法顺利申请学位的事例时常发生，一些高校专门制定针对论文评阅行为提起异议的制度，大体可分两类。第一类规定更注重复核程序的效率，采用默认学生存在异议的方式，不要求其主动提起。例如，北京大学规定只要论文评阅书中有一份否定意见，学位授予组织就会再增加一名评阅人对学位申请人的论文进行复评。[5] 但是，这种做法没有考虑到学位申请人的主体地位，剥夺了其听取专家意见、进行陈述申辩的程序性权利。第二类规定允许满足一定条件的学生在收到评价结果后自行提出异议。例如，北京师范大学规定若评阅意见之间存在重大分歧，学位申请人可以申请增评。不过该规定在程序上对申请设置一定的限制，需要由导师提出申请并说明理由，经培养单位同意后报学位评定组织，学位评定组织再指定2名学科专家对增评理由进行鉴定，同意后

---

〔1〕 参见《中国人民大学学位授予工作细则（试行）》第25条。

〔2〕 参见《北京航空航天大学学位授予暂行实施细则》第45条。

〔3〕 参见《清华大学学位授予工作实施细则》第26条、《清华大学学生申诉处理办法》第3条、第4条。

〔4〕 参见《清华大学学位授予工作实施细则》第20条。

〔5〕 参见《北京大学学位授予工作细则》第9条、第16条。

报至校学位办,由校学位办委托第三方机构聘请专家增评。[1] 还有一些高校用专门规定设置更为烦琐与复杂的条件。[2] 这些严格限制学位申请人提起异议的做法,不仅不符合保护学生权益的制度目的,还严重影响制度运行的效率。[3]

最后,对答辩过程中产生的争议,学位授予单位的救济普遍比较有限。[4] 即使部分规定允许学位申请人对学术问题进行复议,也需要满足严格的条件。例如,中央民族大学规定,针对答辩提起的复议,如确有需要,学位评定委员会要聘请不少于 2 位具有相当水平的校外专家对论文进行匿名评审,通过后才能重新组织答辩。[5] 鉴于论文答辩过程的专业性和时效性,规定设置更高的异议提起条件是合理的。不过目前的规定普遍较为简单,学位授予单位内部的规则解释机制也尚不完备,导致一些争议无法通过内部渠道解决。

上述复杂的规则虽已勾勒出学术复核制度的框架,且蕴含着"遵循学术规律、尊重学术判断"的精神,但无论在机构设置的实体层面还是在申诉流程的程序层面,现有规定对学位申请人权益的保护均存在明显缺陷,致使学位申请人在校内复核后仍需继续寻求外部救济来解决纠纷。学位授予单位也意识到这点,并制定相关的制度衔接规则来克服固有局限。例如,中国政法大学规定校学位评定委员会针对论文评阅和答辩的复核程序是校内终局救济,学位申请人如果仍然不服可以依法申请行政复议或提起行政诉讼。[6]需要反思的是,此模式不但会使学位授予单位回避自身应尽的义务,还可能进一步加剧现有复核制度无法有效解决争议的问题。

(二)学术评价的司法审查困境

为准确区分司法审查和学术自主的边界,法院也做出了一系列与"学术自主权"有关的裁判。公开资料显示,相关裁判首见于《人民司法》2007 年第 8 期刊载的"张虎与西安电子科技大学拒绝颁发毕业证纠纷上诉案"(以下简称"张虎案")和"白紫山等与武汉理工大学教育行政行为纠纷上诉案"(以下简称"白紫山案")。在"张虎案"的裁判中,法院认为学术自主权是大学自主办学权的一部分,司法审查

〔1〕 参见《北京师范大学学位授予工作细则》第 15 条。

〔2〕 参见《天津大学硕士、博士学位论文校级盲审办法(试行)》第 8 条。

〔3〕 参见姚荣、王倩:《〈学位法〉时代学术复核制度的法治逻辑》,载《高校教育管理》2024 年第 6 期。

〔4〕 参见《北京大学学位授予工作细则》第 34 条、《复旦大学学位授予工作细则》第 27 条、《天津大学硕士、博士学位授予工作实施细则》第 34 条。

〔5〕 参见《中央民族大学学位授予工作细则》第 33 条、第 34 条。

〔6〕 参见《中国政法大学学位授予办法》第 28 条。

只能介入法律问题而不能介入学术问题。[1] 在“白紫山案”的裁判中,法院亦认为学校有权自行制定学位授予的学术标准,司法审查只能限于校规是否符合上位法要求而不能审查其实质的内容。[2]

直到指导案例“何小强诉华中科技大学拒绝授予学位案”发布后,“学术自主权”的内容才较为清晰地被确定下来,成为各级法院统一参照的标准。案例的指导意义是:高等学校在法定基本原则的范围内制定标准是学术自治原则的体现,法院应保持尊重,之后对类似案件的审查应以合法性审查为基本原则。[3]

不过,对于能否审查“论文评阅、答辩及成果评定”这类学术评价活动的问题,法院的态度始终明晰。在“刘燕文诉北京大学学位评定委员会不批准授予博士学位决定纠纷案”中,被告在原告满足学位授予条件,学位论文也通过同行评议和答辩的情况下作出不授予学位的决定。法院的裁判回避了原告学术水平是否达到博士学位标准的问题,以校学位评定委员会作出决定的程序存在瑕疵为由撤销原决定,并责令被告重新审查后作出决定。[4] 在“洪万年诉中山大学不予论文答辩纠纷案”中,中山大学研究生院根据校规拒绝原告对论文评阅结果的复议请求,洪万年诉请法院判令被告允许其进行答辩。法院认为论文评阅是评阅人对论文的学术水平作出的专业性评价,属于高校学术自治的范畴,不属于人民法院行政诉讼的受案范围,驳回了原告的起诉。该案的裁判仍然回避了原告学术水平是否达标的问题。[5] 在“龚传洋诉上海大学撤销不授予博士学位案”中(以下简称“龚传洋案”),法院先是重申了“学术自治尊让原则”[6],然后以复核决定影响学生的切身利益为理由,分别对学位评定分委员会和委员会的行为进行审查。法院认为分委员会虽然告知了龚传洋评定的结果,但没有保障学生进行陈述与申辩的权利,也没有说明不授予决定作出的实质理由,有违正当程序原则,而学位评定委员会在学位复核会议中更是连校规要求的基本程序都未能满足。最后,法院以违反法定程序为由撤销了上海大学作出的不授予博士学位的决定,同样没有对龚传洋的学术水平作出判断。[7]

---

〔1〕 参见杜豫苏、阿尼沙:《涉及学位证的行政诉讼法院应否受理?》,载《人民司法(案例)》2007 年第 8 期。

〔2〕 参见余翠兰:《学位授予行为司法审查的深度和广度》,载《人民司法(案例)》2007 年第 8 期。

〔3〕 参见石磊:《〈何小强诉华中科技大学拒绝授予学位案〉的理解与参照——高等学校在学术自治范围内有依法制定学术评价标准职权》,载《人民司法(案例)》2016 年第 20 期。

〔4〕 参见北京市海淀区人民法院行政判决书,(1999)海行初字第 103 号。

〔5〕 参见广州铁路运输中级法院行政裁定书,(2020)粤 71 行终 2828 号。

〔6〕 对“学术自治尊让原则”这一概念的使用,参见郑磊:《论学术自治尊让原则的具体化——基于最高人民法院指导案例 39 号之展开》,载《郑州大学学报(哲学社会科学版)》2016 年第 3 期。

〔7〕 参见上海市浦东新区人民法院行政判决书,(2022)沪 0115 行初 818 号。

综上所述,法院在此类案件中基本上保持着克制的状态,一般不对学位申请人的学术水平展开实质性审查,最多对学位授予单位作出决定的程序进行监督,尊重其在学术标准制定和学术评价领域的自主权。但是,司法机关这种过分“谦抑”的审查态度会使裁判偏离学术评价争议问题的核心,即学位申请人的学术水平是否满足学位授予的条件。虽然法院可以运用正当程序原则撤销违法的学位授予决定,但将难题“踢回”学位授予单位不是解决问题的有效办法。

三、学术复核制度有效实施的规范意涵

由于学位授予单位现有的争议解决机制存在明显缺陷,司法机关又不便直接介入学术评价争议的实质层面,立法者最终在《学位法》中用一个条文专门规定“学术复核制度”,并赋予复核决定“终局性”,意图在于使学术复核成为学术评价纠纷解决的主渠道,发挥其保护学生权益、利用专业优势以及提升解决效率的重要功能。

(一)学术复核制度的定位

学术复核作为学术评价争议解决主渠道的定位有利于推进制度的有效实施。定位的基础理念在于学位授予单位自主处理学术问题的正当性。一方面,制度变迁的历程从事实上论证了该正当性的来源。我国教育政策长期关注学校内部救济渠道的建设问题。《教育部关于加强依法治校工作的若干意见》较早提出要建立校内学生申诉制度,保障学生申诉的法定权利。〔1〕《全面推进依法治校实施纲要》进一步指出要把法治作为解决校内矛盾和冲突的基本方式,建立并综合运用信访、调解、申诉、仲裁等各种争议解决机制,依法妥善、便捷地处理学校内部各种利益纠纷。〔2〕《依法治教实施纲要(2016—2020 年)》明确要求在学术评价领域探索试行专业裁量或者仲裁机制。〔3〕《教育部关于进一步加强高等学校法治工作的意见》强调要建立健全校内权益救济制度,完善学生申诉的规则与程序。〔4〕行政机关因为不能直接介入高校的管理工作,所以一般采用监督检查的方式对高校定期考核,以保证政策的贯彻落实。为满足管理部门提出的考核标准,高校将大量精力投入

〔1〕《教育部关于加强依法治校工作的若干意见》(教政法〔2003〕3 号),载教育部官网,http://www.moe. gov. cn/jyb_sjzl/sjzl_zcfg/zcfg_qtxgfg/201001/t20100129_5145. html。

〔2〕《教育部关于印发〈全面推进依法治校实施纲要〉的通知》(教政法〔2012〕9 号),载教育部官网,http://www. moe. gov. cn/srcsite/A02/s5913/s5933/201212/t20121203_146831. html。

〔3〕《教育部关于印发〈依法治教实施纲要(2016—2020 年)〉的通知》(教政法〔2016〕1 号),载教育部官网,http://www. moe. gov. cn/srcsite/A02/s5913/s5933/201605/t20160510_242813. html。

〔4〕《教育部关于进一步加强高等学校法治工作的意见》(教政法〔2020〕8 号),载教育部官网,http://www. moe. gov. cn/srcsite/A02/s5913/s5933/202007/t20200727_475236. html。

在形式性的工作上,造成制度建设和实际效用的分离。

所以,立法者此次积极指明了制度的建设方向。在教育部2021年发布的《学位法草案(征求意见稿)》中,学术复核制度还未单独列出,包含在学位复核制度中。[1] 而在2023年人大官网公布的《学位法(草案)》中,学术复核和学位复核已被明确区分。最终出台的《学位法》进一步用第40条和第41条两个条文分别规定两个制度。《学位法》通过法律形式将学术复核制度定位为学术评价争议解决的主渠道,能够克服教育政策不稳定且没有强制力的弊端,切实加强学位授予单位自主处理纠纷的能力。

另一方面,这种正当性可以从"学术自主"的价值中得以证成。高等学校作为组织性的学术机构,在学术活动中发挥着核心作用。而这一"学术共同体"又由独立的学者个体组成,学者个体享有的学术自由构成高校科学研究自由的基础。这种学术自由又可进一步追溯到个人思想的自由。但自由与自由之间会产生冲突,学术自由也不能例外。这种争议如果不能由冲突双方自行化解,就需要由第三方机构进行裁决。

在过去的实践中,多种类型的机构参与进此过程,权力之间产生交织,问题也进一步被复杂化。但权力也可被分为不同的类型,相较法院、行政机关这些机构享有的国家公权力,高校在学术问题上享有的裁量权更多是一种社会性的公权力。[2] 这种社会权力并不以"制裁"作为保障其强制力的后盾,是从"学术共同体"的专业性中获得权威。如果仅从解决学术评价争议问题的视角出发,两种权力均可以起到"定分止争"的作用。但争议解决过分依赖以"制裁"为后盾的国家权力可能导致高校的自我异化,也就是上文提到的高校会缺乏利用校内纠纷解决渠道的动力。回到学术复核制度本身,社会公权力在学术评价争议解决过程中的引入不但有助于高校跳脱出"命令服从型"的行政管理模式,积极建立适合自身的学术评价机制,也有利于社会在"国家—个人"的二元框架中拓展适于自身发展的公共空间。当高校"学术自主权"的效力得到充分强化后,国家权力只需在个别情形下"出场",以法律的明文规定为争议作出最后的判断。

(二)学术复核制度的功能

基于学术争议解决主渠道的定位,学术复核制度还应当在学位申请人针对学术评价结论产生异议的纠纷处理过程中发挥重要功能。

---

〔1〕《教育部关于〈中华人民共和国学位法草案(征求意见稿)〉公开征求意见的公告》,载教育部官网,http://www.moe.gov.cn/jyb_xxgk/s5743/s5744/202103/t20210315_519843.html。

〔2〕参见陈肇新:《论学位授予争议的学术复核制度》,载《教育发展研究》2024年Z1期。

首先,学术复核制度应当发挥保障学生权益的功能。《学位法》第 1 条明确说明该法的立法目的之一是保护学位申请人的合法权益。面对学位授予单位拒绝授予学位争议中的学术评价问题,既有的救济制度不能充分保障学位申请人的合法权益。针对学位授予争议,学位申请人能否提起行政复议尚存争议。无论是《学位条例》还是《学位法》,都没有赋予教育行政主管部门对学位授予争议的行政复议职责。在司法实践中,法院也认为"教育部与高等学校并非上下级行政机关关系,法律、法规亦未规定教育部对高等学校不授予学位的行为有行政复议职责"[1]。尽管学位授予单位明确拒绝授予学位的行为可以被界定为行政行为,学位申请人有权提起行政诉讼,但仍有一些学位授予过程中的行为属性模糊。如学位授予过程中的同行评审未通过也会产生拒绝授予学位的法律后果,但有法院裁判认为:"论文评阅是评阅人对论文的学术水平作出的专业性评价,是高等学校基于办学自主权,自主开展的教学活动行为,属于高校学术自治的范畴,不属于人民法院行政诉讼的受案范围。"[2]因此,在学位授予过程性行为的属性模糊以及相应的外部救济渠道存在掣肘的背景下,《学位法》针对学术评价结论单独设置学术复核制度便具有重要的意义。这有助于更好地保障学位申请人的合法权益。

其次,学术复核制度有助于发挥学位授予单位在解决学术评价争议中的专业优势。专家评阅、答辩、成果认定等过程中相关学术组织或者人员作出的学术评价结论往往具有专业性,外部的纠纷解决机制行政复议和行政诉讼面对专业判断往往存在审查上的能力局限。即便通常认为构成学术抄袭的行为,如博士学位论文总文字复制比为 60%,法院在裁判中对该论文是否构成抄袭仍然显得十分谨慎。有裁判认为学位授予单位"具有学术自治权",认定抄袭"并未简单以计算机系统自动生成的查重检测报告作为依据",以及"在检测报告的基础上对于是否构成抄袭组织相关领域专家进行了审核论证,作出撤销博士学位决定较为审慎"与"经校学术伦理和法律委员会召开专门会议,对调查报告及相关材料进行了讨论审查后一致认为上述论文存在抄袭他人学术成果情形"。[3] 这是因为"学术抄袭与私法维度下的抄袭在侵害的客体、行为性质与认定标准等方面存在差异,更多地受到学术伦理规范的约束",[4]因而更多地仰赖学术组织的专业判断。《学位法》有关学位授予条件的规定包含了大量不确定法律概念,诸如"在本学科或者专业领域掌握坚实的基础理论和系统的专门知识""学术学位申请人应当在学术研究领域做出创新性成果"的判断具有较强的专业性,法院等外部的争议解决组织很难作出审查。

---

〔1〕 最高人民法院行政裁定书,(2019)最高法行申 12735 号。

〔2〕 广州铁路运输中级法院行政裁定书,(2020)粤 71 行终 2828 号。

〔3〕 上海市第三中级人民法院行政判决书,(2023)沪 03 行终 754 号。

〔4〕 伏创宇:《国家监督与大学自治框架中的学术抄袭认定》,载《行政法学研究》2020 年第 2 期。

最后,学术复核制度应当发挥提升学位争议解决效率的功能。无论是法院还是行政机关,外部纠纷解决组织面对学术评价争议时,必须遵照法律的程序性规定按步骤进行审理并作出裁决。在有的案件中,法院历经一、二审的诉讼程序作出裁判后,仍未解决当事人间的争议。学位申请人申请再审,第二次审理又重复了一、二审的过程。例如,在案件审结一年后,法院甚至又启动审判监督程序纠正之前审判中存在的错误。[1] 这种做法不仅耗费诉讼双方大量的时间,而且使法律上的权利义务关系长期处于不稳定的状态,不利于纠纷的及时解决。此外,考虑到自身专业能力的不足,法院在审理涉及学术评价纠纷的案件时很少直接判决学位授予单位履行授予学位的职责,一般责令其在一定期限内重新作出决定。[2] 这也变相延长了争议的解决时间。上述两种情形的核心问题在于,外部救济程序的冗长对学位申请人的权益造成很大影响。通常情况下,学位授予工作被安排在学生学习期间的最后一个学期内进行。在这段时间内,学生无论是继续深造还是谋求一份工作,"能够获得学位"这一条件是必不可少的。外部解决机制虽然最后大概率也能够对学位授予单位与学位申请人之间的争议作出正确的判断,但有法谚云"迟来的正义非正义",学位申请人的合法权益在当时的情境下无疑受到了不可挽回的侵害。《学位法》第40条明确规定,"学位授予单位应当自受理学术复核申请之日起三十日内重新组织专家进行复核并作出复核决定"。限定学位授予单位解决争议的具体时间可以大幅提高纠纷解决的效率。

综上,学术复核制度一方面为学位授予单位自主解决学术评价争议问题提供了规范依据。在《学位法》进行明确授权后,各单位可以根据自身管理模式的不同,在满足基本要求的情况下,充分利用自身的学术资源,积极主动地探索解决争议的办法。同时,明确的规范能促使学位授予单位将理念从"对管理部门负责"转换为"对自己负责",加强其解决学术评价争议的自主权。[3] 另一方面,该制度也为法院后续基于保护学生权益的目的审理案件提供了合理的指引。过去由于规则不完善,法院不得不自己探索审理标准,时有扩大解释"学术自主权"的裁判出现[4]。《学位法》对学术评价的范围、组织、程序均作出规定,尽管学位授予单位会在此基础上细化制度,但司法审查的框架和重点基本能够确定下来。同时,该制度也有助

[1] 参见山东省济南市中级人民法院行政裁定书,(2017)鲁01行终498号;山东省济南市市中区人民法院执行结案通知书,(2018)鲁0103执2050号;山东省济南市中级人民法院行政判决书,(2019)鲁01行终636号;山东省济南市中级人民法院决定再审文书,(2020)鲁01行监1号。

[2] 参见上海市浦东新区人民法院行政判决书,(2022)沪0115行初818号。

[3] 参见陈肇新:《论学位授予争议的学术复核制度》,载《教育发展研究》2024年Z1期。

[4] 参见孙康:《学术自治的司法适用及法治保障——基于裁判文书的考察》,载《复旦教育论坛》2023年第5期。

于巩固法院“公平正义最后防线”的功能定位,减少实践中学术争议在学位授予单位与法院间反复“流转”的现象。

不过,学术复核制度并非尽善尽美,虽然从定位和功能两方面对现有制度存在的问题作出回应,但规范中仍留下不少需要进一步解释的空间。对此,立法者的态度是:“法律、行政法规已有规定的,今后可进一步完善,需要有关部门、单位和地方制定配套规定的,进一步明确与细化。”〔1〕教育行政部门也认为高校应依法细化校内复核机制,确保制度公平、公正,真正发挥其保障权益、化解矛盾的作用。〔2〕因此,学术复核制度还需要在具体的实践中不断完善。

四、学术复核制度有效实施的具体路径

从立法者的视角出发,《学位法》必须回应现实的问题。但是,过分细密的规定可能会降低学位授予单位自主制定规则的动力,不利于学术复核制度的有效实施。法律文本采用的开放性表达方式能够将学位授予单位各类不同做法都吸纳进来,避免其规则动辄被定性为“不合法”,以此加强其对于学术问题的自主权。所以,学位授予单位在制度建构时要围绕立法目的与立法精神合法合理地制定规则。同时,司法机关应对学位授予单位的复核行为保持一定强度的外部监督,加强对学生权益的全面保护,促进学术复核制度的有效实施。

(一)基于“规则制定”的内部视角

根据“合法性原则”的要求,学位授予单位在制定学术复核办法时应将《学位法》第 40 条的有关规定作为核心标准。

首先,复核办法对学术评价结论应当采取广义界定方式。有学者认为,确定申请范围时应遵循两个标准:一是“过程性”,即学位申请前和不授予学位决定作出后的争议问题不能申请学术复核;二是学术性,即复核对象应是学位授予过程中的学术评价结论。〔3〕“过程性”条件有助于区分学术复核制度与学位复核制度,具有合理性。但“学术性”条件会缩小申请范围,不利于保护学位申请人的利益。因为,匿名评审的结论并不一定都是专业性的,如果某专家没有说明理由而在匿名评审中

〔1〕《全国人民代表大会宪法和法律委员会关于〈中华人民共和国学位法(草案二次审议稿)〉修改意见的报告》,载中国人大网,http://www.npc.gov.cn/npc//c2/c30834/202404/t20240426_436842.html。

〔2〕参见《完善学位法律制度　保障学位工作高质量发展》,载教育部官网,http://www.moe.gov.cn/jyb_xwfb/s271/202404/t20240426_1127774.html。

〔3〕参见刘宁:《论学术复核制度的体系化建构——以〈学位法〉第 40 条为中心》,载《湖南师范大学教育科学学报》2025 年第 1 期。

打了“低分”，则显然只是程序上有瑕疵的评价结论，此时学位授予单位如果坚持“学术性”的标准，就会导致学位申请人无法通过“学术复核”的渠道寻求救济。

因此，学位授予单位对《学位法》第40条中的“学术评价结论”应作广义理解，囊括“专家评阅、答辩、成果认定等过程中”作出的全部结论。试想，如果复核办法将学术复核的范围仅限于“学术性”的评价结论，在因非学术性的评价，如格式问题或评价不作为，导致学位申请人不被授予学位时，学位申请人只能通过第41条规定的制度寻求救济。此时，学位授予组织需重新审查论文评阅环节。而且，“不说明理由”这种有违正当程序的做法大概率是难以通过后续审查的。“不授予学位的决定”一旦被撤销，学位申请人与学位授予单位又需要“重头来过”，致使程序空转，资源浪费。

其次，法律规定要由学位授予单位重新组织专家进行复核。复核办法应在两方面对此规定进行细化。第一，谁是受理复核申请的对象？第二，谁来进行学术复核？有学者认为出于学术与行政应当分离的原则，应由“校院”两级学术委员会受理复核申请。[1] 按照《高等学校学术委员会规程》的规定，学术委员会的确享有裁决学术纠纷的权力。[2]。但是，该规程第18条将范围仅限定在学术不端这一种情形中。同时，学术委员会作为校内最高学术机构，更多扮演着“治理者”的角色，负责制定与学术事务有关的规则，把握学校未来发展的方向。而《学位法》对学位授予工作已作出较为详细的规定，该法第9条明确授权学位评定委员会研究处理学位授予争议的权力。虽然其存在学科相关性不足的问题，[3] 但仅就受理申请这一程序性事项而言，交由学位评定委员会负责是妥当的做法。因为学位申请过程中的学术评价结论会直接影响学生能否被授予学位，学位授予单位可以将此异议解释进“学位授予争议”中，以符合法律的规定。所以，学术委员会及其分支机构直接介入学术复核的程序中既无规范依据，也不符合机构运行的原理。此外，复核组织对于复核申请应仅作“主体适格”“有证明依据”此类形式审查，[4] 现实中部分高校采用的“经导师申请并说明理由”的标准是可行的，但不能过分限制到难以提起的程度，如只有论文评阅结果出现“A与D”共存这种悬殊评价时才能提起异议。

在受理后，学位评定委员会应委托分委员会重新组织专家进行复核。因为，分委员会的人员一般对某特定领域更为熟悉，且在论文送审和组织答辩过程中已完

---

〔1〕 参见刘宁：《论学术复核制度的体系化建构——以〈学位法〉第40条为中心》，载《湖南师范大学教育科学学报》2025年第1期。

〔2〕 参见《高等学校学术委员会规程》第2条、第18条。

〔3〕 参见伏创宇：《学位授予的内部关系配置及其优化》，载《学位与研究生教育》2023年第2期。

〔4〕 参见董储超：《〈学位法〉学术复核制度独立性的理论阐释与实践进路》，载《中国高教研究》2024年第8期。

成协调、联系的工作,知晓先前程序中有哪些专家参与,有助于后续复核工作的开展。在专家的选择上,学位授予单位可效仿科研基金评审的“专家库”模式。在学位申请人提出学术复核申请后,分委员会根据不同的事项在提前组建的学科专家库中抽取一定数量的专家组成复核委员会处理争议。[1] 但考虑到复核成本,除非初次学术评价过程中学校一方有明显过错,学生应分担部分聘请专家的费用。现实中已有高校采用这种做法,例如,中山大学规定研究生院学位办公室先按当年标准向复议申请人预收复议评审和答辩费用,若复议答辩通过就返还所预收的费用,若仍未通过,由申请人承担匿名评审及复议答辩所需费用。[2]

再次,立法机关专门将复核时间从“六十日”改为“三十日”,[3] 这是根据现实中学位申请的常规时间作出的改进,避免学生因提起复核而错过当次获得学位的机会,但引发了如何衔接学术复核和其他制度的问题。[4] 不合理的程序衔接机制会使审查者无法保持中立,因此复核办法应将学术复核制度作为其他救济机制启动的前置环节。即对“成果认定、论文评阅、答辩”这类环节中的异议,学位申请人必须先提起学术复核,如果仍然不服可寻求其他救济措施。这是因为,对于论文质量等实质性学术问题,专业人士更了解问题的核心所在,处理时更具效率。而且,即使学位申请人先通过其他救济渠道解决争议,相关机构在处理学术问题时仍要诉诸专家的专业能力,前置学术复核程序也能节省学位申请人解决争议的成本。

不过,复核办法在追求效率时也不能忽视《学位法》意图强调的“程序正义”价值。该法第 39 条规定,学生在学位授予和撤销过程中享有获得告知、进行陈述和申辩的程序性权利。因为学术评价争议是在学位授予过程中产生的,所以这一规定应同样可以解释适用于学术复核的过程中。过去的纠纷显示,学位授予单位普遍欠缺对于学生程序性权利的保护。其追求效率的做法忽视了学生在学术评价过程中处于弱势地位这一现实。在复核过程中,学生与评价者的关系不是对等的,学生作出的科研成果、完成的学位论文以及进行的论文答辩均要受到其了解或不了解的学术组织的评价。这种评价尽管是基于一定的标准作出,但也不可避免地受到评价者主观意志的影响。因此,陈述、申辩的权利其实是学生与评价者之间的一种沟通机制。虽然根据法律规定,二者之间还有学位授予单位的相关组织作为第三

[1] 参见吴国喆:《研究生学位授予中学位申请人的救济机制研究——以对学位论文的学术评价为中心》,载《教育研究》2014 年第 3 期。

[2] 参见《中山大学博士硕士学位授予工作细则》第 37 条。

[3] 《全国人民代表大会宪法和法律委员会关于〈中华人民共和国学位法(草案)〉审议结果的报告》,载中国人大网,http://www.npc.gov.cn/npc/c2/c30834/202404/t20240426_436841.html。

[4] 参见王敬波:《从学位条例到学位法:实质性解决学位争议的进阶之路》,载《中国高等教育》2024 年第 10 期。

方机构,但这种机制是必不可少的,它能减少双方的"信息差",使争议双方进一步了解核心问题,从而展开有效的沟通,促进纠纷的化解。

最后,学位授予单位在建构制度时还应重点考虑复核办法的制定程序。尽管法院能否适用校规进行裁判甚至对校规进行附带性审查[1]还存在争议,但有缺陷的复核办法大概率导致有缺陷的复核过程,进而导致学术复核制度的整体失效,违背立法者创设制度的初衷。所以学位授予单位不仅要考虑复核办法应规定什么内容,更要从事前、事中和事后多方面确保制定行为本身合法合理。其一,规则制定过程应效仿立法过程,采用民主的方式,吸纳多方面的意见。对于涉及学生重大权益的条款,制定者应交由学生团体讨论,或者让一部分学生代表直接参与到复核办法的制定过程中。目前已经有很多高校采用这种做法,大大提高了规则的可接受程度。其二,学术复核办法因为涉及许多专业判断的问题,应由各学院的学术委员会或教授委员会这类有相当专业能力的人审查,再由校学术委员会统一发布。其三,规则可能会落后于时代的发展,学位授予单位内部要根据法律法规的变化及时修改学术复核办法的内容,满足合法性的基本要求。其四,学位授予单位要协调现有规定之间的关系,及时修改或废止依据之前政策制定的规定,如《申诉处理办法》等,避免规定之间产生程序上、效力上的冲突。

(二)基于"司法审查"的外部视角

将学术复核制度的细化交由学位授予单位实施,有助于建立高效、专业的纠纷解决机制。司法机关对学术评价与学术复核中专业性较强的实质判断应保持"尊让"的态度,但这并不意味着学术问题可以完全排除司法审查。

学术复核决定的效力从根本上限定了司法审查的强度和范围,所以需要先对这一问题进行分析。按照文义解释的方法似乎可得出"复核决定"具有普遍约束力的结论。在日常用法中,"最终"是指"最后、末了",表明在时间上或次序上在所有别的之后,[2]而"决定"作为名词时是指决定的事项。[3] 在专业用法中,与"最终决定"同义的词有"最终裁决",其在《行政复议法》中是能产生终局状态的一种行为。[4] 此外,在《学位法》第41条对学位复核制度的规定中并无"最终决定"的表

---

[1] 有学者认为,附带审查校规是学术复核制度独立运行的必要保证。参见董储超:《〈学位法〉学术复核制度独立性的理论阐释与实践进路》,载《中国高教研究》2024年第8期。

[2] 参见中国社会科学院语言研究所词典编辑室编:《现代汉语词典(第7版)》,商务印书馆2016年版,第1753页。

[3] 中国社会科学院语言研究所词典编辑室编:《现代汉语词典(第7版)》,商务印书馆2016年版,第712页。

[4] 参见《行政复议法》第10条。

述,而且学位申请人可以请求校外机关处理争议,表明此处的复核决定并不会有普遍的法律效力。

不过,规范的含义并非如此简明。《全面推进依法治校实施纲要》认为对难以在校内完全解决的纠纷,应当按照法定程序,提交有关司法机关等组织依法解决。[1]《教育部关于进一步加强高等学校法治工作的意见》也要求建立校内救济与司法救济有效衔接机制,保障学生救济渠道的畅通。[2] 这点在新近的司法裁判中也得到印证。在"龚传洋案"中,被告上海大学的学位评定委员会受理了原告对其分委员会不授予博士学位行为进行复核的申请,并作出复核决定。被告认为其决定合法,可以排除司法审查。但法院认为学术判断只要影响学生实质权益,就需接受审查,否决了复核决定对法院的约束力。[3] 综上,复核决定不应具有普遍效力,司法机关可以在一定程度上对学位授予单位的学术复核行为进行监督,[4]以防止其行为的肆意,保护学位申请人的权益。

司法机关的监督可进一步分为对学术评价行为的监督和对学术评价决定作出程序的监督。前者是指对专家复核行为的监督,鉴于行为的专业性,司法机关应采用一种最低强度的审查,只要专家的行为不违反法律或复核办法的规定就该认定为有效,对行为的具体内容不宜介入。但对于后者,法院应严格地进行审查,重点关注学位授予单位在复核过程中是否违反程序,有没有让学位申请人参与到程序中,作出重大不利决定时是否保障了学生听证的权利,以及结果作出时是否合理告知其申诉的权利。[5] 不过,法院也应结合案件事实判断程序在复核过程中的重要性大小,针对具体情况灵活地调整自己审查的标准,严格不意味着"锱铢必较"。对较为简单的学术评价争议,法院应允许学位授予单位采用一种简易的程序快速处理,不能径直以侵犯学生程序性权利的事由判决复核决定无效。否则,法院就会实质性介入学术判断的过程,妨碍学术复核制度的有效实施。

综合来看,学术复核既是新制度,也是"老办法"。学位授予单位应充分发挥自己的专业优势,总结能真正解决争议的做法,将其融合到自己的复核办法中。司法机关应利用多年的经验区分学术评价行为的实体和程序,采用不同强度的审查标

---

〔1〕《教育部关于印发〈全面推进依法治校实施纲要〉的通知》(教政法〔2012〕9号),载教育部官网,http://www.moe.gov.cn/srcsite/A02/s5913/s5933/201212/t20121203_146831.html。

〔2〕《教育部关于进一步加强高等学校法治工作的意见》(教政法〔2020〕8号),载教育部官网,http://www.moe.gov.cn/srcsite/A02/s5913/s5933/202007/t20200727_475236.html。

〔3〕参见上海市浦东新区人民法院行政判决书,(2022)沪0115行初818号。

〔4〕参见刘旭东:《〈学位法〉正当程序制度的价值意蕴、问题识别与规范进路》,载《中国高教研究》2024年第9期。

〔5〕参见孟鸿志:《〈学位法〉应当明确学位争议行政复议与行政诉讼解决机制》,载《行政法学研究》2024年第5期。

准。如此学术复核制度方能落实争议解决主渠道的定位,发挥保护学位申请人权益的重要功能。

Abstract: The existing rules for addressing degree problems enacted by degree - awarding institutions have dual shortcomings in both substance and procedure, which cannot effectively resolve academic evaluation disputes. And the courts have an inherent limitation of low intensity in reviewing the academic evaluation behavior made by degree - awarding institutions. The new academic review system in Academic Degrees Law is positioned as the main channel for dispute resolution, and should play an important role in effectively protecting the interests of applicants, stressing professional advantages, and improving the efficiency. In order to promote the effective implementation of the system, degree - awarding institutions should clarify the scope of review, review institutions and review procedures, and should also carry out the works of establishment, revision and abolition of review rules based on the legislative purpose and legislative spirit in every phases. The court should refine the review standards and conduct different sorts of reviews on the substantive and procedural issues of the academic evaluation behavior.

(责任编辑:刘 茜)

教学改革研究

儒家“中庸”思想在环境资源法教学中的融合

何鑫雨* 王 辰**

内容提要 中庸思想强调“适度”“平衡”“和谐”，为解决环境资源法中多重利益冲突提供了重要的理论指导；将中庸思想引入环境资源法教学，有助于培养学生在处理法律与环境、地方与全球、经济与生态等问题时，理性调和各种利益，找到最佳平衡点。通过分析中庸思想的核心概念“度”，能够有效引导教学内容、资源整合、方法与评估体系的构建，并提出具体的教学实践路径。借助中庸思想的引领，环境资源法教学能够更好地应对当今社会和环境的复杂需求，培养具备跨学科素养和国际视野的法律人才。

关键词 中庸思想 环境资源法 教学改革

一、引言：中庸思想在环境资源法教学中的理论与实践意义

儒家中庸思想强调“适度”“平衡”“和谐”，主张在对立中寻求最佳平衡，推动事物稳健发展。[1] 这一思想深刻影响了中国的伦理、政治和法律体系。在法学教育中，这一理念在环境资源法的教学中具有重要的启示意义。环境资源法作为跨学科领域，关注生态保护、资源管理和可持续发展等多个领域，既要求法律从业者具备扎实的法律基础，又需具备跨学科的视野和解决复杂问题的能力。中庸思想强调的平衡与和谐正是应对资源利用、生态保护、法律与道德、全球视野与地方实践等多重关系中“度”的体现。因此，中庸思想为环境资源法教学提供了重要的理论指导和实践框架。

中庸思想中的“度”，不仅是一种衡量行为适度的标准，更是一种解决社会、环

* 何鑫雨，成都理工大学文法学院（纪检监察学院）副教授。

** 王辰，成都理工大学文法学院（纪检监察学院）讲师。

〔1〕 参见汪荣：《儒家中庸思想与我国传统法文化的和合》，载《求索》2007年第11期。

境和法律问题的思维方式。[1] 它强调理性调和不同利益之间的矛盾,推动社会的和谐与可持续发展。将中庸思想融入环境资源法的教学,能够帮助学生在复杂的法律和环境问题中找到合理的平衡点,提升他们解决多元问题的能力。

本文将围绕"度"这一核心概念,从教学内容的选择与更新、教学资源的整合、教学方法的创新以及教学评估体系的构建等方面,探讨中庸思想在环境资源法教学中的具体应用,分析如何将中庸思想有效地融入环境资源法的教学实践中,以推动法律教育与社会、环境发展需求的契合,培养既具有国际视野又具备跨学科素养的高素质环境法律人才。

二、披沙拣金:中庸引航的教学内容选择与更新

中庸思想强调法理与道德的结合,倡导理性与情感、行为与规范之间的和谐平衡。这一思想为环境资源法的教学提供了重要指导,认为法律不仅是社会行为的规范工具,更是实现社会公正与人类和谐的关键力量。因此,环境资源法教学应在坚守法律原则的基础上,融入道德伦理思考,强调法律的社会责任和环境伦理担当。[2] 在这一框架下,教学内容的选择应注重法律与社会责任、道德伦理的紧密结合。具体而言,体现在知识传授、能力培养和价值塑造三个方面。

(一)知识传授:注重法理与道德的双重维度

中庸思想强调"度"与"和谐",要求环境资源法教学在关注法律条文的同时,注重法理与伦理的结合。教学不仅要传授法律框架和条文,更要探讨法律背后的道德和社会责任。[3] 教师应引导学生思考如何平衡法律与伦理责任,利用法律推动社会责任,促进可持续发展。

具体来说,教学应强化伦理学原理、生态伦理以及公共利益与私人权利冲突的讨论。面对气候变化、生态退化等全球环境问题,教师可通过案例分析,探讨法律如何调节公共与私人利益,推动环境保护与社会责任的双重实现。在此过程中,教师不仅讲解法律条文,还应结合案例,深入讨论法律如何在实践中影响社会伦理,推动社会公正与人类和谐。通过对这些道德与法律交织的问题的探讨,教学内容不应局限于静态的法律文本,而应引导学生站在伦理高度思考法律的社会功能,尤其是如何通过法律解决实际的环境冲突与伦理困境,从而为学生在复杂社会背景下作出法律决策提供坚实的理论基础。

---

〔1〕 参见徐顺东:《浅析儒家法学思想的当代价值》,载《人民论坛》2013 年第 29 期。

〔2〕 参见崔永东、王旭:《环境法治中的伦理因素与伦理导向析论》,载《首都师范大学学报(社会科学版)》2021 年第 6 期。

〔3〕 参见王灿发、于文轩:《论我国环境法学的课程设置与教材建设》,载《当代法学》2008 年第 6 期。

（二）能力培养：培养学生的伦理分析和解决复杂问题的能力

中庸思想强调“平衡”和“适度”，这一理念在环境资源法教学中尤为重要，要求不仅要培养学生的法律思维能力，还要提升他们从伦理角度分析和解决复杂问题的能力。环境法律问题通常涉及多个利益主体，并且具有强烈的社会伦理背景。因此，未来的法律从业者不仅需要关注法律的适用精确性，还应考虑法律对社会、环境和道德的深远影响。

在教学中，应注重培养学生的批判性思维和跨学科整合能力。[1] 通过多学科视角，学生能够在法律、伦理和社会责任之间找到平衡，解决复杂的环境法律问题。案例分析是培养学生综合能力的关键手段，教师应选取具有现实意义的环境法案例，既关注法律适用，也引导学生思考如何平衡法律与伦理的冲突，探索法律、社会与环境责任之间的微妙关系。

在具体的案例讨论中，教师应鼓励学生从多个角度思考，分析法律规定、伦理原则与社会需求之间的互动与冲突。这不仅能提升学生在复杂问题中的伦理分析与法律决策能力，还能培养他们应对未来社会和环境问题的跨学科整合能力，帮助他们更好地应对现实挑战。

（三）价值塑造：推动社会责任与伦理法律观念的内化

环境资源法教学应着重培养学生的社会责任感，尤其是在全球环境危机背景下的伦理责任。儒家中庸思想中的“和谐”与“共生”理念强调法律、道德与社会责任的紧密关系，提示我们法律应服务于社会的和谐与可持续发展。

教学内容应围绕如何通过法律促进可持续发展，推动社会公平正义与保护生态环境展开。通过讨论全球气候变化、资源短缺等重大问题，引导学生理解环境资源法不仅是管理工具，更是社会伦理责任。法律不仅保障社会秩序，还应推动人类社会的长远福祉，强调法律的公共性与伦理性。

随着全球环境治理问题日益紧迫，学生需要具备国际视野。教学应帮助学生理解国际环境法的基本理念和国际合作的重要性，如通过学习《巴黎气候协定》等国际公约，认识到环境问题的全球性和跨国合作的必要性。

三、为我所用：中庸指导的教学资源整合

在环境资源法的教学中，除了更新教学内容，如何有效整合现有教学资源同样至关重要。前述内容更新的原则为资源整合奠定了基础。融入儒家中庸思想后，

---

[1] 参见张金艳：《环境资源法课程教学内容和教学方法改革浅议》，载《法制与经济》2011年第4期。

教学资源的整合不仅挑战了传统方式,而且为其在实际教学中的应用提供了创新视角。通过有效整合信息技术、师生互动及课外资源,环境资源法的教学能更好地适应多元化学习需求,达到教学内容与形式的平衡,从而提升学生的综合素质。

(一)信息技术资源整合:技术应用与教育目标的平衡

信息技术的融入推动了环境资源法教学的现代化,而中庸思想为这一转型提供了理论基础。[1] 环境资源法要求理论与实践结合,合理应用信息技术,以实现技术与教育目标的平衡,体现了中庸的“适度”与“和谐”理念。中庸思想强调在多元教学资源之间找到平衡,既避免过度依赖技术,又充分发挥其优势,提升学生的学习效果和综合能力素养。

1. 在线课程与自适应学习

在线课程的灵活性体现了中庸思想中的“适度”原则,特别是在环境资源法的教学中,学生需要平衡知识的广度与深度。根据中庸思想,教学应灵活调整,以适应学生的个别需求,避免过度堆砌知识或极端化的学习方式。在线课程允许学生根据个人进度、兴趣和需求选择学习路径,深入探索环境伦理与可持续发展法等领域,实现个性化学习。

这种灵活性突破了传统课堂的时间与空间限制,促进了跨学科的学习。环境资源法要求学生整合法律、环境科学和经济学等多学科知识,在线课程支持学生根据兴趣选择不同学科课程,从而全面提升解决环境问题的能力。此方式契合中庸思想中的“平衡”理念,帮助学生在多样的学习资源中找到合适的节奏,确保各学科知识的均衡发展。

2. 案例库与法律数据库的整合

中庸思想强调实践中的平衡,案例库与法律数据库的整合是实现这一平衡的关键。在环境资源法的教学中,通过案例分析,学生不仅能学习法律条文的实际应用,还能了解其挑战与局限,培养法律实务能力,并深入理解环境法的伦理与社会责任。

案例分析要求学生平衡法律适用与伦理问题,如资源开发与环境保护之间的矛盾、公共与私人利益的冲突等。[2] 通过案例的学习,学生能够理解不同利益间的法律平衡,从而提升伦理判断与综合思维能力。同时,法律数据库的整合让学生及时掌握学科前沿,确保理论与实践紧密结合,进一步体现了中庸思想在现代法律教育中的应用。

---

〔1〕 参见刘蓓、戚瀚文:《论“AI + 法律”背景下法学教育供给侧改革》,载《河北法学》2023 年第 6 期。

〔2〕 参见王晨光、陈建民:《实践性法律教学与法学教育改革》,载《法学》2001 年第 7 期。

3. 人工智能(AI)技术的融入

随着人工智能技术的发展,AI在法律教育中的应用已成为新趋势。中庸思想的核心在于技术与教育目标之间的合理平衡。在环境资源法的教学中,AI为学生提供了强大的工具,助力法律研究、案例分析及数据挖掘。然而,依据中庸思想,AI技术的应用应避免过度依赖,需与传统教学方法相辅相成。

例如,AI可以自动分析大量环境资源法相关案例,提取有价值的信息,为决策提供支持。然而,学生不应完全依赖AI分析结果,应将其作为辅助工具,提升分析效率与技术能力,而非替代自身的伦理思考和批判性判断。特别是在涉及伦理与社会责任的领域,AI无法替代学生的主动思考。教师应引导学生利用AI进行案例分析,并鼓励学生结合法律条文、伦理标准和社会责任等多维度因素,全面评估AI分析结果的合理性与可行性。通过这种方式,学生不仅能提升批判性思维和综合分析能力,还能增强对技术应用中伦理与社会问题的敏感性。

(二)师生与同伴互动整合:协作与思维碰撞的多元化

中庸思想中的"和谐"与"共生"理念在环境资源法教学中能够体现,尤其是在师生互动与同伴协作方面。师生互动直接影响学生综合素质的培养,而同伴互动有助于知识的深化与拓展。教师通过平衡这些互动方式,为学生提供全面的教育体验。

1. 动态的师生互动

中庸思想提倡灵活适应的教学方式。教师应根据学生的学习进度与能力,调整教学内容与方法,平衡知识传授与能力培养。例如,经济发展与环境保护之间的平衡。在讨论水资源保护时,教师可通过大型水坝案例,引导学生分析如何在法律框架内平衡地方发展与生态保护,并启发学生从社会责任、环境影响和法律合规性等多个角度思考实际解决方案。

2. 促进同伴互动与协作

中庸思想强调在对立中寻找平衡。同伴互动可以通过小组讨论、辩论赛等形式,帮助学生从不同视角分析问题,提升批判性思维。例如,在讨论森林砍伐问题时,学生通过小组合作,从环境保护者、政府与企业等角色分析利益冲突,探讨法律与伦理的平衡,从而提高解决问题的能力。

3. 跨学科团队合作

环境资源法教学要求学生具备跨学科思维。法律、环境科学与经济学的紧密联系要求学生能整合不同学科的知识。教师应鼓励学生与其他学科的同伴合作,通过跨学科团队项目,培养解决复杂问题的能力。例如,学生可以与环境科学与经济学专业的同学共同分析资源开发的法律、伦理与经济影响,促进知识的整合与应用。

(三)课外资源整合:拓展视野与实践结合的多元路径

课外资源的整合为环境资源法教学提供了丰富的拓展空间,帮助学生在更广泛的社会环境中探寻平衡与解决方案。中庸思想的“和谐”不仅体现在课堂教学,而且延伸到课外资源的有效利用。

1. 实践基地建设与社会合作

教师应与社区、法院、律师事务所、环保组织等合作,建立多元化的实践基地,为学生提供真实的法律实践机会。通过参与实际案例,学生可以深入理解如何平衡环境保护与经济发展,强化法律原理与伦理的实际应用。实践基地能够让学生更直观地感知法律对社会的影响,并锻炼解决实际问题的能力。

2. 社会与国际环境法资源的整合

环境问题具有全球性,教师应引导学生关注国际环境法与全球环境治理。例如,分析《生物多样性公约》等国际协议与国家法律的互动,帮助学生探索全球环境保护与地方经济发展之间的平衡。通过学习国际环境法及其实施,学生能够拓宽视野,理解全球合作的重要性,培养应对跨国环境问题的法律能力。

3. 校外讲座与研讨会的参与

学生通过参与校外讲座、论坛和研讨会,与专家学者互动,拓展知识边界。这种外部交流促进跨学科思维的融合,有助于学生在多元讨论中找到最佳的环境问题解决路径,提升实际应用能力。校外活动不仅拓展了学生的知识面,还能促进学生对环境资源法与社会实际需求之间的结合,增强其职业素养和社会责任感。

四、革新变旧:中庸推动的教学方法创新

在教学资源整合过程中,遵循中庸之道有助于高效利用资源,并为教学方法创新提供基础。面对不断变化的需求,革新教学方法成为教育改革的关键。中庸思想的“平衡”和“和谐”理念为环境资源法教学的创新提供理论指导。

(一)情境教学法的创新:融入中庸思想的平衡与和谐

情境教学法通过设定与实际紧密相关的情境,帮助学生将法律知识转化为实际操作能力。在环境资源法教学中,中庸思想强调在复杂多变的环境中寻找到适宜的平衡点,既要关注生态保护,又要促进社会与经济发展。因此,情境教学法的创新应特别注重以下几个方面:

1. 动态权变,适度设定情境

情境的设计应根据学生的学习需求、学习进度以及环境问题的实际复杂性灵

活调整。教师应综合考虑法律条文、生态伦理、社会责任等多重视角，设定符合实际的情境。例如，在讨论“资源开发与环境保护的平衡”时，可以模拟地方政府与企业之间关于开发自然保护区的争议，促使学生从法律、伦理和社会的角度提出解决方案。这样的设计体现了中庸思想中对“度”的把握与平衡的追求。

2. 多维度的案例分析

通过多维度的案例分析，帮助学生主动分析和解决现实中法律与环境之间的冲突。例如，设计“企业污染与地方政府监管”的案例，学生需要从多个利益主体的立场出发，通过法律手段寻求平衡。这不仅培养了学生的法律实务能力，也促使其培养多维度的思维方式，从不同的角度探讨问题并提出解决方案。

3. 协同合作与互动

情境教学法注重师生及同伴间的互动与合作。通过小组讨论、辩论、角色扮演等形式，学生能够在不同立场之间找到平衡点。例如，在模拟法庭中，学生分别扮演政府、企业、环保组织等角色，最终达成一种和谐的法律解决方案。这种互动不仅提升了学生的合作与沟通能力，也与中庸思想中的“和谐”理念相契合，强调在多方利益之间的平衡。[1]

（二）反思式教学法的创新：加强伦理与法律的结合

反思式教学法注重学生的自我反思与批判性思维，旨在加深对知识的理解。在环境资源法的教学中，反思不仅应集中在法律条文的理解上，还要引导学生深入思考法律背后的伦理、社会责任以及环境保护问题。结合中庸思想，反思式教学法的创新可以从以下几个方面展开。

1. 伦理反思能力培养

中庸思想强调“度”的掌握。在环境资源法教学中，学生应反思法律决策中的伦理问题，如如何平衡经济发展与环境保护的冲突，如何评估法律是否过度干预或放松监管。通过这些反思，学生能够在多重视角下形成理性且全面的法律判断，避免极端的法律干预或忽视环境的行为。

2. 批判性分析法律与社会责任的关联

反思式教学鼓励学生质疑现有法律框架，探讨其在实际应用中的局限性。例如，学生可以反思现有环境保护法律是否能够有效平衡经济发展与生态保护，是否能推动更加公平的环境治理。此过程不仅帮助学生理解法律的局限性，还能加深他们对法律在社会责任中的作用与局限的认识，推动其思考法律如何更好地服务

---

〔1〕 参见申卫星：《时代发展呼唤“临床法学”——兼谈中国法学教育的三大转变》，载《比较法研究》2008年第3期。

于社会与环境的可持续发展。

3. 个体与集体责任的反思

中庸思想中的"和谐"理念强调个体与集体之间的平衡。在反思式教学中,教师可以通过案例引导学生探讨个体与集体责任的关系,特别是在全球性问题如气候变化等领域。[1] 通过这种引导,学生能够反思企业行为对全球生态的影响,以及其背后的社会责任和道德考量,从而加深对环境法与伦理结合的理解。

(三)问题导向式教学法的创新:跨学科视野与解决问题的能力

问题导向式教学法强调通过实际问题的学习,鼓励学生主动探索问题的解决方案。[2] 在环境资源法的教学中,问题导向式教学法能够帮助学生在面对复杂的社会与环境问题时找到平衡点,并有效运用法律知识解决实际问题。结合中庸思想,问题导向式教学法的创新可以体现在以下几个方面。

1. 关注实际问题的复杂性与多样性

中庸思想提倡在复杂的环境中寻找平衡,因此,问题导向式教学应鼓励学生从多个视角出发,分析和解决复杂问题,如资源开发、污染治理、气候变化和生态保护等问题。例如,可以设计"气候变化与能源开发的法律冲突"课题,要求学生跨学科分析并提出解决方案,从法律、环境科学、经济学等多个角度进行探讨。这种跨学科的分析能够帮助学生更全面地理解环境问题的复杂性,从而更好地找到法律的平衡点。

2. 解决利益冲突中的平衡问题

问题导向式教学法要求学生在面对利益冲突时,综合考虑不同利益主体的需求和立场,寻求解决方案。例如,通过设计涉及政府、企业与公众之间的利益冲突案例,学生需要分析如何在法律框架内实现各方利益的平衡。这一过程帮助学生理解法律如何调和不同利益,并通过法律手段找到适宜的解决方法,展现中庸思想中的"度"和"平衡"。

3. 跨学科视野的整合

问题导向式教学强调跨学科的合作与整合,鼓励学生运用多学科知识解决复杂问题。在环境资源法的教学中,教师应鼓励学生与环境科学、经济学等学科的学生合作,结合不同学科的视角共同设计解决方案。如此一来,学生能够更全面地理解环境问题的多维性,并在解决方案中融入法律、伦理与社会责任的平衡。这一创

---

〔1〕 参见廖丹:《论主题式活动实践教学在法学教育中的应用与反思》,载《考试周刊》2011 年第 61 期。

〔2〕 参见费英秋、于欣宜:《问题导向式教学法研究——以形势与政策课为例》,载《思想政治教育研究》2020 年第 2 期。

新符合中庸思想中提倡的多元视角与整体性思维。

五、教学相长：中庸融合教学评估体系的构建

在探讨了中庸思想如何推动教学方法创新之后，需要关注的是如何通过构建相应的教学评估体系，确保创新的教学方法能够有效落实并促进学生的全面发展。接下来，本文将从形成性评估、总结性评估和过程性评估三个维度进行探讨。

（一）形成性评估：促进学生持续发展与灵活调整

形成性评估强调对学生学习过程的动态跟踪和及时反馈，旨在帮助学生发现问题并进行调整。将中庸思想融入形成性评估，使其不仅关注学生的学习成果，还注重学习过程中平衡与适度的指导。

1. 定量与定性结合

通过定量评估（如小测验、课堂表现）与定性评估（如反思日志、同伴互评等）的结合，教师可以更全面地了解学生在学习中的发展状态。这种双重评估方式不仅能帮助学生清晰地了解自己在知识掌握和技能运用上的进展，还能鼓励他们在伦理和社会责任层面进行深刻反思。对于教师而言，形成性评估的灵活性使得他们能够根据学生的学习情况及时调整教学策略，保证教学过程中“度”的把握，避免过度推进或过于保守。

2. 个性化学习路径设计

中庸思想倡导因时因势、因人制宜。在形成性评估中，教师通过设计个性化的学习路径，帮助学生根据自身的学习节奏、兴趣与需求进行有针对性的学习调整。通过提供差异化的学习资源与任务，学生可以在自己擅长的领域深入挖掘，而在薄弱环节上得到更多的支持与关注。这种个性化的设计不仅能提高学生的学习动力和参与度，还能够帮助他们在学习过程中实现自我调整与完善。

3. 持续反馈机制

中庸思想强调“和谐”和“共生”，在形成性评估中，教师通过建立定期的反馈机制，帮助学生不断调整学习方向和思维方式。这不仅有助于学生在知识掌握上实现平衡，还能够促进他们对环境资源法中的伦理问题进行深度思考。对教师而言，这一反馈机制能促使他们更好地理解学生的需求并适时调整教学策略，形成良性循环。

（二）总结性评估：全方位评估学生综合能力与伦理担当

总结性评估关注学生在整个学习过程中知识掌握和能力发展的最终成果。中庸思想的融入，使这一评估既关注学生的学术表现，也强调其在伦理、社会责任等

方面的综合能力。

1. 综合学业成绩评估

总结性评估不仅仅是对知识掌握情况的单一评估,还应通过开放性问题和实际案例的解决方案考察学生在实际环境资源法应用中的能力。通过设计涉及伦理冲突、环境保护与经济发展的复杂情境,教师能够评估学生如何平衡法律的刚性要求与社会、环境的伦理需求。这种评估方式帮助学生理解环境资源法不仅是法律规范的集合体,更是社会责任和伦理义务的体现,从而培养其全面的法律视野和社会责任感。

2. 项目作业与模拟法庭

模拟法庭和项目作业是总结性评估的重要组成部分。教师可以通过这些活动考察学生在解决实际环境问题时的综合能力。特别是在模拟法庭中,学生不仅要运用法律知识,还要在法律框架下处理伦理问题和社会责任。通过此类评估,学生能够体验在真实世界中处理复杂问题时如何寻找平衡点和作出合理判断。对于教师而言,这种实践性评估有助于更好地了解学生在应用法律知识时的表现,并为未来的教学调整提供依据。

3. 同伴评价机制

通过引入同伴评价,学生不仅能够接受教师的反馈,还能够从同学的角度获得不同的视野。[1] 这种同伴评价机制让学生在评估他人时加强了对自己知识和能力的认知,同时也能促进他们对其他学生观点的包容与理解。教师通过这一机制,可以了解学生在团队合作和伦理讨论中的表现,并根据学生的互动情况调整教学重心。

(三)过程性评估:关注学习进程中的参与与自我反思

过程性评估强调学生在整个学习过程中的参与度、主动性与反思能力。融入中庸思想后,更注重评估过程中平衡的把握和适度的指导。

1. 评价学生的学习参与度

过程性评估通过观察学生在课堂讨论、案例分析、团队协作中的参与情况,评估其对学习内容的关注程度和主动性。教师通过对学生参与度的评价,可以鼓励学生在学习中保持适当的主动性,而不是单纯依赖外部引导。中庸思想提倡的是在参与中找到"度",教师通过这种评估方式能够适时调整课堂气氛和内容,使学生在平衡与和谐中不断深入理解环境资源法的复杂性。

2. 反思型学习日志

通过鼓励学生撰写反思型学习日志,教师能够帮助学生进行深度自我评估,促

---

〔1〕 参见凌艺桓:《〈诗经·关雎〉教学中的"中庸之道"引导》,载《名作欣赏》2020年第17期。

使他们在学习中不断审视自己的价值观与决策。这种反思性评估不仅帮助学生总结所学知识,还促进其在伦理、社会责任方面的自我塑造。中庸思想的“适度”和“平衡”原则在此过程中的运用,确保学生在反思中找到理性与情感、理论与实践的平衡。

3. 交叉反馈与调整机制

教师与学生之间、学生与学生之间的反馈互动,是过程性评估的重要组成部分。通过这种交叉反馈,学生不仅能及时获得教师的指导,而且能够通过同伴的反馈获得不同的视角。这种互动模式在教学过程中为学生提供了多元化的学习体验,也让教师能够更灵活地根据学生的反馈调整教学内容和方法。中庸思想融入环境资源法教学,有助于改进教学评估体系,提升课堂教学质量,并为学生和教师的成长提供有力支持。

六、中庸思想在环境资源法教学中的应用与挑战

在未来的环境资源法教学中融入中庸思想,有助于推动教育模式的创新。中庸思想倡导平衡与适度,促进理论与实践、全球视野与本土经验的有机结合。在教学内容上,它促使环境法与生态伦理、可持续发展等跨学科知识融合,帮助学生全面理解和掌握法律。在教学方法上,中庸思想提倡灵活多样的策略,结合传统课堂与现代信息技术,提升学生的学习体验与能力培养。评估体系上,注重个性化评价,采用案例分析、团队合作等多元化方式,全面评估学生综合能力。

然而,挑战也存在。首先,如何平衡理论与实践,提升学生的实务能力,仍是一个难题。其次,信息技术的过度依赖可能忽视环境法的伦理与社会责任,需在技术使用中保持人文素养的培养。最后,学科壁垒阻碍跨学科知识的融合,如何打破这些壁垒,将法律与环境伦理、经济学、生态学结合,是一个亟待解决的挑战。

尽管如此,随着全球环境问题的复杂化,跨学科知识体系和创新的教学方法将成为培养全球视野与实际能力法律人才的关键。中庸思想为教育者提供了平衡各类教学资源、技术手段与实践机会的指导,帮助学生既掌握扎实的法律理论,又具备解决现实环境问题的综合能力。随着全球生态治理框架的完善,未来的法律教育将更加注重国际法、区域合作与本土实践的结合,培养应对全球环境挑战的法律专家。

Abstract: The doctrine of the Mean emphasizes "moderation," "balance," and "harmony," providing important theoretical guidance for resolving the multiple conflicts of interest in environmental and resource law. As an interdisciplinary field, environmental and resource law involves legal, ecological, economic, and other dimensions, facing complex conflicts and multifaceted contradictions. Introducing the doctrine of the Mean into teaching helps cultivate students' ability to rationally reconcile various interests when addressing issues related to law and the environment, local and global concerns, and economics and ecology, thus finding the optimal balance. By analyzing the core concept of "moderation" in the doctrine of the Mean, it can effectively guide the development of teaching content, resource integration, methods, and evaluation systems, while proposing specific practical teaching approaches. With the guidance of the doctrine of the Mean, environmental and resource law education can better meet the complex demands of contemporary society and the environment, fostering legal professionals with interdisciplinary knowledge and an international perspective.

(责任编辑:杨　会)

学术活动

以习近平生态文明思想为指引 加强生态环境法典编纂理论研究

——"生态环境保护立法司法的理论与实践问题座谈会"综述

魏　雨[*]

内容提要　"生态环境保护立法司法的理论与实践问题座谈会"围绕"以习近平生态文明思想为指引　加强生态环境法典编纂理论研究",强调编纂生态环境法典是落实习近平生态文明思想、推进美丽中国建设的关键举措,旨在构建系统性、协同性、适应性的生态环境保护法律体系。与会专家围绕生态环境风险预防、生态保护补偿机制建构、碳数据法律规制、生态环境保护司法实践创新及环境权实现等议题展开了深入探讨,提出诸多建设性意见。

关键词　生态环境保护　生态环境法典编纂　环境权　环境司法　会议综述

一、会议概要

2024年11月27日,由成都理工大学与四川省法学会环境资源法学研究会联合主办、成都理工大学文法学院(纪检监察学院)承办的"生态环境保护立法司法的理论与实践问题座谈会"在成都理工大学成功召开。本次座谈会特邀全国人大常委会委员、全国人大环境与资源保护委员会副主任委员、农工党中央副主席、中国法学会副会长、中国法学会环境资源法学研究会会长吕忠梅教授出席。来自四川省高级人民法院、四川省人民检察院、四川省司法厅、四川省生态环境厅、成都铁路运输中级法院、成都环境资源法庭、四川省生态环境法制研究中心、四川省法学会

---

* 魏雨,成都理工大学文法学院(纪检监察学院)副研究员。

环境资源法学研究会、四川大学、成都理工大学、西南财经大学、西南石油大学、四川省委党校、四川民族学院、四川省律师协会、广东知恒(成都)律师事务所、四川君合律师事务所等相关单位的 50 余名专家学者、实务界人士以及成都理工大学 40 余名研究生参加了会议。座谈会由中国法学会证券法学研究会会长、文法学院特聘院长郭锋教授主持。

二、生态环境法典编纂的重要意义与未来方向

虽然经历 40 余年的发展,我国环境法律规范的内容已经足够丰富、体系已经足够庞大,在一定程度上已经建立了生态环境保护法律体系,但是诸多环境法律规范之间的内部逻辑不一致、衔接不流畅与内容"重叠、空白"并存、体系结构失衡等问题仍然不容忽视,这些问题客观上使环境法律规范在施行与适用时陷入了"不够用、不好用、不能用"的窘境。基于此,难免造成既有环境法律规范在具体的适用中并未充分发挥预期的生态环境保护效能,通过生态环境法典的编纂,能够真正构建系统性、协同性、适应性的生态环境保护法律规范体系。

吕忠梅会长指出,编纂生态环境法典将生态文明建设理论、制度、实践成果以法典的形式确认下来,是在法治轨道上全面推进美丽中国建设、实现人与自然和谐共生的现代化的重大举措,是深入贯彻习近平生态文明思想和习近平法治思想的重大政治任务和立法任务,具有重大时代意义、理论意义、实践意义和世界意义。深入学习贯彻党的二十届三中全会精神,必须加强生态环境法典编纂的理论与实践研究,以高水平的法学研究成果服务生态环境法典高质量编纂。通过编纂生态环境法典实现理论创新,将习近平生态文明思想和习近平法治思想转化为法典化成果、传承中华优秀传统文化、形成具有中国特色的自主的环境法知识体系,对于推进全面依法治国具有重大的理论意义。

吕忠梅会长强调,中国传统文化中有许多关于人与自然和谐共生的理念,可以为生态环境法典提供丰富的文化内涵和价值导向,我国的法律体系具有一定的包容性,能够吸纳和融合传统文化元素,使其成为法律的一部分。中华优秀传统生态文化的价值理念与可持续发展本源相通,中华法系法典编纂传统与现代环境法典编纂和而不同,生态环境法典编纂要走海纳百川的文化开放之路,将生态文化与法律文化相结合,实现"古为今用"与"洋为中用"的有机结合,以服务于中华民族的伟大复兴和实现人与自然和谐共生的现代化。

吕忠梅会长还提出,未来,应当进一步加强对生态环境法典编纂的法学理论研究。在总则编的研究中,要贯彻落实"完善生态文明基础体制,协同推进降碳、减污、扩绿、增长,健全生态环境治理体系"的要求,进一步提炼和归纳生态环境领域普遍适用的基本概念、基本原则和基本制度。在污染控制编的研究中,要贯彻落实

“完善精准治污、科学治污、依法治污制度机制”的要求,全面梳理现行污染防治立法,认真总结打赢“污染防治攻坚战”的实践经验,进一步完善污染防治法律规范体系。在自然生态保护编的研究中,要贯彻“山水林田湖草沙一体化保护和系统治理”的要求,对现行立法中的相关内容进行精简合并、扩展补充、调整重组和完善提升。在绿色低碳发展编的研究中,要贯彻“健全绿色低碳发展机制,积极应对气候变化”的相关要求,创新绿色低碳发展法律制度,统筹国内与国际气候法治。在生态环境责任编的研究中,要贯彻落实“推进生态环境治理责任体系建设”的要求,认真总结生态文明体制改革和环境执法司法实践经验,提炼创新生态环境法律责任制度安排,建立系统性的生态环境法律责任体系。

三、生态环境法典编纂的相关问题

人与自然和谐共生是中国式现代化的重要特征和本质要求之一,近年来,随着全球生态环境危机的加剧,生态环境保护已然成为社会各界关注的焦点。由于立法与司法在生态环境的保护中扮演着至关重要的角色,因此为更好地应对生态环境危机,立法体系的健全与司法体系的完善显得尤为迫切。在本次座谈会上,四川省法学会环境资源法学研究会会长、西南财经大学法学院教授阳露昭,四川省高级人民法院环境资源审判庭二级高级法官高峰,四川大学法学院教授杨翠柏,成都理工大学文法学院(纪检监察学院)副研究员、法学博士魏雨,成都铁路运输中级法院副院长徐翔,四川民族学院法学院院长、教授叶晓彬,四川省人民检察院公益诉讼检察部干警王岩,西南石油大学法学院副教授崔金星,四川省委党校法学教研部副教授刘明全以及成都理工大学文法学院(纪检监察学院)讲师、法学博士王辰等分别围绕生态环境保护过程中所面临的立法司法理论问题与实践问题进行了发言,以期推动相关法律法规的完善和司法实践的创新,为我国生态环境法典的编纂贡献力量。各位发言人的观点综述如下。

(一)落实生态环境风险预防原则的法治路径

在生态环境问题广泛存在和生态环境风险极易扩散的当下,法律规范的预防功能越来越凸显。生态环境的风险预防主要分为立法和司法两个层面,其中,在立法层面,需要制定相关法律条文来预防风险;在司法层面,需要通过司法实践来落实风险预防措施。风险预防原则首先是一个立法问题,应当先行考虑如何从法律层面将其建构起来,而后再进入行政、司法环节,考虑如何在个案中将该原则予以落实。虽然我国现行《环境保护法》第 5 条已将“预防为主”确立为基本原则之一,但是在具体的实践中并未得到有效的贯彻落实。

生态环境风险预防应贯穿立法、行政执法与司法的全过程,厘清落实生态环境保护预防原则的法治路径,应当从以下四个方面入手。第一,立法完善。落实生态环境保护预防原则,首先应在相关法律规范中明确生态环境保护的预防措施,包括环境可持续发展、大气治理、水治理等方面的环境保全措施,还应通过立法解释的方式,明确预防原则的具体内容和操作标准,以避免象征性立法的问题。第二,建构风险评估和预警机制。通过科学的风险评估,可以提前识别潜在的环境威胁,并采取相应的预防措施,不仅有助于避免环境损害的发生,还能为政策制定提供科学依据。第三,引入科技手段。利用现代科技手段,如数据监测、遥感技术、生态修复技术等,提高环境监测与管理的能力,大力支持企业和技术研发机构进行绿色技术的研发和应用,降低生态环境损害的风险。第四,推动司法实践中预防原则的应用。目前,我国司法体系在预防原则的应用上相对薄弱,更多是在问题发生后进行处理,因此需要在司法实践中加强对预防原则的引导,如通过预防性环境公益诉讼等方式,提前介入可能对环境造成重大损害的行为。

(二)建立健全生态保护补偿机制

生态保护补偿在于通过经济激励手段,促进生态保护活动的开展,实现生态价值的市场化,保障生态服务功能,推动社会公平和跨区域合作,增强公众参与,支持可持续发展目标。生态保护补偿机制的建构是生态文明体制改革的任务之一,《生态保护补偿条例》是建构生态保护补偿机制的法律依据。生态保护补偿机制的进一步完善,亟须在生态环境法典编纂的过程中对《生态保护补偿条例》进行适度吸纳,对补偿方式、路径等进行原则性规定。而具体实施的细则还应当留给理论和实践继续探索,并总结探索经验,再上升到法律层面,形成统一的、适配的具体规则。

近年来,我国对于生态保护补偿机制进行了积极的探索,在取得一定进展的同时也面临着诸如法律法规不完善、补偿标准缺乏科学评估、市场化工具不健全等现存问题。建立健全生态保护补偿机制,应当将“输血”与“造血”进行有效结合。一方面,应当建立由政府引导、生态产品价值科学核算、“产品—价值—交易”的市场化、多元化生态保护补偿机制框架,旨在通过政府的引导作用,确保生态保护补偿机制的顺利实施,并通过科学核算生态产品的价值,为市场化交易提供准确的价值依据;另一方面,还应当创新市场化补偿模式,丰富市场交易模式、协议付费模式、绿色金融投资模式等多种方式,助力拓宽生态保护补偿的资金来源,提高补偿机制的灵活性和有效性。此外,还需要推动生态产品价值核算和培育高质量现代生态产业项目,为不同地区、不同类型的生态保护项目制定更具合理性、科学性与差异化的补偿标准。这样一来,不仅有助于提高补偿资金的使用效率、激励各地积极投身生态保护工作,而且能够促进完善政策制度设计、强化约束激励机制、健全技术支持体系,为市场化生态保护补偿机制的实施提供坚实的政策保障和技术支撑,确保生态保护补偿的提质增效。

（三）探索碳数据法律规制的体制机制

碳排放权是指企业或个人在一定时期内排放一定量温室气体的权利，通常以碳排放配额的形式存在，该配额可以进行买卖交易。碳排放权交易通过市场机制运作，允许企业之间买卖碳排放配额，可以激励企业减少排放。从国家层面统一管理和规划碳排放权交易市场极具重要性，碳排放权交易必须建立在国家的配额市场基础上，且市场必须是统一的，否则无法进行交易。碳排放权交易规则的制定和实施需要依赖于详细和准确的数据支持，其不仅是一个国家内部的问题，还涉及国际合作和全球市场的参与。此外，在碳排放权交易中，准确和可靠的数据至关重要，这是确保交易公正性和有效性的关键条件。

探索碳数据法律规制的体制机制，应当从以下两个方面入手。第一，碳数据的法律规制体系，包括地区、行业、企业、项目、产品等组成部分。在地区碳考核方面，需要制定区域排放清单制度、统计核算标准指南准则、考核评价制度；在行业碳管控方面，需要制定或完善配额分配制度、统计核算标准指南制度等；在企业碳管理方面，需要完善碳排放信息披露制度、企业统计核算标准指南制度、信用管理制度；在项目碳评价方面，需要完善项目开展范围行业产业、项目核算与核查方法学、项目通报制度等；在产品碳足迹方面，需要建立产品碳足迹管理体系，完善重点产品碳足迹核算方法学、核算标准准则与规范，以及低碳产品采购制度、消费激励制度等。第二，碳数据法律规制的立法需求。在《环境保护法》中纳入气候变化应对的内容，规定职责体系；完善《大气污染防治法》《环境影响评价法》《排污许可管理条例》内容，规定碳排放控制的内容；在现有生态环境标准体系中，增加碳排放控制的要求；增进 5 个范围碳排放核算统计标准、准则的协同性、一致性，条件成熟制定碳中和促进法；在生态环境监测中，纳入温室气体监测；形成协同推进降碳减污的环境经济政策体系。

（四）创新生态环境保护司法实践

生态环境问题往往涉及复杂的科学原理，包括生态学、气候变化、地质学等多个学科的专业知识。正因如此，在司法实践中，生态环境案件的办理需要跨多个学科的专业知识，如法学、生态环境学、管理学等，环境污染、生态破坏等情形的判定往往需要专业的技术支持来收集和鉴定证据。然而在实践中，由于缺乏必要的技术支持和设备辅助，证据的采集和认定困难重重，造成生态环境案件的审理面临事实认定、证据提取、裁判执行等方面的困难，致使相关裁判的科学性不足。

当前，在司法实践中得以适用的“技改抵扣”法律性质存在淆乱，亟须矫正。申言之,"技改"对于防止环境损害的发生和扩大具有重要意义,具有高度的预防性,符合预防性责任的特点,应为预防性责任中"消除危险"与"排除妨碍"的履行方式;"抵扣"则是一种责任的减免方式。"技改抵扣"在环境民事公益诉讼中的适用,既不利于防止司法擅断,也不利于保护社会公共利益,甚至有可能并不利于提高产污、排污主体的"技改"主动性。环境民事公益诉讼中"技改抵扣"的矫正,一方面,在案件审理的过程中,若原告已把"技改"作为预防性诉讼请求的具体内容,则法院可根据环境侵权责任人是否因为环保技术落后才成为环境危险源,来判断是否支持原告的诉讼请求;若原告未将"技改"作为预防性诉讼请求的具体内容,但环境侵权责任人确因环保技术落后才成为环境危险源,则法院就可以行使释明权,让"技改"成为预防性诉讼请求的具体内容。另一方面,可以通过环境行政奖励、环境税收减免等方式对"技改"进行行政激励,从而调动产污、排污主体进行"技改"的积极性、主动性。

(五)促进环境权的实现

环境权是每个人在健康、清洁的环境中生活的权利,既包括个人权利,还涉及对生态系统和自然资源的共享和保护,强调了人类与自然环境之间的密切联系,并认为良好的环境是每个人的基本需求。环境权作为基本人权,是当代人与后代人共同的权利,是建构环境法学知识体系与环境法学科的基石性概念,我国目前已经确认了环境权的人权属性并以多种方式提供保障,为从法律上全面确认环境权提供了政策基础。环境权的进一步实现,应在认真梳理我国现行生态环境保护立法、生态文明体制改革文件、国家人权行动计划、环境权益保障司法实践经验的基础上集成升华,将环境权上升为基本权利。

在生态环境法典中,促进实现环境权需要从多个方面进行系统的设计和安排。首先,环境权作为生态环境法典的核心内容,应明确纳入法典总则部分,确立一般性的环境权概念,如"公民有在清洁、健康、美丽的环境中生活的权利",并结合具体章节进一步细化为健康环境权和自然享有权等具体权利。其次,法典应构建一个完整的权利保障体系,包括知情权、参与权和救济权等程序性权利,以确保公众能够有效行使环境权。其中,在污染防治编应重点规定健康环境权,如清洁空气权、清洁水权等,明确污染物排放标准和控制措施,保障公民免受污染侵害的权利;在自然保护编应规定自然享有权,如公共森林地役权、景观权等,赋予公民对自然资源的非排他性使用权,满足人们对自然环境的享受需求。此外,生态环境法典还应建立专门的法律责任体系,以"二阶型"法律责任为基础,将环境责任分为对人的责任和对环境的责任,明确企业和个人在环境保护中的义务以及违法义务后的法律责任。

各位发言人一致认为,在新时代,人与自然和谐共生的理念已经深入人心,基本成为社会共识,这对生态环境保护与环境污染治理提出了更高的要求,强调了在发展经济的同时必须注重保护生态环境。当前,面对日益严峻的生态环境挑战,必须不断加大保护力度,采取科学合理的方法深入、细致地开展保护工作,全方位提升生态环境质量水平。首先,需要从源头上减少污染,推广清洁能源和绿色技术。例如,鼓励企业采用清洁生产工艺,减少废物和污染物的产生,同时大力发展可再生能源,如太阳能、风能和水能等,替代传统的化石能源,以有效降低污染排放、促进能源结构的转型,为实现低碳经济奠定基础。其次,需要加强生态系统的保护和修复。生态系统是自然界的基础,其健康与否直接影响到人类的生存和发展,通过实施生态恢复项目,修复受损的生态环境,恢复生物多样性,能够为公众创造一个高水平高质量的环境。例如,植树造林、湿地保护和生物多样性保护等措施,都能有效改善生态环境,提升生态系统的服务功能。最后,需要运用科技赋能生态环境保护。依靠科学技术的进步,开发新的环保技术和方法,是提高环境污染治理的效率和效果、实现可持续发展的重要途径。例如,利用大数据和人工智能技术,提高环境监测和治理的精准度,对污染源进行实时监控和敏捷管理,同时科技创新还可以推动新材料的研发,降低生产过程中的资源消耗和环境损伤。

四、关于理工类高校环境法学科建设

此外,在本次会议中,专家们还围绕理工类高校环境资源法学科建设提出了意见建议。大家认为,在探索创新理工类高校环境资源法学科建设的道路上,必须认识到环境资源法学并非孤立的法学学科,而是涵盖了生态学、地理学、管理学等多个学科领域的综合性学科。基于此,理工类高校在建设环境资源法学科时,其路径应当与传统的政法类高校以及其他以文科为主的高校有所不同,以体现高校相关学科优势以及适应环境资源法学科的多元性和复杂性。以成都理工大学为例,该校可以充分利用其在地质、石油、资源、环境等领域的学科优势,探索一条“文理融合”“交叉学科”的发展道路,这不仅有助于学科间的资源共享和优势互补,还能促进学科间的深度合作与融合创新。

在这一过程中,建议成都理工大学注重培养具有跨学科背景的复合型、应用型、战略型人才,以满足社会对环境资源法领域专业人才的需求。在课程设置上,注重交叉学科的整合,根据各专业的特点,设计出既符合环境资源法基本理论,又能够结合实际应用的课程,可以联合不同学科的教师共同授课,增强学生的跨学科理解能力。此外,理工类高校在建设环境资源法学科的过程中,还可以依托相关理工科学科在专业技术层面的优势学科,建立环境损害司法鉴定机构,开展生态系统环境损害鉴定工作,特别是对矿产资源开采行为导致的矿山地质环境破坏、土地损毁及生态功能损害的鉴定,以实践探索促进完善相应的鉴定标准,为提升相关专业学生的综合素质搭建平台。

Abstract: "Theoretical and Practical Issues in Ecological and Environmental Protection Legislation and Judiciary Symposium" centered on the theme "Guided by Xi Jinping Thought on Ecological Civilization, Strengthening Theoretical Research on the Compilation of an Ecological and Environmental Code". It emphasized that codifying the ecological and environmental code is a critical measure for implementing Xi Jinping Thought on Ecological Civilization and advancing the construction of a Beautiful China, aiming to establish a systematic, coordinated, and adaptive legal system for ecological and environmental protection. Experts at the symposium engaged in in-depth discussions on issues such as ecological and environmental risk prevention, the construction of ecological compensation mechanisms, legal regulation of carbon data, innovation in judicial practices for ecological and environmental protection, and the realization of environmental rights, putting forward numerous constructive suggestions.

(责任编辑:马浩洋)

《理工法律评论》出版启动仪式暨学术交流会成功举行

马浩洋*

2024年11月25日，成都理工大学文法学院（纪检监察学院）和上海锦天城（成都）律师事务所共同举办的《理工法律评论》出版启动仪式暨“共建一流法学学科共育法治英才”交流会在上海锦天城（成都）律师事务所举办，标志着《理工法律评论》正式创办。

在出版启动仪式上，成都理工大学文法学院（纪检监察学院）特聘院长郭锋教授致辞，向锦天城律师事务所颁发捐赠赠书，对该所资助《理工法律评论》编辑及出版工作表示感谢。法学院副院长李海梅与上海市锦天城（成都）律师事务所主任邹树彬代表双方签署合作协议。李海梅、邹树彬、法律出版社教育分社社长吴昉代表三方共同签署出版合同。郭锋、吴昉、方建平律师共同为《理工法律评论》编辑部揭牌。有关领导宣读了学术委员会、编委会、编辑部成员名单，向编委会、编辑部成员颁发了聘书。

学术交流会上，郭锋介绍道，作为国内理工类大学法学院唯一以此命名的学术出版物，创办《理工法律评论》的初衷在于搭建学术交流平台，促进理工类大学法学学科发展，提升法学专业师生学术水平。按照成都理工大学建成“中国特色、世界一流”的高水平大学目标，文法学院以“入主流、办特色”理念进行学科建设和人才培养，按照主流法学院标准积极为师生搭建学术研究、教学成果展示平台。《理工法律评论》借鉴一流法学院经验，定位为主要面向青年教师、研究生群体的学术出版物。要贯彻差异化的学术出版物发展路线，重视交叉学科、新兴学科、领域法等非传统学术研究方向，突出理工类高校法学研究特色，围绕环境资源法学、ESG法学、人工智能法学、社会治理法学、法社会学、法金融学、纪检监察学、数字监督学等前沿交叉学科开展专题组稿，打造西部领先、国内知名的法学学术品牌。

邹树彬介绍了锦天城律师事务所对法学院校发展的支持与关心，表示希望通

---

* 马浩洋，成都理工大学文法学院（纪检监察学院）讲师。

过校企合作促进法学研究与实务的发展,为社会发展培育更多的复合型人才。吴昉对法律出版社参与法学连续出版物的有关工作作了介绍,表示将认真组织编辑队伍做好《理工法律评论》出版工作。四川大学法学院教授万毅表示,期待这一学术平台能够办出水平与特色,助力理工类大学法学学科取得长足发展进步。成都理工大学学术期刊中心常务副主任黄寰指出,要发扬“软硬”结合的特质,依托理工科特色,关注科技与法律结合的新兴、前沿研究领域,努力在全国范围内拓展学术影响力。

成都高新区人民法院党组书记、院长何良彬就司法机关与法学院人才培养合作方面提出三点建议:一是要积极探索有特色的结对协作,突出实践需求和资源优势,建立实践部门法学实践教育基地,合作实施实习法官助理的长效化机制;二是要创新实践教学的互动模式,包括共同开设精品课堂,开展案例研讨活动和共同开展学术活动;三是依靠高校与法院合作共推特色法学连续出版物,强化论文的实践导向,创新连续出版物机制,线下充分依托该平台组织研讨会、笔会、意见座谈等形式丰富的活动。

西南财经大学法学院副院长兰荣杰指出,理工科院校在法学学科建设上拥有丰厚的资源优势与成功经验,成都理工大学建设一流法学学科大有可为。四川大学法学院教授万毅认为,《理工法律评论》要做到三个“坚持”:坚持研究方法多元化,坚持法学传统学科研究,坚持基础理论研究。四川省社会科学院法学所研究员、《社会科学研究》常务副主编郑文睿分享了学术刊物运营的经验和面临的挑战,鼓励把《理工法律评论》提升到一个更高的学术平台。西部战区第一军事检察院原检察长谭明权建议,《理工法律评论》要守正创新,特色鲜明,紧紧围绕出版宗旨干事业,做一本有温度的连续出版物。

(责任编辑:魏　雨)